Alérgicos

Alérgicos

Como nosso sistema imunológico reage a um mundo em transformação

Theresa MacPhail

Tradução
Livia de Almeida

1ª edição

Rio de Janeiro | 2024

TÍTULO ORIGINAL
Allergic: Our Irritated Bodies in a Changing World

TRADUÇÃO
Livia de Almeida

CIP-BRASIL. CATALOGAÇÃO NA PUBLICAÇÃO
SINDICATO NACIONAL DOS EDITORES DE LIVROS, RJ

M147a   MacPhail, Theresa
         Alérgicos : como nosso sistema imunológico reage a um mundo em transformação / Theresa MacPhail ; tradução Livia de Almeida. - 1. ed. - Rio de Janeiro : BestSeller, 2024.

         Tradução de: Allergic: Our Irritated Bodies in a Changing World
         ISBN 978-65-5712-317-1

         1. Medicina clínica. 2. Alergia. 3. Imunologia. I. Almeida, Livia de. II. Título.

23-86037   CDD: CDD: 616.97
                 CDU: 616-022

Gabriela Faray Ferreira Lopes - Bibliotecária - CRB-7/6643

Copyright © 2023 by Theresa MacPhail
Copyright de tradução © 2024 by Editora Best Seller Ltda.

Todos os direitos reservados. Proibida a reprodução,
no todo ou em parte, sem autorização prévia por escrito da editora,
sejam quais forem os meios empregados.

Direitos exclusivos de publicação em língua portuguesa para o Brasil
adquiridos pela
Editora Best Seller Ltda.
Rua Argentina, 171, parte, São Cristóvão
Rio de Janeiro, RJ — 20921-380
que se reserva a propriedade literária desta tradução.

Impresso no Brasil

ISBN 978-65-5712-317-1

Seja um leitor preferencial Record.
Cadastre-se e receba informações sobre nossos
lançamentos e nossas promoções.

Atendimento e venda direta ao leitor:
sac@record.com.br

SUMÁRIO

PRÓLOGO	**TUDO A QUE REAGIMOS**	7

PARTE UM
Diagnóstico

CAPÍTULO 1	**O QUE É ALERGIA (E O QUE NÃO É)**	23
CAPÍTULO 2	**COMO É FEITO O DIAGNÓSTICO DE ALERGIA**	43
CAPÍTULO 3	**NOSSO MUNDO ALÉRGICO: MEDINDO O AUMENTO DAS DOENÇAS ALÉRGICAS**	69

PARTE DOIS
Teorias

CAPÍTULO 4	**HERANÇA ALÉRGICA: AS ALERGIAS COMO UMA RESPOSTA IMUNE "NORMAL"**	87
CAPÍTULO 5	**NATUREZA FORA DE ESQUADRO**	123
CAPÍTULO 6	**SOMOS OS RESPONSÁVEIS POR ISSO? O ESTILO DE VIDA MODERNO E A ALERGIA**	156

PARTE TRÊS
Tratamentos

CAPÍTULO 7	**REMÉDIOS PARA AS REAÇÕES: PASSADO, PRESENTE E FUTURO DOS TRATAMENTOS PARA ALERGIA**	207
CAPÍTULO 8	**O PRÓSPERO NEGÓCIO DOS TRATAMENTOS DE ALERGIA**	247
CAPÍTULO 9	**O QUE TORNA UM TRATAMENTO EFICAZ? O EQUILÍBRIO ENTRE RISCOS E BENEFÍCIOS**	273
CAPÍTULO 10	**A ALERGIA TAMBÉM É UM PROBLEMA SOCIAL**	302
EPÍLOGO	**O CORPO REAGINDO ATÉ A MORTE: ALERGIAS EM TEMPOS DA COVID-19**	325
	AGRADECIMENTOS	333
	NOTAS	337
	SUGESTÕES DE LEITURAS ADICIONAIS	363

PRÓLOGO
Tudo a que reagimos

Em 25 de agosto de 1996, meu pai dirigia o respeitável sedã de quatro portas dele pela rua principal de nossa cidadezinha em New Hampshire. Ele costumava usá-lo para visitar clientes durante a semana. Ele e Patricia, uma namorada de longa data, estavam indo para a praia. Eram 11h20 e, com o sol quase a pino, a temperatura aumentava. Meu pai tinha abaixado as janelas do carro, como sempre fazia — fumante inveterado de Marlboro Lights, não gostava de ligar o ar-condicionado, a menos que estivesse extremamente quente. Afinal, éramos da Nova Inglaterra e deveríamos ser capazes de encarar até as mais terríveis condições climáticas.

Do lado de fora da janela, pendia a mão do meu pai com um cigarro aceso preso entre os dedos, o antebraço apoiado no metal quente da porta do automóvel. O rádio estava sintonizado em uma estação AM que noticiava as últimas do Boston Red Sox. Ele nunca se cansava de beisebol. Parecia acompanhar todos os jogos e, se nenhum estava acontecendo, gostava de ouvir análises das partidas anteriores e prognósticos para as seguintes. Como uma adolescente mais interessada em ler Dickens e suspirar pelo Duran, eu achava exasperante aquele entusiasmo por esportes, em especial o vício nas emissoras esportivas. Via de regra, eu me sentava no banco do carona, tentando me concentrar na leitura, revirando os olhos parcialmente escondidos atrás de um grosso livro de bolso. Às vezes, só para irritá-lo, eu torcia para o time adversário até que ele ameaçasse encostar o carro e obrigar a única filha que tinha a voltar para casa a pé.

Em 1996, porém, eu tinha 24 anos. Naquele domingo de agosto, eu não estava no carro com meu pai. Soube do ocorrido por meio de três fontes: pela polícia estadual, que me informou de sua morte na condição de familiar mais próxima; por um agente funerário local, com quem falei com o objetivo de saber para onde haviam levado meu pai — um homem que se lembrava de ter discutido com os colegas o estado incomum do corpo —; e, 25 anos depois, por Patricia, em nossa primeira conversa desde o velório. Meu pai era uma criatura de hábitos tão previsíveis, no entanto, que não tenho dificuldade em imaginar como os eventos devem ter acontecido. Se fechar meus olhos, posso vê-lo sentado no carro, um copo de isopor com café quente enfiado no porta-copos, a mão descansando frouxamente sobre o volante.

Enquanto eu crescia, mantivemos um relacionamento tenso. Ele e minha mãe se divorciaram quando eu tinha apenas 2 meses de idade. Na primeira infância, eu o vi em raras ocasiões. A tensão que existia entre nós se aprofundou depois que minha mãe faleceu em um acidente de carro em 1986, quando deixei minha cidade natal na zona rural de Indiana, aos 14 anos, para morar com ele e Patricia no subúrbio de New Hampshire. Havia um "distanciamento" entre nós dois: era com esse eufemismo que eu tentava explicar a situação familiar a conhecidos ou amigos recentes. Eu tinha um pai que amava, mas nunca falava com ele.

Enquanto meu pai dirigia naquele dia, uma abelha solitária fazia sua busca habitual atrás de pólen e entrou pela janela do carro. A abelha ficou confusa e entrou em pânico. Picou meu pai no pescoço, perto da orelha. Surpreso, mas ainda calmo, ele continuou a dirigir.

O que se passou em seguida não era visível a olho nu. No interior do corpo do meu pai, os eventos se desenrolaram em nível microscópico. A biologia assumiu o controle.

O ferrão da abelha introduziu a peçonha — uma mistura de água, histamina, feromônios, enzimas e vários aminoácidos ou proteínas — sob a fina camada de pele no tecido adiposo do pescoço. Repleto de vasos sanguíneos, o pescoço é um local muito bem irrigado. A peçonha teve uma oportunidade única de se espalhar rapidamente pelo corpo do meu

Alérgicos   9

pai e algumas células do sistema imunológico dele — mastócitos e basófilos — detectaram depressa determinados componentes.

Mastócitos e basófilos são exemplos de glóbulos brancos produzidos na nossa medula óssea e circulam por todo o corpo humano, ajudando a combater infecções ou doenças ao ingerir materiais estranhos ou nocivos, como vírus, bactérias e células cancerígenas. Os mastócitos podem ser encontrados no tecido conjuntivo sob a pele, no revestimento do aparelho respiratório e dos intestinos e no tecido ao redor dos gânglios linfáticos, de nervos e de vasos sanguíneos. Os basófilos são encontrados na corrente sanguínea. Ambos estão, portanto, por todo o interior do corpo humano. Simplificando de forma dramática, o trabalho deles é iniciar e amplificar a intensidade da resposta imune. Pense neles como os condutores do sistema imunológico, modulando a resposta deste ao liberar diversas proteínas e substâncias químicas.

A peçonha da abelha não é uma substância natural bem recebida pelo corpo humano, mesmo em circunstâncias normais em um indivíduo não alérgico. Ela é hemorrágica por natureza, o que significa dizer que tem a capacidade de detonar nossas células sanguíneas. Mesmo assim, trata-se de algo relativamente inofensivo para a maioria dos humanos, causando um inchaço doloroso na região da picada. As células imunes de todo mundo reagem ao veneno. No caso do meu pai, a reação exagerada do sistema imunológico dele levou à espiral mortal conhecida como anafilaxia. A anafilaxia é definida pela Organização Mundial da Saúde como "uma reação de hipersensibilidade sistêmica grave, que oferece risco de vida, caracterizada pelo rápido início do desencadeamento de problemas potencialmente fatais nas vias aéreas e nos sistemas circulatório e respiratório". Em termos leigos, isso significa que meu pai tinha uma alergia latente ao veneno da abelha, uma hipersensibilidade que ele subestimou até que fosse tarde demais.

Poucas semanas antes, no estacionamento de um supermercado, ele havia sido picado por outra abelha. Ao voltar para casa, disse a Patricia que não estava se sentindo bem, tomou um anti-histamínico, comumente recomendado para tratar de reações alérgicas mais leves, e se sentiu melhor logo depois. Patricia insistiu para que consultasse um médico, suspeitando de uma possível alergia a abelhas. Ele, notoriamente descuidado com a própria saúde (fumava demais, bebia uísque demais e comia carne vermelha demais), não marcou consulta nenhuma.

Repetidas exposições ao longo do tempo podem intensificar as reações alérgicas. Na primeira vez, talvez meu pai não tenha tido mais do que um leve inchaço no local da picada. Na segunda ou na terceira vez, as células do sistema imune dele teriam se lembrado das substâncias ofensivas e reagido com mais rapidez e força — causando uma reação proporcionalmente mais forte. Sem que meu pai soubesse, o corpo dele já estava preparado para traí-lo.

O processo de anafilaxia começa no instante em que um antígeno — termo pomposo para designar qualquer substância (como a peçonha de abelha) que deflagra uma resposta imune — encontra e ativa os mastócitos e basófilos do corpo. Os mastócitos e basófilos do meu pai começaram o processo segundos depois que ele foi picado dentro do carro, assim que entraram em contato direto com as proteínas do veneno e passaram a emitir histamina. A histamina, composto orgânico fabricado pelo corpo humano, é parte fundamental de uma resposta imune normal, liberada quando células são danificadas ou estressadas, e faz os vasos sanguíneos se dilatarem. Isso aumenta a permeabilidade das paredes desses vasos — facilitando o deslocamento dos glóbulos brancos até as áreas afetadas. Ela também funciona como um sinal para outras células próximas liberarem ainda mais histamina. Pense nela como um sistema de alarme químico do corpo: quando dispara, todo o sistema imunológico fica de prontidão. Como esse alarme se manifesta dentro do organismo? A histamina age nos receptores dos órgãos causando inflamação, vermelhidão, coceira, urticária e inchaço.

Infelizmente, para meu pai, tudo foi acelerado pelo simples fato de ele estar sentado ao volante com as costas eretas — posição que obstruiu o retorno do sangue desoxigenado ao coração. A onda alérgica de histamina circulando pelo corpo dele dilatou rápido demais as veias, reduzindo ainda mais a pressão sanguínea e o fluxo de sangue para o coração, um processo que pode levar a uma parada cardíaca — e foi o que aconteceu. O excesso de histamina também transferiu fluido do sistema vascular — a rede de vasos sanguíneos que se expande pelo corpo inteiro — para os tecidos, o que fez o corpo dele inteiro inchar. Em um esforço para ajudar a proteger as vias aéreas inferiores dos alérgenos inalados, a histamina aumenta a produção de muco, engrossando-o, e tensiona o tecido muscular liso ao redor dos pulmões. Durante um evento anafilático, as vias aéreas começam a se contrair em minutos. Meu pai, sentindo isso tudo começar a acontecer, parou no acostamento e pediu a Patricia que guiasse o veículo.

Apavorada e a quilômetros de distância do hospital mais próximo, ela decidiu dirigir até uma farmácia local para obter ajuda mais imediata. No banco do carona, a mudança na cor do rosto do meu pai evidenciava que ele estava com dificuldade de respirar.

Minutos depois, Patricia parou o carro no estacionamento minúsculo em frente à pequena drogaria e foi correndo pedir ajuda. O farmacêutico de plantão explicou que não poderia dar uma injeção potencialmente salvadora de epinefrina, também conhecida como adrenalina, no meu pai por ele não ter receita médica. A epinefrina, hormônio natural secretado pelas glândulas suprarrenais durante períodos de estresse, ajuda a interromper o processo de anafilaxia ao sustar a liberação de histamina e contrair os vasos sanguíneos — auxiliando assim o fluxo sanguíneo. Ela também se liga aos receptores nos músculos lisos dos pulmões, ajudando-os a relaxar e permitindo que a respiração volte ao normal. Uma injeção de emergência dessa substância fornece uma dose muito maior de adrenalina do que a produzida pelo corpo em um curto intervalo de tempo. Mas, em vez de administrar o medicamento ao meu pai, o farmacêutico chamou os paramédicos.

Quando a ambulância chegou, os técnicos de emergência médica o entubaram. Meu pai não conseguia mais respirar devido ao inchaço no tecido do pescoço associado à constrição dos pulmões. A ambulância não tinha adrenalina à mão, e o farmacêutico continuava inflexível e se recusou a fornecer aos socorristas a droga de que meu pai precisava tão desesperadamente. Por mais cruel que sua decisão possa parecer, ele tinha as mãos atadas do ponto de vista legal. Na década de 1990, farmacêuticos não tinham permissão para administrar adrenalina, mesmo em caso de emergência. No decorrer de preciosos minutos, o corpo do meu pai entrou em choque, o estágio final do que costuma ser chamado de cascata inflamatória.

Enquanto meu pai era colocado na parte de trás da ambulância, Patricia, que o acompanhava, pediu que ele piscasse se pudesse ouvi-la. Ele suavemente fechou e abriu os olhos. Ela apertou a mão dele, ainda em pânico, mas aliviada e esperançosa. Enquanto ela embarcava no carro para seguir a ambulância até o pronto-socorro, ela ouviu o som da sirene desaparecer na distância.

No caminho para o hospital, apesar de todos os esforços para salvá-lo, o coração do meu pai parou.

James MacPhail — torcedor apaixonado dos times de Boston, vendedor de chips de computador, veterano do Vietnã, a alma de todas as festas, filho amoroso, fanático por comédia stand-up, fã de música e meu pai — havia morrido.

———

Enquanto pesquisava para escrever este livro, completei 47 anos, a mesma idade que meu pai tinha ao falecer, e muitas vezes me peguei pensando em sua morte incomum enquanto conversava com especialistas de todo o país sobre o enigma das alergias. Reações anafiláticas fatais a picadas de abelha ainda são raras. A cada ano, cerca de 3% dos adultos sofrem uma reação com potencial de ser fatal a uma picada de inseto (abelhas, vespas ou marimbondos), mas a maioria sobrevive.[1] Nas duas décadas desde a morte de meu pai, em média apenas 62 norte-americanos — ou 0,00000002% da população em geral — morreram anualmente em consequência de uma picada de inseto.[2] O que houve com meu pai foi uma exceção, um acidente infeliz e um evento que mudou a vida de todos que o conheciam.

Contudo, quanto mais eu aprendia sobre alergia, mais eu me perguntava: *Por que ele?* Haveria algo em sua composição genética (e, portanto, também em parte da minha) que preparava o sistema imunológico para reagir de forma exagerada? Seria algo relativo ao ambiente onde ele cresceu em Boston? Ao seu estilo de vida? Teoricamente, meu pai poderia ter desenvolvido uma sensibilidade aumentada ao veneno de abelha depois de ser picado repetidas vezes — tanto na infância, quanto durante as duas temporadas de serviço militar no Vietnã. Ou poderia ter sido simplesmente muito, muito azarado de falecer depois do segundo contato com a peçonha em pouco menos de um mês. Enquanto eu escrevia este livro — depois de terminar a pesquisa, três anos mais velha do que ele quando morreu —, já sabia que não seria possível determinar com certeza o que causou a alergia dele porque alergias em si são complicadas.

Do ponto de vista biológico, consigo explicar exatamente o que aconteceu durante os últimos momentos de meu pai na Terra. A biologia subjacente é, de muitas maneiras, a parte da história mais fácil de entender e de contar: a resposta do sistema imunológico dele foi eficiente demais. Em grego, anafilaxia significa "defesa ao redor". O sistema imunológico do meu pai — criado para protegê-lo — era funcional, mas sensível em excesso, reconhecendo de forma errada uma substância relativamente inofensiva, de certa forma natural, como uma ameaça direta. Uma vez iniciada, uma reação imunológica exacerbada pode ser quase impossível de interromper. Para quem convive com uma alergia grave, o paradoxo de possuir um sistema imunológico tão forte e ativo é que ele, embora o proteja de germes e parasitas, também pode matá-lo. Foi exatamente isso o que aconteceu com meu pai.

A única coisa com a qual ainda me debato — que não consigo compreender — é o que meu pai deve ter pensado e sentido enquanto observava, impotente, o próprio corpo falhar. Como deve ter se assustado naqueles primeiros segundos ao sentir a garganta fechando e a contração dos músculos pulmonares, que tornaram respirar impossível. Como ele deve ter ficado apavorado quando o coração começou a desacelerar. Como será morrer de forma gradual e ainda assim veloz, com a sobrecarga do próprio sistema imunológico? Será que ele entendeu o que estava acontecendo? No final, quando o coração dele parava, teve tempo de pensar mais uma vez em mim, na própria mãe ou na namorada? Será que ele sabia quanta saudade nós sentiríamos?

Por mais estranho que pareça, minhas pesquisas sobre alergias não começaram por causa disso. Com o passar do tempo, aceitei a morte de meu pai e pensei cada vez menos no assunto. Por anos, as únicas ocasiões em que pensei como foram os últimos momentos dele envolviam ouvir aquele zumbido familiar durante um piquenique ao ar livre ou uma caminhada por algum jardim. Eu paralisava e sentia meu coração acelerar só de ver uma abelha. Mas fora desses encontros aleatórios com vespas, marimbondos ou abelhas, eu não pensava muito em alergias. Até ser diagnosticada com elas.

Em 2015, eu era uma professora assistente recém-contratada, ocupadíssima, lecionando em tempo integral e tentando escrever um livro sobre gripe. Ironicamente, eu adoecia com muita frequência na época. Depois de ser diagnosticada com a quarta infecção respiratória em menos de um ano, o médico me encaminhou para um otorrinolaringologista — um especialista em ouvido, nariz e garganta — declarando que deveria haver algo de errado com meu "encanamento" nasal. O otorrinolaringologista ouviu minhas queixas, examinou as anotações do médico anterior e examinou minhas cavidades nasais e a garganta com um otoscópio.

"O nariz está muito irritado", comentou ele, ainda espiando nas profundezas das minhas narinas. "Bem mais do que o normal para uma infecção. Eu diria que você tem alergia a algo. Esse é o problema."

Para mim, aquilo era uma novidade. Nunca sofri com espirros ou ficava com o nariz entupido. Nada de olhos vermelhos ou inchados, coceira, vermelhidão ou formigamento na pele nem problemas de estômago. Até onde eu sabia, estava isenta de alergias. Mas ali estava um especialista, alguém com anos de experiência clínica, dizendo que, na verdade, eu era uma entre os milhões de alérgicos que viviam nos Estados Unidos. E que aquelas alergias atrapalhavam ao sobrecarregar o meu sistema imunológico no combate de vírus e bactérias sazonais — os *verdadeiros* inimigos microscópicos — que eu encontrava diariamente. Era uma reação a gatilhos errados, confundindo substâncias inofensivas com prejudiciais, funcionando com tanta diligência que estava me deixando doente no processo.

Acontece que, no final das contas, sou igual ao meu pai — compartilhamos um sistema imunológico hipersensível —, embora na época eu ainda não soubesse se era alérgica a abelhas (falarei mais sobre isso adiante). Nos meses seguintes, conforme fui aceitando os mistérios e as frustrações das minhas alergias e comecei a pensar em mim como uma paciente de alergia, senti certo conforto por ao menos não estar sozinha. Longe disso. Assim que revelei aquele diagnóstico, todos começaram a falar comigo sobre suas alergias alimentares, cutâneas ou respiratórias. De repente, parecia que todo mundo que eu conhecia tinha algum tipo de condição alérgica, eles apenas não falavam sobre elas. E foi assim que percebi que a alergia era um problema bem maior do que eu imaginava.

Alergia a nozes. Rinite alérgica. Asma. Eczema. Ou você sofre de uma alergia ou de uma condição relacionada à alergia, ou conhece alguém que sofre. As últimas estatísticas sobre o assunto são preocupantes. Durante a última década, o número de adultos e crianças diagnosticados com alergias leves, moderadas ou graves tem aumentado de forma constante a cada ano. Bilhões de pessoas no mundo inteiro, cerca de 30% a 40% da população global, têm algum tipo de doença alérgica. Milhões padecem de condições severas o suficiente para representar risco efetivo à saúde. Mas as alergias não precisam ser fatais para afetar a vida de alguém. Pessoas com respostas imunológicas alérgicas leves, moderadas e graves (mas não fatais) gastam tempo, dinheiro e atenção em excesso. As alergias podem ser um fardo, mesmo quando não são uma ameaça à vida. Mas, como normalmente não matam, temos a tendência, como sociedade, de não levá-las muito a sério. Fazemos gracinha com a intolerância a glúten ou com a rinite de alguém sem pensar duas vezes. A qualidade de vida de uma pessoa com alergia ativa é tipicamente menor do que a de alguém sem alergia. Os níveis de ansiedade e estresse são maiores. Elas se sentem abatidas com mais frequência. A capacidade de concentração e os níveis de energia diminuem com o tempo.

Talvez você já saiba como é ser uma pessoa alérgica. Também há grandes chances de ter minimizado a própria alergia por ter se acostumado com ela. Em outras palavras, você não espera mais se sentir "ótimo", contentando-se em estar "bem" na maior parte dos dias. Mesmo quando um alérgico encontra maneiras de lidar com sua condição, há momentos em que é mais difícil ignorá-la. Um dia de muito pólen no ar. Uma nova placa de pele avermelhada que não para de coçar. Um jantar em que cada convidado traz um prato. Quem sofre de alergia sabe o que muitas vezes não se revela aos que estão livres dela: nossos corpos estão sempre esbarrando em bilhões de partículas invisíveis, micróbios, produtos químicos e proteínas que constituem o espaço e os objetos ao redor. Nossas células imunológicas tomam decisões rápidas, aceitando ou rejeitando aquilo que encontramos, inúmeras vezes ao dia, durante toda a nossa vida. É o sistema imunológico que decide, em essência, o que pode se tornar parte de nós (alimentos), o que pode coexistir conosco (algumas bactérias, vírus e parasitas), o que podemos tolerar ou ignorar — e o que não podemos.

É evidente o aumento da nossa sensibilidade à miríade de alérgenos naturais e artificiais com os quais entramos em contato diariamente. O problema é que os imunologistas que trabalham para entender os processos biológicos envolvidos nas reações alérgicas não sabem explicar o motivo disso. O agravamento das alergias alimentares, cutâneas, respiratórias, a insetos e medicamentos continua sendo um dos mistérios médicos mais prementes do século XXI. Por que estamos sofrendo tanto com essas reações?

———————

Depois de receber o diagnóstico, eu quis mais informações. Queria respostas para uma série de perguntas que começavam muito pessoais para desembocar em um conjunto mais amplo de questões históricas, econômicas, sociais, políticas e filosóficas.

- Há quanto tempo existem as alergias? Elas são um problema antigo ou relativamente recente?
- Elas estão piorando? Caso estejam, por qual razão?
- São genéticas, ambientais ou provocadas pela ação humana?
- O que podemos fazer a respeito? É possível "consertar" as alergias?

Depois de algumas semanas de pesquisa, não encontrei respostas satisfatórias ou de fácil acesso. Essas perguntas se transformaram em uma jornada pessoal e científica para diagnosticar o problema da alergia no século XXI. Este livro é um registro dessa jornada, um exame holístico do fenômeno das alergias desde sua primeira descrição médica moderna em 1819 até o recente desenvolvimento de medicamentos biológicos para tratá-las e imunoterapia para preveni-las.

O que você está prestes a ler é uma tentativa de contar toda a história das alergias no século XXI: o que são, por que as temos, por que estão piorando cada vez mais a nível global e o que isso pode revelar sobre o destino da humanidade em um mundo em rápida transformação. Para explorar as complicadas conexões que temos com o ambiente que nos cerca, este livro entrelaça as pesquisas científicas mais recentes com a história das alergias e as narrativas pessoais dos pacientes e médicos que as enfrentam.

Em primeiro lugar, abordaremos a definição, ainda sujeita a alterações, do que é uma alergia — e do que não é. Conforme o conhecimento científico da imunologia — estudo da função do sistema imunológico em todas as espécies — aprofundou-se e progrediu, o mesmo ocorreu com o entendimento do que se enquadra na categoria de "alergia" ou respostas imunes do tipo alérgico. Como descobriremos, as alergias não são tão fáceis de classificar, diagnosticar e contabilizar. As melhores estatísticas que temos são baseadas em requerimentos de planos de saúde, enquetes e formulários de internações hospitalares. Mas não importa como fazemos as contas: o número de indivíduos alérgicos cresce a cada ano — sem que haja perspectiva de diminuição.

Depois de aprendermos o básico sobre alergias, exploraremos as várias teorias sobre as causas. Dependendo de como se define as respostas imunológicas alérgicas, elas são muito antigas — acredita-se que Menés, primeiro faraó do Antigo Egito, tenha morrido devido a uma picada de abelha ou vespa — ou muito novas. A primeira descrição clínica de uma resposta alérgica, a análise de um caso da chamada febre do feno,* foi escrita há pouco mais de duzentos anos, e evidências sugerem que as alergias respiratórias não eram comuns ao menos até o início da Revolução Industrial. As ideias acerca do que provoca o constante aumento na porcentagem de alérgicos desde então são complexas e muito debatidas. Quem deseja respostas fáceis não as encontrará aqui. Mas aprenderá qual é a combinação mais provável de culpados.

E, finalmente, faremos um panorama dos tratamentos disponíveis para a alergia e do futuro dessa especialidade médica. Não houve grandes mudanças no tratamento nos últimos dois séculos, mas existe no horizonte uma nova classe de drogas biológicas que pode fornecer a esperança de um alívio maior e mais consistente dos piores sintomas. Ao mesmo tempo, novos entendimentos científicos das respostas imunológicas alérgicas podem auxiliar na criação de legislação específica e políticas sociais mais eficientes. No final, compreender o que nos causa reação alérgica e por que pode nos ajudar a criar ambientes melhores no futuro — onde todos possam respirar com mais facilidade.

Este livro é dedicado a meu pai. Ele era um leitor voraz e um eterno aprendiz. Embora não tenha concluído o primeiro ano de faculdade, era

---

* Também conhecida como polinose ou rinoconjuntivite alérgica sazonal. Corresponde à reação alérgica a pólen e é bem comum na Europa — atinge cerca de 40% de europeus. É considerada sazonal por ocorrer nas épocas do ano em que algumas espécies de plantas passam por polinização. [N. da E.]

autodidata nato e gostava de descobrir novos fatos sobre o mundo até falecer. Nesse sentido, também me pareço muito com ele. Herdei não apenas as tendências alérgicas, mas também a curiosidade e a busca constante pela verdade — por mais complicada e opaca que essa verdade se revele. Acho que ele ficaria entretido, esclarecido e fascinado pela história contada nas páginas seguintes. E quer você, meu caro leitor, tenha ou não uma alergia ou ame alguém que tenha, espero que até o final deste livro não só entenda melhor as alergias, como também fique curioso sobre o incrível sistema imunológico e sua complexa relação com os ambientes em que vivemos. Obrigada por embarcar nessa jornada comigo.

Vamos começar.

PARTE UM

Diagnóstico

• • •

O primeiro passo em busca de um maior entendimento da alergia no século XXI é a consolidação de um rol com todos os sintomas atuais. Nos próximos três capítulos, examinaremos mais de perto o problema da alergia na atualidade — a partir de estatísticas recentes e de relatos concedidos por quem sofre de determinadas condições, como febre do feno, asma alérgica, dermatite ou eczema alérgico, alergia alimentar, alergia a medicamentos ou a insetos. Nem sempre é fácil diagnosticar uma alergia ou diferenciá-la oficialmente de uma intolerância ou sensibilidade. A função do sistema imunológico é complexa, e a alergia integra um espectro de possíveis reações imunes, que variam entre uma resposta alérgica completa, uma irritação de leve a moderada e a completa tolerância. Para entender melhor o que é e o que não é uma alergia, vamos explorar a história do sistema imunológico e como a alergia se encaixa nele.

CAPÍTULO 1

O que é alergia (e o que não é)

Antes de começar a pesquisar para este livro, eu não fazia ideia de como alergias eram um problema gigantesco. Aproximadamente 40% de toda a população humana já tem algum tipo de condição alérgica.[1] Até 2030, cientistas estimam que essa porcentagem chegará a 50%. Mas antes que possamos nos aprofundar no que esses números podem significar e por que as alergias devem aumentar nas próximas décadas, precisamos responder a uma pergunta mais básica e fundamental: *o que é uma alergia?*

Quando comecei a conversar com cientistas e alergistas, presumi que sabia a resposta. Se alguém tivesse me questionado, eu teria dito, confiante, que uma alergia é uma resposta corporal negativa a algo que uma pessoa comeu, tocou ou inalou. Se insistissem em mais detalhes, provavelmente eu teria contado o que havia aprendido há muito tempo em um curso introdutório de biologia — que o sistema imunológico humano é semelhante a um sistema de defesa. Ele reage a substâncias estranhas, como vírus, bactérias e parasitas, e ajuda a nos proteger de infecções. Em indivíduos com alergias, entretanto, esse mesmo sistema imunológico é acionado por algo no ambiente — como pólen, leite ou níquel em bijuterias metálicas —, algo que é inofensivo para os não alérgicos. Eu teria listado espirros, nariz escorrendo ou entupido, tosse, erupções cutâneas, vermelhidão, urticária, inchaço e dificuldade para respirar como possíveis sintomas.

Sempre que peço a pessoas leigas (ou seja, a quem não é cientista ou especialista em biomedicina) para explicar o que é uma alergia, ouço algo semelhante à minha definição inicial. Pessoas de todas as idades e origens tendem a pensar em alergia e alérgenos da forma como um jovem não alérgico os descreveu para mim: "Algum tipo de desequilíbrio com algo que ingressa em seu sistema. Essa coisa simplesmente não combina bem com o seu corpo, que tenta se livrar dele." Outro descreveu a alergia como o corpo se "autodestruindo" ao não saber lidar com algo como pólen ou determinado alimento. Em uma entrevista memorável, um homem com várias alergias, criado na cidade mexicana de Chihuahua, região da fronteira com o Texas, sugeriu que o corpo dele está em constante modo de defesa — o que, para ele, seria algo positivo. Ele acredita que está bem protegido, que seu corpo seria mais "cuidadoso" e alerta do que os dos não alérgicos. São todas descrições mais ou menos precisas de respostas imunes do tipo alérgico e todas funcionam bem... até que não funcionam mais.

Mesmo aqueles que têm alergias nem sempre entendem exatamente o que elas são ou como distingui-las de condições não alérgicas com sintomas semelhantes.

Vejamos, por exemplo, o caso de Chrissie,[2] uma das primeiras pacientes alérgicas entrevistadas para este livro. Na época em que conversamos, fazia anos que Chrissie enfrentava sintomas de alergia respiratória, urticária, inchaço esporádico dos olhos e problemas estomacais frequentes. Ela havia sido diagnosticada com febre do feno ou rinoconjuntivite alérgica sazonal e, ocasionalmente, visitava um otorrinolaringologista quando os sintomas mudavam ou pioravam. Ela também apresentava sintomas gastrointestinais e erupções cutâneas, caso consumisse acidentalmente leite ou glúten. Anos atrás, Chrissie consultou um alergista e foi testada para reações aos alérgenos mais comuns. Como a pele dela era não reativa a todos os alérgenos alimentares, o especialista afirmou ser improvável que tais sintomas fossem devidos a uma alergia alimentar. O otorrinolaringologista que a atendeu a encorajou a refazer o teste repetidas vezes, mas ela não o fez. Em vez disso, passou a pesquisar os sintomas na internet, combinando esforços com outros pacientes em busca de possíveis tratamentos.

Quando solicitada a definir o que é uma alergia, Chrissie afirma que é o que acontece quando o corpo não consegue lidar com alguma coisa, especialmente se ele entra em contato com essa coisa com muita frequência ou em grande quantidade. Na explicação dela, combinando o passar do tempo às repetidas exposições, o corpo deixa de ser capaz de processar tal coisa, dando origem a sintomas como os que ela tem. Ela não acredita nos resultados dos testes cutâneos para alérgenos alimentares e insiste que tem alergia alimentar; como o trigo e o leite são ingredientes da maioria dos alimentos, afirma que o corpo aprendeu a rejeitá-los depois de décadas de consumo.

Estou começando este capítulo com a história de Chrissie — sua concepção errônea do que é e o que não é uma alergia e sua confusão e frustração palpáveis — para ilustrar o que acertamos e o que erramos sobre o tema. Quando se trata de alergias respiratórias, Chrissie está certa ao pensar que seu corpo está respondendo a algo a que foi exposto repetidamente. Mas está errada sobre a incapacidade do corpo de processar o pólen. (Como veremos em breve, é mais correto dizer que o corpo não é capaz de tolerá-lo ou de ignorá-lo.) É provável que ela não tenha uma autêntica alergia alimentar, apesar de apresentar sintomas muito reais, porque não demonstra uma sensibilização ao leite ou ao glúten (como é demonstrado pelos resultados dos testes cutâneos). Em outras palavras, o sistema imunológico dela *não está reagindo* aos alimentos que ela ingere. Ele, no entanto, *está reagindo* ao pólen, o responsável por causar a febre do feno. O que deixa Chrissie confusa, portanto, é a diferença entre uma intolerância (em seu caso, a intolerância a determinados alimentos, possivelmente causada por outra condição como a síndrome do intestino irritável ou a falta da enzima lactase, que decompõe a lactose dos produtos lácteos) e uma resposta alérgica (a alérgenos transportados pelo ar). E quem poderia culpá-la? Mesmo sendo uma antropóloga médica com um conhecimento decente de imunologia, tive de descobrir algumas dessas distinções da maneira mais difícil.

Essas definições se tornavam mais turvas à medida que eu me aprofundava na literatura científica sobre alergia e conversava com alergistas e imunologistas. Para a minha surpresa e frustração inicial, quanto mais eu aprendia sobre o funcionamento complexo do sistema imunológico, mais difícil se tornava entender a alergia, e não o contrário. Acontece que o que costumamos chamar de "alergia" é, na verdade, uma miscelânea de condições. O único ponto em comum é o seguinte: todas envolvem uma reação de hipersensibilidade do sistema imunológico a uma substância inofensiva — um alérgeno — que não produz nenhuma resposta imune em indivíduos não alérgicos. Os sintomas de uma alergia variam dependendo do modo como o alérgeno entra no corpo (através da pele, das vias aéreas ou do trato intestinal), da genética da pessoa e dos diversos "dominós alérgicos" que ele pode desencadear.

Então, o que é uma alergia? É uma reação prejudicial imunomediada de hipersensibilidade a um antígeno inofensivo — definido, por sua vez, como qualquer toxina ou substância estranha que ativa uma resposta imune. Essa é a definição técnico-científica, mas não deve explicar muita coisa — por enquanto. Para compreender, de fato, o que é uma alergia, temos de entender como a definição do próprio termo mudou ao longo do último século. O conceito, nascido de estudos iniciais sobre a função do sistema imunológico dos mamíferos, existe há pouco mais de um século.

Aprendi, assim como você aprenderá mais adiante, que a melhor definição de alergia talvez seja os processos biológicos que ela desencadeia.

A EVOLUÇÃO DE UMA IDEIA HERÉTICA: UMA BREVE HISTÓRIA DA ALERGIA

Antes de mergulharmos na história complicada e agitada da alergia e do nosso conhecimento sobre o sistema imunológico, é importante destacar, desde o início, que uma alergia não é uma "coisa", pelo menos não no sentido de objeto — como mesas ou gatos. É melhor pensar nela como um processo biológico complexo que envolve componentes distintos e interligados do sistema imunológico. A alergia está mais relacionada com as ações das células imunológicas do que com os sintomas que podemos ter por causa dessas ações. A história de como os estudos sobre imunidade evoluíram para possibilitar a descoberta de reações alérgicas começa de verdade na virada do século passado.

O que se pensa sobre o sistema imunológico, e o que se pensava antigamente, deve-se muito à compreensão inicial dos micróbios. No final dos anos 1800, cientistas famosos como Louis Pasteur, Joseph Lister e Robert Koch estavam ocupados conduzindo experimentos para provar que organismos vivos que não podemos ver — como o antraz, o bacilo da tuberculose e as bactérias do cólera — podem nos deixar doentes, infectar feridas e apodrecer a comida. Essa nova compreensão do contágio e do funcionamento dos microrganismos — chamada de "teoria dos germes" — deu origem ao conceito médico moderno de imunidade, ou a capacidade de um organismo para evitar doenças.

Estar imune é estar protegido da infecção de qualquer organismo externo específico. Os mecanismos biológicos por trás da imunidade se tornaram o foco da pesquisa científica sobre a teoria dos germes entre o final do século XIX e início do século XX. Por volta de 1900, os cientistas se concentravam em entender os mecanismos biológicos básicos que causavam a imunidade ou a doença em um animal depois de ter sido exposto a um patógeno, como o bacilo do antraz. O objetivo desses primeiros imunologistas era aprender como induzir imunidade. Na época, vacinas e soros contendo anticorpos e pequenas quantidades de micróbios alterados já eram usados em clínicas médicas e hospitais para prevenir ou tratar enfermidades corriqueiras como a varíola, a difteria ou o tétano, mas o mecanismo de funcionamento dessas substâncias permanecia quase envolto em mistério.

Estimulados pelo sucesso dessas primeiras vacinas e soros, cientistas e médicos acreditavam que seria possível produzir imunidade contra *todas* as doenças e toxinas infecciosas. Só era preciso, supunham eles, um melhor entendimento sobre como a imunidade era desenvolvida pelos animais. Esforços para tratar e produzir imunidade contra uma variedade de doenças forneceram o pano de fundo para a descoberta acidental da alergia.

O termo "alergia" — que significa "atividade de um corpo estranho" a partir da combinação das palavras gregas *allos* e *ergon* — foi cunhado na virada do século passado por Clemens von Pirquet, médico em uma clínica pediátrica de Viena, na Áustria. Pirquet e seu colega Béla Schick repararam que algumas crianças que recebiam vacinas contra varíola feitas com soro de cavalo (uma prática médica comum na época) reagiam mal a uma segunda dose, desenvolvendo erupção cutânea no local da injeção, coceira ou pele inflamada e febre. Supondo que algo no próprio soro provocava essas reações biológicas negativas, a dupla passou a observar metodicamente os pacientes após repetidas injeções de vacina contra varíola.

A princípio, Pirquet usou "alergia" para indicar qualquer estado biológico alterado, bom ou mau, desencadeado pela exposição a uma substância estranha — nesse caso, o soro.[3] Para Pirquet, uma reação ou estado alterado negativo poderia ser a erupção cutânea ou febre produzida pela aplicação de uma vacina; uma reação ou estado alterado positivo se referia ao desenvolvimento de imunidade produzido pelas mesmas injeções. A alergia, em seu enquadramento original, incluía a imunidade *e* a hipersensibilidade. Era um termo neutro destinado a indicar apenas que algo havia induzido uma mudança no estado de um paciente.

Em 1906, quando Pirquet inventou o termo "alergia", o conceito de imunidade em si ainda era novo e extremamente limitado, empregado apenas para se referir às defesas naturais do corpo contra doenças.[4] Como ideia, "imunidade" foi inicialmente usada no campo da política, não no da medicina, referindo-se à isenção de alguma pena ou obrigação legal.[5] Os primeiros cientistas tomaram o termo emprestado e alteraram um pouco o que significava. No campo da medicina, a imunidade se referia a uma isenção natural de doenças infecciosas, indicando um estado de proteção completa contra a "punição" da doença e, talvez, até da morte. A denominação "sistema imunológico" veio dessa versão de imunidade e era essencialmente uma teoria em desenvolvimento, destinada a contemplar quaisquer processos biológicos ocorrendo dentro do corpo que fossem responsáveis por fornecer essa proteção. Nesse ponto, pensava-se que a única função do sistema imunológico era a defesa — *e apenas a defesa*. Clínicos antigos como Pirquet e Schick, que observavam a reação negativa de pacientes a substâncias que deveriam imunizá-los, acreditavam testemunhar o que deveria ser uma fase no desenvolvimento sistemático de uma defesa contra aquelas substâncias. Viam erupções cutâneas, febre e coceira nos locais de injeção como evidência de que as vacinas ou soros estavam funcionando.

Mas e se, como começaram a notar Pirquet e Schick, o sistema imunológico pudesse cometer um erro? E se o sistema imunológico, além de nos proteger, também pudesse nos adoecer? E se as doenças não fossem causadas apenas por bactérias e toxinas, como também pelo próprio sistema imunológico?

Era uma ideia revolucionária, herética e — pelo menos a princípio — repudiada. Para os primeiros cientistas no campo da imunologia, era inconcebível aceitar que o sistema imunológico de um indivíduo pudesse lhe causar danos. A produção de anticorpos pelo corpo humano[6] — a capacidade do sistema imunológico de criar células especializadas que funcionam para neutralizar organismos invasores nocivos — era considerada benéfica. A percepção de que o mesmo sistema imunológico responsável por combater bactérias poderia ser a raiz de reações de hipersensibilidade a coisas como soro de cavalo e pólen contrariava décadas de trabalho. A teoria da alergia de Pirquet desafiou diretamente um princípio fundamental do novo campo da imunologia e, como resultado, foi rejeitada. Cientistas demorariam mais de uma década para perceber que não apenas ela estava correta, bem como poderia ser útil ao campo médico.

Conforme mais e mais evidências clínicas e laboratoriais se acumulavam, os cientistas começaram a perceber, aos poucos, que a descrição das reações alérgicas de Pirquet era muito mais prevalente do que haviam imaginado. Ao mesmo tempo, os médicos começaram a reconhecer que as chamadas reações alérgicas também poderiam explicar muitas das doenças crônicas — asma periódica, febre do feno, urticária recorrente — que viam em suas clínicas. Com o passar dos anos, o conceito passou a ser adotado de forma mais ampla. Os médicos que tratavam de doenças desconcertantes começaram a ver a "alergia" como uma forma de dar a esses pacientes um diagnóstico que explicava, ao menos de forma parcial, aquilo que sentiam. Com o tempo, a definição de "alergia" passou a se referir quase exclusivamente às respostas mais problemáticas e prejudiciais do sistema imunológico, as chamadas *reações exageradas* a agentes inofensivos.[7]

Da metade até o final da década de 1920, o campo da alergia apenas começava a emergir como subcampo da imunologia.[8] Como termo, "alergia" era usado de forma regular e intercambiável com palavras como "sensibilidade", "hipersensibilidade" e "hiperirritabilidade" para indicar qualquer resposta imune excessivamente reativa a uma substância que, em princípio, seria "inofensiva". Um dos principais alergistas da época, Warren T. Vaughan, definiu a alergia como uma "hiperirritabilidade ou instabilidade de uma parte do sistema nervoso".[9] Como médico e ávido pesquisador, Vaughan estava intrigado pela idiossincrasia das reações individuais de seus pacientes aos alérgenos. Não havia um padrão que fizesse sentido para ele nem algo que explicasse por que razão, ao controlar todas as demais variáveis, duas pessoas poderiam reagir de maneiras tão diferentes à exata mesma exposição a um alérgeno. Ainda mais intrigante era ser possível que *o mesmo paciente* respondesse de forma diferente *ao mesmo estímulo* em ocasiões diversas ou em distintos horários do mesmo dia. Era como se as reações alérgicas não seguissem qualquer regra biológica — ao menos nenhuma que se fizesse evidente para Vaughan.

Em 1930, Vaughan presumia que o propósito geral do sistema imunológico dos mamíferos era manter algum tipo de "equilíbrio" ou estabilidade entre o organismo e o ambiente. Os sintomas de um alérgico, portanto, eram sinais de um desequilíbrio temporário ou crônico entre esse indivíduo e o resto do mundo biológico. Vaughan pensou — corretamente, como o tempo haveria de provar — que uma reação alérgica começava no nível micro, das células, e não no macro, do corpo inteiro. Quando as células de uma pessoa alérgica encontravam uma substância estranha ou sofriam um choque exógeno ou externo, elas reagiam de forma exagerada, desequilibrando os próprios sistemas biológicos, de

Alérgicos 31

modo temporário ou crônico. O objetivo do alergista era ajudar a trazer o paciente de volta a um "estado alérgico equilibrado" — e mantê-lo assim. O delicado equilíbrio entre os estados "normal" e "alérgico" do ser, ao menos conforme Vaughan, poderia ser interrompido por qualquer estressor na vida do paciente — uma infecção respiratória grave, uma mudança brusca de temperatura, uma alteração hormonal ou um aumento generalizado no nível de ansiedade.

Outros dentre os primeiros alergistas definiram o problema de maneira semelhante e postularam muitas das mesmas causas para a manifestação que viam nos pacientes. No Reino Unido, o Dr. George W. Bray definiu a alergia como "um estado de suscetibilidade exagerada a diversas substâncias estranhas ou agentes físicos"[10] que são, em geral, inofensivos. Para Bray, tanto a anafilaxia quanto a alergia deveriam ser encaradas como "acidentes no caminho da defesa". O Dr. William S. Thomas definiu a alergia como uma "reação alterada"[11] e questionou qual relação ela teria com o desenvolvimento da imunidade após repetidas infecções bacterianas ou virais (em um vago eco da tese original de Pirquet de que a imunidade e a hipersensibilidade estavam relacionadas).[12] Na época dos escritos de Thomas na década de 1930, pesquisadores na área já haviam notado que a asma costumava ser precipitada por uma infecção bacteriana dos pulmões e começaram a supor que havia uma conexão entre doenças respiratórias anteriores de um paciente e o desenvolvimento de uma alergia. Em um periódico da área médica, o Dr. G.H. Oriel argumentou que havia apenas três estados possíveis de função do sistema imunológico: normal (neutro — nem alérgico, nem imune), sensibilização (alergia) e imunidade.[13] No final da década de 1930, o termo "alergia" tinha deixado de ser uma conotação neutra para *qualquer* mudança biológica induzida por um estímulo externo e se tornado uma descrição negativa de um conjunto muito mais limitado de reações físicas à introdução de qualquer substância externa no corpo. Como termo médico, na década de 1940, passou a "representar o lado sombrio da imunidade".[14]

Essa reputação foi reforçada no final da década de 1950, quando o famoso imunologista Frank Macfarlane Burnet descobriu que certas doenças, como lúpus e artrite reumatoide, eram, em última instância, o resultado da incapacidade do sistema imunológico humano de diferenciar células "boas" de células "ruins", ou "próprias" de "não próprias". A autoimunidade — quando o corpo ataca a si mesmo — tornou-se foco das pesquisas em imunologia depois que Burnet percebeu que a função básica do sistema imunológico *não* era defender o corpo de invasores infecciosos, e sim reconhecer as células do próprio corpo entre as demais. Depois de entrar em contato com algo do ambiente imediato, o sistema imunológico pode optar por tolerar a substância estranha, ou "não própria" (como faz com a maioria das proteínas ingeridas como alimento), ou atacá-la (como faz com muitos vírus e bactérias). Em alguém com um distúrbio autoimune, o sistema imunológico comete um erro fundamental, confundindo as células do próprio corpo com células estranhas, e torna-se hipersensível — ou reage de forma exagerada — a elas. Basicamente, o sistema imunológico desencadeia uma reação aos tecidos do próprio corpo.

Os insights de Burnet sobre a autoimunidade fundamentariam as pesquisas científicas da função imunológica durante boa parte do século XX, conforme a área focava cada vez mais compreender o desenvolvimento da tolerância, em vez da defesa, imunológica. Hoje, a alergia e a autoimunidade são consideradas variações do mesmo tema, e não problemas diferentes. Ambas destacam a falibilidade dos mecanismos biológicos que regem nossa imunidade a doenças e da nossa tolerância a substâncias naturais e artificiais. No século XXI, a sugestão original de Pirquet de que o sistema imunológico poderia nos prejudicar tanto quanto nos proteger não é mais uma heresia, mas sim uma frase feita sobre a função — e disfunção — imunológica geral.

As pesquisas mais atuais em imunologia sofreram mudanças, afastando-se do paradigma própria/não própria de Burnet em direção a um modelo que reflete a compreensão atual de como nossas células interagem com os trilhões de células, partículas e substâncias químicas não humanas em nosso trato intestinal, cavidades nasais e pele. Como nossos corpos decidem o que tolerar e o que combater? Em outras palavras, as células imunológicas precisam determinar quando o corpo está ou não em risco devido a algum fator ambiental. Como isso acontece, no entanto, permanece um mistério. A Dra. Pamela Guerrerio, uma das principais pesquisadoras e clínicas de alergia alimentar do National Institute of Health (NIH, Instituto Nacional de Saúde), explicou que "ainda não compreendemos os mecanismos por trás da tolerância imunológica nem por que toleramos algumas coisas e não outras". O Dr. Avery August, imunologista da Universidade Cornell, disse que ainda há um acalorado debate acerca de qual é a função última de nossas células imunológicas. Embora seja evidente que elas fornecem proteção contra infecções, August prefere pensar nelas como as "avaliadoras" do corpo, constantemente avaliando tudo o que encontramos e tomando milhões de microdecisões sobre o que deve ou não fazer parte do corpo humano e coexistir conosco. A única certeza que parecemos ter sobre o sistema imunológico é que, conforme se torna mais irritado no século XXI, ele é cada vez menos tolerante inclusive a algumas das coisas "boas" ao nosso redor.

COMO SE DEFINE ALERGIA NA ATUALIDADE

Como vimos, definir exatamente o que é uma alergia tem sido um problema desde o início. Em 1931, o renomado alergista Dr. Arthur Coca argumentou que usar "alergia" como um termo médico não era útil porque clínicos gerais e outros não especialistas tendiam a usá-lo para qualquer coisa.[15] Tornou-se algo conveniente, usado para acalmar pacientes diante da falha de outros diagnósticos e tratamentos.

Alergistas e cientistas com quem converso ecoam muitas vezes o lamento de Coca: dizem que um dos problemas mais difíceis e consistentes que enfrentam é o equívoco geral sobre o que realmente é uma alergia. Quando conversamos, eles alegam repetidas vezes que o público costuma usar o termo de forma indiscriminada para descrever quase qualquer conjunto de sintomas desconfortáveis. Se as pessoas têm indigestão frequente ou sentem dor após uma refeição, atribuem isso a uma reação alérgica a algo que comeram — como laticínios —, mesmo que nunca visitem um alergista para confirmar ou refutar suas suspeitas.

Nos últimos cem anos, tornou-se um conceito médico popular e difundido, mas nem sempre aplicado de forma adequada ou eficaz. Alergistas e imunologistas querem que as pessoas entendam que uma alergia não é o mesmo que uma sensibilidade, uma intolerância ou um distúrbio autoimune. A principal diferença está nos processos biológicos ou mecanismos imunológicos que são ativados.

Uma rápida introdução aos sistemas imunológicos

Vamos começar definindo que o sistema imunológico humano é composto de dois diferentes sistemas que funcionam em conjunto. O sistema imunológico inato, funcional desde o nascimento, é uma força bruta, a primeira linha de defesa contra invasores estranhos, como patógenos. Como ele reage da mesma maneira a qualquer objeto estranho, às vezes é chamado de sistema "não específico". A pele e membranas mucosas — os revestimentos externos e internos do corpo — são parte do sistema imunológico inato. Se algo ultrapassar essas barreiras, ele pode ativar a inflamação para afastar invasores microscópicos. Mastócitos e basófilos (que já vimos em ação durante a anafilaxia) estão envolvidos nesse processo. Células imunes especiais destruidoras, chamadas de fagócitos, conseguem engolfar ou "engolir" as bactérias, matando-as, e células assassinas naturais podem destruir quaisquer células que já tenham sido infectadas por um vírus. Esses diferentes componentes do sistema imunológico inato costumam ser suficientes para evitar infecções.

O sistema imunológico adaptativo é acionado caso o inato não se mostre capaz de lidar com a ameaça. Neste livro, vamos prestar mais atenção no sistema imunológico adaptativo, porque ele é o responsável pelas nossas reações de hipersensibilidade (que incluem autoimunidade e alergia). Como segunda linha de defesa, o sistema imunológico adaptativo é "específico" por lembrar-se das coisas específicas que encontra e, em caso de exposição subsequente, reagir de acordo. Os linfócitos T, um tipo de glóbulo branco produzido na medula óssea, possuem, em sua superfície, recursos de detecção que se ligam a invasores estranhos, como células de germes. Depois de entrar em contato com um invasor específico, algumas dessas células T podem se tornar células T de "memória". Na próxima vez que encontrarem um organismo semelhante, elas ativarão o sistema imunológico adaptativo muito mais depressa. Os linfócitos B, outro tipo de glóbulo branco produzido na medula óssea, são ativados pelas células T. As células B podem produzir rapidamente grandes quantidades de anticorpos e liberá-los na corrente sanguínea para ajudar a combater invasores. Os anticorpos são proteínas em forma de Y que circulam pelo sangue e cuja principal função é neutralizar substâncias estranhas como vírus e bactérias. Os anticorpos se anexam a microrganismos forasteiros, impedindo-os de penetrar ou de unir-se às nossas paredes celulares. Ao mesmo tempo, eles podem se unir a outras células imunológicas e ativá-las, promovendo e auxiliando em uma resposta geral do sistema imunológico. São específicos tanto para o tipo de célula B que os está produzindo quanto para o tipo de célula T que desencadeou o processo. Assim, eles são feitos "sob medida" para agir contra um tipo específico de material estranho que entrou no corpo — algo de que o corpo se "lembrou" de um encontro passado.

Nossos corpos produzem cinco tipos diferentes de anticorpos: IgM, IgD, IgG, IgA e IgE. Reencontraremos IgG e IgE mais à frente, mas é o IgE que será o foco principal de grande parte deste livro. Embora nem todas as hipersensibilidades do tipo I — também conhecidas como respostas imunológicas alérgicas — sejam mediadas pelo IgE, a maioria das respostas alérgicas envolve a sua ativação. Por outro lado, as respostas imunes de hipersensibilidade tipo II e tipo III, que incluem a doença de Graves e distúrbios autoimunes como o lúpus e a artrite reumatoide, são mediadas por anticorpos IgG. Para o bem ou para o mal, uma resposta de anticorpos IgE tornou-se o principal indicador de uma resposta imune do tipo alérgico — e é sinônimo de alergia. Uma predisposição genética à sensibilização de IgE a alérgenos no ambiente é chamada de atopia.

Portanto (e isso será importante mais adiante), atopia é diferente de alergia porque, embora seja possível ter uma alergia sem uma resposta de IgE, não é possível ter uma reação atópica sem IgE.

Essa ligação entre IgE e atopia foi uma importante descoberta que levou a grandes inovações na pesquisa sobre respostas alérgicas e os consequentes tratamentos propostos. No entanto, ela também causa confusão quando se trata de analisar as diferenças entre alergia, atopia e coisas como intolerâncias ou sensibilidades (como veremos no Capítulo 2 sobre diagnóstico). Devido à importância central da IgE como marcador de resposta alérgica, acho bom fazer um rápido desvio para explorar a descoberta desse anticorpo.

A descoberta do IgE

Ainda em 1906, quando cunhou o termo "alergia", Clemens von Pirquet postulava (corretamente, ao que parece) que os alérgenos estavam ativando uma resposta de anticorpos nos pacientes. Em 1919, o Dr. Maximilian Ramirez relatou que um de seus pacientes havia desenvolvido alergia à caspa de cavalo após receber uma transfusão de sangue de um doador com essa alergia.[16] Isso provava a suposição de Pirquet de que algo no sangue poderia transmitir uma sensibilidade alérgica, possivelmente um novo tipo de anticorpo. Em seguida, na década de 1920, o Dr. Carl Prausnitz, médico que trabalhava na Alemanha e era alérgico à grama de centeio, tentou transferir suas sensibilidades alérgicas naturais ao pólen para o próprio assistente Heinz Küstner, que era alérgico a peixe cozido, e vice-versa.

Nessa época, já era evidente que os testes cutâneos funcionavam para elucidar a sensibilidade a diferentes alérgenos (falarei mais sobre o assunto no Capítulo 2), mas o mecanismo biológico por trás dessas reações permanecia um enigma. Depois de transferir o soro sanguíneo de Küstner para si mesmo, Prausnitz desenvolveu uma reação de pápula ao alérgeno de peixe durante um teste cutâneo subsequente. Apesar de várias tentativas com diferentes soros sanguíneos derivados de pacientes com reações alérgicas mais graves ao pólen de centeio, Küstner nunca desenvolveu uma reação cutânea positiva ao pólen. No entanto, a própria reação positiva da pele de Prausnitz às proteínas de peixe demonstrou que a sensibilidade alérgica poderia ser transferida por meio de infusões de soro sanguíneo. A pesquisa da dupla levou ao desenvolvimento da reação de Prausnitz-Küstner, ou o teste P-K para sensibilização alérgica, que por décadas foi utilizado por pesquisadores de alergia. Embora esse teste fosse útil, os mecanismos biológicos por trás dele eram obscuros. Após décadas de investigação científica, os imunologistas pensaram ser provável que *algum* tipo de anticorpo fosse responsável por induzir a sensibilidade durante o teste P-K, mas a maioria dos anticorpos conhecidos havia sido eximido de culpa.

O palco está montado para a descoberta da IgE.

No final dos anos 1960, dois pesquisadores japoneses decidiram estudar a atividade P-K no soro de pacientes alérgicos ao pólen. Na época, imunologistas suspeitavam que a reatividade da pele durante esse teste específico pudesse estar relacionada à ação do anticorpo IgA. Depois de diversos experimentos, no entanto, o casal de cientistas Kimishige e Teruko Ishizaka determinou que a atividade biológica que estavam testemunhando não poderia ser causada por nenhum dos anticorpos conhecidos — IgM, IgA, IgG ou IgD. O trabalho dos Ishizaka revelou que um novo anticorpo, batizado por eles de IgE, estava se ligando a mastócitos e basófilos, ajudando a conduzir a resposta alérgica. A cuidadosa pesquisa científica subsequente dos Ishizaka sobre a função da IgE provou que se tratava do anticorpo envolvido na maioria das sensibilidades ou reações imunológicas exageradas a antígenos ou alérgenos inofensivos.

Um antígeno é qualquer substância que deflagra uma resposta do sistema imunológico; um alérgeno é um tipo de antígeno que desencadeia uma resposta dos anticorpos IgE do sistema imunológico. Nesse tipo de resposta, as células imunológicas do corpo deflagram o que é chamado de "via" de resposta alérgica (os pesquisadores se referem à essa alergia como uma resposta imune tipo I). Algumas das células imunológicas

— um subconjunto de linfócitos T CD4+ conhecido como T auxiliares tipo 2 (Th2) — sinalizam para as células B, outro tipo de linfócito, que devem iniciar a produção de anticorpos IgE. Dos cinco tipos de anticorpos encontrados em mamíferos, o IgE é o único conhecido por se ligar com regularidade a alérgenos para desencadear uma resposta imune. E diferentemente dos demais anticorpos detectados no sangue, na linfa, nos fluidos salivares e nasais, os anticorpos IgE estão localizados nos tecidos, firmemente presos à superfície dos mastócitos (os socorristas do sistema imunológico). Os anticorpos IgE são responsáveis por acionar nos mastócitos e basófilos (os outros socorristas) a liberação de histamina e outros compostos que causam inflamação e todos os sintomas que você normalmente associa à alergia. Indivíduos atópicos ou propensos a alergias tendem a ter níveis mais altos de IgE e mais receptores desse anticorpo em seus mastócitos, o que leva a uma sensibilidade maior às coisas nos ambientes em que vivem e à tendência a desenvolver respostas alérgicas a múltiplos alérgenos. No entanto, alguém não atópico — isto é, um indivíduo sem tendência biológica à sensibilidade (examinaremos melhor essa diferenciação no Capítulo 4) — ainda pode desenvolver uma reação alérgica à peçonha de abelha ou à penicilina, por exemplo, se exposto repetidas vezes.

A descoberta do papel do IgE na alergia abriu caminho para mais pesquisas científicas sobre os mecanismos específicos, ou "vias imunes", que o corpo de uma pessoa pode seguir até uma resposta imune hiperativa. Atualmente, cientistas e médicos fazem distinção entre alergias mediadas por IgE (por exemplo, rinite alérgica, alergia alimentar, eczema atópico) e as não mediadas por IgE (por exemplo, alergia a medicamentos, doença do soro). Essencialmente, e para todos os efeitos práticos, entretanto, o termo "alergia" no século XXI passou a significar *qualquer reação imune negativa causada por anticorpos IgE*. A presença dele como resposta à exposição a um antígeno significava o padrão de medição e confirmação para o que é conhecido como hipersensibilidade tipo I ou "alergia".

O problema de confiar apenas no IgE para definir a hipersensibilidade tipo I

Usar apenas a presença ou ausência do IgE para categorizar uma alergia logo se torna problemático, caso o paciente tenha, para começar, baixos níveis do anticorpo. Também pode excluir outras condições alérgicas, como esofagite eosinofílica (EoE) e eczema não alérgico, porque se acredita que não sejam mediadas por IgE. Na verdade, a doença do soro, assim como a reação que Clemens von Pirquet observou em sua clínica pediátrica e usou para cunhar o termo "alergia", enquadram-se na categoria de doença alérgica não mediada por IgE. Pessoas com asma ou dermatite atópica que não produzem IgE quando expostos a um alérgeno podem ser classificadas como portadoras de "doença alérgica tipo I" porque as mesmas respostas fisiológicas centrais estão envolvidas. Mas elas não teriam, se usarmos IgE como teste decisivo, "alergia" na definição mais estrita do termo.

É importante observar que alguns dos especialistas que entrevistei para este livro se sentiam muito à vontade em chamar eczema ou asma de alergia; outros se opunham veementemente. Alguns achavam que o gatilho de um ataque de asma ou de uma crise de eczema era mais importante do que a resposta. Por exemplo, se alguém tiver um ataque de asma durante um exercício extenuante, não seria correto agrupar essa pessoa com outras cujos ataques são desencadeados por *alérgenos* como o nível de pólen de grama no ar. Os que defendem que os mecanismos biológicos subjacentes que impulsionam a resposta em cada caso são os mesmos — e que essas vias biológicas importam mais do que os gatilhos — estão mais à vontade para dizer que asma e eczema são distúrbios alérgicos. De muitas maneiras, os debates atuais sobre o que se enquadra ou não na categoria de alergia são uma continuação das discussões sobre o significado do próprio termo no início do século XX. Se você ainda está confuso sobre o que *realmente* é uma alergia e como defini-la, saiba que não é o único.

Os alergistas de hoje estão divididos sobre o modo como diferenciar essas condições e sobre o significado exato do termo "alergia". Muitos dos médicos que entrevistei expressaram desejar definições mais precisas ou uma nova terminologia.

O Dr. Hugh A. Sampson, alergista de renome mundial com quarenta anos de experiência na área, diz que uma reação alérgica é única para cada pessoa e pode se manifestar de forma diferente ao longo do tempo. Em crianças pequenas, uma reação alérgica geralmente afeta a pele e o intestino. Um bebê com reação a um alimento sofrerá erupções cutâneas ou vômitos. Conforme ele cresce, no entanto, os órgãos-alvo podem mudar, podendo começar a ter reações alérgicas na forma de episódios asmáticos ou de chiado no peito. "Alergia refere-se a um mecanismo imunológico subjacente comum", explica Sampson. "O que acontece é que cada resposta pode mirar um órgão diferente."

A professora Gurjit "Neeru" Khurana Hershey, pediatra e diretora da Divisão de Pesquisa em Asma do Hospital Infantil de Cincinnati, define a doença alérgica como um "distúrbio sistêmico do corpo inteiro". Em algumas pessoas, a resposta alérgica será concentrada em uma área, como o trato respiratório; em outras, ela se manifestará em múltiplas áreas, como no caso de quem sofre não só de asma, mas também de eczema e alergia alimentar. Ainda assim, em ambas as situações, trata-se de uma doença *sistêmica*. A inflamação é o problema central de *todos* os distúrbios alérgicos — o ponto que une todas as condições sob um mesmo guarda-chuva. O enigma, na visão da pesquisadora, é por que essa resposta permanece localizada em alguns pacientes e distribuída em outros.

O chefe do departamento de alergia, asma e biologia das vias aéreas do NIH, o Dr. Alkis Togias, descreve a alergia como uma síndrome: um grupo de sintomas que comumente ocorrem juntos e têm a mesma causa subjacente. Para ele, asma, febre do feno, eczema e alergia alimentar *não são* problemas separados.

"Na verdade, estamos lidando com uma síndrome que se expressa em diferentes partes do corpo", explica o especialista. Ele atribui parte da confusão sobre o que é e o que não é uma condição alérgica à hiperespecialização da medicina nas últimas décadas. Os pneumologistas lidam principalmente com os pulmões, razão pela qual vão diagnosticar asma. Mas não vão necessariamente notar, ou se importar, caso um paciente também tenha eczema ou alergia alimentar — embora sejam comuns em uma pessoa atópica. Togias argumenta que acabamos tratando essas condições separadamente no mesmo paciente, apesar de serem expressões da mesma síndrome. Em outras palavras, nem todo mundo que tem uma doença alérgica será diagnosticado ou tratado por um alergista, nem pensará em suas condições alérgicas distintas como parte do mesmo defeito imunológico subjacente.

O Dr. Donald Leung, proeminente alergista e imunologista do National Jewish Health, em Denver, argumenta que a terminologia constitui uma grande parte da confusão. As condições alérgicas são categorizadas mais por seus sintomas do que por sua biologia — "chiado" para asma, "coceira" para dermatite atópica. Ele acha que "atopia" é um termo melhor do que "alergia", pois significa literalmente "fora do lugar". A reação da pele, do intestino ou das células nasais de uma pessoa a um alérgeno está "fora de lugar" — são respostas exuberantes a estímulos comuns e inofensivos no ambiente. De acordo com a definição proposta por ele, trata-se da reação subjacente do sistema imunológico, e não apenas dos sintomas ou dos resultados de testes de alergia.

ALERGIA (MAIS OU MENOS) SIMPLIFICADA

Então como ficam pessoas como Chrissie, que desconfiam dos testes negativos de alergia alimentar; ou como fica você, caro leitor, que pode ter sintomas alérgicos, mas nunca consultou um alergista; ou ainda meu pai, que teve uma reação não mediada por IgE que foi fatal; ou eu, com sintomas clínicos de alergias respiratórias, mas nenhuma evidência de resposta de IgE nos testes cutâneos ou de sangue (examinaremos esse mistério um pouco mais no Capítulo 2)? Em outras palavras, como leigos devem entender a alergia?

O restante deste livro usará a definição de hipersensibilidade tipo I como ponto de partida. Para simplificar, usarei uma rubrica básica para determinar o que é uma alergia — e o que não é. Se o sistema imunológico responde quando exposto a um antígeno ou alérgeno, então você tem uma *alergia*. Em geral, isso significa que você também tem uma resposta IgE, mas não necessariamente. O mais importante é o sistema imunológico reagir de forma hiperativa a uma substância inócua. Se você tem sintomas semelhantes a uma alergia alimentar, mas que são causados por algum sistema, condição ou mecanismo corporal sem relação com o sistema imunológico, então você tem uma *intolerância* (que, para deixar claro, não é uma alergia). Se você desenvolver uma reação localizada em um teste cutâneo (o que exploraremos mais no Capítulo 2), mas não apresentar sintomas alérgicos quando exposto a esse alérgeno, então você tem *sensibilidade*, e não alergia.

Com sorte, esta breve sinopse da ciência que cobrimos até agora tornará a definição de alergia mais fácil de entender. Mas se você ainda se confunde com alguns pontos, não se preocupe — é assim mesmo. Às vezes, essa definição não é óbvia nem para médicos tentando identificar com precisão uma condição alérgica. Essa confusão de diagnóstico é o assunto do próximo capítulo.

CAPÍTULO 2
Como é feito
o diagnóstico de alergia

UM TÍPICO DIAGNÓSTICO ATÍPICO

"É como ser um detetive... ou quase isso", comenta a Dra. Purvi Parikh. Estamos no escritório dela conversando sobre como é ser alergista no século XXI. Está tranquilo, logo depois do horário comercial, e a sala de espera está escura e vazia. Parikh é alergista há mais de uma década e preceptora no departamento de pediatria da Grossman School of Medicine da Universidade de Nova York. Ela é especialista em tratamento de asma e pesquisas sobre asma infantil, mas trata pacientes com todos os tipos de alergias em seu consultório no bairro de Midtown. Parikh me garante que, se eu a visitasse dali a seis meses, a sala de espera ainda estaria lotada de pacientes que procuram ajuda para os piores sintomas respiratórios sazonais. Mas é janeiro, então temos tempo para uma conversa mais aprofundada.

Ela admite que gosta de ajudar as pessoas a descobrir as próprias alergias — foi o que primeiro a atraiu para a especialidade. Tinha acabado de sair da faculdade de medicina e era uma médica assistente quando um paciente entrou em choque na mesa de operação enquanto passava por uma cirurgia de peito aberto. Ninguém conseguia descobrir o porquê até que Parikh se deu conta de que o paciente poderia estar manifestando uma reação alérgica a algo. Ela fez alguns testes por intuição. Os resultados mostraram que o paciente tinha uma alergia grave à solução antisséptica usada para prepará-lo para a cirurgia. O homem nunca havia tido uma reação alérgica antes e não fazia ideia de que era alérgico a alguma coisa. Após a descoberta, a equipe cirúrgica trocou o antisséptico e realizou a cirurgia com sucesso. Essa foi a primeira vez que Parikh sentiu a emoção de decifrar um caso difícil e ajudar um paciente a receber o tratamento necessário correto. Ela tinha sido fisgada.

Pelo seu entusiasmo, é fácil ver que ela ama a profissão. Mas adverte que também pode ser um trabalho desafiador — bem mais difícil do que muitos poderiam supor. Alergia é uma subespecialidade médica que depende tanto da experiência e dos instintos do clínico quanto das modernas ferramentas de diagnóstico e do histórico biomédico do paciente. É por isso que Parikh compara o próprio cotidiano ao de um detetive. Diagnosticar uma alergia nunca é fácil. De algum modo, é como resolver um mistério médico. Pessoas com sintomas mais brandos ou com alergias "ocultas" costumam não se sentir 100% e sabem que algo não vai bem — e cabe aos alergistas ajudá-los a desvendar o *porquê* desse mal-estar.

Cada paciente com alergia sofre de uma maneira. Não há dois casos iguais, e um diagnóstico oficial pode levar horas, dias, semanas, meses ou até anos. Isso ocorre porque as alergias são biologicamente complexas, os resultados dos testes podem ser inconclusivos e os sintomas mais comuns imitam outras doenças.

"Pode ser muito gratificante ajudar um paciente a chegar a um diagnóstico", diz ela. É nesse momento que ela volta a atenção para mim, vendo-me não apenas como uma estudiosa pesquisando o campo de atuação dela, mas como alguém que precisa das habilidades que ela tem. Ela está perplexa por eu não ter consultado um alergista, pois tenho sintomas e meu pai morreu com uma picada de abelha. Ela me encara com um sorriso amigável. "Acho que você deveria marcar uma consulta comigo, ser testada. Precisamos entender isso."

Como tantas pessoas com sintomas de alergia, eu hesitava em consultar um especialista. Como meus sintomas geralmente eram leves e controlados com anti-histamínicos de venda liberada, foi fácil adiar a procura por um atendimento mais profissional. Mas eu sabia que Parikh estava certa e — bem depois — segui o conselho.

———————

Quando voltei ao consultório dela, um ano inteiro havia se passado e a sinusite estava me incomodando. Conforme fui instruída ao marcar a consulta, não tomei anti-histamínicos por uma semana. Após um breve encontro, Parikh chamou a enfermeira à sala de exames para realizar um teste cutâneo padrão de reatividade a alérgenos específicos e um teste rápido de respiração para verificar se eu poderia ter asma leve, além de qualquer alergia em potencial.

A enfermeira tinha quarenta e poucos anos, como eu. Era alta, simpática e vestia um uniforme estampado colorido. Ela me acompanhou até o final de um pequeno corredor. Ali estava um espirômetro, uma máquina especial que mede a pressão do ar gerada pelos pulmões. Enquanto eu soprava com força em um bocal de plástico descartável conectado a um tubo, observei como cada expiração era medida em um gráfico na tela do computador à frente. Depois de três medições, a enfermeira declarou que eu estava dentro da faixa normal: nenhuma asma. Eu a segui de volta para a sala de exames e, minutos depois, vestia um avental de papel coberto de lagostas vermelhas, baiacus azuis e polvos amarelos. Grande parte dos pacientes de Parikh são crianças, e um avental multicolorido é uma bela distração — até para uma adulta como eu.

A enfermeira voltou trazendo três pequenas bandejas de plástico azul. Nelas, havia aplicadores de plástico branco que se pareciam com insetos de oito patas. Cada perna terminava em uma ponta afiada que, quando pressionada levemente na parte superior do braço ou nas costas, arranharia a pele para liberar uma quantidade residual de um extrato de alérgeno logo abaixo da primeira camada dérmica. Os alergistas preferem fazer os testes no braço para que o paciente possa acompanhar as reações: isso costuma ser o primeiro passo para que ele possa entender a reatividade de seu organismo. Ao todo, fui testada para mais de cinquenta alérgenos diferentes, incluindo pólen de árvores e de grama e alérgenos alimentares comuns, como ovo e trigo. O teste também inclui um controle negativo ao qual a pele não deve reagir (solução salina) e um controle positivo ao qual a pele normal deve reagir (histamina), para garantir que esteja funcionando corretamente e os resultados sejam precisos. Assim que a enfermeira marcou meu braço com os números correspondentes para que Parikh pudesse identificar com facilidade os resultados, pressionou com cuidado os aplicadores, inclinando meus braços e antebraços suavemente para frente e para trás. Senti as ponteiras de plástico me tocarem. A enfermeira saiu da sala e fiquei fitando minha pele pelos vinte minutos seguintes, tempo médio para que haja reação das células cutâneas a todos os alérgenos.[1]

De imediato, senti o controle da histamina começando a funcionar. A pele sob o arranhão minúsculo começou a comichar — de leve, no início e depois de forma incontrolável. Tive dificuldade em não coçar. Olhei para o meu braço e observei uma pápula rosa elevada se formar no lugar da histamina, semelhante a uma grande picada de mosquito. Em uma pessoa sensível, a pele reage imediatamente ao alérgeno, produzindo uma resposta inflamatória no local da injeção. Isso é descrito pelos alergistas como "uma reação de pápula e eritema". A liberação de histamina pelos mastócitos do paciente é o principal fator por trás dessa reação. Um paciente é considerado positivo para sensibilidade se uma pápula maior que 3 milímetros se desenvolver e o diâmetro do eritema for maior que 10 milímetros. No entanto, se o controle positivo produzir uma pápula e um alargamento menor que 3 milímetros, isso pode ser usado como uma forma de avaliar as outras pápulas. Qualquer tamanho é considerado evidência de sensibilização alérgica, embora pápulas menores sejam consideradas menos preditivas de uma alergia real.[2] Observei as reações nos outros locais numerados, mas tudo o que vi foram as gotas restantes do extrato de alérgenos secando na minha pele clara. Após o tempo estipulado, Parikh bateu na porta e espiou. Examinou os dois braços e entoou um "humm" antes de me informar que minha pele não havia reagido a nenhum dos alérgenos.

"Isso não significa que você não seja alérgica a nada disso", explicou ela. "Significa apenas que temos que ir mais fundo, com o perdão do trocadilho."

O que geralmente vem depois de um teste cutâneo malsucedido é um teste intradérmico. Os testes intradérmicos usam uma seringa tradicional para aplicar uma pequena quantidade de extrato de alérgeno em um nível mais profundo da pele. A enfermeira de Parikh voltou com uma bandeja de metal com vinte seringas diferentes. Ela limpou meus dois braços com compressas embebidas em álcool, apagando as marcas de caneta e qualquer extrato restante, antes de beliscar de leve minha pele para me injetar. Uma a uma, as agulhas me perfuraram. Quando a enfermeira terminou, minha pele parecia estar irritada. Nos locais das picadas, algumas pequenas gotas de sangue e saliências se formaram. Esperei, sozinha, mais vinte minutos. Desta vez, enquanto olhava para os braços, pensei no meu pai e também numa das minhas tias por parte de mãe, que tem alergias graves. Eu me perguntei quanto da minha resposta imune iria imitar a deles — ou se não iria. Mas, além das perfurações causadas pelas agulhas e mais coceira na pele no local onde a histamina tinha sido injetada, mais nada estava acontecendo.

Depois que o tempo estipulado expirou, Parikh voltou para a sala, olhou meus braços com atenção e sentou-se. "Devo começar dizendo que acredito em você. Acredito que você tenha sintomas clínicos de alergia." Ela parou por um momento, os olhos grandes e brilhantes olhando diretamente para os meus. "A questão é que sua pele é 100% não reativa. Acontece."

Parikh explicou que, em um pequeno subconjunto de pacientes com sintomas óbvios de alergia respiratória, as células epiteliais são muito mais tolerantes ao alérgeno do que as que revestem os seios nasais. Em outras palavras, posso de fato ter um caso legítimo e convincente de rinite alérgica sazonal ou padecer de alergias respiratórias o ano inteiro, mas isso jamais vai aparecer em um teste cutâneo. As células que revestem a pele e as membranas mucosas podem entrar em contato com o mesmo alérgeno e responder de maneira muito diferente. Mas como ela é minuciosa e eu tenho um plano de saúde decente, Parikh decidiu pedir um teste sorológico de alergia. Nesse tipo de teste, o soro sanguíneo de um paciente é misturado a alérgenos e verificado para a resposta de anticorpos resultante. Se, em resposta à introdução de um alérgeno, o anticorpo IgE é ativado — como você lembra do Capítulo 1, ele está ligado à atopia e muitas vezes prevê uma reação alérgica —, diz-se que o paciente tem uma sensibilidade a ele. (Para complicar as coisas, as ferramentas de diagnóstico padrão testam apenas a sensibilidade e nem sempre podem prever com precisão se um paciente desenvolveu ou desenvolverá uma alergia.)

Parikh preencheu um formulário para os exames e deixei o consultório rumo a um laboratório na mesma rua. Depois de esperar quase uma hora, três frascos de meu sangue foram extraídos. O técnico me informou que o processo seria concluído dentro de uma semana.

Fui para casa. Mas uma pandemia global veio interferir. Era o final de fevereiro de 2020 e a cidade de Nova York estava prestes a iniciar um *lockdown* na tentativa de retardar a propagação do SARS-CoV-2. Levaria meses até que eu recebesse os resultados do exame de anticorpos e, ainda assim, a visita de acompanhamento seria virtual. Quando Parikh e eu voltamos a nos falar naquele mês de maio, era primavera — logo, havia muito pólen no ar e eu enfrentava sintomas intensos de rinite alérgica. Meus olhos coçavam, ardiam e às vezes produziam lágrimas, como se eu estivesse chorando. Meu nariz sempre estava entupido, apesar das doses diárias de remédio para alergia. Eu estava ansiosa para saber quais eram as árvores ou gramíneas que provocavam todo aquele desconforto.

"Você é especial!", anunciou Parikh, no início da nossa ligação, como se estivesse me dizendo que ganhei um prêmio cobiçado. "De acordo com os resultados, seu sangue não apresentou nenhuma reação. Você é não reativa. Na verdade, você apresentou níveis muito baixos de anticorpos IgE. Se eu estivesse apenas olhando para os resultados desses exames, diria que você não é alérgica a nada."

Por um breve e silencioso momento, senti como se estivesse ficando louca. Se cada exame que fiz — picada na pele, intradérmica, anticorpo no sangue — foi 100% negativo, teria eu alguma alergia? Ou eu estava imaginando a coceira nos olhos e o nariz entupido? O que mais poderia estar causando a visível irritação nasal que um otorrinolaringologista diagnosticou anos antes e que me aflige toda primavera, verão e outono?

"Acredito nos seus sintomas clínicos", disse Parikh, como se estivesse lendo minha mente. "Estou convencida de que você tem uma alergia. Acontece que, para alguns pacientes, a alergia não é mediada por IgE e não há um exame simples para esses casos. Seu corpo está reagindo a algo, isso é evidente, mas não está reagindo pela via IgE. O que você tem é chamado de rinite alérgica localizada. Esse é o meu diagnóstico."

Basicamente, isso significa que as células imunológicas que revestem as membranas do nariz e dos olhos reagem aos alérgenos pelo contato. A reação alérgica, no meu caso, é direcionada ou "localizada", e não sistêmica ou "generalizada". As células da minha pele e seus anticorpos podem não estar reagindo ao pólen que circula no ar primaveril ao meu redor, mas aquelas que revestem meu nariz e meus olhos estão. E também significa que não há como saber quais são os alérgenos específicos que causam os sintomas que eu tenho. Existe outro método que poderíamos tentar, mas envolveria colocar uma quantidade microscópica de cada um dos cinquenta alérgenos — um por um — diretamente nas membranas dos meus olhos ou do nariz e aguardar uma reação física. Como era de se esperar, nem eu nem Parikh estávamos dispostas a fazer isso.

Depois de esgotar todos os métodos disponíveis, Parikh não conseguiu resolver o caso: o gatilho das minhas alergias permanecerá um mistério. Ela me prescreveu um spray nasal anti-histamínico diário e colírios. Aconselhou-me a parar de tomar anti-histamínicos orais, pois eles têm efeitos colaterais e minhas alergias são localizadas. Não há necessidade de arriscar os efeitos colaterais negativos da medicação circulando por todo o meu corpo se não sofro de um problema sistêmico. É muito melhor, aconselhou ela, direcionar o tratamento para a fonte dos sintomas.

Agora, no final desta narrativa longa, muito pessoal, mas não tão incomum, de um complicado diagnóstico de alergia — repleto de vários exames negativos e baseada no histórico de uma paciente com sintomas autorrelatados e clinicamente observados —, faço a seguinte pergunta: tenho ou não uma alergia respiratória confirmada?

A resposta a esta pergunta depende de dois fatores. O primeiro é como definimos o que é uma alergia e como a distinguimos de sintomas e condições médicas semelhantes. Como tenho níveis baixos de IgE e nenhuma evidência de reação do sistema imunológico sistêmico, mas *tenho* ativação das células imunológicas que revestem meu nariz, olhos e garganta, então, pela definição apresentada no Capítulo 1, tenho alergia, ou hipersensibilidade tipo I, mas *não sou* atópica. O segundo ponto são as diferentes evidências aceitáveis como confirmação de uma reação imune hiperativa. Se estivéssemos apenas seguindo os resultados dos exames clínicos de pele e sangue IgE, eu não teria nenhuma "prova" científica da minha alergia. Se, no entanto, aceitarmos as visíveis inflamação e irritação após a exposição ao pólen, então tenho evidências para corroborar minha resposta alérgica localizada.

Como minha própria história ilustra tão bem (talvez bem demais), o diagnóstico de alergia no século XXI é um labirinto atordoante. Desde a invenção dos testes de raspagem da pele em 1865 até o recente desenvolvimento de testes de imunoensaio fluorescente para anticorpos IgE específicos, nunca foi exatamente "fácil" diagnosticar ou confirmar clinicamente uma resposta alérgica sem testemunhá-la em primeira mão. E quanto mais branda a reação, ou mais invisível, mais difícil é descobrir, diagnosticar ou "provar" essa existência. No restante deste capítulo, veremos a ciência básica por trás da decodificação do sistema imunológico e as reações que ele tem a alérgenos comuns. Diagnosticar uma alergia, como veremos, depende tanto da habilidade do profissional e da experiência do paciente quanto da ciência imunológica.

A BREVE E LONGA HISTÓRIA DOS TESTES DE ALERGIA

O diagnóstico de alergia permaneceu praticamente inalterado por mais de um século. Os métodos e testes que um alergista usa nos dias de hoje (destacados por minha própria experiência) seriam familiares a qualquer clínico atuante em 2000, 1970, 1930 e até mesmo — pelo menos no caso da febre do feno — ainda em 1865, o ano que o médico britânico Dr. Charles Harrison Blackley inventou o primeiro teste cutâneo. Desde o início da pesquisa moderna e organizada sobre alergia (por volta de 1923, quando a primeira associação profissional de alergistas foi formada), o procedimento diagnóstico padrão tem sido conduzir (1) um exame completo do histórico médico do paciente, incluindo quando os sintomas começaram, o momento dos ataques de alergia, o ambiente doméstico e a frequência e duração dos sintomas; (2) um exame físico, recomendado para descartar quaisquer outras doenças que possam ter sintomas semelhantes e para verificar quaisquer fatores complicadores, caso de outras doenças, como diabetes, que poderiam afetar as alergias do paciente; e (3) testes diagnósticos, que variaram de acordo com a época e a tecnologia disponível, mas sempre incluíram o onipresente teste cutâneo com uma picada de agulha.

Na década de 1930, o alergista Dr. Warren T. Vaughan defendia que todo clínico geral deveria testar seus pacientes para alergias pelo bem deles. Ele sabia que muitos daqueles que apresentavam sintomas persistentes ou cujas moléstias não eram facilmente explicadas por outros diagnósticos poderiam ser ajudados com tratamento e cuidados especializados. Vaughan aconselhava a total sinceridade por parte do paciente ao descrever os sintomas. Caso contrário, advertia, eles poderiam não apenas receber o diagnóstico errado, mas também as prescrições erradas para o tratamento e cuidado de suas condições. Vaughan e outros alergistas de renome alertavam contra os perigos do autodiagnóstico, instando aqueles com sintomas a visitar um especialista treinado para fazer o teste.[3]

As recomendações de Vaughan para testes de alergia respiratória e cutânea em seu livro de 1931, simplesmente intitulado *Allergy* [Alergia], são completas e representam os procedimentos padrão e as ferramentas de diagnóstico de sua época.[4] Depois de levantar o histórico do paciente e realizar o exame físico, Vaughan começava o processo com um teste de *scratch* [arranhão]. Até a década de 1970, quando os extratos de alérgenos começaram a ser produzidos em massa, os alergistas produziam o próprio material para uso em testes cutâneos e em tratamentos de imunoterapia. De modo geral, os alérgenos usados representavam os pólens locais mais comuns. Se o teste falhava, Vaughan recomendava a realização de um teste intradérmico. Poderia ser também aplicado um teste subcutâneo (uma punção ainda mais profunda que ia abaixo da camada da pele) ou uma reação oftálmica (em que uma pequena quantidade de pólen seria colocada dentro da pálpebra inferior e lavada após dois ou três minutos). Caso esses testes produzissem resultados inconclusivos, Vaughan aconselhava que o alergista realizasse um teste intranasal, no qual o pólen seria soprado em uma das narinas do paciente para testar uma reação. (Estes dois últimos são semelhantes ao que Parikh poderia ter feito se eu tivesse escolhido verificar os alérgenos específicos que desencadeariam meus sintomas.) Em seguida, o paciente poderia fazer um teste de contato, no qual o pólen seria colocado na pele e depois coberto de 12 a 24 horas. Vaughan dizia que o teste de contato era melhor para aqueles com alergias cutâneas, cuja pele era sensível demais e poderia reagir às próprias injeções. Um alergista em atividade nas décadas de 1930 e 1940 também poderia realizar um teste de "transferência passiva", usando o teste de soro P-K discutido no Capítulo 1. A pessoa não alérgica seria então submetida a um teste de sensibilidade cutânea; se reagisse, então o paciente original era alérgico. O teste P-K era feito com mais frequência em bebês e naqueles com erupções cutâneas graves que impossibilitavam o teste de contato.[5] Se tudo mais falhasse, Vaughan sugeria que o alergista realizasse estudos bacteriológicos. Depois de coletar bactérias de todas as partes do corpo do paciente (dentes, seios nasais, intestinos), o alergista cultivava as amostras bacterianas e as usava como um extrato para testar uma resposta alérgica no paciente. O mesmo poderia ser feito com "secreções" brônquicas ou catarro, que poderiam ser coletados, filtrados, esterilizados e então usados para tentar inocular o paciente contra um alérgeno. Esses testes eram exaustivos e poderiam não produzir nenhuma prova de alergia ativa.

Os cadernos particulares de William S. Thomas, um alergista que trabalhou na cidade de Nova York desde o início da década de 1920 até o final da década de 1930, estão repletos de exemplos do que ele chamou de "falácia do teste cutâneo".[6] Ele observou que "a Sra. Keller é, sem dúvida, clinicamente sensível a lã de ovelha e tabaco, mas suas reações cutâneas são negativas". Em um caso oposto: "Sr. Maresi apresenta uma reação cutânea acentuada ao pólen da ambrosia, mas não apresenta rinite nem outros sintomas alérgicos." E a pobre Sra. Rushmore sofria terrivelmente com a ambrosia e se beneficiava de injeções de extrato do pólen da planta. No entanto, sempre apresentava resultados negativos em testes cutâneos. Em um livro sobre alergia escrito em 1933, o Dr. Samuel Feinberg aconselhou que nunca se tomasse os resultados dos testes cutâneos padrão como definitivos para uma alergia.[7] Em sua opinião, testes cutâneos negativos nada significavam; um paciente podia testar negativo e ainda ser alérgico (como os meus próprios resultados sugerem ser verdade). Em 1931, o Dr. Arthur Coca alertou que muitos fatores poderiam afetar o teste cutâneo: condições anormais da pele, temperaturas quentes ou frias, concentração do alérgeno, tempo da reação, sensibilidade da pele, local do corpo onde o teste foi realizado, a profundidade da injeção e a proximidade dos testes entre si.[8] Obviamente, muita coisa poderia dar errado.

Para alergia alimentar, os exames diagnósticos eram ainda mais difíceis de realizar. Na década de 1930, a maioria dos clínicos gerais ainda pensava que as alergias alimentares eram em grande parte "imaginárias".[9] Em comparação, os primeiros pesquisadores defendiam que a alergia alimentar seria mais prevalente do que se presumia e postulavam que poderia ser a causa oculta de uma variedade de distúrbios.[10] Em seu livro de 1931 sobre alergia alimentar, o Dr. Albert Rowe defendeu que o assunto era pouco compreendido e grosseiramente subdiagnosticado por ser mais difícil de determinar, uma vez que os pacientes eram em grande parte não reativos a alérgenos alimentares em testes cutâneos. Além do mais, as alergias alimentares eram em geral mais brandas do que outros tipos. (É importante notar que ainda não se havia registrado oficialmente casos de anafilaxia por ingestão de alimentos. Havia suspeitas, mas a existência deles ainda não tinha sido comprovada. Não é mais correto sugerir que as alergias alimentares sejam "mais brandas" do que outras condições alérgicas.) Rowe aconselhava que, diferentemente das alergias do "tipo inalante", cujos sintomas se fixavam no trato respiratório, as alimentares seriam capazes de criar sintomas em qualquer parte do corpo.[11] (Isso tem algum grau de precisão: as alergias alimentares podem causar reações na pele e constrição nas vias aéreas.) Isso criava mais dificuldades para se confiar nos sintomas para diagnosticar um paciente, uma vez que as reações a alergia alimentar eram semelhantes aos indícios de muitas outras condições médicas.

De toda forma, um diagnóstico de alergia alimentar só poderia ser "comprovado" por meio de relatos do próprio paciente e da observação direta de reações negativas. Os primeiros pacientes com alergia alimentar foram persuadidos a seguir dietas de eliminação rigorosas e a monitorar cuidadosamente a ingestão diária de alimentos para identificar a(s) causa(s) da alergia. Vaughan recomendava que mantivessem diários alimentares detalhados — uma lista de tudo o que era consumido em 24 horas. Uma vez que os pacientes tivessem experimentado ao menos entre 10 e 12 episódios de desconforto, eles eram instruídos a trazer as listas diárias de volta para Vaughan analisar. A maioria dos pacientes mantinha diários alimentares por quatro semanas, registrando todos os sintomas, além de um "diário geral" para registrar todos os eventos e emoções. Os alergistas usavam todas essas informações para diagnosticar a alergia alimentar — ou para descartá-la.

Embora rudimentares, essas ferramentas e testes de diagnóstico de meados do século XX permaneceram basicamente inalterados por décadas. A versão mais moderna do teste cutâneo, apenas moderadamente mais eficaz, permanece como o padrão.

DIAGNÓSTICOS DO SÉCULO XXI: FAZENDO NOSSO MELHOR

Durante as entrevistas para este livro, sempre que eu perguntava aos médicos sobre os desafios modernos do diagnóstico e, especialmente, sobre a dificuldade de usar testes de IgE como marcador de doença alérgica, muitas autoridades da área me diziam que eu realmente deveria conversar sobre esses assuntos com o Dr. Hugh Sampson. Sampson é professor da cátedra Kurt Hirschhorn de Pediatria na Icahn School of Medicine no Mount Sinai e diretor emérito do Elliot and Roslyn Jaffe Food Allergy Institute, na cidade de Nova York. Foi um dos primeiros profissionais a trabalhar seriamente com alergias alimentares nos Estados Unidos e continua sendo um dos mais influentes. Quando conversamos por telefone durante a pandemia de covid-19, Sampson já vinha pesquisando, diagnosticando e tratando alergias alimentares por quatro décadas. Em outras palavras, podemos dizer que ele deve saber um pouquinho sobre o assunto.

Perguntei a ele como as coisas mudaram nessas décadas. "Quando comecei, os alergistas faziam o diagnóstico com testes cutâneos", contou ele. "O problema naquela época... bem, e ainda hoje... é que você pode ter um resultado positivo para o teste cutâneo sem apresentar sintomas clínicos. Então, naquela época, quando estávamos apenas analisando os testes cutâneos, descobrimos que, para a maioria dos alimentos, apenas cerca de 30% a 40% das pessoas com testes positivos de fato teriam alguma reação àquele alimento."

Sampson refletiu sobre o estado geral da área de estudo quando começou a atender e pesquisar. No início dos anos 1980, a alergia ainda era considerada um campo médico atrasado. Na verdade, os estudantes de medicina mal recebiam treinamento em alergia. (Esse ainda é o caso: a maioria dos médicos em formação passa cerca de duas semanas estudando doenças alérgicas.) "Nem se pensava nisso como uma ciência", explicou Sampson. "Eles não acreditavam que o teste cutâneo tivesse algum significado real."

Há algo mais por trás dessa descrença: muitas vezes pode ser difícil obter resultados precisos de testes cutâneos comuns. Primeiro, eles devem ser realizados corretamente, com controles positivos e negativos. Os controles negativos são os diluentes usados nas misturas e devem resultar em resposta zero; controles positivos são histamina, à qual a pele normal reagirá formando uma pápula. Em segundo lugar, testes cutâneos e testes intradérmicos devem ser administrados com precisão. Para testes de picada na pele para alergias respiratórias e alimentares, a punção do aplicador deve ser profunda o suficiente para liberar o alérgeno corretamente. Caso seja profunda demais e o paciente sangre, pode haver falso positivo (em especial se for o teste intradérmico). Se os arranhões ou as injeções forem feitos muito próximos uns dos outros, os resultados podem ser difíceis de ler, porque pode não estar claro qual alérgeno específico causou uma reação. Também é muito melhor se forem utilizados extratos de alérgenos padronizados e de boa qualidade, só que isso é mais difícil do que parece.

Parte do problema relativo à precisão é que diversas empresas fabricam os extratos usados em testes cutâneos e intradérmicos — e esses extratos podem apresentar diferenças significativas tanto na concentração de alérgeno (a quantidade de alérgeno em cada dose) como na composição (em qual solução o alérgeno é misturado). Como não há regulamentações que padronizem os extratos comerciais de alérgenos para testes cutâneos, as quantidades introduzidas podem variar, razão pela qual fica difícil saber quanto alérgeno penetrou na pele. Os resultados podem ser prejudicados se a quantidade for insuficiente ou excessiva. Às vezes, os ingredientes inativos usados para fabricar alguns extratos causam uma reação, provocando um falso positivo. O risco de injetar alérgeno demais em testes intradérmicos é elevado, induzindo a falsos positivos ou a reações mais graves. (Na verdade, todos os testes cutâneos para alergias devem ser realizados em ambiente clínico, caso o paciente tenha uma reação grave a um dos alérgenos.)

Estudos recentes sobre "a qualidade e potência de extratos comerciais" nos Estados Unidos e na Europa encontraram uma variação alta em "extratos para ácaros, caspa de animais, mofo e pólens".[12] A James Cook University, na Austrália, descobriu que o material utilizado em testes de alergia a peixe é "duvidoso".[13] O número de alérgenos de peixe nas soluções variou muito, o que poderia levar a falsos negativos. Atualmente, apenas quatro espécies entre as centenas de peixes comestíveis em nosso planeta são testadas. Extratos de alérgenos usados na maioria dos testes cutâneos atuais são de um único alérgeno ou de uma mistura de alérgenos semelhantes (por exemplo, um teste para alergia a "grama" provavelmente incluirá várias espécies de grama no mesmo extrato). Isso dificulta a interpretação precisa dos resultados, ainda mais se o extrato deixar de fora um dos tipos predominantes de vegetação encontrados na região geográfica em que vive o paciente. Para complicar mais o processo, os resultados dos testes cutâneos são coletados, calculados e em seguida utilizados para padronizar os extratos de alérgenos usados para conduzir estudos epidemiológicos e farmacológicos (parece um pouco com uma lógica circular, mas tudo bem), e essa é uma das razões pelas quais temos dificuldade em obter números precisos de alérgicos (falarei mais sobre o assunto no Capítulo 3).

Mesmo que tudo seja feito corretamente para garantir extratos de alérgenos de alta qualidade, a segurança dos resultados dos testes cutâneos e intradérmicos pode ser afetada pelas "habilidades do pessoal, instrumentos de teste, cor da pele do paciente e potência do extrato", bem como por "local do teste, idade, IMC, medicamentos, imunoterapia com alérgenos, variações circadianas e sazonais, ciclos menstruais, estresse e ansiedade".[14] Tomar anti-histamínicos, esteroides, antidepressivos, tranquilizantes e outras drogas que afetam a função do sistema imunológico também pode afetar os resultados. Por esse motivo, os alergistas pedem aos pacientes que interrompam o uso de alguns desses medicamentos por até uma semana antes da testagem. Se os testes cutâneos forem realizados sem respeitar essas ressalvas, como acontece no caso de pacientes incapazes de interromper seus regimes medicamentosos por motivos médicos, qualquer resultado negativo deve ser lido como um possível falso negativo, mesmo que os resultados positivos ainda sejam considerados positivos.

Testes cutâneos em bebês também são reconhecidamente difíceis. Sua pele não mostra reatividade até os 3 meses de idade, e mesmo depois disso os resultados podem ser muito mais difíceis de interpretar e são considerados mais inconclusivos do que nos adultos. É por isso que os médicos do início do século XX muitas vezes adotavam como padrão o uso de testes de soro P-K para detectar a sensibilidade em seus pacientes mais jovens.

Por fim, e talvez mais importante, não existe um sistema padronizado ou universalmente aceito[15] para interpretar testes cutâneos ou para registrar e coletar resultados. Existem sugestões generalizadas disponíveis para os clínicos, mas cada alergista pode determinar por si a melhor forma de interpretar os resultados dos testes. Por isso é muito melhor que os testes cutâneos sejam administrados e interpretados por um especialista em alergia, em vez de um clínico geral. "Lê-los" com mais precisão pode exigir muitos anos de experiência.

Além disso, os testes cutâneos só podem ser realizados em pele "normal" ou atualmente não reativa — caso contrário, eles são quase impossíveis de ler. E, como se pode imaginar, isso dificulta muito que pacientes de alergia cutânea recebam resultados exatos.

Quando conversei com o Dr. Peter Lio, um dos maiores especialistas em dermatite atópica (eczema), ele explicou que os testes cutâneos comuns muitas vezes não são apropriados para pacientes com doenças alérgicas da pele. Em seu consultório, os testes cutâneos são demorados. Lio coloca de 80 a 120 adesivos com variedades de alérgenos nas costas do paciente e os deixa lá durante 48 horas.

"É meio chato", disse Lio. "Colocamos os adesivos em um paciente na segunda-feira e os tiramos na quarta-feira. Eles voltam na sexta-feira para fazermos uma leitura final após 96 horas. É um pouco mais invasivo para o paciente, mas nos fornece informações importantes."

Uma vez concluída a leitura e com base em quaisquer reações positivas, Lio dá aos pacientes uma lista de ingredientes que devem ser evitados em vários produtos. Às vezes, os gatilhos estão escondidos em xampus, sabonetes ou outros itens usados diariamente. Pode demorar um pouco para descobrir quais alérgenos estão de fato causando as reações: após interromper o uso dessas substâncias, a pele do paciente pode levar até dois meses para acalmar.

Para o diagnóstico de dermatite atópica, três critérios devem ser atendidos, em vez de um teste cutâneo positivo: o paciente deve ter uma erupção cutânea eczematosa ou pele inflamada — e não apenas bolhas ou inchaços — e sentir coceira. Ambas devem ser crônicas ou recidivantes. Um único episódio não conta. A dermatite atópica é diagnosticada principalmente em crianças e some conforme elas chegam à idade adulta, mas também pode piorar em pacientes adultos.[16] Lio explica que a pesquisa atual pode levar ao desenvolvimento de novos exames de diagnóstico para subtipos de dermatite atópica com base em imunofenotipagem (um teste usado para estudar as diferentes proteínas expressas por cada célula). Mas, por enquanto, o teste de contato é o único método disponível para determinar possíveis gatilhos alergênicos para o eczema.

Para alergias respiratórias e alimentares, testes para reações específicas de anticorpos IgE a alérgenos são uma opção quando os resultados dos testes cutâneos são inconclusivos ou inconsistentes. Quando Sampson começou na área, os alergistas também usavam o teste RAST (do inglês *radioallergosorbent*) para verificar a reatividade de IgE no sangue de seus pacientes em resposta a diferentes alérgenos. Trata-se de um radioimunoensaio que usa uma pequena quantidade de antígenos radioativos misturados ao soro sanguíneo do paciente. Se o paciente for alérgico, o anticorpo IgE do paciente se ligará a eles; os antígenos flutuantes são medidos por um contador gama (quanto menos antígenos flutuantes, mais ativa a IgE — portanto, mais sensível o paciente seria ao antígeno).

Hoje em dia, o RAST foi substituído por novos métodos de imunoensaio. Em linguagem corrente, no entanto, até alergistas usam o termo RAST para se referir a outros exames de sangue. Se você precisasse de um exame de sangue (como foi meu caso), o alergista pediria um ensaio de imunoabsorção enzimática (ELISA, do inglês Enzyme Linked Immuno Sorbent Assay) ou um ensaio imunoenzimático de fluorescência (FEIA, na sigla em inglês), mais popular e mais preciso. Nos testes ELISA, um antígeno e anticorpos com marcadores enzimáticos anexados são misturados com o soro sanguíneo de um paciente para detectar respostas de anticorpos para alérgenos específicos. Esse teste é rápido e muito acessível, mas exige que o alergista teste alérgenos ou grupos de alérgenos separadamente. Também exige um ser humano para executá-los. Os testes FEIA são conduzidos de modo semelhante aos métodos RAST e ELISA, só que empregam uma enzima fluorescente como marcador de anticorpos para medir a resposta deles a antígenos específicos. São automatizados, menos propensos a erros e capazes de rastrear muitos alérgenos de uma só vez. A vantagem do teste FEIA padrão (cujo nome comercial é ImmunoCAP) é que ele pode medir IgE específico para o alérgeno (sIgE), em vez dos níveis séricos de IgE total no sangue. Esse método também reduz (mas não elimina) a chance de um falso positivo acidental ao captar uma reatividade cruzada ou porque os anticorpos reagem a alérgenos que consistem em proteínas geneticamente semelhantes àquelas aos quais você é alérgico (como diferentes nozes da mesma família).

No entanto, mesmo quando um teste de soro sanguíneo "funciona" e mostra um resultado positivo para a atividade sIgE, isso não significa necessariamente que um paciente tenha uma alergia ativa àquele alérgeno específico. Mostra apenas que há reatividade a esse antígeno. Sampson me lembrou que é uma péssima ideia confiar em exames de sangue para diagnosticar alergia alimentar. Destacou que, quando as pessoas com resultados positivos nos exames de sangue recebem um desafio alimentar oral observado, "a taxa de testes positivos excede em muito o número de indivíduos que realmente têm reações clínicas". Na verdade, a taxa de falsos positivos, tanto nos exames de pele quanto nos de sangue para alergias alimentares, pode oscilar entre 50% e 60%.

Com o passar das décadas, os pesquisadores de alergia foram enfim capazes de demonstrar fortes correlações entre o nível de anticorpo sIgE em exames de sangue, o tamanho da pápula produzida por um teste cutâneo e a probabilidade de uma pessoa ter uma reação imunológica ao ingerir alimentos específicos ou manter contato com alérgenos respiratórios ou cutâneos. Só que esse novo entendimento também criou confusão entre os pacientes: eles confundem o nível de anticorpos IgE no sangue ou o tamanho da pápula após um teste cutâneo com a gravidade da alergia.[17] Em redes sociais como Reddit e Facebook, compartilham fotos de testes cutâneos para mostrar como são alérgicos. Ou seja, equiparam os testes que apenas medem a sensibilidade ou a probabilidade de uma reação à capacidade de avaliar com precisão o grau de reação alérgica que experimentarão se entrarem em contato com o alérgeno na vida normal. E, infelizmente, esse não é o caso.

"Não há uma correlação entre o tamanho da pápula produzida pelo teste cutâneo, ou o nível de anticorpo, e a gravidade da reação no futuro", explicou-me Sampson. "A única coisa com a qual esses fatores se correlacionam é a probabilidade de haver reação, não com a intensidade dela."

É por isso que o padrão-ouro para o diagnóstico de uma alergia alimentar — tanto historicamente quanto na atualidade — é o teste de provocação oral duplo cego placebo controlado, que costuma ser chamado de TPO.

Apesar do TPO ser a melhor maneira de confirmar uma alergia alimentar, trata-se do teste cuja realização é menos provável. As razões para isso variam, mas algumas das mais comuns são: o custo da realização, porque os exames precisam ser realizados em hospitais ou locais com capacidade para atender um paciente com anafilaxia; a quantidade de tempo para sua conclusão, porque cada alérgeno precisa ser testado separadamente e em quantidades crescentes ao longo de vários dias ou semanas, e o risco muito real de que possam causar uma reação grave nos pacientes, especialmente em crianças pequenas.[18] Os TPOs deixam os pais nervosos e podem também causar muita ansiedade nas crianças. Na ausência desse exame, a maioria das alergias alimentares é diagnosticada a partir de uma combinação de histórico médico detalhado, exames físicos, testes cutâneos e exames de sangue de sIgE. (Testes intradérmicos não são recomendados, pois podem provocar reações graves; medições séricas de IgE total, que aferem apenas a existência de reações alérgicas generalizadas; medições de IgG, porque todos produzem IgG em resposta a proteínas alimentares; ou quaisquer outros testes que aleguem avaliar a alergia alimentar.) Com esse conjunto, um alergista experiente tem condições de diagnosticar com precisão a maioria das alergias alimentares.[19] Dito isso, sem um TPO, não há como confirmar se alguém realmente apresenta uma alergia alimentar.

Além desses desafios, Sampson apontou que não são feitos testes suficientes em adultos. A maioria das pesquisas sobre alergia, especialmente em relação a alimentos, é realizada com crianças pequenas (o que faz sentido, pois a maioria dos pacientes apresenta o problema pela primeira vez na infância). Isso dificulta a interpretação dos resultados dos estudos em adultos e pode causar confusão.

O diagnóstico de alergia alimentar é complicado ainda mais pelo fato de que seus principais sintomas podem mimetizar outras doenças gastrointestinais ou condições que não estão relacionadas à alergia. Existem também distúrbios relacionados à alimentação que não são mediados por IgE, como a síndrome de enterocolite e a de proctocolite, induzidas por proteína alimentar, e esofagite eosinofílica (EoE).[20] A síndrome de enterocolite é uma inflamação dos intestinos induzida pelo sistema imunológico desencadeada pelo leite de vaca ou por grãos, causando vômitos e diarreia. A síndrome de proctocolite é uma inflamação do cólon induzida pelo sistema imunológico, causada pelo leite de vaca, que pode levar a fezes com sangue em bebês. A EoE é uma inflamação causada por um excesso de eosinófilos (outro tipo de glóbulo branco) revestindo o esôfago e é desencadeada por alimentos específicos. (Vamos dar uma olhada mais de perto na EoE nos Capítulos 4 e 7.) Essas raras condições imunomediadas (que afetam cerca de 0,5%, 0,12% e 0,0005% da população em geral, respectivamente) aparecem em geral nos primeiros meses ou infância, mas não são conduzidas pela ação dos anticorpos IgE. "E, infelizmente", explicou Sampson, "não há um bom teste para nenhuma delas".

Parte do problema com o diagnóstico de alergia alimentar e com o diagnóstico geral de alergia, segundo Sampson, é que ainda não entendemos realmente os mecanismos imunológicos que estão por trás delas. E, como a incidência continua a aumentar, isso significa que também não temos ferramentas de diagnóstico adequadas para atender ao tamanho do problema.

Um exemplo é o teste cutâneo com picada. Ele continua sendo o mais onipresente, acessível e mais barato de que dispomos para o diagnóstico inicial de alergia. Mas entre 8% e 30% da população[21] terá um teste cutâneo positivo (ou desenvolverá uma pápula) sem exibir sintoma de alergia. Apesar disso, os resultados desses testes ainda são importantes indicadores de alergia, porque estudos demonstram que entre 30% e 60% dos pacientes que apresentam uma sensibilização[22] a um determinado alérgeno irão desenvolver uma alergia. Se você se lembrar de apenas uma coisa deste capítulo, que seja o seguinte: os exames de sangue e de pele indicam apenas a sensibilização a um alérgeno específico; eles nunca confirmam uma alergia.[23] Qualquer alergia cutânea ou respiratória deve ser confirmada por um alergista a partir do histórico do paciente e da presença de sintomas quando o paciente entra em contato com o alérgeno na natureza, por assim dizer.

A ciência objetiva do diagnóstico de alergia é salpicada de subjetividade. Muitos alergistas confiam em seus instintos, aprimorados por anos de experiência clínica, para ler os resultados dos testes cutâneos e fazer seu diagnóstico. Como sugeriu Parikh, interpretar resultados de exames de alergia no século XXI é ao mesmo tempo uma arte e uma ciência.

TESTES BONS, TESTES ANTIGOS, TESTES RUINS, TESTES NOVOS

Nos últimos anos, um amigo chamado David tem sentido dores abdominais generalizadas. Há cerca de um ano, ele foi diagnosticado com hérnia e passou por duas cirurgias (a primeira não funcionou, o que é uma raridade, mas acontece). David é um indivíduo muito saudável e feliz, mas a doença prolongada, junto com a virada dos 45 anos, deixou uma marca na sua armadura habitualmente tão otimista. Ele dobrou suas sessões de ioga e se comprometeu com uma boa alimentação. Com essas mudanças no estilo de vida, também resolveu se consultar com um naturopata. Para descobrir se David tinha algum tipo de alergia ao que comia, o naturopata queria pedir um exame de sangue para detectar a presença do anticorpo IgG. Uma alergia, supôs ele, poderia estar contribuindo para seu desconforto contínuo.

David estava desesperado para se sentir melhor, então decidiu fazer o exame de sangue. Por saber que eu estava pesquisando para um livro inteiro sobre alergias, ele me enviou um e-mail com perguntas sobre seus resultados. Os níveis de IgG, disse ele, se apresentaram elevados em resposta a vários alimentos diferentes. Estava pensando em cortar todos eles de sua dieta, mas queria ouvir primeiro minha opinião bem fundamentada.

Com o passar dos anos, ouvi de alergistas que os testes de anticorpos IgG eram, para ser franca, um disparate total. O IgG compõe a maior parte dos anticorpos circulantes na corrente sanguínea. Desempenha um papel importante na função imunológica normal e em alguns distúrbios autoimunes (como vimos no Capítulo 1), mas não influi na hipersensibilidade ou na alergia tipo I. Apesar disso, pessoas como meu amigo David têm solicitado aos montes testes de anticorpos IgG disponíveis comercialmente na esperança de encontrar respostas para um bando de sintomas misteriosos e desagradáveis. Como esse tipo de exame não diz nada aos pacientes sobre a probabilidade de ter uma alergia, a maioria dos alergistas considera preocupante essa nova tendência. Como explicou Sampson, "o problema é que todo mundo produz anticorpos IgG para alimentos".

Depois que comemos, quando nosso estômago começa a decompor e digerir a comida, algumas das proteínas naturais atravessam a barreira intestinal e entram na corrente sanguínea. Cerca de 2% das proteínas que ingerimos diariamente entrarão em nossa circulação sanguínea no que é chamado de "forma imunogênica" — isso significa que é possível que desencadeiem respostas imunes normais do corpo e ativem anticorpos. Lembra-se da descrição do Dr. Avery August das células imunológicas como "avaliadoras" daquilo que vai se tornar parte de nós? O IgG atua como um avaliador quando detecta proteínas alimentares em nosso sangue.

"Portanto, se está comendo ovos e bebendo leite, você vai ter anticorpos IgG para ovos e leite", disse Sampson. "Mas nunca houve uma demonstração da patogênese [desenvolvimento de doença] relacionada a esses anticorpos."

Em outras palavras, o IgG não causa alergia alimentar ou doença alérgica tipo I. A má compreensão dos resultados dos exames de sangue de IgG leva muita gente a eliminar alimentos básicos e nutritivos da dieta. Depois, ao refazer o exame de sangue, os resultados mostram a queda dos níveis de IgG. Isso é considerado um sinal de que o esforço para evitar certos alimentos está valendo a pena e que as pessoas são, de fato, "alérgicas" a eles. Na verdade, não há nenhuma evidência de que o IgG desencadeie qualquer efeito negativo sobre o corpo. Mas faz sentido, pelo menos do ponto de vista fisiológico, que, ao evitar comer algum alimento, seu corpo pare de produzir IgG para ele. Isso também significa acidentalmente preparar seus anticorpos para considerarem que essas proteínas são um problema, se voltar a consumi-las no futuro. Há evidências crescentes de que os anticorpos IgG podem proteger de uma reação alérgica, uma vez que os pacientes que passam por imunoterapia para alergia alimentar geram aumentos significativos de anticorpos IgG no processo. À medida que o corpo aprende a tolerar pequenas quantidades das proteínas às quais é alérgico, os níveis de IgG aumentam. Sampson acredita que esta é uma evidência sólida de que esses anticorpos devem desempenhar um papel na função imune normal e saudável.

"Se você está bebendo leite e não tem anticorpos IgG para o leite, começo a me preocupar com seu sistema imunológico", disse Sampson. Ele concorda com colegas que os exames de IgG, além de inúteis para o diagnóstico de alergia, deveriam ser banidos para o público, a não ser que alguém prove sua validade diagnóstica. Quando perguntei a ele por que tantas pessoas ainda defendem esses resultados, apesar da total falta de evidências, ele fez uma pausa e depois disse acreditar que há um efeito placebo considerável associado aos testes porque são muito caros de realizar. Dependendo de quantos alérgenos estão sendo testados, eles podem custar centenas de dólares.

"Se você gasta tanto dinheiro com um exame", ponderou Sampson, "deseja que ele funcione".

Se uma pessoa antecipa que vai se sentir pior depois de ingerir os alimentos que acha que estão causando os sintomas, ela se sente. É o efeito nocebo — a contraparte negativa do efeito placebo.

Avisei a David que o consenso de todos os especialistas em alergia que entrevistei nos últimos anos é que os testes de IgG são, na melhor das hipóteses, inúteis ou, na pior delas, perigosos. Ele me respondeu dizendo que confiava em seu naturopata e que ele se sentia melhor desde que começara a evitar glúten e laticínios. Enquanto eu tentava convencê-lo, ele continuava apegado ao que sentia visceralmente (trocadilho intencional). Acabei me sentindo frustrada, mas Sampson foi compreensivo e não se surpreendeu nem um pouco com a resposta de David. Ele já viu isso antes — muitas e muitas vezes.

"Quando comecei na área de alergia alimentar", disse Sampson, "eu passava o tempo todo tentando convencer as pessoas de que um alimento *estava* causando seus sintomas. Agora passo todo o meu tempo tentando convencer as pessoas de que *não é* um alimento que está causando os sintomas. Todo mundo faz esses testes malucos. O problema é que todo mundo come cerca de cinco ou seis vezes por dia e você sempre pode relacionar algo a um momento em que comeu. Então, neste caso, a história pode ser muito enganosa."

Décadas atrás, quando ouviu falar da síndrome de alergia oral pela primeira vez, Sampson admitiu que não a achava real. Não tão grave quanto uma alergia alimentar completa, a síndrome de alergia oral está relacionada a alergias sazonais ao pólen. Sempre que uma pessoa com alergia oral come certas frutas ou vegetais, o sistema imunológico reconhece a estrutura molecular desses alimentos como sendo semelhante a um tipo de pólen — ao qual é alérgico —, e a boca formiga ou coça. Parecia improvável para Sampson, mas acabou se demonstrando um fenômeno bem real. Portanto, embora seja improvável, não é impossível que o IgG possa desempenhar um pequeno papel em alguns dos distúrbios alérgicos. Mais de uma vez, Sampson ficou feliz em provar que estava errado em sua própria pesquisa e me disse que ainda não entendemos as respostas imunológicas alérgicas. Pode haver condições e gatilhos que ainda não conhecemos (como descobriremos no Capítulo 6, quando falarmos sobre a relativamente nova "alergia à carne"). Mas Sampson acha encorajador o aumento da atenção e do financiamento que a alergia recebeu nos últimos vinte anos. Ele tem esperança de que a pesquisa em andamento acabe erradicando todas as alergias — mas não acredita que isso possa acontecer tão cedo. Não durante sua vida e talvez não na minha. Tudo o que podemos fazer por enquanto, disse ele, é encontrar maneiras de diminuir a resposta imune, sem interrompê-la completamente. E, para fazer isso, precisamos continuar trabalhando no desenvolvimento de melhores ferramentas de diagnóstico para a detecção.

PACIENTES E MÉDICOS IRRITADOS

Se você ainda não está confiante em relação às ferramentas de diagnóstico atuais usadas para constatar alergias, não é único. Os alergistas ficam igualmente frustrados com as ferramentas disponíveis e têm esperança de que sejam desenvolvidos métodos melhores e mais precisos para testar as respostas alérgicas. O Dr. Ruchi Gupta, pediatra e epidemiologista da Universidade Northwestern, salientou que os testes de diagnóstico atuais servem muito bem para indicar caso não tenhamos alergias, mas são muito ruins para prever se as temos.

"O valor preditivo negativo é muito alto, mas o valor preditivo positivo é muito baixo", disse Gupta. "No caso do valor preditivo positivo, é quase como jogar cara e coroa. Com um teste positivo, há 50% de probabilidade de se ter uma alergia e 50% de não se ter."

Isso não é muito reconfortante, eu sei.

Num mundo ideal, os futuros testes incluiriam métodos que não dependessem tanto da reação da IgE como sinal de uma verdadeira resposta alérgica, especialmente porque tais reações nem sempre indicam a presença de uma alergia e porque existem muitas alergias não mediadas por IgE que não podem ser testadas pelos métodos atuais.

Parte do problema com os testes de diagnóstico é que eles estão relacionados a dois problemas fundamentais da própria pesquisa científica. O primeiro é que há limites para a tecnologia científica — para o que podemos ver e o que podemos estudar. O segundo é que todo conhecimento científico depende de uma compreensão de médias.

"Quando estamos testando o sangue", explicou o Dr. Alkis Togias, do NIH, "há bilhões de células e, muitas vezes, observamos uma resposta média dessas células a alguma coisa ou uma expressão média de uma determinada molécula. Essa média deixa muitas questões em aberto. Pode haver, por exemplo, um número muito baixo de células dentro do mesmo indivíduo. Observamos a média e, claro, ignoramos o fato de haver duas populações de células.

Em outras palavras, algumas células podem estar respondendo a um determinado alérgeno, mas outras não. O resultado do exame de sangue é a reação média de todas elas, mas esconde o fato de que algumas podem ser muito reativas, enquanto outras não são nada reativas. Isso significa que o exame de sangue pode mostrar resultados negativos, mesmo que algumas células respondam positivamente ao alérgeno, ou vice-versa.

Pelo lado positivo, Togias também ressaltou que os pesquisadores do NIH e de todo o mundo estão trabalhando arduamente no desenvolvimento de novas ferramentas moleculares para ajudar no diagnóstico. Mesmo assim, elas provavelmente serão mais caras, com o uso limitado, especialmente para aqueles sem acesso adequado à saúde ou sem recursos para pagá-los do próprio bolso. No futuro próximo, continuaremos a confiar nos testes descritos acima para a maioria dos diagnósticos de alergia.

Mas se, como vimos no Capítulo 1, a alergia em si pode ser um termo um tanto vago e o seu diagnóstico é, na melhor das hipóteses, complicado, como teríamos então condições de avaliar a dimensão real do problema mundial da alergia?

CAPÍTULO 3

Nosso mundo alérgico:
medindo o aumento das doenças alérgicas

O PROBLEMA DOS NÚMEROS IMPRECISOS

As alergias nunca são o que parecem. São difíceis de definir. E, na maioria das vezes, são mais difíceis ainda de diagnosticar. E pior ainda de medir.

Medições precisas das taxas de incidência de condições alérgicas são importantes. Os números orientam tudo na pesquisa médica, desde a alocação de fundos até o desenvolvimento de novos produtos farmacêuticos. Para começar a entender a dimensão do problema e por que as alergias podem ser a condição médica crônica definidora do século XXI, temos de mergulhar de cabeça em um mar de estatísticas. Os números a seguir, selecionados de alguns dos mais recentes dados disponíveis, destacam como as alergias são prevalentes e difundidas nos dias de hoje.

- Estima-se que 235 milhões de pessoas em todo o mundo sofram de asma.
- Globalmente, de 240 milhões a 550 milhões de pessoas podem sofrer de alergia alimentar.
- A alergia a medicamentos pode afetar até 10% da população mundial e até 20% de todos os pacientes hospitalizados mundialmente.
- Entre 10% e 30% da população global sofre com a febre do feno, principalmente na Europa.

- Pelo menos uma forma de doença alérgica aflige 20% a 30% da população total da Índia.
- Considerando apenas a alergia respiratória, 33% dos indianos são afetados.
- Alguma forma de alergia crônica desafia 150 milhões de europeus.
- Metade dos ugandenses tem alergia.
- A alergia alimentar atinge 7,7% das crianças chinesas.

Esses números são, em algum nível, incompreensíveis em seu escopo. No entanto, vemos cifras assim todos os dias. A maioria de nós se acostumou tanto a ver tabelas, gráficos, resultados de pesquisas e porcentagens em nossos feeds de notícias que fatos e números conseguem nos intrigar, nos oprimir, nos entorpecer e nos entediar ao mesmo tempo. Vivemos na era do *big data*, da ciência global e das planilhas do Excel. Como Joseph Stalin teria dito: "Se um homem morrer de fome, é uma tragédia. Se milhões morrerem, é estatística." Se traduzirmos essa lógica para o reino das condições médicas modernas, talvez possamos começar a entender com mais clareza por que não prestamos atenção suficiente a essas taxas surpreendentes: se apenas uma criança morre de anafilaxia por comer um amendoim ou de um ataque de asma alérgica grave, trata-se de uma tragédia. Mas se milhões sofrem de alergia alimentar ou de asma e não morrem, é estatística. Embora números acachapantes como esses possam nos dizer muito sobre o escopo do problema global, eles não revelam tudo o que precisamos saber.

Temos dificuldade em visualizar todos os alérgicos e as dificuldades coletivas cotidianas ao lidar com essas condições, que são a fonte de todos esses dados em primeiro lugar. Histórias individuais — como a do meu pai, a minha e talvez a sua — tendem a se perder. Detalhes importantes e informações contextuais — todas as experiências vividas por bilhões de pessoas acometidas por alergias — desaparecem dos conjuntos de dados.

Vejamos o caso de Veronica. Veronica é uma mulher vibrante de trinta e poucos anos com alergias respiratórias tão severas que ela chega a temer os primeiros sinais da primavera. Temperaturas mais quentes, brotos verdes brotando do solo, dias cada vez mais longos, árvores florescendo — tudo isso significa um desastre para Veronica se ela não começar a tomar o remédio prescrito para alergia com antecedência suficiente. Graças aos caprichos de um clima em mudança, cada ano parece cada vez mais um jogo de adivinhação: quando chegará a primavera? Veronica tenta marcar uma consulta com o médico três ou quatro semanas antes do início da estação. Mesmo quando cronometra tudo, suas alergias ainda podem ser imprevisíveis. Se for um ano ruim — com as cargas de pólen muito mais altas ou em que a temporada de pólen se prolonga mais do que o normal —, Veronica vai sofrer, mesmo tomando os anti-histamínicos prescritos.

"Quando caminho para o trabalho, fico me certificando o tempo todo de que estou com os óculos escuros estilo máscara", explicou-me uma tarde, quando estávamos sentadas confortavelmente em seu escritório. "Meus olhos são gatilhos. Se eu esqueço os óculos, parece que chorei ou que passei a noite inteira na farra. Nenhuma das duas opções passam uma boa impressão no trabalho."

Todos os dias, ela entra no chuveiro depois de chegar em casa para tirar o pólen do cabelo. Evita eventos ao ar livre nos dias em que a contagem de pólen está alta e em geral sente fadiga durante três ou quatro meses por ano. Quando perguntei se o marido dela, amigos e familiares são compreensivos, ela assentiu. "Minha família inteira tem alergia, então entende. Todo mundo está tomando algum tipo de Claritin, Allegra ou Xyzal, em geral." Segundo ela, as alergias de todos parecem ter piorado. Enquanto a medicação continuar funcionando, tudo bem. Mas Veronica se preocupa com o que acontecerá quando até mesmo os melhores medicamentos prescritos disponíveis não forem mais eficazes.

———

Quando comecei a examinar as estatísticas, fiquei ao mesmo tempo preocupada e confusa. Em que se baseavam os dados oficiais e por que variavam ou refletiam uma gama tão ampla de possibilidades? Obviamente, todas as estatísticas são estimativas. São calculadas com base em amostras representativas menores. Mas eu queria mais detalhes sobre quem estava fazendo a amostragem e como, e por isso entrei em contato com os Centros de Controle e Prevenção de Doenças (CDC, sigla em inglês para Centers for Disease Control and Prevention) dos Estados Unidos para tentar encontrar algumas respostas. O CDC acompanha as taxas de asma e alergia alimentar porque são as duas formas mais mortais de doença alérgica, com maior probabilidade de contribuir para as taxas de mortalidade no país. No entanto, depois de várias rodadas de telefonemas e e-mails com membros da equipe, eu continuava sem respostas. Depois de fazer um pouco mais de trabalho braçal e muito mais entrevistas com pesquisadores, percebi que é difícil — talvez impossível — saber com certeza absoluta quantas pessoas sofrem de alergia. É igualmente difícil encontrar uma resposta definitiva à pergunta que todos desejam responder: as coisas estão piorando?

Essa foi uma das perguntas mais prementes que me fiz depois que fui diagnosticada e que comecei a falar com outras pessoas sobre suas alergias. Especialistas no tema, profissionais de saúde, empresas farmacêuticas e de biotecnologia, cidadãos não alérgicos, alérgicos como Veronica e muito possivelmente você, leitor preocupado, querem saber se as alergias são mais prevalentes agora do que no passado e se as taxas continuarão a aumentar no futuro próximo. Todos os números são mesmo piores do que eram há dez, vinte ou trinta anos? As taxas de alergia estão realmente aumentando década após década ou novas campanhas de conscientização de saúde pública e ferramentas de diagnóstico mais precisas nos tornaram melhores em detectar e diagnosticá-las, aumentando assim os números? Quem vive no século XXI está mais propenso a desenvolver alergias ou a experimentá-las com mais frequência e com sintomas mais graves?

Passei mais de cinco anos pesquisando e escrevendo este livro, lendo sobre alergias no passado, entrevistando especialistas e visitando laboratórios científicos que as pesquisavam. Perguntei a todos que conheci se achavam que as alergias estão se tornando mais prevalentes na população em geral e apresentando maior gravidade. Quase todos responderam ambas as perguntas afirmativamente. No entanto, também alertaram que estamos apenas no início da jornada para entender as alergias de um ponto de vista científico e que os dados de que dispomos atualmente não são tão bons quanto poderiam ou deveriam ser.

Especialistas que trabalham na área há décadas me disseram a mesma coisa: é difícil avaliar com precisão a situação atual porque é difícil obter dados confiáveis sobre o número de alérgicos. Por um lado, temos inúmeras narrativas de indivíduos que sofrem de diferentes formas de doença alérgica — eczema, asma, febre do feno, alergia alimentar — e anotações clínicas e diagnósticos de médicos ou alergistas. Por outro lado, temos as estatísticas oficiais compiladas e tabuladas. Ao se aprofundar nesses estudos epidemiológicos, logo se enxerga alguns problemas gritantes.

Para começar, a definição do que é uma alergia — ou, talvez o que seja mais crítico, do que não é — pode afetar a forma da contagem, prejudicando a exatidão das estatísticas. As categorias de doenças não são entidades estáveis ou "coisas" no mundo. São descrições de um conjunto de sintomas e sinais biológicos típicos de doenças. Mesmo algo aparentemente "fácil" de definir — como a asma — é mais complicado do que à primeira vista. A definição oficial de asma mudou várias vezes desde a década de 1950. Os estudos epidemiológicos nem sempre usam os mesmos marcadores de doença, então alguém que é considerado asmático por um estudo pode não se qualificar como asmático em outro. Em um metaestudo, os pesquisadores descobriram que 122 estudos da prevalência de asma em crianças não usavam definições ou sintomas padronizados, impossibilitando a compilação ou a comparação dos dados.[1] Na verdade, sessenta definições diferentes de asma foram usadas nos 122 estudos. Quando as quatro definições mais populares foram aplicadas ao mesmo conjunto de dados, a variação no número de crianças que poderiam ser categorizadas como "asmáticas" foi surpreendente. Dependendo da definição usada, até 39% delas deixavam de ser enquadradas.

Afinal, as crianças nesses estudos tinham ou não tinham asma? E quem decide? Os pais que presenciam seus filhos chiando levemente no parquinho ou tendo dificuldade para respirar na hora de dormir? Os pediatras que fazem um histórico familiar e depois usam um espirômetro para medir a função pulmonar dos jovens pacientes? Ou os epidemiologistas que analisam os sinistros de seguro, o número de prescrições de inaladores ou os dados de levantamentos autorrelatados de pais com filhos menores de 18 anos? É isso que torna tão difícil coletar, decifrar e escrever sobre os dados epidemiológicos relativos ao número de indivíduos afetados por alergias.

A Dra. Neeru Khurana Hershey, médica e pesquisadora da asma no Hospital Infantil de Cincinnati com décadas de experiência, explicou por que a asma alérgica, em particular, é tão difícil de rastrear. "Asma é um termo lixo. É o nome de um sintoma, não de uma doença. A asma é heterogênea. É definida por uma constelação de sintomas, que podem resultar de diferentes caminhos." Em outras palavras, muitas condições médicas diferentes podem causar uma reação asmática, não apenas a alergia. Isso, como explicou Khurana Hershey, torna difícil a coleta de dados sobre a asma alérgica — ou separar as alergias de outras causas da asma, como outras condições pulmonares. Para complicar mais, mesmo que as alergias não sejam a raiz do problema, elas podem ainda ser o gatilho ambiental para um ataque de asma. A menos que se observe o histórico médico de cada paciente, é impossível dizer quem tem asma "alérgica" ou quem tem asma "não alérgica" com gatilhos alérgicos.

E esse problema não é só da asma.

As definições de quase todas as diferentes formas de condições alérgicas usadas para compilar dados oficiais sobre as taxas globais de alergia são vagas, contestadas e mudam constantemente. Por mais surpreendente que pareça, a febre do feno — a mais antiga alergia reconhecida pela medicina — é muito mais difícil de definir do que se poderia supor, e os sintomas usados para medi-la podem variar muito. E mesmo que os estudos sejam rigorosos e se baseiem em testes clínicos ou em um diagnóstico oficial para contabilizar casos confirmados (e a maioria não é), os números resultantes ainda dependem do modo como os pesquisadores definiram em princípio as categorias de doenças. Tudo isso é, no mínimo, confuso e frustrante, e muitas vezes leva a uma grande discrepância nos números oficiais de alérgicos.

Aqui está um exemplo pertinente de como é difícil obter números mais precisos sobre quantas pessoas estão fungando, espirrando e com outras irritações. Medições de rinite alérgica variam de 10% a 40% da população mundial total. Em escala global, a diferença entre 10% e 40% é enorme — é como adicionar ou subtrair a população de um continente inteiro. A grande variação se deve a diferenças nas definições do que constitui a febre do feno, os critérios de diagnóstico usados para avaliar a condição em pesquisas individuais e nacionais (como olhos lacrimejantes ou espirros frequentes) e as populações a serem medidas (que grupos socioeconômicos e áreas geográficas estão representados nos dados da pesquisa a ser compilada).

Para começar, nem todo mundo que tem febre do feno faz o teste, e aqueles que se autodiagnosticam nem sempre estão refletidos nos números oficiais. Mesmo quem sofre de rinite alérgica e vai a um consultório pode não sair com o diagnóstico correto. Além disso, nem todo mundo que tem alergia sabe que tem ou se identificaria como alérgico, especialmente se os sintomas forem leves ou se a exposição ao alérgeno for rara. O meu pai não sabia que era alérgico à peçonha de abelha e eu não sabia das minhas alergias respiratórias. Nenhum de nós teria incluído "alergia" em nosso histórico médico familiar nem responderia positivamente se fosse perguntado. Geralmente é assim que coletamos dados sobre a ocorrência de alergias — perguntamos diretamente às pessoas ou levantamos seus sintomas.

Este é um grande problema com a confiabilidade e precisão dos números atuais. A maioria dos estudos epidemiológicos se baseia no autorrelato de sintomas por meio de pesquisas na internet ou por telefone. Confiamos em pessoas com alergias para avaliar com exatidão os próprios sintomas e comunicá-los com sinceridade, para que as respostas possam ser classificadas na categoria correta e contabilizadas. O problema flagrante com a abordagem é que os sintomas são muitas vezes semelhantes ou idênticos aos de outras condições médicas e, portanto, podem ser confusos. Os sintomas autorrelatados são, na melhor das hipóteses, evidências de que um paciente *pode ter* uma alergia subjacente. Sem um diagnóstico médico, tais sintomas por si só não podem ser usados como confirmação de uma verdadeira resposta alérgica.

O QUE OS DADOS PODEM NOS DIZER — E O QUE NÃO PODEM

Mesmo que sejamos cautelosos em nossas estimativas e argumentemos que apenas 10% da população global terá uma alergia respiratória em algum momento da vida, esse ainda é um número quase incompreensível — equivaleria atualmente a 800 milhões de pessoas em todo o mundo.

Então o que sabemos sobre esse dado e sobre as pessoas que ele representa? Ao contrário de uma alergia alimentar, que às vezes é superada, as afecções respiratórias costumam ser crônicas e duram por toda a vida. Isso significa que os números não mudarão ao longo de uma geração. Também sabemos que a maioria dos pacientes com alergias respiratórias apresenta sintomas tão graves a ponto de recorrer a medicamentos de venda livre (3 em cada 4) ou prescritos (metade dos afetados).[2]

A sinusite alérgica (inflamação da cavidade nasal causada por uma alergia respiratória subjacente) custa aos norte-americanos cerca de 6 bilhões de dólares por ano em gastos com saúde.[3] Eles também perdem aproximadamente 3,8 milhões de dias de trabalho e de escola a cada ano devido a alergias respiratórias.[4] Pacientes com alergias respiratórias de moderadas a graves relatam reduções significativas na qualidade de vida, incluídos "padrão de sono interrompido, fadiga e falta de concentração".[5] Na verdade, 59% dos pacientes alérgicos, num levantamento recente, afirmam que a congestão nasal afetou negativamente sua capacidade de concentração no trabalho, levando a uma baixa produtividade, e cerca de 80% têm dificuldade para dormir à noite, levando a um aumento da fadiga durante o dia.[6] Os sintomas físicos das alergias levam a efeitos emocionais como a frustração.

Curiosamente, o Gallup informa que mais norte-americanos relatam adoecer com alergias durante os meses de inverno do que com resfriado ou gripe; cerca de 10% da população geral sofre de alergias de inverno.

Os dados do Gallup também sugerem que as mulheres são muito mais propensas a relatar alergias do que os homens — o que poderia ser devido ao estigma associado.[7] Alérgicos costumam ser vistos como "mais fracos" do que pessoas não alérgicas. As faixas de renda mais alta e mais baixa relatam mais alergias do que as intermediárias. E habitantes no Sul declaram mais alergias do que qualquer outra região dos Estados Unidos.

Em suma, os dados disponíveis podem nos dizer muito, mas não podem nos dizer tudo, e nem sempre nos dizem o que mais queremos — ou necessitamos — saber. A precisão dessas estatísticas importa por vários motivos, por isso é importante encontrarmos maneiras de obter dados mais precisos. Números confiáveis levam a uma melhor tomada de decisão sobre os tipos de alergia que devem concentrar os fundos de pesquisa — no momento, trata-se da asma e da alergia alimentar, deixando na poeira (por assim dizer) a febre do feno, dermatite atópica e de contato, medicamentosa, a insetos e alergias ocupacionais. Com recursos limitados disponíveis, epidemiologistas e demais autoridades de saúde pública costumam se interessar mais em rastrear aquilo que nos mata. Pessoas com febre do feno grave, como Veronica, talvez discordem veementemente dessa avaliação, pois sabem em primeira mão que, embora a doença possa não matar, ela interfere seriamente na qualidade de vida do paciente. Os dólares da pesquisa científica costumam levar à descoberta de mecanismos biológicos que podem ser transformados em melhores tratamentos para os pacientes.

A DETETIVE DE DADOS

Ninguém sabe melhor da importância de números precisos do que a Dra. Ruchi Gupta. Ela é diretora do Centro de Pesquisa de Alergia Alimentar e Asma no Instituto de Saúde Pública e Medicina da Universidade Northwestern. Ela também é pediatra no Ann & Robert H. Lurie Children's Hospital, em Chicago, com mais de 16 anos de experiência estudando e tratando alergias. O filho dela tem uma alergia alimentar severa. E por isso ela está tão interessada na própria pesquisa.

Gupta começou a carreira médica estudando asma e se interessou por alergias alimentares. Depois de fazer um mestrado em saúde pública, foi atraída para Chicago pela oportunidade de estudar com um dos líderes mundiais em pesquisa sobre asma. No início, ela concentrava os próprios estudos nas disparidades de tratamento. Então, conheceu uma família que lidava com várias doenças alérgicas, incluindo alergia alimentar. A família reclamava da falta de informação sobre o assunto e Gupta ficou intrigada. De imediato, ela percebeu que não havia muitos dados disponíveis para quem trabalhava com esse tipo de doença.

"Em comparação com a pesquisa sobre asma, sabíamos muito pouco sobre alergias alimentares", explicou Gupta. "A tal ponto de não haver números de prevalência sendo coletados nos Estados Unidos, então não estava claro quantas pessoas estavam sendo impactadas."

Gupta argumenta que estamos considerando nas estatísticas alérgicos que podem se dar ao luxo de consultar um médico, que vivem em áreas urbanas ou que têm boa cobertura de saúde. Os estudos oficiais podem estar excluindo quem não tem acesso adequado a cuidados de saúde ou habitantes de áreas mais rurais. Todos esses fatores prejudicam a confiabilidade dos números. Se você usar pesquisas ou pedir às pessoas que relatem seus sintomas, algumas que afirmam ter alergias podem, de fato, não tê-las. Superestimação e subestimação são problemas crônicos — ainda mais quando o assunto são as alergias alimentares.

O aumento da cobertura da imprensa e a atenção recente da mídia sobre o tema só levaram ao aumento da confusão na população em geral. As campanhas de conscientização funcionaram muito bem. Hoje, quem experimenta um sintoma como dor no baixo abdômen logo após se alimentar atribui isso, muitas vezes, a uma alergia alimentar subjacente — quando poderia muito bem ser algo totalmente diferente. Muitas condições médicas diferentes têm sintomas semelhantes.

"Há a intolerância, síndrome de alergia oral, doença celíaca e doença de Crohn. Existem várias condições gastrointestinais possíveis, mas caso você se alimente e tenha uma reação negativa, é difícil saber se foi uma alergia alimentar, intoxicação alimentar ou apenas uma intolerância", afirmou Gupta. "É difícil para as pessoas dizerem o que está acontecendo em seus corpos."

Ela culpa parcialmente a imprecisão do termo "alergia". É impreciso e abrange um amplo espectro — de leves fungadas a anafilaxia — e, por isso, é um termo que causa confusão para a maioria das pessoas.

Para tentar corrigir essas lacunas nos dados disponíveis, Gupta e sua equipe de pesquisa elaboraram um levantamento abrangente que se aprofunda nos mínimos detalhes, fazendo perguntas exaustivas sobre sintomas e experiências diárias das pessoas. As respostas dos pacientes tornam mais fácil descartar quaisquer reações que não indiquem uma possível alergia alimentar. É um método conservador que deixa a médica mais confiante sobre os dados coletados, embora ela admita que mesmo seus números podem estar errados. Não há como dizer com certeza, sem fazer desafios orais, o padrão-ouro de testes para a confirmação de alergias alimentares, mas ela insiste em afirmar que os dados de suas pesquisas são significativos.

O que Gupta sabe com certeza é que o problema das alergias já é considerável e parece piorar a cada década que passa. Suas estatísticas são preocupantes e surpreendentes. De acordo com os últimos resultados (divulgados em 2019), até 10,8% dos americanos mostram evidências convincentes de alergia alimentar.[8] Quase o dobro dessa taxa — ou para ser mais específica, 19% — se identificaram como tendo alergia, mas apenas 5% de todos entrevistados tiveram esse diagnóstico médico confirmado. Usando dados compilados de estudos recentes, outros pesquisadores conceituados estimaram que "a alergia alimentar provavelmente afeta quase 5% dos adultos e 8% das crianças, com evidências crescentes de um aumento na prevalência".[9]

Depois de me explicar todos os diversos problemas com a coleta de dados, Gupta perguntou: "E aí, em que número você acredita?"

Gupta espera que a coleta futura de dados clínicos em grande escala — ou a emergência do *big data* na área da saúde — possa ajudar, em última instância, a resolver o enigma das alergias e dar aos médicos um retrato melhor do escopo do problema. Mas, pelo menos por enquanto, estamos presos a números pouco confiáveis — e a muitas perguntas sobre a verdadeira extensão de uma epidemia já colossal de doenças alérgicas.

UMA EPIDEMIA QUE SE AGRAVA

Embora os pesquisadores possam discordar sobre definições, sintomas e metodologia, todos concordam num ponto: as alergias pioraram nas últimas décadas e é provável que o número de pessoas acometidas em todo o mundo continue a crescer rapidamente. Ao examinar dados disponíveis do século passado, há um consenso de que a incidência de febre do feno nos Estados Unidos aumentou em meados do século XX.[10] Os números sugerem que a incidência de asma aumentou a partir da década de 1960 e atingiu o pico em algum momento na década de 1990. Desde então, as taxas de asma permaneceram relativamente constantes. É provável que os níveis de doenças alérgicas respiratórias e sensibilização atópica (alergia cutânea) tenham aumentado nas últimas décadas, à medida que as diferenças geográficas nas taxas de prevalência diminuíram. Por exemplo, as taxas de doença atópica dobraram em Gana entre 1993 e 2003.[11] Para as alergias alimentares, o aumento nas taxas de incidência mundial foi o mais dramático e visível, começando com força a partir na década de 1990 e crescendo de modo constante desde então.

O Dr. Scott Sicherer, diretor do Elliot e Roslyn Jaffe Food Allergy Institute e professor de alergia pediátrica da cátedra Elliot e Roslyn Jaffe no Hospital Mount Sinai, na cidade de Nova York, viu de perto o aumento da alergia alimentar. Quando ele começou a trabalhar no Jaffe Institute em 1997, a equipe dele conduziu um estudo em colaboração com a Food Allergy and Anaphylaxis Network que mostrava que 1 em cada 250 crianças relatava alergia alimentar a amendoim ou nozes. Em 2008, o trabalho de Sicherer mostrou que a taxa mais do que triplicou, indo para 1 em cada 70.

"A princípio, não acreditei no estudo de 2008", disse ele. Sicherer pensou que a taxa refletia um problema com a metodologia — até ele ver números semelhantes vindos do Canadá, da Austrália e do Reino Unido, todos mostrando que cerca de 1% ou mais das crianças tinham alergia a amendoim. Hoje, Sicherer não tem dúvidas de que houve um aumento nas últimas décadas.

"Também estamos vendo menos casos de alergias alimentares que são superadas e mais que emergem", contou Sicherer. "A gravidade pode não ser intrinsecamente diferente do que era há vinte anos, mas, com mais pessoas afetadas, torna-se uma grande questão."[12]

Embora todos esses dados sejam dignos de atenção, talvez a evidência mais convincente que temos para o aumento de alergias nos últimos trinta anos sejam as internações hospitalares. A cada duas horas, alguém com alergia grave vai parar no pronto-socorro. Esses números parecem uma evidência incontestável.

De acordo com pesquisadores do Imperial College, em Londres, que vasculharam os dados disponíveis nas últimas duas décadas, as internações hospitalares por anafilaxia alimentar aumentaram 5,7% (de 1998 a 2018), enquanto as mortes diminuíram de 0,70% para 0,19%.[13] Durante o mesmo período, as receitas para autoinjetores de adrenalina, ou EpiPens, aumentou 336%. Os pesquisadores fizeram o controle das mudanças nos critérios de definições para anafilaxia alimentar e acreditam que a melhoria no diagnóstico e no tratamento da alergia a alimentos levou à diminuição das mortes, mesmo com o aumento geral das taxas de incidentes.

As internações hospitalares por asma triplicaram em apenas duas décadas, entre os anos 1970 e 1990, antes de se estabilizarem numa taxa estável atual.[14] Embora a incidência de asma nos países desenvolvidos esteja diminuindo, ela continua a crescer em partes subdesenvolvidas do mundo, fazendo com que a taxa geral global continue subindo, mesmo que permaneça constante em lugares como os Estados Unidos.

É por isso que os especialistas preveem que as taxas de alergia continuarão a aumentar nas próximas décadas. A doença alérgica é menos prevalente em áreas rurais de países de baixa renda, mas a sensibilização alérgica está no mesmo nível (lembrete rápido: é possível ter sensibilidade sem desenvolver alergia). Em outras palavras, as pessoas em todos os lugares têm a mesma sensibilização, mas há menos sintomas ativos e menos casos de doença ativa nas áreas rurais dos países pobres. À medida que os países começam a se desenvolver, as taxas de alergia tendem a aumentar. Por quê?

Enquanto escrevo esta conclusão, é verão no Brooklyn. Eu moro perto de um parque imenso, deslumbrante. Faço longas caminhadas lá quase todos os dias, se não estiver muito chuvoso ou muito quente, ou se o ar não estiver muito poluído. Alguns dias, não tenho nenhum sintoma da rinite alérgica localizada e aproveito o momento. Outros dias são quase insuportáveis. Quando volto para casa, meus olhos ardem e coçam e, se ouso tentar tocá-los ou esfregá-los suavemente, desencadeio um ataque de espirros que pode durar até trinta minutos. Às vezes, meus olhos ardem tanto que as pálpebras se fecham por reflexo, as conjuntivas produzem tantas lágrimas involuntárias que parece que estou no meio de uma crise emocional.

Nos dias ruins, abro um aplicativo meteorológico no celular e verifico a contagem de pólen, fazendo algumas investigações quase científicas para ver o que pode estar me afetando daquele jeito. Sempre diz a mesma coisa: níveis muito altos de pólen de grama. Presumo que devo ser alérgica a uma das espécies de grama da área, mas não faço ideia de qual seja.

Além do verão, também estamos afundados em uma pandemia global. O vírus da covid-19 faz com que a maioria das alergias pareça uma brincadeira quando comparadas a ele. Cada vez que espirro mais de uma vez ou sinto a garganta arranhar um pouco, ambos sintomas extremamente normais de alergias respiratórias sazonais, sinto uma pequena onda de pânico tomar conta de mim. São alergias ou um sinal de que fui contaminada pelo temido SARS-CoV-2? Os sintomas normais de alergia não parecem mais "normais". Contudo, devo repetir, eles nunca foram realmente normais. Sempre foram um sinal de que algo estava errado.

Os sintomas coletivos de alergia — nariz escorrendo, coceira nos olhos, pele sensível, dor de estômago, intestino irritado, esôfago inchado e dificuldade para respirar — estão tentando nos dizer algo importante sobre a saúde geral de nosso sistema imunológico no século XXI, algo sobre a forma como levamos a vida, como as células muitas vezes são sobrecarregadas pelo ambiente. Embora seja verdade que a definição científica de alergia tenha mudado mais de uma vez desde sua concepção, há cem anos, o que não mudou foi a queda na qualidade de vida que todos esses sintomas causaram para milhões de alérgicos em todo o mundo. À medida que nossa compreensão da função imunológica evolui, também evoluem as formas como falamos, categorizamos e tratamos as doenças alérgicas. Sabemos mais sobre alergia e nosso sistema imunológico do que nunca, mas ainda há muito sobre sua função básica que ainda nos escapa. Usamos quase as mesmas ferramentas diagnósticas básicas para alergia há mais de um século e fazemos o melhor que podemos com elas. Cientistas de todo o mundo estão se dedicando para entender melhor como as células aprendem a tolerar bilhões de coisas visíveis e invisíveis todos os dias. Cada avanço nesse conhecimento mudará os limites do que consideramos uma alergia e poderá dar origem a novos distúrbios alérgicos sobre os quais ainda nem pensamos. Todo esse novo conhecimento também ajudará os engenheiros biomédicos a inventar novos testes de diagnóstico ou a inovar versões mais antigas para fornecer resultados mais exatos. No mínimo, podemos esperar que o futuro dessa área na medicina seja muito diferente do passado e do presente. (Examinaremos mais profundamente os possíveis futuros no fim deste livro.)

Apesar de toda a confusão em torno da definição de alergia e de como diagnosticá-la, sabemos de uma coisa com absoluta certeza: nos últimos duzentos anos, as alergias — como quer que as chamemos e as definamos — e os sintomas que elas causam só pioraram e não demonstram sinas de melhora. Estamos no meio de uma epidemia global crescente de doenças alérgicas. A próxima seção deste livro tentará responder a uma única pergunta abrangente.

Por quê?

PARTE DOIS

Teorias

• • •

Apesar da confusão e da dificuldade para saber quem é alérgico e quem não é, é evidente para a maioria dos especialistas e dos epidemiologistas de saúde pública que a incidência geral de alergia continua a crescer. Na verdade, os casos documentados têm aumentado de forma constante desde o início da Revolução Industrial no início do século XIX. Se as alergias vivem esse crescimento nos últimos dois séculos e não mostram sinais de ceder, então a pergunta lógica a se fazer é: Por quê?

A Parte 2 deste livro explora algumas das teorias científicas (e algumas não científicas) mais populares que tentam explicar a moderna epidemia de alergia.

CAPÍTULO 4

Herança alérgica: as alergias como uma resposta imune "normal"

Estamos no meio da pandemia de covid-19 e é impossível viajar para encontrar pesquisadores. Enquanto examino as anotações que fiz, espero que o Dr. Somnath Mukhopadhyay, titular de pediatria da Escola de Medicina de Brighton e Sussex, no Reino Unido, entre na sala de reunião virtual. Mukhopadhyay pesquisa alergias há vinte anos. Para ser mais específica, ele procura possíveis genes ou segmentos de genes que possam estar ligados ao desenvolvimento de alergias em crianças pequenas. Combinamos discutir alguns dos estudos mais recentes que ele fez e que mostram uma correlação entre um defeito genético na barreira cutânea e um risco maior para desenvolver alergias. Esse achado pode ajudar a explicar o que é conhecido como marcha atópica — o desenvolvimento sequencial de dermatite atópica em crianças pequenas, geralmente seguido de alergia alimentar e/ou asma. Essa progressão de alergia cutânea para alergia alimentar e/ou respiratória e asma foi bem documentada em crianças pequenas, mas sua origem permanece um mistério. A maioria dos pesquisadores acredita que a genética individual desempenha um papel nas alergias, e Mukhopadhyay foi um dos primeiros a procurar pistas biológicas em um grande conjunto de dados de informações genéticas de jovens pacientes na Escócia.

Ao entrar na sala virtual, Mukhopadhyay já está sorrindo. Fica claro após os primeiros minutos que ele é apaixonado pelo trabalho e está ansioso para conversar sobre o assunto. Depois de explicar rapidamente a pesquisa que fiz e as experiências que tive com alergias, ele me interrompe com educação, inclinando-se para a frente em sua câmera.

"Entendo", diz ele, com o rosto ficando sério. "Então, você está querendo compreender por que seu pai morreu."

Eu não tinha ligado meu interesse pelas causas genéticas da alergia com minha história familiar. Estava interessada em descobrir a causa primária de irritações e inflamações, e a biologia humana — especificamente nossa genética — parecia um lugar óbvio para começar. Minha lógica era simples: talvez algo dentro de nós seja o grande responsável por todas as alergias e, nesse caso, eu queria descobrir o quê. Mas logo percebi que Mukhopadhyay tinha razão, pelo menos até certo ponto. Eu queria descobrir se os genes de meu pai foram, em última instância, os responsáveis pela morte dele e se faziam parte da minha herança familiar.

"É", respondo depois de um momento de pausa. "Acho que sim."

Mukhopadhyay assente e mantém o olhar na própria lente. Quase consigo sentir a compaixão dele atravessando a tela. Ele está concentrado de forma intensa em mim, como se eu fosse uma paciente.

"As abelhas picam milhões de pessoas todos os anos, Theresa", comenta. "E você deve se questionar: 'Por que meu pai morreu?' Essa pergunta não foi respondida."

Mukhopadhyay quer responder a essa pergunta para mim da maneira mais cuidadosa e minuciosa possível. Sabe que a resposta é importante não apenas para mim, por causa da morte do meu pai, mas também para todos ao redor do mundo que podem estar enfrentando alergias graves. Saber por que temos alergias, por que alguns de nós as desenvolvem e outros não e por que alguns de nós sofrem tanto talvez sejam as questões centrais deste livro. Na verdade, essas podem ser as questões médicas centrais deste século. Apesar de mais de cem anos de ciência imunológica, nós, humanos, ainda não entendemos o sistema imunológico e, à medida que o mundo muda, compreender como o corpo responde a ambientes alterados pode ser vital para nossa sobrevivência. Se a covid-19 nos ensinou algo, foi que a função imunológica é a diferença entre viver bem, sofrer e morrer miseravelmente.

No caso do meu pai, podemos dizer de forma simplista que ele morreu porque estava sentado no carro, ou porque não tinha uma EpiPen, ou porque não foi atendido com rapidez suficiente. Mas Mukhopadhyay sugere que não é isso o que desejo saber. O que desejo saber — assim como outras pessoas como eu — é por que *meu* pai, por que *naquele momento*, por que *aquela* resposta biológica quando tantas pessoas são picadas a cada ano e sobrevivem com facilidade. Na sequência de uma tragédia, anseia-se por uma explicação que dê sentido a eventos aparentemente aleatórios. Queremos reduzir a complexidade da morte de um indivíduo a uma simples resposta biológica porque um problema biológico pode ser solucionado — ou pelo menos evitado.

"A resposta", diz Mukhopadhyay, "está no fato de o corpo do seu pai ter reagido à picada de abelha de uma maneira diferente da que milhões de pessoas experimentam, lidam e enfrentam picadas de abelha. E este *porquê* é a chave para a gestão de alergias. Você pode ter alergias. Eu posso ter alergias. Mas podemos ter razões e respostas biológicas completamente diferentes".

Como vimos nos capítulos anteriores, as alergias podem enganar. Os sintomas são mutáveis e não existem dois pacientes alérgicos iguais. Isso é lógico, pois as células do sistema imunológico de cada indivíduo toma decisões sobre como reagir à variedade de organismos, produtos químicos e proteínas com os quais entram em contato diariamente. As células de cada um responderão de maneira diferente ao mesmo estímulo. O Dr. Avery August, professor de imunologia na Universidade Cornell, me disse que, às vezes, até células idênticas dentro de uma pessoa respondem de maneira diferente à mesma exposição. A genética é a mesma, a exposição é a mesma e o estilo de vida é o mesmo — ainda assim, uma célula T pode decidir reagir exageradamente a uma proteína de amendoim, enquanto outra célula T ignora tal proteína após o contato inicial. E ninguém, segundo August, sabe explicar por que uma determinada célula imune individual toma a decisão que toma. Se um número suficiente de células decidir que uma substância inócua em seu corpo é perigosa, haverá uma reação alérgica. Mas mesmo em uma pessoa sujeita a uma crise alérgica moderada a grave, algumas células imunes escolherão não reagir, ignorando a substância desencadeante. Como tudo o mais relacionado à compreensão das respostas imunológicas, as causas biológicas das alergias estão envoltas em mistério e são difíceis de separar de outras causas enigmáticas.

Estamos prestes a embarcar em uma jornada histórica desde o início da alergologia básica até a pesquisa científica moderna sobre os fundamentos biológicos que explicam por que o sistema imunológico desenvolveu a capacidade de nos matar acidentalmente. A evolução é conservadora. Ela tende a poupar o DNA que dá aos seres humanos — e a todas as outras espécies — uma chance maior de sobrevivência. Então, como podemos explicar a capacidade do sistema imunológico de reagir de forma exagerada a grupos básicos de alimentos ou pólen de plantas? Por que um sistema biológico projetado para nos proteger de bactérias, vírus e parasitas nocivos também seria capaz de causar tanto estrago em resposta a algo tão inofensivo quanto um ácaro ou uma partícula de células mortas no pelo de um gato? A resposta está na complexa teia de interações entre genes, variações genéticas herdadas, células imunológicas e ambiente.

A DESCOBERTA DO LADO OBSCURO DA FUNÇÃO IMUNE

No final do século XIX e início do século XX, o conceito de imunidade estava na moda. O sucesso da nova teoria microbiana da doença levou ao desenvolvimento frutífero de vacinas contra muitas moléstias infecciosas comuns, como varíola, cólera e raiva. Os cientistas já sabiam que a imunidade era, fundamentalmente, uma questão de desencadear as defesas naturais do corpo, mas desconheciam o seu lado sombrio. Na virada do século XX, não teria sido nada estranho para os cientistas que trabalhavam nessa emergente área ter a expectativa de criar imunidade a uma ampla variedade de males — incluindo a exposição a diferentes tipos de veneno ou outras toxinas naturais.

Com essa finalidade, dois cientistas franceses embarcaram em um plano para estudar os efeitos da toxina da caravela-portuguesa no corpo.[1] Paul Portier era um médico, biólogo e fisiologista com grande interesse em biologia marinha.[2] Todos os anos, no verão, Portier se juntava ao príncipe Alberto I de Mônaco, que também era um ávido entusiasta do oceano, no *Princesse Alice II*, uma luxuosa embarcação da realeza. O príncipe a havia reformado e preparado para a pesquisa científica com os mais modernos equipamentos de laboratório e uma equipe completa. Alberto I e o diretor científico haviam notado que, apesar da fragilidade dos tentáculos da caravela-portuguesa, os peixes que roçavam neles ficavam instantaneamente presos. Os marinheiros que entravam em contato com eles sentiam dores debilitantes e às vezes até desmaiavam. O príncipe suspeitava que o organismo daquela criatura era capaz de produzir um veneno poderoso e pediu a Portier que investigasse. No verão de 1901, Portier convidou o Dr. Charles Richet, um colega na Escola de Medicina de Paris, para acompanhá-lo a bordo do *Princesse Alice II*, a fim de estudar os efeitos da classe de toxinas de contato produzidas pela caravela e por outros tipos de água-viva, corais e anêmonas-do-mar.

Charles Richet era um fisiologista, como Portier, e o excêntrico filho de um famoso cirurgião. Na juventude, Richet queria se tornar um escritor e até teve duas peças produzidas em Paris, mas o pai o obrigou a entrar no negócio da família — a medicina. No entanto, mesmo depois de se tornar médico, Richet manteve o interesse não apenas pelas artes literárias, mas também por assuntos tão variados como fenômenos paranormais, socialismo e pacifismo.[3] Em 1890, ele chegou a construir um aeroplano por conta de sua curiosidade pessoal sobre aviação. Os interesses dele no campo da fisiologia eram igualmente diversos e Richet os perseguia com o mesmo entusiasmo. Em julho de 1901, foi o interesse por toxinas que o levou a bordo do *Princesse Alice II*. Mas seria a busca obstinada por qualquer coisa que o interessasse que seria um recurso inestimável para o estudo da imunologia.

O plano original de Portier e Richet para estudar caravelas-portuguesas era simples. Primeiro, eles extraíam metodicamente amostras de tecido das várias partes do corpo do animal marinho. (Na verdade, a caravela-portuguesa, ou *Physalia physalis*, é um organismo simbiótico formado por quatro pólipos distintos que funcionam juntos como um só.) Em seguida, trituravam essas amostras de tecido e as adicionavam a uma solução básica de areia e água do mar, injetando a solução diretamente em animais — neste caso, pombos e porquinhos-da-índia trazidos a bordo em grande quantidade exatamente para servirem de cobaias. Os dois esperavam descobrir quais partes do organismo produziam a toxina paralisante e entender melhor as respostas biológicas básicas por trás da paralisia induzida, levando a uma melhor compreensão do método de entrega e dos efeitos físicos mortais da toxina.

No meio dessa pesquisa, entretanto, Portier e Richet suspeitaram que animais de laboratório repetidamente submetidos a quantidades diluídas da toxina poderiam desenvolver tolerância a ela. Dando tempo suficiente entre as injeções e a quantidade certa de toxina em cada solução, eles teorizaram que os animais poderiam ficar imunes aos efeitos da caravela-portuguesa.

Naquele outono, depois de voltar a Paris, os dois iniciaram uma série de experimentos para testar a hipótese. A caravela-portuguesa, porém, só é encontrada em águas tropicais. Era proibitivamente caro importá-la para o laboratório na cidade. Eles decidiram usar a toxina de um gênero comum de anêmonas-do-mar, a *Actinia*.

Então, injetaram diferentes quantidades de toxina da anêmona-do-mar em alguns cães e observaram os efeitos de cada dosagem. A bordo do *Princesse Alice II*, Richet ficou fascinado com as reações variadas de cada animal às mesmas toxinas, reações que foram anotadas e rastreadas. Como fisiologista, ele supôs que algo sobre a fisiologia singular de cada animal ou de suas características individuais tinha um efeito nas reações biológicas. Em Paris, Portier e Richet ficaram bem familiarizados com as personalidades e peculiaridades dos pacientes caninos, o que tornou muito mais fácil rastrear as idiossincrasias. Alguns cães no laboratório (que receberam doses menores) adoeceram e desenvolveram uma erupção cutânea no local da injeção; outros (que receberam doses maiores) morreram alguns dias após a injeção. Se algum dos cães permanecia relativamente saudável após uma dose diluída de toxina, Richet e Portier esperavam um período de tempo e depois repetiam a experiência, esperando ativar a imunidade natural canina.

Durante esses experimentos iniciais, o cachorro favorito deles, Neptune, recebeu uma dose baixa de toxina da anêmona-do-mar e permaneceu saudável. Três dias depois, Portier injetou outra pequena dose sem reação perceptível. Para maximizar a chance de Neptune desenvolver imunidade, Portier e Richet decidiram esperar três semanas inteiras para dar ao cão uma injeção adicional, dando ao corpo dele o que eles acreditavam ser tempo suficiente para desenvolver uma tolerância mais forte à toxina. O que então aconteceu mudaria o curso da ciência imunológica e a forma como pensamos as funções básicas do sistema imunológico.

Segundos depois de Portier injetar em Neptune a terceira e última dose, o cão começou a ofegar. Rapidamente sem conseguir mais ficar sobre quatro patas, Neptune se deitou de lado e passou a vomitar sangue. Teve convulsões e morreu em apenas 25 minutos. Quando Portier informou Richet, este percebeu que, em vez de se tornar imune à toxina, Neptune havia se tornado *mais* sensível. A reação tanto o entristeceu quanto o intrigou. Ela contrariava o paradigma reinante da teoria dos germes (de que o sistema imunológico servia apenas para se defender contra invasores externos e que prepará-lo induziria imunidade), mas revigorou as ideias de Richet de que a individualidade biológica era assunto digno de um estudo mais científico. Por que, ponderou ele, alguns cães toleravam a toxina melhor do que outros? Por que doses repetidas, espaçadas e minúsculas mataram Neptune? A reação do cão seria uma peculiaridade individual da biologia dele ou apenas uma reação corporal genérica — e, portanto, capaz de ser repetida? E o mais importante: eles poderiam aprender a prever ou mesmo induzir essas terríveis reações em cães ou outros animais em laboratório?

No curso dos anos seguintes, Richet continuou a fazer experimentos com diferentes venenos em seu laboratório em Paris, só que passou a tentar induzir reações negativas semelhantes às de Neptune. Por fim, ele aprendeu a produzir o que chamou de "hipersensibilidade" — ou uma reação mais agressiva — em cães, coelhos e porquinhos-da-índia. Por meio de inoculações repetidas, os animais de laboratório de Richet se tornaram mais sensibilizados às toxinas, e não menos (principalmente porque algumas células imunológicas são capazes de "lembrar" coisas às quais fomos expostos no passado para ajudar a montar uma resposta mais forte a elas nos encontros subsequentes). Se a imunidade significava defesa contra substâncias estranhas, então o que aconteceu com Neptune e com os animais no laboratório de Richet era o oposto. Para ele, a hipersensibilidade era a antítese da imunidade em vez de ser uma parte da mesma função básica de defesa imunológica que deu errado. Se imunidade era desenvolver uma proteção ou defesa natural contra invasores corporais microscópicos, com o sistema imunológico ajudando o corpo, então a hipersensibilidade testemunhada por Richet era o desenvolvimento de uma reação exagerada contra substâncias estranhas — uma reação que poderia estar tentando ajudar o corpo, mas acabava prejudicando. Assim, ele chamou a reação de anafilaxia — da junção das palavras gregas *ana* [ausência] e *phylaxis* [proteção], "proteção ausente".

Depois de vários anos de pesquisa, Richet refletiu que talvez a anafilaxia fosse uma reação benéfica contra algumas toxinas de ação curta e, em última análise, fazia parte de um sistema de resposta intencional que poderia facilmente sair pela culatra, causando doenças graves ou morte. Em 1913, ele ganhou o prêmio Nobel de Fisiologia ou Medicina pelo estudo. Em seu discurso de aceitação, postulou que imunidade e anafilaxia eram exemplos do que ele chamava de "personalidade humoral". Para Richet, as características individuais de qualquer criatura determinavam como o corpo dela responderia à introdução de algo como a toxina da anêmona-do-mar. Ele argumentava que, embora todos os animais tivessem um sistema imunológico semelhante, composto de partes semelhantes, nenhum deles responderia da mesma forma. Além disso, enfatizou que era importante estudar os motivos que levam alguns indivíduos a reagirem tão mal.

UMA HISTÓRIA FAMILIAR DE INDIVIDUALIDADE

A ideia de que as peculiaridades físicas ou mentais de alguém poderiam desempenhar um papel na causa de doenças não era nova, mesmo em 1901. Os médicos tinham ficado fascinados durante séculos pelas variações nas respostas dos pacientes a doenças, bem como pelas técnicas e pelos extratos usados para tratá-las. A constituição corporal e o temperamento individual do paciente eram vistos como particulares — sendo sempre considerados durante o processo de diagnóstico e tratamento.

Os médicos do século XIX ao início do século XX tomaram notas detalhadas não apenas sobre as condições físicas dos pacientes e sintomas autorrelatados, mas também sobre os estados mentais e emocionais que observavam neles. A maioria dos médicos se referia a essas variações como parte das "idiossincrasias" naturais da biologia. Uma idiossincrasia incluía qualquer reação anormal de uma pessoa normal — qualquer coisa não causada pela progressão tipicamente observada de uma doença. As idiossincrasias eram consideradas "aberrações funcionais"[4] e eram a ruína da profissão médica. Implicavam que os sintomas eram muitas vezes difíceis de categorizar, tornando o diagnóstico desafiador e os tratamentos quase impossíveis de padronizar. Os humanos, lamentavam os médicos da época, eram diferentes dos animais de laboratório de Richet; não era tão fácil fazer experimentos ou manipulá-los, tornando mais lentas e repletas de obstáculos as descobertas científicas sobre as reações imunológicas humanas.

A descoberta da anafilaxia por Richet, no entanto, parecia se encaixar com o que se sabia então sobre a condição médica chamada "febre do feno" ou "catarro de verão". Durante uma palestra em Londres em 1881, o Dr. Jonathan Hutchinson descreveu os casos de febre do feno como "individualidade enlouquecida".[5] Antes da descoberta da reação alérgica por Clemens von Pirquet em 1906, os médicos acreditavam que os problemas respiratórios dos pacientes eram causados em grande medida por um temperamento nervoso. A febre do feno era considerada um distúrbio do sistema nervoso, e não do sistema imunológico. Acreditava-se que "sensibilidades" físicas e mentais ocorressem nas famílias. Apesar da pesquisa realizada no final da década de 1880 mostrando que a exposição ao pólen induzia diretamente ataques respiratórios (vamos discutir mais sobre essa descoberta no Capítulo 5), a maioria dos médicos continuava a pensar que as reações fisiológicas negativas ao pólen não poderiam ser a causa da febre do feno. Devia haver *algo mais* do que respostas biológicas, pois estava claro que, enquanto alguns indivíduos expostos ao pólen espirravam e apresentavam broncoespasmos, outros não tinham nada. Além disso, muitos pacientes continuavam a ter ataques ao longo do ano — não apenas durante as estações de polinização. O elemento que faltava, supunham os médicos, devia estar relacionado com os sistemas nervosos exauridos de pacientes gravemente alérgicos, porque o pólen era inofensivo. Aqueles acometidos pela febre do feno deviam herdar disposições nervosas que os prepararam para os ataques de asma.

No século XX, era comum acreditar que as alergias ocorriam em famílias, como havia sido demonstrado por meio da obtenção de históricos médicos familiares detalhados,[6] um processo que era (e ainda é) uma forma eficaz de descobrir doenças hereditárias. Como a febre do feno e a asma eram consideradas hereditárias, toda a história familiar de hipersensibilidade de um paciente se tornava uma parte crucial do diagnóstico. O Dr. William S. Thomas, alergista que trabalhava na cidade de Nova York nas décadas de 1920 e 1930, perguntava aos pacientes se os parentes consanguíneos imediatos deles tinham sofrido de asma, febre do feno, urticária, idiossincrasia alimentar, enxaqueca, eczema, artrite, reumatismo e "coriza" — um termo empregado para a febre do feno que se prolongava o ano inteiro ou para "resfriados".[7] Os alergistas usavam as respostas dos pacientes para construir gráficos familiares detalhados, retrocedendo e avançando pelo menos uma geração, duas sempre que possível. No centro do gráfico subsequente, encontrava-se o paciente, ligado por linhas sólidas a pais e filhos.

No caso do paciente Y, detalhado em um antigo texto médico sobre alergia, o pai dele, X, nascido em 1778, tinha sido tão alérgico a creme e ovos que corria a lenda que foi envenenado por um merengue (feito com claras batidas e açúcar). Nascido em 1807, Y também era sensível a creme e ovos. O segundo filho dele tinha intolerância a ovos; a filha mais velha, a ovos e creme; e a caçula, a ovos. Dos quatro filhos de Y, apenas um não tinha alergia alguma. Entre os netos, apenas um — a filha da filha mais velha — tinha herdado a intolerância a ovos. De acordo com o pensamento prevalente na época, a neta de Y poderia "culpar" o bisavô X pelo problema. Mas os enigmas permaneciam: por que um dos filhos demonstra sinais da alergia dos pais e dos avós enquanto o outro não tem nada? Por que o filho de um pai com asma desenvolve eczema? A propensão a condições alérgicas era considerada como algo biológico ou herdado, mas a forma era idiossincrática, maleável ou imprevisível.[8] Parecia óbvio na época que a genética — ou a herança — desempenhava um papel importante na causa das alergias, mesmo se os mecanismos biológicos específicos permanecessem envoltos nos muitos mistérios do corpo.

Ao escrever sobre idiossincrasias em 1927, Sir Humphry Rolleston, médico geral do rei George V, argumentou que a natureza "inata" da sensibilidade era óbvia: "Na mesma família, diferentes manifestações podem ser vistas em irmãos e irmãs, e mais de uma forma pode ocorrer no mesmo indivíduo. Quando há uma hereditariedade bilateral, a incidência é maior do que quando é apenas unilateral."[9] Em outras palavras, quanto mais pessoas em uma família imediata tiverem alergias, maior a probabilidade de o indivíduo expressá-la de alguma forma.

Na década de 1930, os renomados alergistas Arthur Coca e Robert Cooke rotularam essa sensibilidade hereditária de "atopia" para tentar distingui-la da anafilaxia de Richet, que eles defendiam ser uma condição adquirida e não herdada como a asma ou a febre do feno. Um livro de 1932 sugeria que a anafilaxia era evidência do "ressentimento inato" do corpo contra os componentes do ambiente.[10] Citava a própria definição de Richet para defender que ela poderia ser pensada como "a última resistência na corrida contra a adulteração". Os primeiros livros sobre alergia descreviam a anafilaxia como "geralmente adquirida" e a alergia como "frequentemente herdada". Neste caso, pensava-se que era transmitida apenas pela mãe e causada apenas pela mesma substância da alergia materna.[11] Embora as crianças parecessem superar a anafilaxia (algo que agora sabemos ser mais provável de acontecer com algumas alergias como ao ovo, mas menos provável de acontecer com outras, como ao amendoim ou nozes), a alergia era um problema vitalício. As reações alérgicas também eram consideradas muito mais idiossincráticas do que a anafilaxia, que parecia ser mais previsível em suas manifestações.[12] Escrevendo em 1931, Coca sentia que asma e alergia eram hereditárias por natureza, mas o ambiente continha fatores desencadeantes como o pólen.[13] Ele achava que as alergias deviam ser causadas por "reaginas" no sangue, ou agentes sensibilizantes próprios de cada indivíduo, prede-terminados por seus genes. Em última análise, Coca argumentava que pólen e ervas poderiam desencadear um ataque alérgico, mas apenas em pacientes que eram, antes de tudo, geneticamente suscetíveis.

As teorias eugênicas — abundantes na medicina americana até o fim da Segunda Guerra Mundial — contribuíram para o estudo das diferenças genéticas nas taxas de alergia por etnia. Médicos nos Estados Unidos relataram que os povos nativos da região não tinham alergias, apesar de viverem nos mesmos ambientes que os brancos (incluindo alguns dos médicos que trabalhavam em reservas no Arizona, no Wisconsin e na Dakota do Sul). Apenas europeus e americanos de ascendência europeia — leia-se "brancos" — eram considerados capazes de apresentar reações alérgicas. Pacientes alérgicos foram categorizados como provenientes de famílias brancas, urbanizadas e ricas. Um folheto expressava assim tal ideia: "Como seria de esperar, encontra-se a alergia mais comumente em indivíduos sensíveis, instruídos e nos filhos deles. Espera-se isso porque eles devem ser suscetíveis de forma geral e nervosa para demonstrar sensi-bilidade a poeiras e pólens."[14] A longa história da associação das alergias com determinadas etnias e tipos de personalidade permaneceu, mesmo quando a pesquisa demonstrava a ubiquidade das respostas alérgicas em todas as etnias, gêneros e classes sociais.

Mas, à medida que as ciências da imunologia e da genética avançavam, o pensamento sobre a herança genética começou a mudar. Na década de 1950, um folheto publicado pela Allergy Foundation of America assegurava ao público que as alergias *não eram* hereditárias.[15] O que era herdado era a tendência genética para desenvolver alergias, sem ser inevitável nem repetir necessariamente as mesmas alergias sofridas por avós, pais ou irmãos. Hoje sabemos que cada alergia é única — ou idiossincrática — para cada indivíduo. E, embora saibamos que o histórico familiar é importante, o que não está claro é o papel que o DNA realmente desempenha no desenvolvimento de alergias em crianças e adultos.

A GENÉTICA DA ALERGIA

Vamos deixar bem claro uma coisa desde o início: não existe um único gene, segmento de gene ou região de nosso DNA que provoque alergia.

Muitas vezes, quando procuramos a causa biológica subjacente de uma doença, o que queremos é encontrar a prova indubitável. Queremos algo específico e definido — e de preferência algo que possamos alterar, manipular ou consertar. Mas a causa da alergia não é tão simples, do ponto de vista biológico. Embora ocorram em famílias, a genética por trás de seu desenvolvimento é tudo menos simples de entender. Mesmo a biologia celular básica por trás das reações alérgicas — conduzida em parte por nossa genética — não é bem compreendida. Como me disse o Dr. Dean Metcalfe, pesquisador que trabalha com mastócitos no NHI, "os mecanismos por trás da alergia são muito complexos e nossa compreensão deles está muito atrasada".

Pesquisadores que fazem ciência básica no campo da alergia costumam recorrer a uma quase investigação genética em busca de pistas. O DNA dos pacientes alérgicos é coletado, armazenado e sequenciado. Os conjuntos de dados resultantes podem então ser comparados e verificados com o DNA de pessoas não alérgicas para detectar quaisquer semelhanças ou diferenças significativas. Segmentos genéticos compartilhados por muitos alérgicos podem nos ajudar a compreender os mecanismos biológicos que conduzem respostas imunológicas excessivamente reativas. Pesquisadores científicos que tentam entender as funções básicas das células imunológicas, como Metcalfe, estão interessados em estudos genéticos porque as pistas encontradas no DNA podem acabar levando ao desenvolvimento de melhores diagnósticos ou tratamentos. A esperança é que, ao encontrar segmentos de genes associados a uma maior prevalência de alergias, possamos impedir que elas se desenvolvam ou interromper as vias biológicas que impulsionam as respostas imunes prejudiciais.

Mas, quando se trata da genética da alergia, é importante enfatizar que a correlação não é necessariamente causal. Apesar de os pesquisadores com quem conversei terem concordado que os genes provavelmente desempenham papel fundamental no desenvolvimento de alergias, também foram rápidos em apontar que eles não são os únicos culpados. O genoma humano abrange aproximadamente 30 mil genes. Cada um deles interage com outros segmentos codificadores (genes) e não codificadores do genoma, bem como com o ambiente mais amplo, para regular todas as funções biológicas, inclusive as respostas do sistema imunológico. É claro que há genes envolvidos nas reações alérgicas; isso é tido como certo. A questão maior em jogo tem a ver com quanto a genética pode influenciar de forma direta a expressão de alergias ao longo da vida.

Os genes podem ser afetados por uma variedade de fatores: níveis hormonais,[16] faixa etária[17] ou coisas em nosso ambiente imediato[18] (como plásticos, o que veremos no Capítulo 5). Eles também interagem uns com os outros, afetando a própria expressão de forma complicada. Parte da dificuldade de determinar as causas genéticas da alergia reside na quantidade de genes diferentes que podem estar envolvidos na produção de respostas imunes do tipo alérgico. Em um estudo recente, feito a partir de dados genéticos de mais de 350 mil participantes, os pesquisadores encontraram 141 regiões diferentes do genoma humano que se correlacionam com um risco elevado para o desenvolvimento de febre do feno, asma e eczema.[19] O problema é estabelecer com precisão quais genes controlam quais partes do sistema imunológico e como isso acontece.

A defesa dos genes: a hipótese da barreira

A primeira vez em que ouvi falar sobre a "hipótese da barreira" foi quando visitei Chicago. Era o início do outono e os canteiros da cidade estavam repletos de crisântemos coloridos e de abóboras. Enquanto me dirigia a uma cafeteria situada nas imediações do campus da Universidade de Chicago para encontrar um dos maiores especialistas em eczema do país, me perguntei quanto da vontade de embelezar a cidade contribuía para os problemas respiratórios dos cidadãos.

O Dr. Peter Lio é professor assistente de prática clínica no Departamento de Dermatologia e no Departamento de Pediatria da Universidade Northwestern e dermatologista especializado no tratamento de eczema. É um homem afável e sociável de quarenta e poucos anos, que entende e manifesta empatia com aqueles que sofrem de dermatite atópica grave, ou eczema. Ele foi um dos fundadores dos Chicago Integrative Eczema Center, conhecido pela abordagem holística de tratamento, e é seu diretor. Lio está um pouco atrasado para nossa entrevista — uma que ele generosamente concordou em espremer depois de um longo dia de atendimento e antes de pegar a filha na escola. Estamos sentados do lado de fora em uma mesa de madeira e as abelhas zumbem ao redor, tanto que às vezes precisamos fazer uma pausa na conversa e abaixar a cabeça para evitar os padrões de voo. Lio admite que também não gosta delas, mas a cafeteria está lotada, então permanecemos do lado de fora.

Nossa conversa começa com ele explicando o impacto dramático da alergia cutânea e do eczema na vida dos pacientes. Tradicionalmente falando, eczema não foi classificado como distúrbio alérgico, mas isso vem mudando. Lio explica que trata-se de um termo ruim para um conjunto complicado de sintomas e gatilhos. Nem todo mundo com eczema terá uma crise desencadeada por alérgenos (alguns podem ser desencadeados por mudanças na temperatura ou atividades físicas), mas a reação da pele (não importa qual foi o gatilho) é semelhante a outras alergias na medida em que envolve o sistema imunológico. O eczema pode ser bastante debilitante em casos moderados a graves e, devido à reputação de Lio na área, ele costuma atender pacientes que estão no limite das forças. Muitas vezes, eles tentam descobrir o que lhes causa tal condição e o gatilho há anos. Quando encontram com Lio, estão exaustos e frustrados. O diagnóstico é difícil e o tratamento — baseado principalmente em perigosos cremes esteroides tópicos — costuma ser ineficaz. Mesmo assim, o médico está otimista sobre o que o futuro reserva, graças em parte às recentes descobertas científicas.

"A grande oportunidade surgiu há uns dez anos", conta Lio, "quando descobrimos que a dermatite atópica estava ligada a uma mutação em um gene chamado *FLG*, que codifica uma proteína chamada filagrina".

Um estudo longitudinal de uma coorte de mais de 2 mil mulheres grávidas[20] na Inglaterra e na Escócia foi conduzido pelo Dr. Mukhopadhyay na Escola Médica de Brighton e Sussex, no Reino Unido. A equipe de pesquisa coletou sangue do cordão umbilical para sequenciamento genético e acompanhou as mães para perguntar sobre condições alérgicas em seus filhos aos 6 meses, 1 ano e 2 anos. Mukhopadhyay e sua equipe descobriram que um defeito genético comum que afeta a produção da proteína filagrina da pele está ligado ao desenvolvimento de eczema, chiados e bloqueios nasais em bebês a partir dos 6 meses de idade. Isso sugere que bebês nascidos com essa variação genética poderiam ser mais suscetíveis a desenvolver condições alérgicas desde o nascimento. A teoria da barreira cutânea postula que defeitos que tornam a pele mais porosa em idade precoce permitem que alérgenos (e possivelmente outros materiais estranhos) atravessem essa barreira e entrem na corrente sanguínea, desencadeando respostas das células imunológicas. Lio está entusiasmado com o vínculo entre a mutação do gene *FLG* e o eczema porque ele finalmente tem como explicar o que está acontecendo. Entre 15% e 20% dos pacientes com dermatite atópica carregam essa mutação genética.

"Pela primeira vez, posso olhar para um paciente e dizer: 'Sei por que você tem essa doença, é porque está faltando tal gene e por isso sua pele é mais permeável", diz Lio. "Isso é bem profundo, certo? Estamos em um novo território, porque pela primeira vez podemos dar uma resposta. Esse conceito de 'pele permeável' tem sido frutífero porque agora sabemos que é assim que alérgenos, irritantes e patógenos penetram na pele — e provavelmente explica as anormalidades do microbioma epitelial nesses pacientes."

É assim que Mukhopadhyay descreve a importância da descoberta da filagrina. Imagine a pele como camadas de papel unidas, grampeadas. Para demonstrar, Mukhopadhyay levanta as mãos e coloca uma em cima da outra. Os dedos de uma mão se sobrepõem ligeiramente aos dedos da outra mão.

"Você tem camadas de folhas de queratina, que ficam assim", comenta ele. "Uma após a outra."

A filagrina age como grampo, mantendo as camadas da pele firmemente unidas. Em essência, ela produz uma pele firme com uma barreira saudável e entrelaçada. Uma barreira cutânea saudável impede que coisas de fora do corpo entrem nele. O problema é que o grampo não funciona bem em 10% a 15% dos bebês.

"Nesses bebês, os alérgenos serão capazes de entrar no corpo com muito mais facilidade do que quando os grampos funcionam bem e os filamentos ficam presos de forma muto eficiente", explica Mukhopadhyay.

Ou seja, a falta de filagrina, devido a uma mutação genética, causa a pele "permeável" descrita por Lio. De acordo com Mukhopadhyay, essa mutação tem ampla presença na população em geral e existe há um tempo excepcionalmente longo.

"Os defeitos da filagrina já estavam presentes em nosso genoma. Talvez há 5 mil anos, há 3 mil anos", conta Mukhopadhyay. "Mas onde estava o ácaro da poeira doméstica? Agora nos amontoamos em sofás macios e acolchoados para ver televisão em ambientes úmidos e quentes e respirar as fezes desses ácaros. Esfregamos fezes de ácaros em nossos corpos à noite, quando dormimos em colchões macios. E o sistema imunológico de 3 a cada 4 pessoas talvez esteja lidando bem com essa exposição. Eles têm pequenos ajustes em sua composição genética que fazem toda a diferença, mas que não entendemos muito bem. Estamos apenas prescrevendo esteroides para a pessoa cujo sistema imunológico não está funcionando, em vez de tentar entender as outras três."

No caso de mutações *FLG*, uma sequência genética específica pode conduzir a uma resposta alérgica. Isso significa que os pesquisadores podem descobrir uma maneira de consertar a barreira cutânea, impedir que a pele "vaze" alérgenos no corpo e evitar que o eczema venha a se desenvolver. Do ponto de vista de Lio, essa é uma evidência que justifica porque devemos começar a pensar nos pacientes alérgicos de acordo com seus subtipos genéticos. Tratamentos que funcionam em 20% dos pacientes com pele permeável causada por mutações *FLG* podem não funcionar tão bem em 80% com uma barreira cutânea intacta, mas que sofrem com um mecanismo biológico subjacente diferente que leva à irritação da pele. Portanto, geneticamente falando, o eczema não é uma doença cutânea única; são várias doenças de pele com sintomas semelhantes.

A coleta de mais amostras de DNA de pacientes e mais pesquisas genéticas pode nos ajudar a encontrar mais similaridades na composição genética dos alérgicos que, por sua vez, levarão a melhores tratamentos. Mukhopadhyay tem uma teoria: se pudéssemos usar medicina de precisão para testar os bebês com mutações *FLG*, poderíamos bloquear a entrada de alérgenos e prevenir o desenvolvimento de alergias, talvez tornando a pele deles menos permeável. Um estudo randomizado que testasse o uso de emolientes de pele ou hidratantes em todos os bebês apresentaria uma taxa de sucesso de apenas 15% porque apenas 15% deles teriam mutações no gene da filagrina. Os resultados do estudo sugeririam que os emolientes da pele não são eficazes na prevenção do desenvolvimento de eczema em bebês. Mas Mukhopadhyay argumenta que, se fizéssemos um estudo semelhante tratando apenas 15% dos bebês com defeitos na barreira cutânea, como os resultantes de mutações no gene da filagrina, poderíamos ver que emolientes — ou cremes semelhantes que fortalecem e melhoram a barreira da pele — funcionam muito bem para prevenir o eczema. Para Mukhopadhyay, esta é a verdadeira promessa da genética e do estudo das interações gene-ambiente: saber quais genes subjacentes se correlacionam com o desenvolvimento da alergia pode nos ajudar a diminuir as taxas de ocorrência no futuro. Além do mais, ele acha que tem uma prova definitiva de que essa abordagem pode funcionar.

Imagine um adorável gato doméstico.

Assim que a equipe de pesquisa de Mukhopadhyay descobriu a correlação entre as mutações do gene *FLG* e as taxas mais altas de asma, alergia respiratória e eczema, eles começaram a se perguntar o que aconteceria se um bebê com essas mutações vivesse em uma casa com um gato — e, portanto, com quantidades de pelos que podem penetrar mais facilmente na barreira da pele. Qual seria o risco desse bebê desenvolver dermatite atópica até os 2 anos de idade?

A equipe de pesquisa de Mukhopadhyay elaborou um estudo para descobrir.[21] Eles incluíram bebês com e sem mutações *FLG*, com e sem gatos de estimação. Descobriram que os bebês nascidos sem mutações *FLG* e sem gato às vezes desenvolviam dermatite atópica — mas apenas uma taxa baixa de 10% a 15%. Se o bebê não tivesse as mutações do gene da filagrina e a família vivesse com um gato, a taxa de eczema aumentava ligeiramente. Se o bebê portasse as mutações e a família não tivesse gato, a base subia de forma substancial, para 20% a 40%. E a taxa disparava se o bebê tivesse as mutações e vivesse em uma casa com um gato de estimação — mais de 95% desenvolveram eczema.

O mais importante nesse caso, segundo Mukhopadhyay, é que, ao genotipar as crianças no nascimento, podemos prevenir alguns casos infantis de eczema[22] simplesmente alertando os pais sobre os perigos potenciais de possuir um gato.[23] Os pais poderiam então alterar o ambiente doméstico para evitar uma interação com os genes dos filhos. Dessa forma, a medicina de precisão é um retorno a uma época em que os médicos tratavam casos individuais de alergia levando em consideração os ambientes domésticos dos pacientes.

"A genética não é novidade", comenta Mukhopadhyay. "A fenotipagem e a genotipagem genética personalizada estão nos fazendo voltar às práticas antigas, mas está nos capacitando a olhar para idiossincrasias de uma maneira muito mais científica. E esta maneira de pensar está apenas em seus primeiros momentos. Em cinquenta anos, as pessoas poderão fazer escolhas sobre ambientes e estilos de vida de forma muito mais deliberada, com base na genética. Este é o futuro da medicina alergológica... e de toda a medicina."

O caso contra os genes

Pesquisadores de imunologia do NHI, nos Estados Unidos, têm trabalhado no problema das respostas imunológicas alérgicas há anos. O que descobriram foi que, apesar de os genes desempenharem papel no desenvolvimento de alergias, não contam toda a história. Conheci o Dr. Joshua Milner quando ele ainda era médico-cientista no campus do NIH em Bethesda, Maryland. Hoje ele é chefe da Divisão de Alergia, Imunologia e Reumatologia no Departamento de Pediatria da Universidade Columbia e professor de pediatria no Instituto de Medicina Genômica do Centro Médico Irving, da mesma universidade. Milner é famoso não apenas pelo trabalho sobre as vias genéticas das respostas imunológicas alérgicas, mas também pela pesquisa que relaciona doenças de imunodeficiência com alergias.[24] Quando se trata de entender como os genes se correlacionam com doenças alérgicas, ele é um dos melhores nomes a se procurar.

Em um dia frio de inverno, me encontrei com Milner no escritório dele no NIH para discutir os estudos inovadores de associação do genoma em busca de novos caminhos biológicos que levam a respostas alérgicas em humanos, propostos por ele. Milner fala rápido. Eu rabiscava minhas anotações na maior velocidade possível, mal conseguindo acompanhar. Conversamos sobre muita coisa naquela tarde, mas o que mais me impressionou na conversa foi o seguinte: o componente genético da alergia mostra quem *pode* correr maior risco, mas não pode determinar *definitivamente* quem desenvolverá alergia.

Para exemplificar, Milner me contou sobre um gene chamado *MALT1* que tem sido associado a um maior risco de alergia ao amendoim se as crianças portadoras forem expostas às proteínas desse alimento no final de seu desenvolvimento (em geral, após 2 a 3 anos de idade). No entanto, bebês com exatamente a mesma mutação *MALT1* que entram em contato com amendoim em um momento mais precoce de desenvolvimento infantil tiveram uma proteção dez vezes maior. Em outras palavras, o mesmo gene protege e não protege; tudo depende de quando a exposição da criança acontece. "O fundamental é a interação gene-ambiente", explicou Milner, "e não o próprio gene".

Depois de visitar o campus do NIH, viajei para o mundialmente famoso Hospital Infantil de Cincinnati para conversar com um grande amigo e colega de Milner, o Dr. Marc Rothenberg, principal especialista em uma condição chamada esofagite eosinofílica (EoE), que é uma doença alérgica rara do esôfago. Os pacientes com EoE têm um acúmulo de eosinófilos, um tipo de glóbulo branco envolvido na função imunológica, no trato esofágico. Os sintomas são terríveis e o tratamento, difícil. Alguns pacientes são alérgicos a tantos grupos de alimentos diferentes que sofrem déficits nutricionais por causa das restrições alimentares. Quando perguntei a Rothenberg se a genética é ou não a causa da EoE, ele objetou. Seu laboratório sequenciou e comparou o DNA de muitas famílias e encontrou poucas semelhanças genéticas entre elas, apesar de os genes causarem um efeito.

"Houve um compartilhamento muito baixo de genética entre uma família e outra", explicou ele. "O que isso indica é que há muita heterogeneidade na base genética da doença. A maioria dos pacientes que vemos com alergias tem envolvimento substancial do ambiente interagindo com o genoma, influenciando a suscetibilidade e o fenótipo da doença. O mecanismo envolve mudanças epigenéticas na expressão gênica em uma variedade de células, inclusive nos imunócitos."

Rothenberg apontou os resultados de estudos que analisam a taxa de alergias em gêmeos como mais uma evidência de que os genes não são a principal fonte de doenças alérgicas. Em um estudo de gêmeos fraternos e idênticos conduzido pelo Elliot and Roslyn Jaffe Food Allergy Institute na Icahn School of Medicine no Hospital Mount Sinai, apenas 66% dos gêmeos idênticos, com exatamente o mesmo DNA, compartilhavam a alergia a amendoim.[25] Gêmeos fraternos, que não compartilham o mesmo código genético, tinham alergia alimentar em comum 70% do tempo. Ficou óbvio para Rothenberg que, como não encontramos 100% de consistência em quem desenvolve uma alergia em conjuntos de gêmeos idênticos, *não é o DNA, mas o ambiente compartilhado pelos irmãos* que está conduzindo a resposta alérgica.

"O DNA contribui", disse Rothenberg, "mas não é o fator principal".

Em última instância, é uma boa notícia, segundo ele. A maior parte de nosso DNA não pode ser alterado. Não podemos modificá-lo para controlar a alergia, mas talvez sejamos capazes de alterar os ambientes.

Rothenberg coleta biópsias de tecido inflamado no esôfago de pacientes e as armazena para estudos posteriores. "Temos mais de 30 mil amostras no laboratório vindas de pacientes alérgicos, incluindo o tecido inflamado derivado de biópsias gastrointestinais", disse ele. "Isso nos permite examinar em um nível muito alto a informação alérgica humana."

Ele explicou que estudar geneticamente um fenótipo de alergia extrema como a EoE pode permitir que os cientistas consigam mais dados (ao contrário de estudos que analisam doenças alérgicas mais comuns que têm uma relação sinal-ruído mais baixa). Os pesquisadores podem comparar as sequências de DNA de pessoas com e sem uma doença grave e identificar quaisquer traços que acharem convenientes. Quanto mais grave ou rara for a doença, melhor, porque esses dados podem ajudar na descoberta das vias alérgicas mais comuns envolvidas em fenótipos menos extremos de alergia — asma, eczema, febre do feno —, uma vez que mecanismos biológicos semelhantes provavelmente também atuam nessas condições alérgicas. É com isso que o laboratório de Rothenberg no hospital de Cincinnatti se ocupa.

De volta ao NIH, Milner me mostra o enorme tanque criogênico — uma grande máquina cilíndrica de aço que armazena milhares de amostras de sangue de pacientes. É um tesouro de conhecimento futuro, mas demorará para ser explorado. Enquanto me preparo para partir, Milner enfatiza para mim que é importante entender que os mesmos genes realizam múltiplas ações — algumas das quais nada têm a ver com a função imunológica. Ele diz que, sem o gene da IL-4, um inibidor de proteína e um dos componentes biológicos envolvidos na resposta alérgica, os camundongos se tornam mais esquecidos.[26] É possível, segundo ele, que um dos mesmos genes que impulsiona a resposta alérgica em humanos também esteja envolvido em processos cerebrais que são fundamentais para a memória.

"Quantos dos meus colegas nerds do MIT tinham alergias terríveis?", brinca Milner. A resposta? A maioria deles.

Um golpe baixo da genética

Em um dia de primavera em 2019, aluguei um carro e dirigi da cidade de Nova York a Ithaca, no estado de Nova York, para me encontrar com o Dr. Avery August, professor de imunologia na Universidade Cornell. August realiza pesquisas sobre a função das células imunológicas, especificamente com um dos verdadeiros motores da resposta imunológica — os glóbulos brancos conhecidos como células T. Essas células vagam por nosso corpo procurando por partículas estranhas. O "trabalho" delas é tomar decisões sobre quaisquer antígenos que encontrarem. Em outras palavras, as células T são as tais "avaliadoras" do corpo humano mencionadas no início deste livro. Elas ajudam a decidir o que pode e o que não pode fazer parte de nós.

O escritório de August, escondido em um dos mais novos edifícios voltados para a ciência em Cornell, é limpo e organizado. Durante o encontro, August se mostra descontraído e alerta ao mesmo tempo. Ele adora imunologia — não é apenas o emprego dele, é vocação. Quando pergunto a ele o que está causando o recente aumento nas taxas de alergias, August explica que não pode ser a genética que está alterando a função do sistema imunológico.

"A mudança genética é bem mais lenta do que a mudança ambiental", diz ele. "Sempre houve mudanças genéticas em nosso sistema imunológico quando nos encontramos em diferentes ambientes. Mas leva muito tempo para isso acontecer."

Ele me fala sobre os ratos de laboratório usados em estudos imunológicos. Não são ratos "normais", do tipo que encontramos na cozinha de casa. Os camundongos usados em pesquisas imunológicas possuem diversidade genética controlada.

"São *exatamente* os mesmos camundongos, do ponto de vista genético", explica August. "São geneticamente consanguíneos e, portanto, não há mudança no DNA deles. A interação com o ambiente é a única mudança entre eles."

Quando os cientistas produzem uma reação alérgica em camundongos de laboratório, geralmente o fazem alterando os componentes da dieta ou do ambiente em que os animais se encontram. Às vezes, ao tentar entender coisas como a função dos mastócitos ou a resposta da histamina, os pesquisadores podem encomendar camundongos especiais com segmentos de genes específicos "desligados". August enfatiza que a genética é importante — todos nós reagimos ao mesmo estímulo de forma ligeiramente diferente com base em nosso projeto genético —, mas, quando as mudanças ambientais são adicionadas a essas diferenças genéticas, observamos respostas diferentes aos mesmos gatilhos alérgicos. Isso significa que não há nada necessariamente "errado" com a genética de um indivíduo alérgico. O DNA não é o problema fundamental quando se trata da função do sistema imunológico — os gatilhos ambientais, sim. Na verdade, o sistema imunológico de um alérgico está funcionando da maneira como foi projetado.

August tem outro argumento para se opor a ideia da genética como a responsável por trás do recente aumento nas taxas de alergia: nossas próprias células. Ele passou a maior parte da carreira tentando entender por que as células T reagem da maneira que reagem. Todas as células T contidas em nossos corpos são, obviamente, geneticamente idênticas; quase todas as células do corpo contêm o mesmo DNA. Além do mais, como todas existem dentro de nós, elas também sofrem exatamente as mesmas exposições ambientais. Tudo o que acontece conosco acontece com elas. Se a genética pudesse realmente prever a resposta alérgica, então todas as células de uma única pessoa deveriam responder exatamente da mesma forma. O problema é que... isso não acontece. "Passei muito tempo tentando entender como a célula, quando entra em contato com determinado antígeno sensibilizador, decide fazer uma coisa ou outra", conta August.

Ele ilustra o que diz com um copo d'água em cima da mesa e suas mãos. Uma célula, sua mão esquerda, corre para o copo — um antígeno — e percebe que ele não deveria estar lá. Então, tem que tomar uma decisão: o copo é bom ou prejudicial de alguma maneira? Pode ficar ou a célula precisa alertar as outras de que há um problema? Outra célula, sua mão direita, encontra o mesmo copo e tem que tomar a mesma decisão. O que o grupo de pesquisa de August descobriu é que células individuais do mesmo corpo farão escolhas diferentes. Algumas seguirão em frente, permitindo efetivamente que o copo continue sobre a mesa. Algumas decidirão que o copo precisa ser removido de imediato.

"Usando ferramentas genéticas, podemos marcar as células que estão reagindo", diz August. "Também podemos dizer quais não estão e, agora, estamos comparando essas duas populações. Por que uma célula reagiu e outra não? Existe algo sobre esses dois estados diferentes das células que nos diga como evitar que um deles aconteça?"

Usando sequenciamento de RNA de célula única de alto desempenho de grandes populações de células, pesquisadores do MIT foram capazes de identificar células T que produziam inflamação em pacientes com alergia a amendoim.[27] Também estão estudando as mesmas células T para ver se elas respondem de forma diferente após o paciente ter concluído a imunoterapia. A técnica de sequenciamento, que pode capturar o RNA mensageiro, permite aos pesquisadores ver quais genes são expressos em determinado momento — dando a eles uma melhor compreensão das funções celulares. O RNA de uma célula T individual recebe um código de barras para que os pesquisadores possam rastrear quais células T visam os antígenos de amendoim, levando-nos a uma melhor compreensão sobre as reações possíveis.

Nossos sistemas imunológicos estão entre os sistemas biológicos que evoluem mais rapidamente. August sugere que isso seja uma necessidade, já que a função imunológica é literalmente uma questão de vida ou morte. Mesmo assim, as células imunológicas não conseguem acompanhar o ritmo das mudanças ambientais implementadas pelo homem. Compreender como o DNA contribui para as alergias talvez seja menos importante do que entender como nossas células imunológicas básicas tomam decisões sobre aquilo com que entram em contato.

Talvez a pergunta mais interessante sobre a relação entre os genes e o desenvolvimento de alergias — seja essa conexão crítica, seja incidental — venha a ser a seguinte: por que nossas próprias células teriam a capacidade de nos prejudicar, ou mesmo nos matar? Se metade do meu DNA correspondente a meu pai contém as instruções para uma reação semelhante a picadas de abelha, então por que a evolução selecionaria essa resposta e a transmitiria para mim? Ou, como me perguntou o Dr. Alkis Togias, chefe da seção de Alergia, Asma e Biologia das Vias Aéreas do NIH: "Por que o desenvolvimento do sistema imunológico levaria a tal problema, que parece ir contra a natureza?"

A HIPÓTESE DA TOXINA

O Dr. Steve Galli teve um palpite sobre as bases evolutivas da alergia. Como patologista e imunologista que pesquisa mastócitos e basófilos na Universidade de Stanford, Galli se questionava, como tantos de seus colegas que trabalham na ciência celular básica das respostas alérgicas, se a capacidade de reagir a algo como a toxina da anêmona-do-mar poderia ter sido útil em algum ponto de nosso passado evolutivo. Uma reação exagerada a algo inofensivo como proteína de amendoim ou ácaros pode ser atualmente uma relíquia de uma parte bem mais antiga do sistema imunológico — aquela que evoluiu para lidar com algo bem diferente e provavelmente mais perigoso. Talvez a resposta imune alérgica, disfuncional no século XXI, tenha dado a nossos ancestrais uma vantagem de sobrevivência.

"Eu estava interessado neste aparente paradoxo sobre a forma extremamente ativa de imunidade que pode ser desencadeada imediatamente e que pode levar a um final catastrófico, como aconteceu com seu pai", explicou ele. "Por que a evolução inventaria isso? Não faz sentido. Então, por que temos esses tipos de atividade?"

A resposta de Galli está relacionada às diferenças entre o sistema imunológico inato e o sistema imunológico adaptativo. Para recapitular, nosso sistema imunológico inato está ligado desde o momento do nascimento. Pode ser considerado como a primeira linha de defesa do corpo. Mastócitos, basófilos e eosinófilos — algumas das células do sistema imunológico que contribuem para as alergias — fazem parte da resposta imune inata. As respostas imunes inatas são genéricas, o que significa que podem responder a qualquer coisa estranha que entre no corpo. As respostas imunes adaptativas, por outro lado, são mais específicas. Células imunes, como células B ou células T, aprendem a quais antígenos, ou substâncias estranhas, responder e depois "lembram-se" deles, tornando as respostas futuras a essas mesmas substâncias mais rápidas e mais fortes. O sistema inato responde a qualquer ameaça imediatamente; o sistema adaptativo precisa aprender a reagir e, para que a resposta seja ampliada, talvez precise de repetidos encontros.

"Diante de algo que deve ser evitado rapidamente, uma reação imediata é necessária", explica Galli. "É preciso saber depressa para evitar depressa. Que tipo de coisas seriam? Picadas de insetos venenosos ou coisas que se forem ingeridas vão matar. Então você quer desenvolver uma reatividade muito rápida para não digeri-los, para cuspi-los."

Galli se perguntou que tipo de coisas a anafilaxia, uma resposta imune hiperativa imediata, poderia combater de uma forma positiva. O que um ser humano vivendo vinte mil anos atrás encontraria que necessitaria de um acionamento tão drástico de mastócitos no corpo? Uma resposta possível: picadas de cobra venenosa. Outra resposta possível: picadas ou mordidas de insetos peçonhentos.

Galli me pediu para pensar no momento que meu pai estava no carro, lutando para respirar. Pede que eu pense na reação física de meu pai de uma maneira diferente.

"Muitas das reações anafiláticas fatais não ocorrem apenas devido a picadas de abelha ou ao consumo de amendoim, mas também em pessoas que não conseguem ficar inteiramente deitadas depois da reação", explicou ele. "A história típica é que elas estão na cabine de veículos, sem poderem se mexer ou se deitar. Porque se você deitar, pode lidar com uma pressão arterial bem mais baixa."

Faz sentido, do ponto de vista biológico, retardar a circulação de uma toxina pela corrente sanguínea e acionar as defesas do corpo contra ela. Galli suspeita que essa pode ter sido uma das primeiras tarefas dos mastócitos. Eles podem ter sido cruciais para nossa sobrevivência nos tempos pré-modernos.

"Os mastócitos remontam a tempos anteriores do desenvolvimento dos anticorpos", explicou Galli. "São componentes antiquíssimos do sistema imunológico."

Um estudo estima que tais células surgiram pela primeira vez há mais de 500 milhões de anos.[28] Considerando a perspectiva evolutiva, são incrivelmente antigas. O IgE, o anticorpo humano associado com a maioria das reações alérgicas, por outro lado, é uma adição relativamente recente às nossas respostas imunes. Ele causa reações hiperagudas dependentes de mastócitos. Elas podem ser protetoras se a ameaça for séria e precisar ser eliminada para escapar da morte. Mesmo algumas centenas de anos atrás, teorizou Galli, uma resposta imune imediata e forte poderia ter sido útil.

"Em algum momento de nossa história natural, esse mecanismo foi benéfico", argumentou Galli. "Nos últimos duzentos anos, esse benefício se tornou menos importante, mas o sistema imunológico ainda reage a ameaças potenciais da mesma maneira. Só que essas ameaças em potencial, em vez de cobras venenosas, são apenas alimentos e assim por diante. E isso tem confundido o sistema imunológico."

Galli e sua equipe já estavam cientes de algo chamado "a hipótese da toxina" da causa da alergia. A teoria da toxina foi ideia de Margie Profet, uma bióloga evolutiva brilhante, ganhadora de uma bolsa MacArthur. A teoria original dela era que as alergias poderiam ser o método do corpo para expelir toxinas e carcinógenos. Essa ideia também estava ligada a pesquisas que encontraram ocorrências mais baixas de alguns tipos de câncer[29] — especialmente gliomas — em alérgicos. Galli credita Profet e outro pesquisador, James Stebbings, como criadores da hipótese da toxina. Segundo Galli, ambos foram os primeiros pesquisadores a sugerir que os mastócitos não apenas causam reações prejudiciais, mas também podem ser benéficos.

"Stebbings disse que há cem ou duzentos anos, na época em que os primeiros casos de febre do feno foram relatados, pessoas e animais eram muito picados por insetos", explicou Galli. "Ele achou que a reação rápida dos mastócitos e as reações dependentes de IgE a essas picadas indicariam que era melhor sair daquela área imediatamente. É como um sistema de alerta precoce e provavelmente salvou vidas. Mas não é possível fazer experiências com seres humanos para provar isso."

Em vez disso, o laboratório de Galli montou uma série de experimentos para testar a hipótese da toxina em camundongos. Um dos gatilhos de uma reação alérgica ou anafilática é a endotelina-1, um peptídeo secretado pelas células endoteliais que é quimicamente homólogo a uma toxina chamada sarafotoxina, encontrada no veneno da víbora *Atractaspis engaddensis*. Galli e sua equipe de laboratório demonstraram que os mastócitos eram capazes de degradar a endotelina-1 e torná-la menos tóxica para camundongos. Ele e seu colega de pós-doutorado, Martin Metz, então se perguntaram se os mastócitos também poderiam proteger contra a sarafotoxina. O primeiro experimento conduzido pelo laboratório, usando um peptídeo sintetizado idêntico ao do veneno, mostrou-se promissor. Os camundongos injetados com sarafotoxina reagiram da mesma forma que os injetados com endotelina-1.

"A pressão arterial deles caiu e, se tomassem uma dose alta o suficiente, eles morreriam", explicou Galli. "No que dizia respeito ao camundongo, realmente não importava se ele estava recebendo peptídeo endógeno ou o equivalente de cobra."

Mas Galli não se contentou em testar apenas um dos componentes do veneno de cobra, pois o veneno natural é uma mistura de muitas substâncias tóxicas diferentes. O que ele e sua equipe de pesquisa precisavam era do veneno completo de uma cobra que estivesse no ambiente cotidiano dos primeiros humanos. Eles precisavam de veneno real da víbora em questão. O problema era onde e como obtê-lo.

"É uma cobra israelense, não muito fácil de ser encontrada", disse Galli, "mas eu sabia de um pesquisador em Israel que mantinha algumas no laboratório".

O cientista israelense Elazar Kochva havia se aposentado, mas ainda guardava alguns venenos e estava disposto a entregá-lo a Galli. Kochva achava melhor não avisar ao governo de Israel sobre a remoção do veneno, apesar de Galli já ter uma licença do governo dos Estados Unidos para entrar com a substância no país e sugeriu que seria melhor o próprio Galli ir até lá buscar o veneno.

"Você já foi a Israel?", perguntou Galli a mim. "Eles fazem segurança de uma forma muito interessante, com pessoas treinadas em psicometria. Elas ficam na sua frente, olham bem nos seus olhos e fazem perguntas muito depressa."

Kochva deu a Galli um frasco de veneno liofilizado. O frasco e seu conteúdo poderiam ser mantidos em temperatura ambiente por alguns dias sem que o veneno perdesse a atividade química. Kochva aconselhou Galli a passar pela segurança israelense com o frasco na bagagem de mão. No posto de controle de segurança do aeroporto, um oficial israelense lhe fez perguntas, sem saber que Galli carregava um veneno mortal.

"Lá estava eu e ele me fazia todo tipo de perguntas", disse Galli, rindo ao se lembrar de como estava preocupado que o veneno pudesse ser detectado. "Mas nunca me perguntaram se eu tinha veneno no bolso."

Segundo o pesquisador, como ele não foi perguntado, nenhuma mentira foi contada. O tubo de plástico não acionou nenhum dos detectores e Galli entrou no avião e voltou para a Califórnia com o frasco intacto e o veneno ainda quimicamente ativo.

No final, os camundongos reagiram da mesma forma ao veneno completo, assim como reagiram à toxina sintetizada e isolada. O laboratório de Galli testou também o veneno de outras duas cobras, a cascavel diamante-ocidental e víbora-mocassim-cabeça-de-cobre. Todos produziram resultados semelhantes: os ratos que continham mastócitos eram substancialmente mais resistentes à toxicidade dos venenos do que os ratos que não tinham mastócitos geneticamente. Além disso, os mastócitos tratados para que não tivessem a carboxipeptidase A (substância que pode degradar parcialmente alguns dos componentes do veneno), uma das enzimas armazenadas nas células, não conseguiram proteger os camundongos do veneno. A equipe de pesquisa escreveu as descobertas e enviou o trabalho para a revista *Science*, que o publicou.[30]

O laboratório de Galli fez outro conjunto de experimentos com o veneno de um lagarto venenoso, o monstro-de-gila, e descobriu que ele também, junto com os venenos de dois escorpiões diferentes, desencadeava uma resposta imunológica efetiva envolvendo um tipo diferente de protease de mastócitos. Essa era uma evidência adicional de que o sistema imunológico inato evoluiu para se defender rapidamente contra uma variedade de toxinas — de picadas a mordidas. As respostas que o laboratório de Galli estudava, no entanto, aconteceram após exposições iniciais aos venenos. O que aconteceria se os camundongos que sobreviveram a uma dosagem inicial recebessem uma segunda ou terceira dose? Galli e sua equipe foram em busca do clássico sinal de respostas alérgicas — a ativação do anticorpo IgE.

"Descobrimos que se você fosse um camundongo e sobrevivesse à primeira injeção de peçonha de abelha ou de cobra, você desenvolveria uma resposta IgE a este veneno", explicou Galli. "Então ao receber uma injeção três semanas depois, a reação de IgE produziria uma reação rápida ao veneno que, na verdade, beneficiaria a sobrevivência. Assim, uma resposta IgE ajudou a sobrevivência do camundongo."

Camundongos que foram expostos a uma quantidade menor de veneno poderiam sobreviver a uma dose maior mais tarde. Camundongos que não tinham sido previamente expostos não tiveram a mesma sorte. Se os mastócitos e a IgE são protetores, podem ter nos fornecido uma importante vantagem evolutiva.[31] O único problema com a teoria da toxina e os experimentos de Galli é o seguinte: não somos camundongos.

"Esta é a questão", disse Galli. "Somos diferentes dos ratos. Não é possível fazer estudos *in vivo* com veneno em humanos. Você só pode testar *in vitro* [fora de um organismo vivo]."

Nos Estados Unidos, ocorrem apenas dez mortes por ano causadas por cobras venenosas.[32] Em todo o mundo, porém, esse número sobe para cerca de 100 mil, geralmente em países em desenvolvimento. Há menos mortes por insetos venenosos ou outras criaturas como a caravela-portuguesa. No geral, a morte por toxinas ou venenos é bastante rara, o que sugere que as mudanças no ambiente tornaram muito menos vantajosas as partes da função imunológica inata projetadas para lidar com elas.

Martin Metz, ex-bolsista de pós-doutorado de Galli e pesquisador em Berlim, no entanto, continua a estudar as respostas ao veneno. Ele mostrou que a triptase humana (uma enzima armazenada nos mastócitos que decompõe as proteínas) pode degradar venenos de cobra. É mais uma evidência em apoio à hipótese da toxina.

"Até onde podemos dizer, parece provável que os humanos sejam semelhantes aos camundongos e tenham também uma resistência dependente de IgE e de mastócitos a alguns venenos", concluiu Galli.

A pesquisa de Galli é bem convincente. Parece provável que tenhamos conservado esse tipo de resposta do sistema imunológico por algum motivo. E esse motivo provavelmente é a proteção contra algo em nossos ambientes. A desvantagem, suponho, é que, como nossos ambientes estão mudando muito rapidamente, aqueles de nós com fortes reações imunológicas passam a enfrentar uma série de novos problemas

HERANÇA GENÉTICA NO MUNDO REAL:
A TÍPICA FAMÍLIA ALÉRGICA

Então, como juntar todas essas informações quando se trata de entender o impacto de nosso DNA nas alergias no mundo real? As alergias são hereditárias ou não? Podemos usar nossos perfis de alergia ou os de parentes para prever quais alergias nossos filhos podem desenvolver?

As respostas para essas perguntas são: sim e não. Mas vamos pegar minha família como exemplo para analisar isso de forma um pouco mais concreta.

Pelo que sei, apenas minha avó materna tinha uma alergia. Com quase 60 anos, ela desenvolveu uma reação alérgica à penicilina. Como expliquei no Capítulo 1, a alergia a medicamentos não é mediada por anticorpos IgE. Em vez disso, as células T da minha avó provavelmente se lembraram de ter encontrado a penicilina e desenvolveram sensibilidade a ela. Foi a única reação alérgica que ela experimentou e foi fácil de evitar. Em outras palavras, embora a composição genética de meus avós provavelmente contivesse segmentos que prepararam meus pais para sensibilidades, isso não levou a nenhuma alergia avassaladora na geração deles. Como veremos no Capítulo 5, a razão para isso pode ser porque seus sistemas imunológicos tiveram a vantagem de serem "treinados" em diferentes ambientes ainda crianças nas primeiras décadas do século XX (uma época com muito menos produtos químicos, poluentes e plásticos adicionados).

Minha mãe não tinha nenhuma alergia. Seus irmãos também não, mas sua irmã mais velha — minha tia Grace — desenvolveu a mesma alergia à penicilina que minha avó (mais ou menos na mesma idade). As duas irmãs caçulas de minha mãe tinham um pai diferente, que sofria de febre do feno e asma. Minha tia Patricia sofre de febre do feno e experimenta crises de urticária e coceira na pele. Minha tia Gloria teve uma reação alérgica grave ao veneno de abelha que a levou ao pronto-socorro. Desde então, ela tentava evitar abelhas e carregava um Benadryl para onde fosse — o médico sugeriu que ela comprasse uma EpiPen, que era bem mais cara. Meu meio-irmão (tínhamos pais diferentes) teve doença pulmonar obstrutiva crônica (DPOC) ainda jovem, após várias infecções pulmonares na infância e alguns anos respirando gases nocivos na Força Aérea dos Estados Unidos.

Quanto a meu pai: sua experiência angustiante com a alergia ao veneno de abelha deu início à jornada que resultou neste livro.

Minha herança genética é mista. Há uma linhagem familiar, mas não é uma causa direta. Mas e a alergia ao veneno de abelha? Se alguém de ambos os lados da minha família tinha propensão, isso significa que eu poderia ter mais chances de tê-la? Não necessariamente, mas talvez. Como meus níveis de IgE estão baixos e os exames de pele e de sangue deram negativos, não há como saber se tenho essa sensibilidade sem ser picada.

Joshua Milner me explicou que cerca de 5% da população geral de ascendência do norte da Europa têm uma mutação genética — uma cópia extra de um gene — que a dota de altos níveis de triptase, o que pode causar muitos problemas, entre eles a anafilaxia por picada de abelha. A triptase é uma proteína encontrada nos mastócitos e um marcador empregado para acompanhar a ativação destes durante respostas alérgicas. De acordo com Milner, as famílias com alto nível de triptase "têm coceira, rubor e dor abdominal", mas nenhuma evidência de doença, alérgica ou não. E isso se parece muito com alguns dos sintomas que comecei a sentir desde que recebi o diagnóstico de alergia: pele sensível e com coceira; vermelhidão da pele ou rubor; dor abdominal misteriosa sem etiologia ou causa óbvia.

As alergias são parte da herança genética de minha família, e minha predisposição à hipersensibilidade provavelmente foi transmitida a mim por meus pais como parte singular de meu DNA. Apesar de ser uma típica "família alérgica", só o DNA não explica nossas alergias. Todos os meus sintomas são causados por respostas genéticas e biológicas a gatilhos ambientais específicos e, ainda assim, o tipo específico de alergia (rinite alérgica localizada) e sua gravidade (leve) é diferente de qualquer outra pessoa da minha família — e isso não é incomum. A verdade é que a genética pode nos dizer muito sobre nossa propensão à alergia, mas não pode esclarecer o que realmente queremos saber: no meu caso, se herdei ou não uma sensibilidade ao veneno de abelha.

Genes + ? = Alergia

Desde os primórdios da pesquisa imunológica, há mais de um século, os genes têm sido apontados como uma das principais forças por trás do surgimento de condições alérgicas como febre do feno, asma, eczema e alergia alimentar. Mas, como vimos, eles não podem ser a única — nem mesmo a principal — causa de toda reação imune e hipersensibilidade. Nosso DNA desempenha papel importante no que está impulsionando o aumento das alergias, mas não é a causa principal. Na verdade, perguntar se as alergias são ou não hereditárias não é mais a questão.

"A questão é: como conseguimos uma mudança geracional?", perguntou a Dra. Cathryn Nagler, uma importante pesquisadora de microbioma e alergia alimentar. "Essa é a questão que importa. As pessoas dirão: 'Isso não existia na minha família. Ninguém teve isso antes.' De pais sem histórico familiar de alergia a crianças que têm reações a uma migalha que põem suas vidas em risco. É algo bem real, que pode ser desenvolvida em qualquer momento da vida. Costumava aparecer entre os 2 e 5 anos de idade. Agora vemos muito mais alergias alimentares vivenciadas por adultos."

O sistema imunológico lida com o mesmo ambiente em mudança. Em última análise, como Avery August argumentou, isso significa que a solução para as alergias "não é necessariamente uma solução biológica, é uma solução coletiva sobre o que fazemos em relação a todas essas outras coisas que causam o aumento das alergias". A genética pode predispor alguns de nós a ser mais ou menos alérgicos, mas o DNA não é o problema final. "Se analisar com atenção as áreas em que o número de casos está aumentando, onde estão as subpopulações, perceberá que esse aumento acontece por um motivo", disse August.

As pessoas com condições alérgicas são os canários na mina de carvão da mudança ambiental.

CAPÍTULO 5
Natureza fora de esquadro

UM CONTO DE TRÊS CIDADES

Enquanto escrevo essas frases, o ar está fresco e o céu, azul, salpicado de cirros. Os pássaros gorjeiam nos galhos das árvores pontilhadas com brotos de folha. Narcisos e tulipas surgiram nos canteiros. A grama parece despertar de um longo sono de inverno, apresentando um verde vibrante. Grupos de pessoas tomam os parques, aproveitando o sol e o ar livre. É um dia perfeito de primavera.

Só que não é. Não mesmo. Não para quem sofre de alergias respiratórias ou asma.

Partículas invisíveis no ar dificultam a respiração dessas pessoas, causando ataques de espirros e coceiras nos olhos, no nariz e na garganta. Não é apenas a fartura de pólen microscópico de árvores e gramíneas que circula pelo ar, flutuando na brisa, formando uma fina camada sobre as mesas ou sobre a parte externa de carros e caminhões, mas também a combinação de poeira, ozônio, dióxido de nitrogênio, dióxido de enxofre e outras partículas pequenas demais para serem vistas mesmo com um microscópio. Todos os detritos da civilização moderna estão constantemente ao nosso redor, inalados junto com o pólen, atingindo a profundeza de nossos pulmões — e essa poluição está ainda mais concentrada no ar urbano. Mesmo em belos dias de inverno, quando não há pólen nem esporos de mofo circulando, o ar continua repleto de coisas que levam o sistema imunológico a reagir.

Será que toda a poluição que respiramos está piorando nossas alergias e asma? Poderiam as mudanças ambientais ao longo dos últimos dos séculos estar causando o aumento dramático das taxas de alergia em todo o mundo? Se o DNA não é o único culpado, como já vimos, seria o ambiente a principal causa de todas as nossas alergias?

Em resumo, a resposta é um retumbante sim.

Contudo, por mais frustrante que seja, devemos começar com um "mais ou menos". Como acontece com a genética, as mudanças no ambiente natural — ou nas paisagens físicas em que residimos — parecem ser responsáveis, pelo menos em parte, não apenas por um aumento nas taxas de alergia, mas também por uma piora dos nossos sintomas sazonais. Os olhos coçam mais, o nariz parece mais entupido ou os espirros pioraram nos últimos anos. A razão pode estar relacionada a mudanças na carga média de pólen (a quantidade de pólen no ar), na própria qualidade do ar (se em média é bom, razoável ou ruim) e nos efeitos indiretos das mudanças climáticas em fatores que vão desde o número de esporos de mofo até a produção agrícola, o calor retido na atmosfera e a circulação do ar.

Neste capítulo, examinaremos algumas das evidências científicas reunidas por pesquisadores que mostram os efeitos avassaladores e atordoantes das mudanças ambientais no sistema imunológico, e o papel delas no aumento na taxa global de todas as condições alérgicas durante o século passado. Observaremos o passado, o presente e o possível futuro de pessoas que sofrem com febre do feno e asma em três cidades — Manchester, na Inglaterra; Cincinnati, nos Estados Unidos; e Chandigarh, na Índia — para examinar a correlação entre tais mudanças e o risco cada vez maior de desenvolver doenças alérgicas.

Pesquisadores médicos que trabalhavam com rinite alérgica e asma no século XIX suspeitavam que as mudanças na produção agrícola e a poluição dos ambientes urbanos estavam diretamente ligadas ao desenvolvimento de hipersensibilidade ou alergia em seus pacientes. Essas primeiras teorias científicas sobre a origem das alergias ambientais abriram caminho para o que seria conhecido, mais de um século depois, como "a teoria da higiene" — uma teoria que postula que as mudanças nos ambientes, considerando a falta de exposição a uma ampla variedade de microrganismos no início do desenvolvimento infantil, podem criar um sistema imunológico hiper-reativo. O pressuposto básico deste capítulo é que o ambiente natural é importantíssimo para o desenvolvimento da resposta alérgica. As funções imunológicas são impactadas de forma significativa e duradoura por aquilo a que nossos corpos são regularmente — ou não — expostos.

Em última análise, o ambiente natural é apenas mais uma parte da complicada história por trás do recente aumento de alergias. No final deste capítulo, veremos por que as alterações nos ambientes em que vivemos, criadas pelo próprio homem — provocadas mais diretamente pelo estilo de vida moderno —, provocam tanto estrago nas funções imunológicas quanto as mudanças no ambiente natural. Por enquanto, porém, vamos explorar como as transformações da paisagem, da tecnologia e do clima contribuíram para o aumento da incidência de rinite e asma a partir da história de três cidades muito diferentes e, no entanto, tão semelhantes.

MANCHESTER, INGLATERRA:
A REVOLUÇÃO INDUSTRIAL E A HISTÓRIA DO PÓLEN

No início do século XVIII, Manchester era uma pequena cidade rural aninhada nos verdejantes montes Peninos, no norte da Inglaterra. Com uma população de menos de 10 mil habitantes, era um vilarejo agrícola distante da crescente agitação londrina, mais ao sul. A rotina dos moradores refletiam os ritmos dos plantios e dos prados que os cercavam. Em 1819, mesmo ano em que o Dr. John Bostock descreveu pela primeira vez a febre do feno, a população de Manchester havia chegado a 200 mil pessoas. Poucas décadas depois, atingiria mais de 400 mil habitantes.

Com a explosão demográfica, vieram mudanças igualmente dramáticas na cidade, no ambiente e no estilo de vida dos moradores. A Revolução Industrial estava no ápice, com Manchester em seu epicentro. A florescente cidade — na época, a segunda maior da Inglaterra — se tornou um dos principais centros de produção de algodão. Fábricas, armazéns e cortiços começaram a dominar a paisagem enquanto os limites da cidade se expandiam cada vez mais. As produções das fazendas também mudaram conforme a produção tentava acompanhar a explosão populacional. Manchester serviria como pano de fundo para a descoberta de uma das maiores causas ambientais de alergias: o pólen.

Embora possa parecer óbvio nos dias de hoje, o pólen não era considerado uma causa ambiental da rinite no início do século XIX. A natureza individual da doença recém-descoberta — ou a forma distinta dos sintomas de cada paciente — não ajudava os médicos a discernir uma causa absoluta.

Criado em Manchester nos anos 1800, o Dr. Charles Harrison Blackley testemunhou em primeira mão as mudanças sociais e ambientais pelas quais a cidade passou. À medida que as pessoas se mudavam do campo para os centros urbanos da Inglaterra em busca de trabalho, a qualidade de vida delas piorava — e a saúde também.

Por ter crises a cada verão, Blackley acompanhava com interesse as primeiras pesquisas e teorias sobre o distúrbio, as causas e os tratamentos. Quando começou a pesquisar a febre do feno em 1859, ele sofria da condição havia décadas e estava frustrado com a ínfima compreensão da doença e a ausência de tratamentos eficazes e de informações sobre a etiologia, ou a possível causa. Os esforços de Blackley para investigar cientificamente o distúrbio, como ele mesmo declarou, eram uma questão "pessoal".[1]

Na época, a teoria dos germes começava a se consolidar como teoria científica séria para a origem das doenças. Blackley tinha curiosidade de saber se um agente externo, ou antígeno, poderia ser o culpado pelos casos de febre do feno. Por causa da brandura geral e da ausência de mortes causadas pelo problema, o médico acreditava que seria aceitável fazer experimentos mais metódicos sobre a condição — inicialmente nele mesmo e depois, aos poucos, em alguns pacientes dispostos a participar. Ele fez anotações meticulosas sobre exposições a diferentes agentes externos, a hora do dia da exposição e quaisquer sintomas resultantes, determinado a descobrir o que iniciava uma crise.

A maioria dos pacientes era constituída de médicos e de teólogos. Blackley também notou que representantes da classe agrícola quase não tinham crises e especulou que ou os agricultores não tinham a predisposição nervosa que vinha junto com os estudos ou a exposição repetida ao pólen os tornava imunes. Considerando que mais pesquisas começaram a ser feitas em meados do século XIX, a conexão entre educação e febre do feno parecia plausível. No entanto, Blackley não dava a mesma ênfase que outros médicos às disposições nervosas dos pacientes ou às suas particularidades físicas. Ele tinha dois argumentos: o primeiro era que sempre houve classes muito bem educadas na Inglaterra e o segundo era que, até o início da década de 1820, praticamente ninguém tinha tido febre do feno. A verdadeira causa dessa incidência aumentar deveria estar ligada às recentes mudanças nas práticas agrícolas ou no crescimento das cidades. Embora fosse óbvio que alguns tinham uma predisposição para a doença, ele achava ser importante descobrir a "causa primária" que a engatilhava.

As lavouras ao redor de Manchester, onde Blackley residia, cresceram de forma considerável. Para acomodar as necessidades de uma população que só aumentava, o cultivo precisou mudar. Em vez de alimentar o gado com legumes e trigo sarraceno, como era feito havia décadas, os fazendeiros começaram a fornecer feno como ração básica. O resultado foi a necessidade de produzir mais feno, o que levou a um aumento de eflúvios em circulação ao longo da estação de colheita.

Ao mesmo tempo que as práticas e cultivos agrícolas mudavam, a manufatura de tecidos chegava às cidades. Pessoas que trabalhavam em pequenas oficinas ou fábricas localizadas no campo, perto das plantações, estavam se mudando para a cidade para trabalhar em instalações novas e mais amplas. As fábricas criaram uma demanda por trabalhadores com estudos e mais habilidosos. Esses estudos, refletia Blackley, podiam criar condições que possibilitassem as crises respiratórias, mas ele duvidava que fosse isso.

A urbanização do trabalho diminuiu a quantidade de pessoas expostas ao pólen de forma prolongada e regular nos campos, e o próprio pólen estava diferente daquele de apenas algumas décadas antes. À medida que a população de Manchester crescia, mais e mais feno era necessário para alimentar mais e mais gado, para alimentar mais e mais pessoas. Blackley supôs que este era o verdadeiro culpado das taxas crescentes das crises vistas em seu consultório médico. Para provar essa tese, ele começou a experimentar metodicamente todos os principais suspeitos da época, incluindo ozônio, luz e calor, odores de vários tipos e pólens.

Durante os primeiros experimentos, Blackley encheu uma sala com uma substância (cumarina) que causa o odor de feno recém-cortado, caminhou pela sala em um ritmo acelerado para inalar "vigorosamente" o ar e não sentiu nada. Ele repetiu a experiência com alguns pacientes e obteve o mesmo resultado: nenhum sintoma apareceu. Ao repetir o experimento com odores de outras plantas, como *Chamomilla matricaria* (camomila) e vários fungos, os odores às vezes produziam sintomas, inclusive dor de cabeça, mas nunca os sinais característicos das crises que algumas pessoas tinham. Em seguida, Blackley fez experiências com ozônio. No século XIX, acreditava-se que o ozônio era uma variação do oxigênio produzida pela luz forte que atingia as folhas das plantas, e que produzia os fortes odores associados a plantas como zimbro, limão e lavanda. O ozônio podia ser criado a partir de uma combinação de enxofre e permanganato de potássio, e sua presença no ar pode ser medida com um teste feito com tiras de papel. Blackley realizou muitos experimentos em que os níveis de ozônio se mostraram elevados (de acordo com as tiras) e nunca apresentou nenhum sintoma de febre do feno.

O item seguinte a ser testado: poeira.

A poeira, como demonstraram os experimentos de Blackley, é específica de um tempo e de um lugar. Blackley defendia que não existe "poeira comum", pois sua composição varia muito de acordo com a localização geográfica, a casa, a estação do ano e até a hora do dia em que é coletada. Ele notou que a poeira podia de fato produzir alguns dos sintomas, como espirros e coceira nos olhos, especialmente durante as estações mais associadas à condição: de maio a agosto. No livro que escreveu detalhando esses experimentos, Blackley relatou estar caminhando por uma estrada rural pouco usada, a alguns quilômetros do centro da cidade quando um veículo passou por ele e levantou uma enorme nuvem que o envolveu e o obrigou a inalar grandes quantidades de poeira. Imediatamente depois, ele teve um ataque de espirros que durou horas. Com a curiosidade científica aguçada, Blackley voltou no dia seguinte para levantar um pouco de poeira e ver se seria capaz de produzir os mesmos resultados. Conseguiu: teve outra crise de espirros. Então, coletou uma amostra na estrada e voltou ao laboratório, onde a inspecionou ao microscópio. Ao examinar a poeira em uma lâmina de vidro, observou grandes quantidades de pólen de gramínea.[2]

Blackley sentiu que havia descoberto a causa das crises, o grande culpado por todos aqueles sintomas relatados pelos pacientes: o pólen. Ele precisava conduzir mais experimentos para ter certeza.

Em seus exaustivos experimentos, publicados em 1873, Blackley relatou os efeitos físicos de diferentes tipos de pólen de gramíneas, bem como o do pólen de 35 outras plantas. Ele variou a hora do dia e a época do ano das exposições, usou pólen fresco e seco, fechou-se em quartos com pólen ou caminhou em ar saturado da substância. Para cada tipo, ele repetiu os mesmos passos. Primeiro, aplicava o pólen nas mucosas do nariz, nas conjuntivas dos olhos e na língua, lábios e face. Depois inalava. Em seguida, introduzia pólen fresco em pequenos arranhões na pele de seus membros superiores e inferiores, cobrindo-os com gesso (inventando assim os primeiros testes cutâneos para alergias).

Todos esses experimentos foram bem-sucedidos. O pólen produzia os sintomas da febre do feno com intensidade e duração variáveis. Blackley experimentou quantidades diferentes e notou que mais pólen produzia uma resposta fisiológica mais forte. Quando fazia experimentos com pacientes, seguia rígidos procedimentos de controle — eles nunca sabiam ao que estavam sendo expostos, para não afetar os resultados. Mas sua principal cobaia foi ele mesmo. Os experimentos periódicos com pólen lhe causaram narinas entupidas, ataques violentos de espirros, dores de cabeça, crises de asma e noites sem dormir. No entanto, Blackley manteve o programa de pesquisa por anos.

Ele descobriu que temperatura e pólen eram correlatos no sentido de que, abaixo de certa temperatura, o crescimento da planta era retardado e menos pólen era produzido. Diferentes plantas desabrochavam e produziam pólen em momentos distintos, sob diferentes condições ambientais. O que quer que afetasse o pólen, sugeria Blackley, afetava o alérgico em igual medida. No entanto, o tamanho ou a forma do pólen parecia ter pouco ou nenhum efeito na gravidade dos sintomas. Nem as tentativas de desnaturá-lo — como fervê-lo, por exemplo — antes de aplicá-lo às membranas mucosas. Dito isso, Blackley observou que os grãos de pólen se expandiam quando colocados na água e supôs que parte[3] do problema durante um ataque de febre do feno era que tais grãos também se expandiam ao entrar em contato com as membranas mucosas úmidas que revestem o nariz, a garganta e os pulmões. No final desta pesquisa, além do fato de praticamente não haver casos conhecidos de febre do feno nos vários postos avançados e colônias britânicas nos trópicos, Blackley descartou a noção até então popular de que bastava o calor para provocar a febre do feno.

Após se certificar de que o pólen era a causa direta da febre do feno e dos ataques de asma, Blackley começou a examinar a hipótese de o mais importante ser a quantidade, não a qualidade, do pólen. Ninguém jamais havia tentado medir a quantidade de pólen no ar nem categorizá-lo por tipo ou espécie. Ele, então, realizou testes utilizando vários aparelhos caseiros diferentes.

Depois de falhar com várias configurações (bastante engenhosas), Blackley optou por um projeto simples que produziu resultados consistentes. Primeiro, para facilitar a visualização do pólen, ele pintou com verniz preto lâminas de vidro com 1 centímetro quadrado, que depois revestiu com uma mistura contendo glicerina. A glicerina deveria imitar a mucosa que reveste os pulmões, fornecendo uma superfície à qual o pólen iria aderir. Em seguida, ele expôs os pedaços de vidro ao ar.

Blackley usou quatro lâminas de vidro e as colocou viradas para quatro direções: norte, sul, leste e oeste. A intenção era aumentar as chances de uma contagem precisa caso o vento soprasse em várias direções. As

Alérgicos   131

lâminas estavam entre 1 a 1,5 metro acima do nível do solo para imitar a altura média em que os humanos respiram,[4] e foram instaladas no meio de um prado coberto de grama usada para a produção de feno, a cerca de 6 quilômetros de Manchester. Depois de 24 horas, Blackley as levou de volta ao laboratório para ampliá-las no microscópio, contando meticulosamente os grãos de pólen visíveis e classificando-os por espécie sempre que possível.

Blackley repetiu esse experimento muitas vezes, variando o local em que colocava as lâminas.[5] Os resultados às vezes eram inconsistentes, mas ele postulou que isso acontecia porque encontrava mariposas e borboletas agarradas às laterais das lâminas — supostamente consumindo os grãos de pólen. Após vários anos de estudos, Blackley descobriu que a contagem de pólen ficava mais alta entre 30 de maio e 1º de agosto. Ele também fez experiências com diferentes condições de umidade e de luz solar, descobrindo que nos períodos secos, quando a grama ficava exposta ao sol direto, havia mais grãos, e que dias de chuva fraca seguidos de sol abundante eram as melhores condições para o lançamento de pólen.

Todas as evidências eram definitivas, considerou Blackley. A febre do feno era uma reação fisiológica a antígenos no ambiente. Aquele antígeno era o pólen, não o calor, o ozônio, ou outras causas postuladas na época. Apesar de grandes cientistas da época como Charles Darwin terem recebido bem os resultados da pesquisa, as descobertas de Blackley ainda seriam ignoradas por muitos anos.[6] Devido à predominância da bacteriologia e da teoria dos germes no final do século XIX, a maioria dos médicos acreditava que a febre do feno e a asma decorriam de graves infecções respiratórias que tornavam os pulmões hipersensíveis. A "teoria bacteriológica" da alergia — embora incorreta — persistiria até os anos 1890.[7]

No entanto, na época que eu fazia as pesquisas para este livro, as ideias de Blackley — em especial seus métodos para contagem de pólen — estavam mais do que provadas, como veremos em breve.

CINCINNATI, OHIO: POLÉNS E PARTÍCULAS

É primavera de 2019 e estou sentada diante de uma mesa comprida de madeira envernizada, olhando para uma grande tela de projeção na parede de uma sala de conferências na Southwest Ohio Air Quality Agency. Minha anfitriã, Anna Kelley, vem fazendo contagens de pólen e medindo a poluição do ar em Cincinnati desde 1984, quando um representante do condado de Hamilton, que sofria de alergias, resolveu que as contagens deviam ser conduzidas diariamente na cidade.[8] Enquanto olhávamos o mapa da região metropolitana de Cincinnati, Anna explica onde ficam localizados os monitores de qualidade de ar. Um amostrador de pólen rotarod (aparelho mecânico que coleta grãos de pólen do ar circulante) está instalado no telhado do prédio feioso de concreto, estilo anos 1970, que abriga a agência, nas proximidades do centro geográfico da cidade e perto da Rodovia Interestadual 71, importante via expressa com tráfego intenso e poluição pesada. Estou na agência tentando entender como medimos o pólen no ar 150 anos depois de Blackley ter desenvolvido tal sistema. Faz parte do quebra-cabeça das alergias — principalmente da febre do feno e da asma alérgica —, e quero entender melhor como são gerados os números que vemos em aplicativos e sites meteorológicos.

Quando Anna me pergunta se quero subir no telhado para ver o dispositivo de monitoramento de pólen, aceito de imediato. Fugia um pouco às regras, ela me disse, pois tecnicamente apenas membros da agência têm permissão para ir até lá, mas vão abrir uma exceção.

"É uma subida por uma escada de metal íngreme", diz ela. "Depois vamos precisar passar por cima de algumas estruturas. Teremos bastante cuidado, mas faça um favor a nós duas e não caia."

O dia está ameno, parcialmente nublado e, quando emergimos no telhado depois de atravessar uma escotilha retangular, o vento imediatamente esvoaça o chanel grisalho de Anna e fustiga seu estiloso cachecol azul.

A máquina rotarod é bem menor do que eu imaginava, uma caixa quadrada de metal branco no topo de um poste metálico preto preso ao telhado por uma grande base metálica cinza. Parece com um semáforo grande e quadrado. Na parte de baixo do quadrado fica o braço rotacional que gira uma haste de plástico por 1 minuto, a cada 10 minutos ao longo do dia. A haste é levemente coberta por graxa de silicone em um dos lados, encaixada no braço rotacional e trocada todas as manhãs e levada escada abaixo para o laboratório. Lá, ela é tingida e, em seguida, grãos de pólen aderidos são contados manualmente usando um microscópio básico.

Os números resultantes, quando comparados com as médias diárias sazonais, são usados para determinar se os níveis de pólen estão altos, médios ou baixos. Charles Blackley se sentiria mais do que confortável fazendo esse trabalho mais de um século após sua morte, por ser incrivelmente semelhante ao método original. Quando menciono isso, Anna ri e assenti, afirmando utilizar esse mesmo método há trinta anos.

Nós duas observamos a haste girando. A máquina é surpreendentemente barulhenta, então nos aproximamos para conversar. Anna explica que a razão de o giro não ser contínuo é que o lado untado ficaria tão coberto de pólen amontoado que seria impossível contar os grãos a olho nu.

Diretamente atrás do amostrador, estão sete grandes dispositivos em metal branco para monitoramento de material particulado. Cada um deles fica no topo de um longo poste branco metálico e tem um topo que puxa o ar circulante para dentro de modo constante. Os diferentes monitores testam a presença de poluentes atmosféricos comuns, incluindo ozônio, monóxido de carbono, dióxido de enxofre e óxidos de nitrogênio. Essas máquinas, ao contrário do ruidoso monitor de pólen, são quase silenciosas. Cada uma delas está presa a um cordão que serpenteia ao redor do prédio, até a sala de monitoramento, onde pilhas de equipamentos fornecem leituras em tempo real da qualidade do ar. Descemos do telhado para visitar aquela sala, que é barulhenta e bastante quente. Anna me diz que cada máquina é caríssima, tanto para adquirir quanto para manter. A equipe conta com pessoal especializado cujo trabalho é verificar e recalibrar regularmente cada monitor.

A Environmental Protection Agency [EPA, Agência de Proteção Ambiental] estabelece padrões que cada agência local nos Estados Unidos deve cumprir para medir poluentes atmosféricos. Em outras palavras, a qualidade do ar é regulamentada e financiada. Não existe padrão semelhante nem coordenação nacional, no entanto, para os níveis de pólen, por isso a contagem é um assunto local. Cada agência mantém seus próprios dados e decide — com base em décadas de coleta — quais são as contagens "altas" ou "baixas" para determinada área de alcance. E mais, como explica Anna: o rotarod não é considerado o "padrão-ouro" para medição de pólen.

"O monitor Burkard é", diz Anna. "Trata-se de um prato grande que é untado e suga o ar durante um intervalo de tempo. O pólen e os esporos de mofo são depositados graças a essas lufadas de ar."

Os monitores Burkard apresentam mais sensibilidade para mofo, gramíneas e ervas daninhas do que os amostradores rotarod (as duas máquinas funcionam igualmente bem para rastrear pólen em condições normais). No entanto, eles também são muito mais caros. Como a contagem de pólen não é um encargo federal, a maioria das estações de monitoramento da qualidade do ar precisa empregar recursos locais para a tarefa. Anna afirma que os dados do rotarod são confiáveis (as contagens da agência são certificadas pela Academia de Alergia, Asma e Imunologia dos Estados Unidos) e que a certificação do aparelho é renovada a cada ano para garantir que funcione de maneira adequada. Em outras palavras, o rotarod continua no telhado — pelo menos por enquanto.

De volta ao laboratório da agência, ela me mostra uma haste sob o microscópio. Enquanto espio pela lente ocular, meu olho focaliza dezenas de objetos pequenos, principalmente circulares, manchados de rosa. Anna me pede para identificar um deles, descrevendo como deve ser o grão de pólen típico de carvalho. Para o olho destreinado, todos os grãos parecem semelhantes demais para serem distinguidos. Eu rio e desisto depois de apenas alguns segundos. Ela me diz que leva muito tempo para se sentir pronto e eficiente nesse trabalho.

Todas as manhãs, ela ou outro funcionário se senta em um banquinho de metal em frente ao microscópio e contabiliza manualmente os grãos de pólen no cilindro, usando um livro de micrografia como referência. O livro de micrografia é uma coleção de fotografias digitais das diferentes espécies de pólen da região, tiradas através de um microscópio.

Anna, que tem anos de experiência, leva duas ou três horas todas as manhãs para completar a contagem. Assim, ela cumpre a tarefa há décadas. Às vezes, as tintas usadas no pólen podem dificultar a identificação dos grãos — o bordo fica parecido com o carvalho, dependendo de como está preso à haste. Leva tempo até aprender as diferentes estações de cada árvore e grama e para começar a supor com mais precisão qual pólen pertence a qual planta. Pode ser uma tarefa ainda mais árdua durante temporadas de pólen particularmente intensas, porque tudo floresce ao mesmo tempo e a haste fica coberta. O outro grande desafio, explica Anna, é a introdução de espécies exóticas na área. Ela conta que muita gente anda plantando olmo chinês, que poliniza no outono. Olmos nativos polinizam na primavera. Isso estende a temporada de pólen para os "olmos" como grupo.

"Fazemos o melhor possível", diz Anna.

Depois que as contagens manuais de pólen são concluídas, elas são enviadas para a internet. Os relatórios diários de pólen que aparecem nos jornais e em sites nos Estados Unidos são contagens de ontem, não de hoje. Não há dados "em tempo real" relativos ao pólen — estamos sempre atrasados, pelo menos um dia. Mas não é um problema, uma vez que os níveis de pólen aumentam e diminuem em incrementos — a menos que chova, é claro, o que pode fazer com que as taxas diminuam temporariamente. Os números também são locais, o que significa que uma contagem "alta" para o olmo é "alta" para os padrões de Cincinnati, não para o país. A contagem polínica de cada cidade será diferente e terá um limite diferente para o que considera cargas "altas" ou "baixas". (A exceção são as estações de notificação da Academia de Alergia, Asma e Imunologia dos Estados Unidos, que usam níveis padronizados em todo o país.)

Anna me conta que, além dos níveis médios locais, ela também tenta divulgar as contagens brutas diárias da agência, em um esforço para ajudar os alérgicos a tentar decifrar que tipos de pólen podem lhes causar febre do feno ou sintomas de asma. Ela diz não ter notado uma mudança dramática na duração da estação do pólen ou na quantidade diária que circula no ar da cidade. Mas percebeu que as próprias alergias respiratórias a gramíneas e ervas pioraram um pouco nos últimos cinco anos, partindo de "nada", quando ela iniciou a trabalhar na contagem, até chegar a "moderada". Nesse mesmo período, Anna viu novos pólens aparecerem na região, pois os paisagistas introduziram uma ou duas novas espécies exóticas na área. Fora isso, no entanto, ela não viu nenhuma mudança mais dramática percebida por outras estações de monitoramento — normalmente localizadas em cidades em latitudes muito mais altas ou muito mais baixas — na última década.

Por enquanto, Cincinnati começa as medições em fevereiro, quando os cedros começam a polinizar, e continua a contagem diária até o Dia de Ação de Graças, em novembro — o fim da temporada de pólen local. Em lugares como Alasca, Minnesota, Wisconsin, Louisiana e Texas, os caprichos da mudança climática podem alterar significativamente a duração das estações de pólen e mofo, tornando mais infeliz a vida de quem sofre de febre do feno e asma nessas regiões.

Ao contrário das contagens polínicas, a amostragem da qualidade do ar ocorre o ano todo, faça chuva ou faça sol. Muitas pessoas procuram a agência de Cincinnati, confusas em relação ao significado do rótulo "qualidade do ar", especialmente durante o auge da temporada de pólen. Com frequência, e de forma compreensível, eles confundem as contagens de pólen/mofo com os níveis de qualidade do ar, apesar das duas medições não serem idênticas. Mapas e índices diários de qualidade do ar, enfatiza Anna, representam o número de poluentes e a quantidade de material particulado no ar — não a de pólen ou de mofo.

"Eles veem uma contagem alta de pólen e ligam para reclamar que a qualidade de ar aparece como sendo moderada para aquele dia", explica Anna.

Os dados de qualidade do ar para a cidade de Cincinnati não são coletados apenas a partir dos instrumentos de amostragem localizados no telhado da agência, mas também por outros, espalhados em diferentes locais da cidade, que medem material particulado de 2,5 mícrons ou mais. Existem rigorosos requisitos federais a serem cumpridos sobre os locais onde os monitores são instalados (alguns precisam ser colocados a menos de 50 metros de uma via de trânsito) e como o ar é monitorado (quais máquinas são usadas e como são calibradas), bem como diferentes alturas de sonda para diferentes poluentes. Todos os dados resultantes são enviados de volta ao escritório distrital da EPA em Ohio.

Nos Estados Unidos, as medições de poluentes são padronizadas e os índices de qualidade do ar mostrados nos aplicativos meteorológicos ou nos noticiários — de verde (bom), amarelo (moderado), laranja (insalubre para grupos sensíveis) a vermelho (insalubre) — são regulados pela EPA. Ao contrário dos níveis de pólen, os níveis de poluentes não variam de um lugar para outro. Os dados sobre a qualidade do ar são atualizados a cada hora, para que o público tenha acesso ao site da agência e possa se informar em tempo real.

"As pessoas realmente não entendem a diferença entre pólen e partículas", comenta Anna. "Medimos apenas 2,5 mícrons, mas existem partículas, chamadas de ultrafinas, que são ainda menores. São também perigosas, mas as de 2,5 têm efeitos conhecidos sobre a saúde. Com o tempo, elas se acumulam. Mas não pensamos nessas coisas."

Como o pólen, o material particulado também pode afetar de forma negativa a capacidade respiratória, mas é um problema diferente, embora intimamente relacionado. "Matéria particulada" é como descrevemos quaisquer substâncias microscópicas — líquidas ou sólidas — que estão suspensas no ar. As que medimos podem ser classificadas em dois compartimentos: partículas "grosseiras", com 10 mícrons de diâmetro, e as partículas "finas", com tamanho de 2,5 mícrons. Partículas "ultrafinas" (UFPs) — com o diâmetro de 1 mícron — não são medidas diretamente, apesar de poderem ser medidas com contadores de partículas de condensação. (Nota importante: a razão mais provável para que não sejam medidas é porque não há determinações governamentais que determinem isso, e não por ser impossível, ou porque o custo dos contadores é proibitivo.

Em outras palavras, como coletividade política e social, não desejamos que sejam medidas.)

Quão pequenos são todos esses fragmentos invisíveis de matéria? Um único mícron é equivalente a 0,001 milímetro. Um glóbulo vermelho tem 5 mícrons de diâmetro. Um fio de cabelo tem cerca de 75 mícrons. Para contextualizar, os grãos de pólen variam entre 10 e mil mícrons, dependendo da espécie. Em outras palavras, as partículas de 2,5 mícrons ou menores são incrivelmente minúsculas, a ponto de ser difícil imaginar.

No entanto, elas estão por toda parte, produzidas por motores de combustão a diesel, chaminés de fábrica e usinas de energia a carvão; por cigarros acesos, madeira queimada e até pela atividade diária normal de cozinhar. De todos os fatos e estatísticas que encontrei durante a pesquisa para este livro, esse talvez seja o que mais me assombra.

Hoje em dia, não importa onde eu esteja, me pego pensando no que estou aspirando ao inspirar. Milhões de crianças e adultos em todo o mundo são expostos diariamente a altos níveis desse tipo de poluição do ar, a partículas ultrafinas que estão por aí. Para aqueles de nós que moram em grandes cidades, ou mesmo perto delas, é praticamente impossível escapar. Depois de saber mais sobre essas partículas, a ideia de "tomar um pouco de ar fresco" se torna uma piada cruel.

Pergunto a Anna se esse trabalho a deixou mais consciente. Quando respira, ela pensa sobre todas as coisas invisíveis — pólen, mofo, ozônio, partículas — que está inalando?

"Estou nisso há tanto tempo", reflete Anna, "que se tornou algo natural. Só que estou mais consciente, sim. Eu adoro uma fogueira. Acendeu a lareira em uma noite fria? Adoro. Mas também reconheço o material particulado que sai dali".

Em seguida, temos uma breve conversa sobre todos os incêndios florestais de verão e outono na metade oeste dos Estados Unidos e os prováveis efeitos que eles causam na saúde respiratória das pessoas de curto e longo prazo. Embora o material particulado maior que 5 mícrons seja visível a olho nu (pense nas fotos do ar enevoado em Los Angeles ou Pequim), grande parte da poluição mais nefasta no ar é invisível. Como as pessoas não conseguem ver partículas de 2,5 mícrons, não pensam no assunto. Em dias claros, quando o índice de qualidade do ar é elevado — o que significa que a qualidade do ar é ruim —, elas não acreditam na ciência por trás dessas informações. Anna sorri, de uma forma irônica, e comenta: "Elas só veem um lindo dia."

A qualidade do ar tem sido monitorada em Cincinnati desde 1976, e a Southwest Ohio Air Quality Agency se tornou, com o passar do tempo, um repositório de dados históricos sobre a poluição do ar local.[9] A agência instalou estações de monitoramento perto das principais ruas e estradas, nas áreas industriais, ao lado das instalações siderúrgicas e perto de antigas e novas usinas de coque. (A coqueificação é um processo de aquecimento pelo qual o carvão bruto é processado e transformado em um material com alto teor de carbono chamado "coque".) Os monitores de qualidade do ar são colocados em áreas com maior população ou onde as emissões podem ser maiores. Pesquisadores da área, especialmente no renomado Hospital Infantil de Cincinnati, costumam usar o conjunto de dados da agência para procurar correlações entre a poluição do ar e uma ampla variedade de condições de saúde — incluindo alergias e asma.

No final da década de 1990, os pesquisadores mostraram que a poluição do ar pode atuar como um mecanismo de transporte de alérgenos. O escapamento de diesel, tão onipresente nas áreas urbanas, é um dos principais culpados. Como explica o Dr. Patrick Ryan, epidemiologista ambiental do Hospital Infantil de Cincinnati, "os escapes de diesel podem ligar o pólen à superfície das partículas, servindo como um depósito nas profundezas das vias aéreas. No começo, estávamos interessados nas partículas de escape porque pensávamos que elas poderiam provocar um tipo de reação imune e, em seguida, causar alergias em crianças e asma, que era uma questão em aberto na época: a poluição do ar causa asma ou apenas a exacerba?". Em outras palavras, as partículas de diesel são tão pequenas que, depois que o pólen se liga a elas, ambos podem ser inalados muito mais profundamente do que o pólen sozinho, atingindo os pulmões e tornando mais possível o desencadeamento de uma resposta imune.

O Estudo de Cincinnati de Alergia Infantil e Poluição do Ar, iniciado pela Dra. Grace LeMasters, ex-orientadora e colega epidemiologista ambiental de Ryan, mostra que as pessoas que vivem em áreas com maior exposição à poluição do ar, especialmente exaustão de diesel, têm maior risco de desenvolver alergias respiratórias e asma. De outubro de 2001 a julho de 2003, o estudo recrutou 762 bebês da área metropolitana de Cincinnati e do norte de Kentucky com exposições variadas à poluição do ar, de acordo com os endereços dos pais nos registros de nascimento. Ryan, um estudante de pós-graduação na época, lembra que o estudo estava especificamente interessado em acompanhar bebês que viviam em residências adjacentes às principais rodovias (por onde mil caminhões ou mais passavam todos os dias). O estudo consistia em dois grupos distintos de coortes de nascimento: um que vivia a menos de 400 metros de uma via movimentada e outro que vivia a mais de 1.500 metros de distância. Todas as crianças inscritas foram monitoradas com regularidade quanto aos sinais e sintomas reveladores de doenças respiratórias, começando com 1 ano de idade e novamente aos 2, 3, 4, 7 e 12 anos. (No momento em que este livro foi escrito, os participantes originais da coorte de nascimento tinham de 20 a 21 anos). O estudo é singular por representar apenas uma entre 12 coortes estudadas em intervalos regulares durante um longo intervalo de tempo com o objetivo de capturar os efeitos nocivos de viver perto de fontes diárias de poluição do ar (algumas das outras coortes foram localizadas em áreas urbanas em Michigan, Massachusetts, Arizona, Wisconsin e Nova York).

"O que vimos é que as crianças que foram expostas ao nível mais alto de poluição do ar no início de suas vidas foram mais propensas a desenvolver asma aos 7 anos", diz Ryan, tentando resumir uma montanha de dados para mim. "Algumas crianças tiveram altas exposições no início da vida e depois se mudaram para áreas onde as exposições eram mais baixas. O que vimos é que, se tivessem sofrido exposições precoces e contínuas, mesmo que se mudassem para áreas melhores, elas eram mais propensas a desenvolver asma. Também vimos que o início dos sintomas aconteceu mais cedo do que naqueles que não tiveram o mesmo nível de exposição."

Mesmo depois de eu insistir, Ryan ainda hesita em dizer que a exposição ambiental — neste caso, partículas de diesel no ar — é a verdadeira e única responsável pelas taxas significativamente mais altas de alergias e asma. Ele explica que "uma criança que mora ao lado da Interestadual 75 [uma das principais artérias do trânsito na área de Cincinnati] provavelmente também tem acesso precário a alimentos, pouco acesso a cuidados de saúde, mais exposições a mofo e baratas. Portanto, apontar a poluição do ar como a única causa é simplesmente impossível. Mas, ao mesmo tempo, também tenho certeza de que é um fator que contribui". E quem tem mais chances de morar perto dessas rodovias movimentadas? Famílias que vivem perto ou abaixo da linha da pobreza. Os cidadãos mais vulneráveis do ponto de vista econômico também são, com frequência, os biologicamente mais vulneráveis à exposição a níveis maiores de poluentes.

Os dados, salienta Ryan, são claros neste ponto: à medida que os índices de poluição do ar diminuem, os índices de asma também diminuem. Esse fato parece relativamente objetivo e corresponde à nossa intuição básica sobre a relação entre ar saudável e pulmões saudáveis, mas o estudo acrescenta evidências científicas críticas à conjectura bicentenária formulada por Charles Blackley, de que a industrialização e a tecnologia moderna têm efeitos negativos diretos na saúde respiratória. Blackley, tenho certeza, não ficaria nem um pouco surpreso com essas constatações. Talvez o mais interessante e surpreendente, porém, seja a descoberta relacionada de que esses mesmos níveis de exposição a material particulado estão ligados a mudanças em nossos cérebros que aumentam o risco de desenvolver ansiedade, depressão e talvez até demência.

Ryan explica que as partículas de diesel são tão pequenas que conseguem se infiltrar nos vasos sanguíneos e na cavidade nasal e chegar diretamente ao cérebro, segundo sugere a pesquisa mais recente conduzida por ele. Lá, podem alterar os caminhos neurais. De fato, a equipe dele descobriu que uma maior exposição ao escapamento de diesel está associada a níveis mais altos de ansiedade e depressão em crianças de 12 anos.

Em Cincinnati, uma ponte movimentada que cruza o rio Ohio pode ser atravessada por até 70 mil caminhões a diesel por dia. Quem vive nas áreas montanhosas da cidade usufrui de mais qualidade do ar do que os habitantes do vale porque, dependendo do clima e da estação, o ar fica retido na região. A equipe de pesquisadores de Ryan procura entender os detalhes mais sutis da exposição diária, fazendo os participantes do estudo usar monitores de ar pessoais e vestíveis. Ryan consegue estimar o nível de exposição externa em uma área a partir dos dados recolhidos e apresentados por Anna. Mas as pessoas comuns não ficam ao ar livre ou em apenas um local durante o dia, por isso nem mesmo um monitor de qualidade do ar doméstico vai dizer o que precisamos saber: qual é o nível da poluição diária do ar que um determinado indivíduo encontra em tempo real, e como isso se relaciona com a saúde dessa pessoa num todo?

Alergias e asma são apenas dois dos possíveis efeitos nocivos advindos da combinação de pólen e material particulado. Como vimos antes, aqueles de nós que sofrem de alergias são os precursores do que provavelmente está acontecendo com todos nós: a deterioração da saúde de nossos pulmões. Antes de sair correndo para comprar um purificador de ar ou outro dispositivo de filtragem, saiba de uma coisa: eles não ajudam e podem até *piorar* as coisas.

Um estudo publicado pela American Thoracic Society mostrou que a exposição ao ar filtrado somada a um alérgeno produzia sintomas piores de alergia respiratória do que o alérgeno e dióxido de nitrogênio sozinhos (NO2 é formado durante o processo de queima de combustíveis fósseis e, portanto, é encontrado em grandes quantidades no escapamento de diesel) ou do que o ar não filtrado mais o alérgeno.[10] O ar tinha níveis mensuráveis mais altos de NO2 *após* passarem pelo filtro HEPA, que retém ácaros, bactérias e vírus. O que esse estudo sugere é que não existe uma solução tecnológica fácil para o problema do pólen, da poluição do ar e das alergias. Mas talvez saber disso nos torne — como espécie — mais interessados em trabalhar juntos com o objetivo de reduzir a produção de material particulado.

CHANDIGARH, ÍNDIA: PARTÍCULAS, PÓLEN E ESPOROS FÚNGICOS

Como as partículas podem transportar pólen e piorar o impacto que ele causa, é quase impossível falar sobre asma — ou sobre qualquer outro problema respiratório — sem falar concomitantemente sobre duas coisas: a primeira, a poluição e seus efeitos na função pulmonar, especialmente em crianças pequenas; e a segunda, os efeitos da mudança climática nos níveis médios de pólen e de esporos em circulação no ar. Um dos argumentos para o surgimento de alergias no século XXI é a teoria da higiene (que já mencionamos e voltaremos a abordar com mais profundidade no Capítulo 6), ou a ideia de que, à medida que deixamos comunidades agrícolas rurais e nos dirigimos para as cidades e conforme as famílias passaram a ser menos numerosas, passamos a ser expostos a menos bactérias "boas" durante os anos de desenvolvimento. A ideia era — e, em alguns setores, ainda é — que, sem uma exposição adequada a micróbios brandos, o sistema imunológico não recebe um bom treinamento para distinguir entre o que é bom do que é mau. Segundo esse ponto de vista, as células imunológicas são como crianças indisciplinadas que se entediam em ambientes limpíssimos; elas inventam coisas para fazer e se divertir, mas nem sempre isso nos faz bem.

Na última década, essa teoria foi desafiada pelas taxas crescentes de alergias em locais onde, presume-se, as pessoas tenham um microbioma mais diversificado. As taxas de alergia nas chamadas nações ocidentalizadas (leia-se mais ricas) são comparadas com as de nações não ocidentalizadas (leia-se mais pobres). Embora as taxas de todas as alergias sigam mais altas nos países ocidentais, elas estão subindo depressa em outros lugares. Acontece que "o ambiente" que parece produzir mais alergias não é tão simples de descrever — nem de evitar.

É uma noite fria de inverno, perto da meia-noite, e estou no Zoom com a Dra. Meenu Singh. Ela está na casa dela, em Chandigarh, na Índia, sentada ao ar livre, no pátio, protegida do sol da manhã. Ela movimenta a câmera para me mostrar a vegetação exuberante ao redor. Árvores altas, grama verdejante, arbustos de formas e tamanhos variados, alguns em flor. Encasulada em um cobertor da cintura para baixo, sinto inveja. Enquanto conversamos, os pássaros cantarolam ao fundo.

Singh é professora de pediatria e chefe da Clínica de Pneumologia Pediátrica, Asma e Alergia no Centro Avançado de Pediatria do Instituto de Pós-Graduação em Educação e Pesquisa Médica em Chandigarh. Ela atende pacientes com asma e alergias respiratórias há décadas. Quando pergunto se as alergias são um problema crescente na Índia, ela assente.

"Não havia casos de eczema antes, mas agora é bastante prevalente", diz ela. "A alergia alimentar também apareceu recentemente na Índia, o que até então era muito, muito raro. Ninguém tinha ouvido falar de alergia a amendoim por aqui, mas estão aparecendo casos. Não sei se é apenas a teoria da higiene... Pode haver outros fatores também."

Singh me disse que os pacientes de sua especialidade, a asma, tornaram-se mais numerosos nas últimas décadas, mas a prevalência da condição em crianças na Índia se estabilizou recentemente em cerca de 3% a 4% (ainda assim um aumento colossal em relação à taxa relatada de 0,2% no final da década de 1960). O perfil cultural e social da asma mudou ao longo do tempo. Outrora uma doença associada à elite intelectual urbana (muito parecida com a febre do feno), a asma tem a reputação de ser uma doença de moradores urbanos pobres.[11] Na verdade, a Organização Mundial da Saúde (OMS) relata que há mais mortes por asma em países de renda baixa e média-baixa, provavelmente devido à falta de medicamentos para controlar a condição em casos mais graves, além de haver menos acesso geral a recursos médicos, o que torna mais desafiador até mesmo o diagnóstico. Em 2019, a OMS estimou que 455 mil pessoas morreram em todo o mundo devido a complicações da asma.[12] Os mais afetados não são apenas os pobres, mas também crianças pequenas e idosos, sendo que estes correm maior risco de morte.

A OMS define a asma como "uma doença crônica que inflama e estreita as passagens aéreas dos pulmões", caracterizada por "ataques de falta de ar e respiração ofegante, que variam em gravidade e frequência de pessoa para pessoa". Como o historiador Mark Jackson observou ao estudar a história da asma, e como já tratamos ao abordar como uma alergia é diagnosticada e rastreada, a asma não é um distúrbio pulmonar "tamanho único". Na verdade, é mais provável que descreva um padrão consistente de sintomas do que uma única causa. Isso porque suas causas fundamentais ainda não são compreendidas. Conhecemos os fatores de risco associados ao desenvolvimento da asma: infecções frequentes na infância, exposição à fumaça do cigarro ou a altos níveis de poluição do ar e suscetibilidade genética. No entanto, até o momento em que este livro foi escrito, ainda não havia uma definição única e definitiva. A associação com alergia respiratória também é debatida, porém, cada vez mais profissionais como Singh fazem pouca distinção entre asma alérgica e outras formas, como asma induzida por exercício, uma vez que a maioria dos pacientes com asma também tem alergias e uma variedade de fatores ambientais como gatilho. Quando pergunto se Singh tem visto mais alergias respiratórias ou se os sintomas dos pacientes com asma estão sendo desencadeados com mais frequência ou piorando, ela faz um sinal positivo com a cabeça.

"Mesmo em Chandigarh, que é uma cidade relativamente limpa, temos bastante material particulado. As pessoas que ficam perto dos cruzamentos e das vias principais têm uma prevalência mais elevada de alergias."

Isso repete o que ouvi de Patrick Ryan em Cincinnati. A exposição ao material particulado — e a pobreza — exacerba a alergia e a asma em todos os lugares, independentemente de outras exposições que os pacientes sofram. Na realidade, o foco de prevenção da asma da OMS está na redução dos níveis de poluentes, não de alérgenos, porque resmas de evidências epidemiológicas demonstram que a exposição contínua ao NO_2 leva ao aumento das taxas de asma infantil. Embora os alérgenos possam desencadear ou piorar os ataques, não está claro se eles desempenham um papel na causa. Ryan suspeita que a combinação de pólen e material particulado é o duplo golpe no desenvolvimento infantil que leva à asma alérgica. As crianças que vivem em áreas urbanas pobres têm mais probabilidade de encontrar concentrações mais altas de material particulado no ar que respiram. Sob esse aspecto, Chandigarh não é diferente de Cincinnati.

A maioria dos pacientes de Singh não é rica. Como a clínica em que ela trabalha é administrada pelo governo, os pacientes tendem a ser aqueles que não podem se dar ao luxo de procurar tratamento em outro lugar. Às vezes, a espera por atendimento no centro de alergia e asma pode demorar meses. No entanto, Singh me diz que a lista de espera não tem fim; o problema, pelo menos do ponto de vista dela, é que a demanda para tratar esses casos parece estar crescendo como nunca. Não há pessoal suficiente para acompanhar a necessidade.

Quando pergunto o que ela acha que está causando o aumento de alergias em sua área, Singh aborda o problema das mudanças no ambiente local e no estilo de vida dos indianos. Na verdade, é a mesma história que acontece em todos os lugares — mudam apenas os detalhes. Mais ao sul, explica ela, em Delhi, Mumbai ou Chennai, as cidades são superpovoadas e erguidas em concreto, e há mais poluição e exposição precoce à fumaça do cigarro. Em Chandigarh, também há poluição do ar, só que também existe mais vegetação — e, portanto, mais pólen em circulação. Isso se deve em parte à maneira como a cidade foi projetada.

"Esta cidade surgiu do zero", explica Singh. "Foi construída após a independência da Índia, projetada por Le Corbusier. Por isso, muitas árvores foram plantadas."

Chandigarh foi construída a partir do modelo de "cidade-jardim", desenvolvido na Inglaterra como uma resposta à industrialização desenfreada. Na virada do século XX, um urbanista inglês, Ebenezer Howard, quis projetar uma cidade utópica que casaria o melhor da vida urbana com o melhor da vida agrícola rural. A chamada cidade-jardim teria mais espaços verdes — e, portanto, mais vida vegetal — para neutralizar o que era visto como a feiura das fábricas modernas e das habitações improvisadas e apertadas. Em Chandigarh, a elite dominante viveria em casas cercadas por uma vegetação exuberante. Ruas e bulevares também seriam arborizados. Colinas artificiais foram projetadas. O efeito total era de uma cidade "mais verde".

Alérgicos   147

O projeto tornou Chandigarh uma bela cidade — com uma inacabável temporada de pólen. Singh lamenta que, ao contrário de tantas outras cidades, lá não haja contagens diárias de pólen atualmente. Trata-se de informação, diz, mais do que necessária. Com o rastreamento de pólen, ela poderia fornecer melhores tratamentos para os pacientes com alergia respiratória e asma.

Não são apenas os escapamentos dos motores a diesel e as chaminés das fábricas que contribuem para a condição dos pacientes asmáticos indianos. O outro problema com a qualidade do ar local em muitas áreas da Índia está associado às queimadas, sugere Singh. "O que se faz, depois das colheitas, é: tudo o que sobra é queimado. Isso produz muita fumaça e piora a qualidade do ar. Precisamos aprender a manipular o ambiente nessas situações."

Mas ela também aponta que os indianos terão que repensar as escolhas de estilo de vida para conter o aumento das taxas de asma. "É provável que comece pela educação sobre a restrição no uso de veículos ou pela implementação do trabalho remoto."

De certa forma, a pandemia de covid-19 teve um lado positivo para os pacientes com alergia e asma de Singh porque melhorou a qualidade do ar na Índia. Ele ficou mais limpo na época, com menos material particulado. Isso, combinado ao uso de máscaras, provavelmente contribuiu para que os pacientes de Singh tivessem menos ataques de asma. Aqueles com alergia respiratória também lidaram melhor com a intensa temporada de pólen em abril e maio de 2020. À medida que a pandemia começa a ceder e as medidas de saúde pública são lentamente suspensas, Singh pensa em preparar um projeto científico para medir os efeitos do uso de máscara na taxa de ataques de alergia. Por outro lado, a pandemia piorou as condições de saúde dos pacientes dela, que têm alergias a coisas como mofo ou ácaros. Parece que não há como vencer, mesmo quando o ar externo se torna temporariamente mais límpido.

Na verdade, as alergias fúngicas estão entre as que Singh vê com mais frequência. Cerca de 20% de seus pacientes com asma mal controlada desenvolverão uma condição pulmonar grave conhecida como aspergilose broncopulmonar alérgica (ABPA). Embora rara, é mais provável que a ABPA se desenvolva em pacientes com asma mal controlada que se tornam sensíveis a várias espécies da família *Aspergillus* de fungos (existem 837 espécies no total, encontradas em todo o mundo).

"É uma doença terrível", diz Singh, "porque piora muito a asma. Destrói os pulmões, o que não acontece na asma simples".

Singh atribui o aumento de esporos fúngicos a uma proliferação excessiva de fungos em Chandigarh e arredores, ao aumento de construções, às más práticas agrícolas e à mudança gradual do clima. O fungo prospera em condições de maior umidade e calor, e muitos dos novos canteiros de obras na cidade estão localizados em antigos campos de cultivo com lençóis freáticos altos. "As construções residências mais recentes têm problemas de umidade", diz Singh. No norte da Índia, onde se encontra Chandigarh, não há tantos ácaros — uma bênção para os pacientes. Mas no sul, bem mais quente, explica Singh, há fungos e ácaros — uma combinação desastrosa para asma e ABPA. E, infelizmente, não existem bons tratamentos para ela.

"Não há diretrizes uniformes. As pessoas usam esteroides, agentes antifúngicos... Mas temos que continuar a tratar a asma. Os níveis de IgE são altíssimos."

Por causa das mudanças climáticas e das condições mais úmidas e quentes que estão se espalhando por todo o mundo, a sensibilização por fungos é um problema crescente, em especial nos países do sul da Ásia. Essas flutuações de temperatura podem alterar — e alteram — o modo e o período de floração de plantas e fungos, trazendo caos a um número crescente de pacientes respiratórios e alérgicos em todo o mundo.[13] Embora Singh tenha esperança de que o futuro possa trazer tratamentos mais eficazes e mais baratos, ela não tem ilusões sobre o caminho que estamos trilhando. Sua cidade pode ser linda, mas também está cheia de partículas, pólen e cada vez mais esporos fúngicos. A qualidade do ar, apesar da pandemia, não deve melhorar na próxima década. Ela só espera ser capaz de fazer frente ao desafio.

NOSSOS SISTEMAS IMUNOLÓGICOS E NOSSO AMBIENTE NATURAL EM MUDANÇA

A alergia é, sem dúvida, o problema biológico e médico mais importante que existe ou já existiu, pois representa a patologia da reação do homem e dos animais inferiores ao ambiente — ao ar que respiram, aos agentes físicos como luz, calor e frio a que estão expostos, os alimentos que comem e os vários organismos parasitários que podem invadi-los.

— H.W. Barber e G.H. Oriel, "A Clinical and Biochemical Study of Allergy" [Um estudo clínico e bioquímico da alergia], *Lancet*, 17 de novembro de 1928

O que o passado de Manchester, o presente de Cincinnati e o possível futuro de Chandigarh nos dizem é que o ambiente — em todos esses casos, especificamente o ar que respiramos — pode ter um efeito dramático sobre a função imunológica. O risco de alergia não é apenas genético ou parcialmente herdado, mas ambiental ou desencadeado pelas partículas invisíveis no ar. Talvez algumas das evidências mais fortes que sustentam a ideia de que nossos ambientes estão, até certo ponto, causando o aumento de todas as alergias venham do estudo dos próprios glóbulos brancos.

Uma nova pesquisa (2020) do Wellcome Sanger Institute, um dos principais institutos de pesquisa sem fins lucrativos do Reino Unido, mostra que as células T não são "interruptores" que ligam ou desligam em resposta à exposição a um antígeno. Em vez disso, quanto mais "experientes", ou quanto mais bem "treinadas" para reconhecer e responder a um determinado tipo de antígeno (como ácaros, por exemplo), mais diversas podem ser suas reações — formando um espectro de respostas do sistema imunológico. No estudo de Wellcome, quanto mais as células T reagiram a um sinal no passado, mais rápido elas reagiram no presente, independentemente da resposta escolhida.

"Antes, eu pensava que as células T de memória tinham dois estágios de desenvolvimento", escreve o Dr. Eddie Cano-Gamez, um dos principais autores do estudo, "mas descobrimos que existe todo um espectro de experiências de memória".

Os pesquisadores descobriram que, quando as células T "ingênuas" ou inexperientes receberam um sinal químico específico, elas responderam primeiro acalmando ou limitando a resposta imune. Quando o sinal foi recebido por células T mais "experientes", ou que já haviam encontrado o antígeno antes, a reação foi o extremo oposto. Essas células imunológicas mais experientes exacerbaram a inflamação. Em outras palavras, quanto mais vezes você for exposto ao pólen de cedro e ao material particulado, pior será sua reação a eles. Em locais com cargas pesadas de pólen e má qualidade do ar, isso significa mais alergias respiratórias, mais asma e talvez sintomas mais graves.

O fato de tantos pacientes com asma também sofrerem de alergias respiratórias não surpreende os pesquisadores. O Dr. Robert Schleimer, ex-chefe da Divisão de Alergia e Imunologia e professor de medicina (alergia e imunologia), microbiologia-imunologia e otorrinolaringologia no Departamento de Medicina da Feinberg School of Medicine da Universidade Northwestern, explica que um paciente com asma tem 90% de probabilidade de sofrer de febre do feno. Para descrever o revestimento e o muco do nariz, o Dr. Schleimer usa a metáfora dos torcedores fazendo a "ola" em um gigantesco estádio de futebol. As partículas e o pólen que entram na cavidade nasal são expulsos rapidamente para fora do nariz pelos cílios (estruturas microscópicas semelhantes a pelos que vibram na superfície de algumas células) em um movimento ondulatório. O muco que segura essas partículas desce pela parte de trás da garganta, que leva ao estômago.

"Nós engolimos cerca de um litro de muco por dia", diz Schleimer. E isso em um dia normal, sem sinais de alergia ou infecção. "Estudos demonstram que, se colocarmos um papel com sacarina no nariz das pessoas, elas sentirão o sabor uns vinte minutos depois... É o tempo aproximado que leva para os cílios e o muco do nariz se livrarem dela."

As glândulas mandibulares, às vezes chamadas de anel de Waldeyer, estão localizadas ao redor da área da garganta para onde vai o que foi filtrado pelo nariz. Essas glândulas fazem parte do sistema linfático do corpo e incluem amígdalas e adenoides. O trabalho delas, por assim dizer, é peneirar o muco e decidir se ele contém algo perigoso ou nocivo. Nesse caso, elas podem sinalizar uma resposta imune, que se estenderá aos pulmões.

"Portanto, o processo que acabei de descrever faz parte do que é chamado de teoria das vias aéreas unidas", explica Schleimer. "Ela defende que a inflamação alérgica, quando ocorre no trato respiratório, tende a ocorrer no trato respiratório inteiro."

A teoria também é apoiada por mais de duzentos anos de observações e pesquisas científicas sobre febre do feno, asma e a relação entre a exposição a antígenos no ar e o desenvolvimento de alergia respiratória. Por causa da mudança climática, as estações de cultivo agrícola — especialmente no norte dos Estados unidos — estão se alongando. Os mapas da EPA de 1995 a 2015 mostram um aumento médio de 21 dias na estação do pólen em Minnesota, 15 dias em Ohio e seis dias no Arkansas. Um estudo realizado pela Universidade de Maryland entre 2002 e 2013, envolvendo 300 mil entrevistados, mostrou que a febre do feno aumentava sempre que a época da chegada da primavera mudava.[14] A febre do feno se tornava até 14% mais prevalente quando a primavera chegava cedo. Isso é uma péssima notícia para milhões de crianças pequenas em cidades como Cincinnati e Chandigarh, expostas a níveis consistentemente altos de material particulado, pólen e esporos fúngicos.

Vejamos o caso da ambrosia, planta angiosperma nativa das Américas — e uma das maiores desencadeadoras ambientais naturais de doenças respiratórias. É famosa tanto por sua propagação quanto por seu pólen. De muitas maneiras, a história da ambrosia nos últimos duzentos anos se tornou o exemplo paradigmático de como as mudanças ambientais podem ter um enorme impacto nas alergias. A planta é muito sensível a qualquer mudança no nível de dióxido de carbono (CO_2). A produção de pólen dessa planta se intensifica com nível mais alto de CO_2. Os níveis crescentes de CO_2 em nossa atmosfera, embora ótimos para ambrosia, são desastrosos para quem sofre de alergias.

Mas o problema não se limita à ambrosia.

O Dr. Richard Primack, professor de biologia da Universidade de Boston, sabe muita coisa sobre pólen — tanto do ponto de vista pessoal quanto profissional. Quando ele era um estudante de pós-graduação estudando a língua-de-ovelha, espécie de planta com flores que cresce melhor em paisagens ambientalmente perturbadas, ele desenvolveu uma grave alergia respiratória ao pólen dela. Mesmo depois de ter parado de trabalhar com a planta, a alergia persistiu por anos. É um dos riscos ocupacionais dos botânicos, diz ele. Quase todo botânico se torna alérgico a alguma coisa em algum momento da carreira. Como encontram o mesmo pólen com mais frequência e em níveis maiores do que encontrariam fora do laboratório de pesquisa, os sistemas imunológicos desses profissionais têm mais oportunidades — e incentivos — para responder de forma negativa.

Quando conversamos, já estamos em pleno outono, a temperatura em torno de 20 graus centígrados e ele está ansioso para falar sobre o tema da pesquisa que está conduzindo: ciclo de produção de alérgenos naturais. O laboratório dele na Universidade de Boston se concentra nos efeitos que a mudança climática tem sobre eventos biológicos como a polinização da primavera. Quando pergunto sobre a proliferação de pólen e esporos de mofo, o Dr. Primack fica felicíssimo por abordar as muitas mudanças que observou nas últimas quatro décadas.

Resumindo: alergias respiratórias sazonais pioram a cada ano. Os níveis de pólen e esporos de mofo está variando. No momento, ocorrem a interseção de vários fatores climáticos para agravar o problema.

Obviamente, as temperaturas estão subindo. Em média, a primavera tem começando muito mais cedo — já em fevereiro em alguns lugares do hemisfério norte —, então plantas e árvores que respondem a temperaturas mais quentes florescem mais cedo. No outro extremo, as temperaturas de outono também estão bem mais amenas, o que permite que as plantas floresçam por um período mais extenso.

"Na região da Nova Inglaterra, onde nasci, começa a esfriar no fim de setembro e o frio fica mortal em algum momento no início de outubro", explica Primack. "Isso impediria que todas as gramíneas, ambrosias e outras plantas produtoras de pólen florescessem. O que acontece com a mudança climática é que ainda está bastante quente durante setembro e outubro. Este ano, tivemos calor e muita chuva em outubro, então plantas como a ambrosia continuaram crescendo e produzindo mais flores."

A emissão de pólen de algumas plantas, como a ambrosia, nos meses de outono significa sofrimento prolongado para os que são alérgicos a ela. Mas a mudança climática não está só exacerbando o problema de quem tem alergias respiratórias. Sabe qual outra planta alergênica adora os novos padrões climáticos? A hera venenosa.

"A hera venenosa se tornou mais comum agora do que quando eu era criança", diz Primack com naturalidade. "Esses tipos de plantas vêm se espalhando, são mais prolíficas e estão em lugares onde não sobreviviam antes."

Algumas espécies se beneficiam da própria poluição do ar, por haver mais dióxido de carbono em circulação. Mas as plantas também amam níveis mais altos de nitrogênio.

"No passado, o nitrogênio era um nutriente limitante para muitas plantas", afirma o Dr. Primack. "Mas devido ao aumento da queima de combustíveis fósseis — como petróleo, carvão e gás natural, há mais poeira de nitrogênio sendo gerada. Esse pó, ao cair no chão, fertiliza o solo. Assim, plantas como a ambrosia são capazes de aproveitar o alto teor de nitrogênio no solo, as maiores quantidades de CO2 no ar e as temperaturas mais elevadas para se multiplicar e produzir mais pólen."

Um bando de mudanças ambientais também produziu melhores criadouros para espécies mais invasivas. Lugares como Arizona, Novo México e o sul da Califórnia estão vendo maiores níveis de pólen devido a um influxo de espécies de gramíneas invasoras. O meio-oeste dos Estados Unidos presencia os efeitos do clima mais ameno, com gramíneas florescendo muito mais tarde do que de costume. No sul do país, onde a umidade já é elevada, está ficando ainda mais quente e úmido — uma combinação ruim porque são condições ideais para o crescimento de mofo, com mais esporos de mofo no ar.

Em suma, não existe uma única área nos Estados Unidos que não esteja assistindo aos efeitos diretos da mudança climática nos alérgenos. Embora todos lidemos com problemas diferentes — de mofo a ervas daninhas e carvalhos, gramíneas invasoras e hera venenosa —, tudo aponta para mais reações do nosso corpo.

Os níveis de pólen, em geral, devem dobrar até 2040, e o pólen será mais "potente" (os níveis de peptídeos aumentarão, provavelmente piorando as reações do sistema imunológico). Um estudo recente sugeriu que temporadas de pólen mais longas provocarão um aumento nos atendimentos de emergência por asma alérgica.[15] O estudo se concentrou no pólen de carvalho, que já manda cerca de 20 mil pessoas para o pronto-socorro por ano apenas nos Estados Unidos. Uma pesquisa realizada na Clínica Mayo, em 2017, relacionou a mudança climática a um aumento nos níveis de CO2 que ampliou o crescimento de fungos.[16] O estudo descobriu que a exposição a fungos reduz as barreiras celulares, causando inflamação celular que pode piorar as alergias. A mudança climática também provoca inundações e temperaturas mais elevadas em todo o mundo — o que significa mais mofo, como já testemunhamos em lugares como Chandigarh e em Nova Orleans, onde as taxas de alergia começaram a disparar após a passagem do furacão Katrina. Os padrões climáticos também sofrem alterações, e tempestades exacerbam a alergia respiratória e os sintomas de asma — um fenômeno chamado "asma de tempestade". A chuva rompe os bioaerossóis e os relâmpagos fragmentam grãos de pólen; depois, ventos mais intensos distribuem esses fragmentos rompidos por quilômetros e quilômetros. Em apenas dois dias, mais de 10 mil pessoas foram ao pronto-socorro com dificuldade para respirar durante uma crise de asma gerada por uma tempestade em 2016.

Tudo isso dá credibilidade ao argumento de que as mudanças no ambiente natural afetaram, afetam e continuarão afetando o funcionamento do sistema imunológico, causando o agravamento das alergias. Mas, mesmo se aceitarmos a hipótese das vias aéreas unificadas e todas as evidências científicas que a apoiam, o que poderia ter causado o aumento igualmente dramático do eczema, de alergias cutâneas, de alergias alimentares? O ambiente natural também é culpado por elas?

Como me disse a Dra. Elia Tait Wojno, imunologista da Universidade de Washington, "é complicado".

Tait Wojno estuda alergias em cães, sem dúvida a espécie de companhia favorita dos humanos. Gatos, cachorros e pássaros são especiais porque vivem dentro de nossas casas, compartilham os espaços conosco e comem alimentos que fabricamos. Tait Wojno ressalta o fato de que os animais de estimação e de fazenda também sofrerem de alergias para apoiar a ideia de que é o ambiente que está causando a maior parte do problema. Não é apenas o sistema imunológico humano que está com defeito; o dos animais também.

"Acho que há fundamento na ideia de que há algo acontecendo do ponto de vista ambiental", disse Tait Wojno. "Alimentação, industrialização, produtos químicos, toxinas ou tudo o que acabei de mencionar em uma combinação maligna."

É a parte que falta dessa "combinação maligna" que veremos a seguir, quando analisaremos as diversas mudanças em nosso estilo de vida que podem estar afetando de modo negativo a função imunológica — nossa e a de animais de estimação.

CAPÍTULO 6

Somos os responsáveis por isso?
O estilo de vida moderno e a alergia

Elizabeth é uma engenheira de trinta e tantos anos com três filhos maravilhosos — todos com alguma alergia. A menina mais velha, Viola, de 12 anos, teve eczema quando bebê e tem alergia a pólen, milho, nozes e amendoim. O filho de Elizabeth, Brian, de 3 anos, também teve eczema quando bebê. Posteriormente, desenvolveu alergias alimentares a amendoim e cevada — pelo menos, esses são seus alérgenos alimentares conhecidos. Elizabeth teme que possa haver outros. Amelia, de 5 anos, teve alergia a laticínios quando bebê, mas se tornou apenas intolerante à lactose. Em termos de alergia, a dela é a mais fácil das três crianças.

Quando ouço essa história, Elizabeth já é veterana em lidar com o sistema imunológico reativo dos filhos. A compreensão de alergia que ela tem é baseada nas experiências que teve ao longo dos anos. Ela também criou um grupo de apoio para pais de crianças com alergia a milho e está envolvidíssima no esforço de informar outros pais sobre alergia alimentar.

Elizabeth diz que ela e as outras mães do grupo, com o decorrer do tempo, desenvolveram "teorias" sobre o que teria causado alergia em seus filhos. A teoria dela é que Viola e Brian, quando bebês, foram atendidos na emergência hospitalar com febre alta e tomaram antibióticos como precaução. Elizabeth culpa os antibióticos por alterar o microbioma intestinal dos filhos, provocando o aparecimento dos problemas alimentares. No caso do menino, acima de tudo, Elizabeth também se culpa por ter aceitado o tratamento. Ela diz que deveria ter agido de outra forma diante do que havia acontecido com Viola.

"Eu me arrependo até hoje", diz Elizabeth, "porque estou convencida de que foi o que causou o intestino permeável de Brian e muitas outras questões".

Parte desse raciocínio vem do fato de que ninguém na família tinha qualquer tipo de alergia até então. Na verdade, a alergia é tão rara na família que os pais dela não acreditaram no diagnóstico a princípio. Eles argumentaram que, "no tempo deles", todo mundo comia de tudo e ficava bem. Segundo eles, alergia alimentar não passava de um monte de bobagens. Mas, depois das várias vezes em que Viola e Brian foram parar no pronto-socorro por reações anafiláticas a alimentos, ficou bem evidente que as alergias dos netos eram mesmo "reais".

Desde que os filhos desenvolveram múltiplas alergias, as rotinas da família foram modificadas. "Tudo o que faço na vida é cozinhar para eles", explica. "Não comemos fora. Não confiamos em outras pessoas preparando a comida deles." Elizabeth se levanta todas as manhãs às 6h30 para preparar um café da manhã especial, que evita tudo ao que os três filhos são alérgicos. Em seguida, ela cozinha e embala o almoço: "Todas as manhãs, tenho 24 compartimentos de lancheiras com almoço e lanches para encher antes de levá-los à escola." Ela cozinha tudo do zero, porque a maioria dos industrializados contém pelo menos um ingrediente que provocará reações em uma das crianças.

Há alguns meses, eles saíram de férias com outras quatro famílias e alugaram um Airbnb. Brian acabou no pronto-socorro com anafilaxia por contaminação cruzada. Elizabeth diz que eles nunca mais dividirão uma casa em que ela não seja a "chefe da limpeza".

Embora ainda seja bem pequeno, Brian, cujas alergias são as mais graves, já sabe que alguns alimentos são perigosos.

"Pergunto a ele: 'Você sabe por que não pode comer isso?'", diz Elizabeth. "E ele responde: 'Sim, Brian é alérgico. Me deixa dodói. Mamãe deu injeção e fomos para o hospital.' Ele se lembra da EpiPen. Ele lembra porque essas coisas doem. É uma agulha de quase 4 centímetros espetada em você."

Brian foge de Elizabeth sempre que a vê colocar uma EpiPen na bolsa. Ela diz que isso a faz se sentir a pior mãe do mundo e se sente culpada. Não apenas porque Brian associa sentimentos ruins com as canetas que ela precisa carregar, mas também porque ela se sente responsável pelas alergias dele.

A história e a culpa de Elizabeth não são incomuns. Muitos cuidadores de crianças alérgicas se perguntam e se preocupam sobre o porquê, afinal, de seus filhos desenvolverem a doença. Temem que algo nos estilos de vida, ambientes domésticos ou hábitos tenha contribuído para o sofrimento deles, o que não está desprovido de evidência nem de um raciocínio lógico. Os pais de crianças com eczema grave e alergia alimentar, principalmente, muitas vezes empreendem uma espécie de arqueologia do passado, peneirando memórias atrás de ações repetidas ou exposições precoces — qualquer coisa que possa ajudá-los a entender um pouco mais de uma situação sem sentido. Eu compreendo esse ímpeto.

Assim como Elizabeth e outras mães no grupo de apoio, muitas das pessoas que entrevisto ou falo casualmente têm as próprias teorias sobre o que está causando alergias em nós; a maioria se alinha de uma forma ou de outra com os principais candidatos científicos e com a ideia de que as mudanças no ambiente são provavelmente as culpadas. Em uma pesquisa de amostragem representativa que conduzi com oitocentos estadunidenses em setembro de 2018, quase 57% dos entrevistados achavam que a poluição era a grande culpada. Outros 48% achavam que produtos químicos produzidos pelo homem estariam envolvidos. Empatadas em terceiro lugar, com 38% cada, ficaram as mudanças climáticas e as mudanças nos hábitos de vida e de alimentação.

Quando comecei a me dedicar à pesquisa para este livro, era intuitivamente óbvio para mim que uma série de mudanças ambientais — como a poluição ou a menor exposição a bactérias, vírus e parasitas —, juntamente com o estresse da vida urbana moderna, eram as prováveis chaves para solucionar o mistério de nossas alergias crescentes. Algo no nosso relacionamento com o ambiente estava fora do lugar, raciocinei. Eu tinha certeza disso e acreditava ter "evidências" concretas para sustentar tal teoria: eu havia sido feliz, saudável e livre de alergias antes viver em cidades densas e poluídas como Nova York, São Francisco e Hong Kong.

Minha primeira infância na zona rural de Indiana foi, pelo menos até onde lembro, quase idílica. Comíamos vegetais e frutas cultivadas em hortas orgânicas próprias. Passávamos os dias respirando o ar puro do campo. Brincávamos na terra entre as fileiras de pés de milho e nos celeiros dos vizinhos. Comíamos folhas de trevo, talos de dente-de-leão e, às vezes, capim do quintal. Em suma, eu tinha comprado uma das principais teorias sobre o aumento das alergias nos últimos duzentos anos: a teoria da higiene.

A teoria da higiene postula que pessoas "limpas demais" desenvolvem alergias. Encontrar uma variedade de germes bem no início da vida (antes de 1 ano de idade), em fazendas ou entre uma família repleta de irmãos, portanto, formaria um mecanismo de proteção. Os defensores dessa teoria acreditam que a exposição a um pouco de "sujeira" é benéfica. Encontrar os germes certos na hora certa ensina o sistema imunológico infantil a responder corretamente a uma variedade de estímulos externos. Se ele não receber esse treinamento inicial — ou se receber as exposições erradas, ou as exposições certas nos momentos errados —, criam-se condições para que ele venha a reagir de forma exagerada mais tarde.

Por essa lógica, a suposição de que minha grande família rural (a maioria dos meus tios e tias tinha três ou mais filhos) teria uma taxa muito menor de alergias deveria estar correta. No entanto, quando liguei para casa para perguntar sobre alergias na linhagem, lembrei-me de que o sistema imunológico de minha família está tão reativo quanto o de qualquer família urbana. A vida rural, pelo menos de acordo com o histórico de alergias da minha família e de algumas das pesquisas mais recentes (que abordaremos logo a seguir), pode não ser, afinal de contas, uma panaceia para o desenvolvimento do sistema imunológico. Em outras palavras, a teoria da higiene pode não ser a resposta definitiva para o enigma das alergias.

Como já vimos, não é exclusividade de quem vive no século XXI presumir que as mudanças nos estilos de vida e nos ambientes estão causando problemas. Na era de John Bostock e Charles Harrison Blackley, a febre do feno foi atribuída a mudanças na tecnologia agrícola, juntamente com a poluição do ar desenfreada. Ainda em 1951, o Dr. Walter Alvarez, proeminente médico que assinava uma coluna sobre saúde impressa em jornais de todos os Estados Unidos, já culpava a maior presença de produtos químicos no ambiente pelo dramático aumento de alergias respiratórias e asma.

Nos últimos duzentos anos, temos nos preocupado coletivamente com o fato de as alergias serem um sintoma de um problema bem maior: algo que estamos fazendo ou que fizemos está deixando nossos corpos muito, muito reativos, desconfortáveis, doentes e com comichões. É a ideia que unifica todas as teorias que exploraremos neste capítulo. É o que chamo de teoria "estamos fazendo isso com nós mesmos". É quase intuitivo pensar que as mudanças no modo de vida provocam o agravamento das alergias. Mas é correto afirmar isso? Quando entrevisto especialistas em alergia, eu peço que respondam que sim ou não. Muitos dizem que a teoria da higiene está correta — e continua entre as teorias principais. Mas, como exploraremos neste capítulo, outros tantos consideram que dieta, mudanças na forma como cultivamos e preparamos os alimentos alteraram nosso microbioma intestinal, alimentando alergias. Outros argumentam que os vários plásticos e produtos químicos produzidos pelo homem com os quais entramos em contato diariamente estão tornando nosso sistema imunológico mais reativo. O que todos concordam é que as interações gene-ambiente (também chamadas de epigenética) desempenham papel importante no surgimento de alergias, assim como a composição dos microbiomas de nariz, intestino e pele.

Estamos prestes a explorar as principais teorias de causalidade de alergia concentradas nos efeitos do estilo de vida "moderno" na função do sistema imunológico. As formas como produzimos, preparamos e comemos alimentos; a cultura de trabalho moderna e a contínua falta de sono e altos níveis de estresse; os agentes antimicrobianos, antiparasitários e antibióticos que usamos na medicina humana e na alimentação animal; jardinagem e a obsessão em ter um quintal exuberante coberto por um vistoso gramado — todos esses fatores estão na lista de suspeitos do que contribui para o desenvolvimento e o aumento constante de alergias. Enquanto a culpa do problema, atribuída a comportamentos neuróticos e personalidades ansiosas no século XIX, foi deslocada para a dieta e o microbioma no século XXI, nossa cultura e hábitos diários estão sob constante escrutínio quanto aos papéis que podem desempenhar na crescente reação nos últimos duzentos anos. No final das contas, *temos* razão em nos culpar, pelo menos em parte. É provável que todo o nosso estilo de vida moderno esteja na raiz do recente aumento das alergias.

BRANCO, PREOCUPADO E SAUDÁVEL: UMA BREVE HISTÓRIA DA CULPABILIZAÇÃO DA ANSIEDADE E DO ESTRESSE

Em 1800, antes que a causa da febre do feno ou da asma fosse esclarecida, os médicos costumavam culpar os pacientes — pelo menos até certo ponto — pelos sintomas. Em 1859, o Dr. Henry Hyde Salter, pesquisador britânico pioneiro e asmático, achava que a febre do feno e a asma eram doenças nervosas. O Dr. George W. Bray, alergista na clínica de alergia do Hospital for Sick Children em Londres no início do século XX, sugeriu que "muitas condições alérgicas aparecem imediatamente depois de medos e emoções, sendo que a antecipação exerce um efeito pernicioso".[1] Uma pesquisa conduzida em Harvard na virada do século XX sugeria que asma em crianças poderia ser causada em consequência de um castigo severo ou "por uma fixação ou ódio subconsciente dirigido à mãe".[2] Essas visões não eram tão incomuns e estavam ligadas ao tipo de paciente que os pesquisadores de alergia costumavam atender.

Os primeiros a sofrer de alergias respiratórias — ou pelo menos, os primeiros a procurar os médicos — tendiam a ser brancos, citadinos e educados. Muitos eram garotos pequenos e mulheres. Por isso, os médicos começaram a associar a fragilidade física ou a fraqueza com a febre do feno e a asma. Os primeiros textos científicos, e mesmo aqueles publicados em 1935, definiam a alergia como uma "hipersensibilidade" ou "irritação ou instabilidade de uma porção do sistema nervoso". Em outras palavras, pessoas nervosas, ansiosas ou "neuróticas" desenvolviam alergias. Considerava-se que os gatilhos para a febre do feno e asma não seriam apenas os alérgenos, mas também qualquer coisa que abalasse o sistema nervoso do paciente e os tirasse de um "estado alérgico equilibrado".

O famoso alergista Dr. Warren T. Vaughan escreveu em 1931 que qualquer estressor poderia afetar esse "equilíbrio" e causar uma alergia ou ataque de asma: infecções, insônia, ansiedade, os hormônios durante a menstruação ou a gravidez, transtorno emocional ou atividade física.[3] Em 1934, um contemporâneo dele, o Dr. Samuel Feinberg, sugeriu que os pacientes alérgicos tendiam a ter inteligência acima da média e eram mais sentimentais e "temperamentais", com um "sistema nervoso alerta".[4] Em 1939, o chefe da clínica de alergia do Lenox Hill Hospital, Dr. Laurence Farmer, argumentou que a psique desempenhava um "papel decisivo no drama alérgico", e que as emoções muitas vezes desencadeavam ataques graves.[5]

Com décadas de experiência no ramo, o Dr. Arthur Coca sugeriu em seu livro de 1931 que "alimentação exagerada" e "pouco exercício" poderiam provocar ataques de asma.[6] Ele identificava mudanças em comum na personalidade dos pacientes antes do desenvolvimento dos sintomas e apontava que "irritabilidade e mau humor são precursores habituais" de alergias alimentares, e que um tipo de "nervosismo" geral observado poderia ser o único sintoma da moléstia. No entanto, ele também observava que o "tratamento psíquico", ou psicanálise, não era particularmente útil no controle de alergias ou na prevenção dos ataques.

O Dr. Albert Rowe, especialista em alergia alimentar que escreveu um livro canônico sobre o assunto em 1931, argumentou que muitos não levavam a alergia alimentar a sério, culpando os pacientes pelo mal-estar. Como os sintomas autorrelatados eram invisíveis a olho nu, eles enfrentavam desconfianças e maior escrutínio. Rowe achava que a alergia alimentar era comum, e que os médicos deveriam considerá-la uma condição legítima. Ele reclamava que "muitos pensam que as idiossincrasias aos alimentos são imaginárias"[7] e observava que as mulheres eram mais propensas a apresentar esse tipo de alergia, o que podia explicar por que mais médicos diminuíam a importância dos sintomas. Eram considerados meros "caprichos" por muitos.[8] Rowe exortava os colegas a terem a mente mais aberta e a cultivar a disposição de experimentar dietas de eliminação de alimentos em pacientes que não obtinham cura por outros meios e métodos.

Na década de 1950, Alvarez, ao escrever para a Fundação Mayo, sugeriu que a tensão nervosa ou emocional poderia desencadear uma reação alérgica ou sensibilizar alguém a um determinado alérgeno, causando alergia respiratória ou alimentar. Ele observou que não estava claro se o estresse por si só poderia produzir sintomas "semelhantes à alergia" e que isso era um tema de debate entre médicos e especialistas. Dito isso, era evidente que a alergia era um problema de pessoas sensíveis e instruídas, e que o ato de comer demais poderia produzir uma alergia a certos alimentos nesses indivíduos (na época, a ideia ainda parecia plausível, embora agora saibamos ser falsa). Alvarez foi mais longe e sugeriu que era difícil, talvez impossível, determinar se um paciente tinha ou não uma alergia alimentar, se estava deprimido ou se tinha "preconceito contra algum alimento".[9] Em 1953, Feinberg explicava que muitos casos das chamadas alergias alimentares nada mais eram do que casos de depressão, insônia ou fadiga.[10]

Alguns dos primeiros tratamentos refletiam essa associação entre o estado mental do paciente e os sintomas que surgiam. Do século XIX até o início do século XX, muitos médicos aconselharam pacientes com febre do feno e asma a evitar qualquer estressor ou esforço físico que pudesse desencadear um ataque e empregavam com regularidade ópio, álcool ou outros sedativos. Embora essa prática tenha desaparecido, em parte devido à ineficiência e ao crescente reconhecimento dos perigos de receitar opiáceos, a maioria dos livros médicos listava sedativos como opção viável para casos graves de alergia até a década de 1960, quando o tratamento ainda retinha ecos da associação entre estresse, emoções e surtos de alergia. Um folheto publicado pela Allergy Foundation of America discutia a relação entre emoções e ataques de alergia, escrevendo que "a excitação, a raiva e até o medo podem desencadear ataques alérgicos".[11]

Mais de um século relacionando alergias a neurose e estresse fez muitos — entre alérgicos e não alérgicos — acreditarem que a alergia e a asma eram uma fraqueza das elites urbanas e ricas, ou de "brancos, preocupados e saudáveis". (Não surpreende que voltemos a essa confusão no Capítulo 10, quando examinarmos os entendimentos culturais e as representações midiáticas da alergia no século XXI.) Em 1947, o célebre imunologista e alergista Robert Cooke condenou a disseminação da alergia como diagnóstico substituto para neuroses e afirmou que isso era nada mais do que um modismo ou um diagnóstico do momento,[12] desenvolvendo uma má reputação entre os clínicos "sérios".

O estigma e a culpa perduraram, despontando na desconfiança moderna de que as pessoas com alergias possam estar "fingindo" ou na crença de que alergias não são uma doença "séria" como câncer ou diabetes. (Examinaremos essa questão com mais profundidade no Capítulo 10.) Isso também se repete em como os alérgicos — especialmente os pacientes com eczema — relacionam estressores diários e a própria saúde mental a um aumento nas reações alérgicas ou agravamento dos sintomas. Muitas pessoas com quem converso sentem que a relação entre a alergia que têm e o bem-estar físico e mental é quase direta. A correlação funciona nos dois sentidos. Se estão saudáveis e felizes, as alergias são menos severas e os ataques, menos frequentes. Estresse e fadiga podem ser produtos e causas de um ataque de alergia.

Convenhamos, vivemos tempos estressantes. Essa década começou com uma pandemia global e alguns dos maiores incêndios florestais, secas e inundações que já presenciamos. A economia global ainda se recupera dos efeitos resultantes da covid-19 e mostra sinais de desaceleração. Os níveis aumentados de ansiedade e pressão que vivenciamos estão afetando nossas alergias? Existe uma conexão direta entre o nível de estresse e o sistema imunológico? Em suma, a resposta é um grande sim.

Nos últimos anos, os pesquisadores encontraram evidências de que o estresse afeta diretamente nossas respostas imunológicas por meio da liberação de histamina pelos mastócitos em todo o corpo. Quando estamos sob pressão mental ou física, o corpo libera hormônios do estresse, como cortisol e adrenalina. Uma pesquisa recente da Universidade do Estado de Michigan descobriu que os mastócitos são responsivos a um desses hormônios, chamado fator de liberação de corticotrofina (CRF1).[13] Os pesquisadores descobriram que camundongos com receptores normais de CRF1 apresentaram um aumento no número de mastócitos e na degranulação destes, ou liberação de histamina, após serem expostos a tal hormônio. Camundongos que não tinham o receptor CRF1 tiveram menor ativação de mastócitos e, como resultado, tiveram resultados muito melhores (os ratos expostos a estressores alérgicos apresentaram 54% menos doenças alérgicas). Em outras palavras, os camundongos mais propensos ao estresse também eram mais propensos a reações alérgicas — e os hormônios do estresse ativavam diretamente a resposta à histamina. Em um estudo com 1.700 alemães, pesquisadores da Universidade Técnica de Munique encontraram uma correlação entre alergia e distúrbios mentais comuns.[14] Os participantes do estudo que sofriam de alergias perenes tinham maior probabilidade de também sofrer de depressão. Se tivessem alergias sazonais ao pólen, eram muito mais propensos a padecer de ansiedade.

Isso faz sentido para a Dra. Pamela Guerrerio, especialista em alergia alimentar do NIH. Quando a entrevistei, ela mencionou a ligação entre o uso de inibidores da bomba de prótons, classe de medicamentos comumente prescritos que controlam o nível de acidez estomacal (antiácidos), e a sensibilidade de IgE a alimentos em adultos. Os medicamentos diminuem a acidez do intestino, permitindo que a comida no estômago seja absorvida de uma forma mais imunologicamente intacta. Como o nível de ácido estomacal está ligado à dieta e ao nível de estresse, trata-se de um exemplo claríssimo de como o estilo de vida moderno afeta o sistema imunológico.

Contudo, não são apenas os pacientes com alergia alimentar que podem enfrentar os efeitos negativos do estresse. O Dr. Peter Lio, especialista em eczema, disse que a ligação entre o estresse e a pele é óbvia. O tratamento para condições causadas — pelo menos em parte — pelo estresse não pode ser simplesmente medicamentoso. Para ele, precisa ser mais holístico e abranger todos os aspectos do estilo de vida do paciente.

"É possível demonstrar que, ao estressar alguém, a barreira cutânea começa a se decompor", explicou Lio. "Mesmo em uma pessoa saudável. Às vezes, os ocidentais dizem: 'Ah, pare de falar sobre estresse.' Mas é algo que danifica a pele. É real. E vivemos em uma sociedade estressante."

Parece evidente, pelo menos de acordo com descobertas científicas mais recentes, que quando os níveis individuais de estresse sobem, as respostas alérgicas se intensificam. No entanto, é uma noção diferente daquela que havia desde os primórdios da medicina de alergia, quando o estado mental de um paciente costumava ser responsabilizado pelas alergias. O que os especialistas do século XXI, como Guerrerio e Lio, defendem é que os ambientes onde os pacientes vivem — locais de trabalho, casas, cidades, vilas e comunidades — são locais de estressores externos.[15] Longas jornadas de trabalho, creches menos acessíveis, círculos sociais menores, uma economia ruim, longas horas de deslocamento, mais horas extras: individual e coletivamente, essas coisas podem provocar aumento nos níveis de estresse de um paciente, deixando nosso sistema imunológico muito mais reativo.

A TEORIA DA HIGIENE EXPLICADA

À medida que o século passado avançava e pesquisas sobre a função do sistema imunológico se acumulavam, o foco na etiologia, ou causa, das respostas imunes hipersensíveis saiu da herança, da exposição aos alérgenos e da personalidade basal dos pacientes, desviando-se para o conteúdo microbiano do ambiente moderno. Vamos examinar mais a teoria da higiene, talvez a mais conhecida e adotada para justificar alergias. É provável que você já esteja familiarizado com a ideia de que ser "limpo demais" ou higiênico demais não é tão bom em termos de desenvolvimento infantil. Talvez já tenha ouvido falar que não há problema em deixar as crianças brincarem na terra, se sujarem um pouco, babarem umas nas outras — isso é bom para elas. Essa é a ideia básica por trás da hipótese da higiene, concebida para tentar explicar a explosão de asma, eczema e alergias alimentares na última metade do século XX.

Em 1989, o epidemiologista David Strachan publicou um pequeno artigo no *British Medical Journal* (BMJ), intitulado "Hay Fever, Hygiene, and Household Size" [Febre do feno, higiene e tamanho das famílias].[16] Strachan usou dados de uma amostra nacional de 17 mil crianças britânicas nascidas na mesma semana de março de 1958 e analisou três fatores: (1) quantos dos participantes do estudo relataram sintomas de febre do feno aos 23 anos; (2) quantos pais dos participantes relataram febre do feno nos indivíduos aos 11 anos; e (3) a capacidade dos pais de lembrar se o filho teve eczema nos primeiros sete anos de vida. Strachan examinou muitas variáveis para explicar os dados, mas a associação e as descobertas que ele relatou em seu artigo se centraram no tamanho dessas famílias e na ordem de nascimento das crianças.

O que Strachan descobriu, olhando para os dados iniciais, foi que os caçulas pareciam mais protegidos, independentemente da classe socioeconômica. Ele postulou que as taxas reduzidas de alergia poderiam ser explicadas "se as doenças alérgicas fossem evitadas por infecção na primeira infância, transmitidas por contato anti-higiênico com irmãos mais velhos ou adquiridas no período pré-natal de uma mãe infectada pelo contato com os filhos mais velhos". Famílias menores, melhorias na habitação e padrões mais altos de limpeza poderiam ter se combinado para reduzir a oportunidade de as crianças ficarem expostas a uma ampla variedade de micróbios. Em outras palavras, as descobertas de Strachan sugeriam que infecções leves na infância poderiam ser benéficas para o sistema imunológico em desenvolvimento.

A princípio, essa ideia foi rejeitada, pois muitos imunologistas ainda acreditavam que infecções graves poderiam desencadear alergias, especialmente a asma. Mas as ideias de Strachan acabaram sendo adotadas e popularizadas após a descoberta de que as respostas imunológicas mediadas por IgE (ou alérgicas conduzidas por anticorpos) provocavam muitas condições alérgicas. Parecia admissível que a falta de exposição precoce a certos germes fosse o problema subjacente, deixando o sistema imunológico "destreinado" e hiper-responsivo mais tarde na vida. Os primeiros trabalhos sobre microbioma e bactérias comensais (bactérias amigáveis que vivem em nosso intestino, cavidade nasal e pele) "levaram a uma reformulação da teoria da higiene como as teorias dos 'velhos amigos' ou da 'biodiversidade' para a alergia, que propõem que as mudanças no ambiente, na dieta e no estilo de vida relacionadas com países ocidentalizados e industrializados alteraram a diversidade dos microbiomas do intestino e da pele".[17]

Segundo a hipótese dos "velhos amigos", os humanos correm mais risco de doenças inflamatórias crônicas, como alergia e distúrbios autoimunes, porque não encontram mais na mesma frequência alguns dos microrganismos com os quais conviveram ao longo de milênios.[18] Esses "velhos amigos" ajudariam a regular a função imunológica. O risco para a saúde humana seria mínimo, e um sistema imunológico saudável poderia mantê-los sob controle. Eles treinavam o sistema imunológico humano em desenvolvimento, tornando-o mais robusto e adaptável ao ambiente.

O problema, pelo menos por essa perspectiva, é que, na ausência desses amigos, o sistema imunológico não recebe o treinamento inicial necessário para se autorregular melhor. Em vez disso, ele reage de forma exagerada a estímulos inofensivos, como pólen ou ácaros.

Quando consideradas juntas, essas duas teorias intimamente relacionadas explicam o "efeito fazenda". Em meu encontro com a renomada imunologista Dra. Cathryn Nagler, da Universidade de Chicago, que faz pesquisas de ponta sobre o microbioma e a relação deste com a alergia, ela explicou como a combinação da teoria da higiene e da ideia de micróbios como velhos amigos gera uma concepção quase idílica da vida rural. Casas de fazenda com o solo arado, celeiros e estábulos lamacentos em meio a campos férteis, vêm acompanhadas de muitas bactérias, vírus e parasitas.

"Existe uma boa literatura, uma literatura mais antiga, sobre como a vida na fazenda é protetora", disse Nagler. "A diversidade é boa para a microbiota. Todos os micróbios que nos colonizam mais tarde na vida vêm do ambiente."

Como explicou Nagler, se o ambiente for alterado, a microbiota é alterada. Ter acesso a melhor saneamento e menos filhos e viver nas cidades interromperia o suprimento de uma microbiota ricamente diversa, gerando a perda, em essência, da intimidade cotidiana com os micróbios. Tal "intimidade", especialmente nos primeiros anos de vida, nos protegeria de uma ampla variedade de distúrbios imunológicos — mas não de todos eles. A hipótese da higiene se baseia no argumento de que ambientes "limpos demais" desviam a função imunológica para a respostas de células T auxiliares tipo 2 (Th2) — ou respostas alérgicas — mediadas, pelo menos na maioria dos casos, por IgE. (Como vimos no Capítulo 1, IgE são anticorpos formados por células B para lutar contra coisas específicas que as células T auxiliares encontraram antes.) No entanto, distúrbios Th2, como alergias sazonais, não são as únicas condições imunológicas em ascensão. Nas últimas décadas, detectamos um igual aumento de doenças de células T auxiliares tipo 1 (Th1) ou de distúrbios autoimunes, como esclerose múltipla. Há muitas evidências científicas para apoiar a teoria da higiene e o "efeito fazenda", e a maioria dos especialistas com quem falei considera a teoria muito convincente. Mas, como já vimos tantas vezes, a causa das alergias é complicada e a teoria da higiene não explica tudo.

Estudos recentes sugeriram que existe um "efeito fazenda" mensurável, mas os pesquisadores não têm certeza sobre *quais exposições* são protetoras e quais mecanismos elas desencadeiam para produzir esse efeito protetor. O que parece certo é que a exposição ao gado desde a primeira infância reduz o risco de desenvolver todas as condições alérgicas mais tarde. Em particular, a exposição à poeira estável parece prevenir a maioria das reações alérgicas.[19] Algo na "poeira campestre" é eficaz — bactérias, vírus, fungos ou até mesmo mais alérgenos —, mas não foi esclarecido quais componentes são protetores e quais não são. Outro estudo sobre áreas rurais na Áustria, na Alemanha e na Suíça mostrou que o ambiente bucólico protegia mais contra febre do feno, sensibilização atópica e asma.[20] Se os bebês passavam muito tempo em estábulos e bebiam leite de vaca no primeiro ano de vida, então as taxas de doenças alérgicas eram menores, mesmo que os resultados de IgE mostrassem alguma sensibilização. Em outras palavras, eles podiam ter uma sensibilidade subjacente a alguns alérgenos, mas essa sensibilidade não evoluía para respostas alérgicas completas.

Em um estudo diferente que analisou a função imunológica de camundongos criados em laboratório *versus* criados em um celeiro, o "efeito fazenda" foi corroborado.[21] Os resultados dos estudos em camundongos são, de fato, uma das principais bases dessa teoria. O Dr. Avery August, imunologista da Universidade Cornell, explicou que camundongos livres de patógenos criados para estudos de laboratório têm sistemas imunológicos diferentes dos de seus pares "impuros", que se assemelham ao sistema imunológico de um recém-nascido humano. Quando se coloca aqueles ratos "limpos" em um ambiente "sujo" — como o estudo dos ratos fez para simular a vida na fazenda —, seus sistemas imunológicos mudam para se parecer mais com o de um ser humano adulto.

Isso acompanha a pesquisa em humanos que sugere que ambientes cheios de germes, além das fazendas, também podem proteger de alergias. Crianças e adultos que vivem com cães têm taxas mais baixas de asma e obesidade, provavelmente devido a uma exposição mais indireta a bactérias que os animais carregam e trazem para casa.[22] Um estudo recente patrocinado pelo NIH mostrou que expor bebês a altos níveis internos de alérgenos oriundos de animais de estimação e de pragas (alérgenos de barata, camundongo e gato, para ser específica) reduzem o risco de desenvolver asma até os 7 anos de idade.[23] Mas a exposição a bactérias pode ou não ser protetora — tudo depende do *tipo* de bactéria.

Examinemos o caso fascinante do *Helicobacter pylori*, ou *H. pylori*, um micróbio intestinal comum. Talvez você conheça o *H. pylori* como o culpado por úlceras gastrointestinais, gastrite crônica ou até mesmo por algumas formas de câncer.

Apesar de essa espécie ter sido descoberta por cientistas em 1982, especula-se que nossa colonização pela bactéria seja muito mais antiga (ocorrendo há cerca de 60 mil anos). Ela seria condicionada ao contato repetido em grupos pequenos e unidos de outras pessoas — como os humanos costumavam viver até bem recentemente. Existem muitas cepas diferentes de *H. pylori*, e a prevalência delas em humanos foi estimada em cerca de 80% até depois da Segunda Guerra Mundial, quando o advento de antibióticos como a penicilina, receitados para tratar infecções comuns, provocou o gradual desaparecimento desse micróbio no intestino humano. Hoje, estima-se que cerca de 50% de todos os humanos estejam infectados, com taxas que chegam a 70% em algumas nações africanas e não passam de 19% em algumas nações europeias.[24]

Isso está de acordo com a teoria da higiene, já que a transmissão de micróbios é muito mais fácil em domicílios grandes e lotados de irmãos. O *H. pylori* geralmente é adquirido na primeira infância, depois do primeiro ano de vida, e é transmitido pelas vias fecal-oral, oral-oral ou vômito-oral. Na ausência de antibióticos, ele, uma vez adquirido, pode persistir no intestino por décadas, muitas vezes por toda a vida do hospedeiro. A maioria das pessoas que vivem com *H. pylori* não apresenta sintomas ou efeitos nocivos.

Os estômagos de pessoas com e sem *H. pylori* são imunologicamente diferentes, e especula-se que quem o possui têm uma população intestinal maior de células T reguladoras (Tregs). Isso é importante porque elas desempenham papel crucial na contenção de respostas imunes inflamatórias. Embora tal infecção esteja associada a um número maior de células imunes no intestino, alguns pesquisadores propõem que essa talvez seja uma resposta normal, e não patológica, ao micróbio.[25] Em outras palavras, *H. pylori* pode ser benéfico em determinadas situações. Na verdade, as pessoas sem ele são bem mais propensa a sofrer de doença do refluxo gastroesofágico (DRGE), ou refluxo ácido, e há evidências de que o *H. pylori* desempenha papel protetor contra a asma iniciada na infância. Por causa disso, alguns pesquisadores concluem que o *H. pylori* é um "anfibionte" ou um micróbio que pode ser "um patógeno ou um simbionte, dependendo do contexto".[26]

Tudo isso sugere que há credibilidade na premissa básica da hipótese da higiene: que precisamos de exposição regular a microrganismos amigáveis para treinar o sistema imunológico. No entanto, essa não é uma equação tão simples: não é possível dizer que viver com populações microbianas cada vez mais diversas produz melhor funcionamento do sistema imunológico. O Dr. Thomas Platts-Mills, diretor da Divisão de Alergia e Imunologia Clínica da Faculdade de Medicina da Universidade da Virgínia, defende que a teoria da higiene não pode explicar o aumento das alergias. Não se trata, segundo ele, do culpado que procuramos — pelo menos não isoladamente. O argumento de Platts-Mills se baseia no histórico mais recente de "limpeza".

Ao longo do século XX, os padrões de higiene foram adotados de forma mais ampla. Sistemas de esgoto aprimorados e água potável tornaram menos frequente a exposição humana aos micróbios, ao menos por ingestão. A infecção regular por helmintos, ou parasitas intestinais, diminuiu graças aos controles de qualidade da comida e da água e ao uso de sapatos. Como nesse período havia uma grande movimentação de pessoas saindo das zonas rurais para os centros urbanos, a população geral também se expunha a um contingente menor de animais do que na fazenda e a populações menos diversas de bactérias do que as do solo do campo. O tamanho das famílias diminuiu, contribuindo talvez para a menor exposição das crianças a germes, mas, como Platts-Mills logo aponta, todas essas mudanças já tinham sido concluídas nos anos 1920, o que não explica o crescimento nos casos de asma e rinite alérgica entre as décadas de 1940 de 1950. Platts-Mills defende que a melhor explicação para o aumento da febre do feno e da asma não é apenas a hipótese da higiene, mas provavelmente "um aumento na sensibilização a alérgenos internos e a perda do efeito protetor, especificamente para os pulmões, da inspiração profunda regular". Em outras palavras, a recreação ao ar livre provavelmente oferecia uma proteção maior contra alergias do que passar horas jogando *Minecraft* ou *Fortnite*.

Se a hipótese da higiene ou o "efeito fazenda" estivessem corretos, também seria de se esperar uma diminuição acentuada nas taxas de alergia nas comunidades rurais. No entanto, a Dra. Jill Poole, chefe da Divisão de Alergia e Imunologia do Centro Médico da Universidade de Nebraska, descobriu que cerca de 30% dos lavradores do meio-oeste dos Estados

Unidos sofrem de doenças alérgicas diretamente ligadas ao estilo de vida agrícola. Poeira de elevadores de grãos e de celeiros de animais, exposição a pesticidas e o apodrecimento de grãos por inundações causam o que é chamado informalmente de "pulmão de fazendeiro". Portanto, embora algumas exposições agrícolas pareçam benéficas, outras não o são.

Tendo em vista a conexão entre tamanho da família, vida rural e status socioeconômico na hipótese original, poderia se esperar que os países com famílias maiores, maior populações rurais e status socioeconômico mais baixo tivessem uma carga menor de doenças alérgicas. No entanto, em lugares ao redor do mundo com famílias maiores, com uma porcentagem maior de populações rurais e mais famílias vivendo na linha da pobreza ou abaixo dela, as alergias aumentam constantemente. Um estudo recente descobriu que metade dos habitantes de Campala, capital da Uganda, tem algum tipo de alergia,[27] e também mostrou que as alergias crescem nas áreas rurais do país, embora os moradores de zonas urbanas tenham condição de buscar hospitais para sintomas de asma, congestão nasal ou erupção cutânea. Muitos ugandenses estão se automedicando com anti-histamínicos, esteroides e antibióticos de venda liberada. O Dr. Bruce Kirenga, especialista em alergia em Uganda, acha que os culpados são as pressões ambientais, como a poluição do ar, e não os estilos de vida urbanos.

Juntas, todas essas descobertas sugerem que o "efeito fazenda" ou a teoria da higiene podem não ser os responsáveis que estamos procurando. Embora a teoria faça sentido intuitivamente, não temos evidências científicas suficientes para afirmar que a vida rural, com ambientes "sujos" ou ricos em micróbios, pode nos fornecer uma proteção completa contra doenças alérgicas. No entanto, permanece convincente a ideia básica de que *algo* relativo às interações com o mundo microbiano ao redor mudou como resultado de estilo de vida e hábitos diários. É provável que a teoria da higiene esteja *parcialmente* correta. Há evidências crescentes de que alguns de nossos hábitos (em especial os relativos à dieta e à produção de alimentos) podem estar por trás do recente aumento nas alergias — especialmente nas alergias alimentares.

O MICROBIOMA E A ALERGIA ALIMENTAR

Se você deseja entender melhor como os estilos de vida modernos podem estar por trás de alguns dos maiores problemas com alergia, particularmente no tocante a métodos de produção de alimentos, dietas, uso de antibióticos e práticas de parto, vai acabar sentado diante de uma loura diminuta, profundamente inteligente e empática chamada Cathryn Nagler — Dra. Nagler para os alunos, Cathy para amigos e colegas. Em todos os lugares que fui entrevistar especialistas em alergia, ouvi o nome dela pronunciado em frases sobre alergia alimentar. Aprendi que isso se deve a Nagler ser uma das melhores imunologistas do mundo. A pesquisa dela se concentra principalmente no papel do microbioma intestinal no desenvolvimento de alergia alimentar em crianças. Ela faz esse trabalho há algumas décadas e se lembra da época em que as taxas de alergia alimentar começaram a subir, no final dos anos 1980.

"Eu acompanhei isso acontecer", diz Nagler, exibindo alguns gráficos na tela do computador voltada na minha direção. Estamos no escritório dela na Universidade de Chicago, em uma tarde ensolarada de primavera. "Tenho filhos de 23 e 27 anos, então acompanhei isso em tempo real. Lembro que os cupcakes foram proibidos durante a época de escola deles. Por volta do final dos anos 1980 e início dos anos 1990, quando os índices de alergia alimentar começaram a crescer, a Academia de Pediatria dos Estados Unidos recomendou que o consumo de amendoins e outros alimentos alergênicos fosse interrompido por mulheres grávidas, lactantes e crianças com risco de alergia até os 4 anos. Foi um conselho errado, alimentando o fogo e causando um aumento ainda maior. No momento, todo o esforço é para uma introdução antecipada."

Nagler está se referindo ao famoso estudo Learning Early About Peanut Allergy (LEAP, sigla em inglês para Aprendendo cedo sobre a alergia a amendoim), conduzido por pesquisadores no Reino Unido e nos Estados Unidos, encabeçado pelo Dr. Gideon Lack no King's College de Londres e publicado em 2015 pelo *The New England Journal of Medicine*.[28] O estudo descobriu que décadas de conselhos aos pais sobre evitar que crianças menores de 3 anos consumissem qualquer coisa que contivesse amendoim levou a um aumento maciço na incidência e na gravidade da alergia a esse alimento. Os bebês monitorados no estudo (de 4 a 11 meses de idade) foram divididos aleatoriamente em dois grupos: os pais de um grupo seguiriam o conselho de evitar amendoim; e os pais do outro grupo seriam instruídos a apresentar amendoim a seus filhos imediatamente. Bebês dos dois grupos foram submetidos a testes cutâneos para sensibilidade ao amendoim. Entre os que testaram negativo, a prevalência de alergia aos 60 meses de idade foi de 13,7% no grupo que o evitava e apenas 1,9% no grupo que o consumia. Entre aqueles que testaram positivo para sensibilidade, a prevalência de alergia foi de 35,3% no grupo de exclusão e 10,6% no grupo de consumo. Um estudo recente realizado em Melbourne, na Austrália, descobriu que mudanças nos conselhos dietéticos sobre amendoim em 2016, após o sucesso do estudo LEAP inicial, levaram a uma redução de 16% dessa alergia entre crianças.[29] Está evidente que a introdução alimentar precoce do amendoim aos bebês tem um efeito protetor.

Nagler entende por que os pais podem hesitar, no entanto, em introduzir precocemente os alérgenos na dieta. Afinal, por que confiariam em quem lhes deu um conselho errado poucos anos atrás? Além disso, ela não acha que haja evidências definitivas de que a introdução precoce seja mesmo boa.

"Você pode adquirir sensibilidade antes mesmo da introdução de alimentos sólidos", explica Nagler. "As crianças têm reações alérgicas no primeiro mês de vida. Isso significa que elas podem ter sido sensibilizadas pelo leite materno ou pela pele. Se você fizer uma introdução precoce a uma criança assim, ela terá uma reação alérgica. Portanto, a introdução precoce é arriscada, mas agora sabemos que excluir também não ajuda."

Então como ficamos? Nagler está mais preocupada em entender, antes de tudo, como o sistema imunológico é sensibilizado. Como o corpo aprende a tolerar alguns alimentos e começa a reagir negativamente a outros? Ela está convencida de que a alergia alimentar como fenômeno faz parte de uma mudança geracional.

"Vão dizer que não há histórico familiar", explica ela. "A alergia pode se desenvolver em qualquer momento da vida. Costumava aparecer entre 2 e 5 anos de idade. Agora estamos atendendo muito mais casos de alergia alimentar de início adulto. Alergias a leite, ovos e trigo eram, em geral, superadas com a idade. Agora permanecem na vida adulta."

Em outras palavras, as coisas mudaram. Muito. E não foi para melhor. As alergias alimentares sinalizam um problema maior.

Nagler me mostra slides sobre as diversas mudanças, e eu anoto os fatos tão depressa quanto consigo. Ela fala rápido, em parte porque tem muito a me contar. Percorre as várias teorias da causa da alergia, como a teoria da higiene, e depois para em um slide mostrando tudo que provavelmente contribui para o mal-estar do sistema imunológico: dieta, cesáreas, mudanças na produção de alimentos, amamentação.

"A ideia é que os fatores do estilo de vida industrializado moderno desencadearam mudanças nas bactérias comensais", conta Nagler. "Bactérias comensais" é a forma elegante para se referir a todas as bactérias amigáveis que nos cercam e vivem dentro de nós. "Doença inflamatória intestinal, alergias, obesidade, autismo... doenças crônicas não transmissíveis. Foram todas ligadas ao microbioma."

E aí está: a resposta de Nagler à importantíssima questão do que causa o aumento das alergias. Mudanças na composição de nosso microbioma — ou de todas as bactérias e vírus que vivem no intestino e ajudam a transformar a comida em combustível para as células — estão provocando alterações na função imunológica.

Estudos recentes destacaram a conexão entre alimentação, o uso de antibióticos e as bactérias intestinais no desenvolvimento de alergias. Um estudo de 2019 mostrou que o intestino de bebês saudáveis abrigava uma classe específica de bactéria protetora não encontrada em bebês com alergia ao leite de vaca.[30] Ele foi sucedido por um estudo no Brigham and Women's Hospital, em Boston, que descobriu que cinco ou seis cepas específicas de bactérias intestinais parecem proteger os bebês do desenvolvimento de alergias alimentares. Uma das líderes desse estudo, a Dra. Lynn Bry, presumiu que nosso estilo de vida é, para o bem ou para o mal, capaz de "reiniciar o sistema imunológico".[31] Outra pesquisa descobriu que altos níveis de consumo de queijo na dieta podem, acidentalmente, piorar sintomas de alergia devido à produção de histamina — o composto natural que ajuda a desencadear uma resposta imunológica eficaz — pelas bactérias de alguns queijos.[32] Pesquisadores da Universidade da Califórnia, em São Francisco, descobriram um vínculo entre três espécies de bactérias do intestino e a produção de uma molécula de gordura chamada 12,13-diHOME.[33] Essa molécula específica reduz o número de células Tregs no intestino, células que, como já vimos, são cruciais para manter a inflamação sob controle. Os pesquisadores descobriram que os bebês com níveis mais altos dessas três bactérias eram mais propensos a desenvolver alergia e asma.

"Existem muitas, muitas células imunológicas no intestino. O intestino parece ser o quartel-general do microbioma, é onde há maior diversidade — sem dúvida, a maior população, especialmente no cólon; chega à casa dos trilhões", explica Nagler.

Em última análise, grande parte da humanidade do século XXI teve a composição do microbioma alterada. Nossa dieta é a verdadeira culpada, de acordo com Nagler. Quando deixamos de comer alimentos com muita fibra para consumir ultraprocessados carregados de açúcar e gordura, acabamos matando de fome bactérias benéficas que vivem em nossas entranhas. Não lhes fornecemos o alimento de que precisam.

"Nós coevoluímos com nossos micróbios", diz Nagler, "e passamos a não ingerir a comida deles. Eles não podem viver sem ela".

Há também o uso de antibióticos que eliminam não apenas as bactérias causadoras de infecções de garganta e sinusite, mas também as bactérias intestinais. Comemos carne de animais que receberam antibióticos em baixas doses, para engordar. Nagler supõe que tudo isso possa ter um grande efeito em nosso microbioma. Estamos fazendo experimentos em nós mesmos, com efeitos deletérios, segundo ela.

Nagler desenvolveu uma nova teoria, a hipótese da "regulação de barreira". Em essência, os microbiomas intestinais e cutâneos regulam o que tem permissão ou não para entrar no corpo. Bactérias comensais na pele e no intestino são essenciais para manter a função de barreira. Nagler explica que uma única camada de células epiteliais é tudo o que nos separa do restante ao redor, garantindo que o que entra em nosso corpo seja inalado ou ingerido.

De fato, os pesquisadores descobriram recentemente um vínculo entre um gene que codifica uma proteína antiviral no intestino, mudanças na microbiota intestinal, maior permeabilidade intestinal e reações cutâneas alérgicas graves em camundongos.[34] Os microbiomas intestinais são uma mistura intrincadamente equilibrada de diferentes espécies de bactérias, vírus e fungos. Os camundongos desprovidos do gene para a proteína antiviral tinham o microbioma alterado (em termos leigos, as quantidades e os tipos de diferentes bactérias e vírus mudaram de forma significativa). Isso sugere que nosso sistema imunológico desenvolveu maneiras de lidar com os micróbios no intestino e manter o equilíbrio. Quando a composição da microbiota muda, as diversas respostas dos componentes imunológicos se alteram, tornando-nos mais infelizes no processo. Isso é evidência de como a genética (o gene) e o ambiente (mudanças na microbiota intestinal) interagem para produzir alergias, mas também comprova a grande argumentação de Nagler, de que a microbiota intestinal alterada pode ter um efeito direto na alergia.

Você se lembra da descrição feita por August das células imunológicas como avaliadoras do que pode entrar no corpo humano? A teoria da regulação da barreira se encaixa perfeitamente com a concepção da totalidade do sistema imunológico — incluindo o microbioma — como um curador do que pode e do que não pode fazer parte de nós. Sem a regulação que essas células de barreira fornecem, proteínas inteiras podem passar da pele ou do intestino para a corrente sanguínea, onde encontram as células imunológicas. O sistema imunológico do alérgico é funcional, ou seja, só está fazendo o que deveria fazer. O problema final, pelo menos do ponto de vista de Nagler, é que ele está sendo solicitado a realizar um trabalho diferente daquele para o qual foi inicialmente treinado. Portanto, dessa perspectiva, a doença alérgica é um problema de barreira, não necessariamente um problema do sistema imunológico.

Todos os seres, mesmo os invertebrados, têm uma microbiota associada que desempenha funções fisiológicas vitais, explica Nagler. Sem ela, não haveria vida alguma. O intestino humano lida com antígenos de 100 trilhões — ou 100.000.000.000.000 — de micróbios comensais e mais de 30 quilos, ou 66 libras, de proteínas alimentares por ano. As células que compõem a barreira intestinal precisam discernir entre o que é prejudicial — patógenos, como bactérias ou vírus externos prejudiciais — e o que são antígenos inofensivos. Como Nagler e sua ex-aluna, Dra. Onyinye Iweala, imunologista da Escola de Medicina da Universidade da Carolina do Norte, argumentam em uma revisão recente da relação do microbioma humano com a alergia alimentar: "É cada vez mais evidente que uma barreira epitelial funcional envolvida em interação íntima com as células imunes inatas e a microbiota residente é fundamental para estabelecer e manter a tolerância oral."[35] Em outras palavras, uma resposta imune saudável aos alimentos depende de um equilíbrio complexo entre células epiteliais, bactérias que vivem dentro de nós e os tipos de alimentos que ingerimos. Mudanças em qualquer parte desse equilíbrio podem significar grandes problemas, como vimos com os filhos de Elizabeth no início deste capítulo.

Sob a perspectiva de Nagler, a teoria de Elizabeth de que os antibióticos eram os culpados pelas alergias alimentares de seus filhos pode não ser tão absurda assim. Alterações no microbioma intestinal em bebês e crianças pequenas podem aumentar o risco de desenvolvimento de respostas alérgicas à medida que eles crescem. Tudo indica que os primeiros ambientes das crianças são cruciais.

O microbioma demonstra ser incrivelmente estável aos 3 anos de idade. Alterações antes dessa idade parecem críticas para o desenvolvimento ou não de alergias. Um estudo com camundongos conduzido pelo Institut Pasteur, na França, encontrou evidências do papel da microbiota intestinal na consolidação de um sistema imunológico saudável já entre 3 e 6 meses de idade, estágio em que a maioria dos bebês humanos é apresentada a alimentos sólidos. Bactérias no intestino aumentaram de dez a cem vezes depois da introdução de alimentos sólidos.[36] Esse estágio de rápido crescimento e evolução do microbioma, chamado de "*imprinting* patogênico", parece determinar a suscetibilidade a distúrbios inflamatórios, como alergia e distúrbios autoimunes na idade adulta. Os antibióticos poderiam, em teoria, interromper esse estágio de desenvolvimento, ampliando o risco para todas as doenças alérgicas.

Até agora, esse raciocínio parece respaldado por evidências científicas.[37] Pesquisas conduzidas pela Rutgers University e pela Mayo Clinic descobriram que crianças com menos de 2 anos que tomam antibióticos correm maior risco de desenvolver asma, alergias respiratórias, eczema, doença celíaca, obesidade e TDAH. O estudo analisou 14.572 crianças nascidas no condado de Olmsted, em Minnesota, entre 2003 e 2011.[38] Se antibióticos fossem administrados nos primeiros seis meses de vida, o risco aumentava radicalmente. Os pesquisadores descobriram que 70% das crianças no estudo receberam pelo menos um antibiótico prescrito nos primeiros 48 meses de vida (normalmente para infecções respiratórias ou de ouvido). Outro estudo recente descobriu que os antibióticos permitem o crescimento de fungos não patogênicos nas vísceras humanas, o que pode aumentar a gravidade das alergias respiratórias.[39] Por fim, um estudo com bebês na Finlândia e em Nova York descobriu que cesarianas e antibióticos estavam correlacionados com microbiomas intestinais alterados e maior risco de alergias em bebês.[40]

Essas descobertas não surpreendem Nagler. Durante nossos encontros, ela destacou que partos vaginais fornecem ao bebê o que é conhecido como "bactéria fundadora". À medida que o bebê atravessa o canal vaginal, ele é exposto às bactérias amigas da mãe. Em seguida, a amamentação introduz mais bactérias úteis no intestino do bebê.

"As bactérias colonizam em uma sucessão ecológica ordenada", explica Nagler. "As bactérias produtoras de lactato vêm em primeiro lugar. As próximas bactérias são as expandidas pelo leite materno. Se pularmos esses dois processos, o que muitas pessoas fizeram, desordenamos o microbioma. Os primeiros cem a mil dias de vida são críticos para o desenvolvimento do sistema imunológico."

A pesquisa mostrou que os bebês nascidos por cesariana não são expostos às bactérias fundadoras vaginais corretas e inofensivas, e sim a bactérias hospitalares potencialmente prejudiciais. Um estudo recente descobriu que os probióticos contendo lactobacilos — os mesmos bacilos encontrados no leite materno — diminuíram os escores SCORAD (Pontuação de Atividade de Dermatite Atópica) para crianças menores de 3 anos com dermatite atópica ou eczema de moderado a grave (não houve, no entanto, benefício mensurável para eczema mais leve). A amamentação nos primeiros três meses de vida também foi associada a um menor risco de alergias respiratórias e asma. Em um estudo com 1.177 pares mãe/criança, os bebês amamentados tiveram um risco 23% menor de alergias aos 6 anos e um risco 34% menor de asma (apenas se não houvesse histórico familiar da doença).[41] Caso a amamentação não fosse exclusiva, o risco não diminuía. Se a mãe suplementasse o próprio leite com fórmula, o efeito protetor praticamente desaparecia. (Importante destacar: se você é mãe e está ligeiramente em pânico, por favor, não fique. Há muitas razões válidas para fazer cesáreas e escolher a fórmula em vez do leite materno. Voltaremos ao tema em breve, mas são questões complicadas e há muito ainda que não sabemos sobre essas interações.)

Nagler lembra que o setor de criação de gado há anos ministra aos animais doses baixas de antibióticos para torná-los mais gordos e mais viáveis comercialmente. Também comemos alimentos com baixo teor de fibras e ultraprocessados,[42] com adição de açúcares e gorduras.[43] Isso significa que os alimentos que chegam ao nosso intestino são diferentes 'daqueles que nossos ancestrais comiam há milênios. E isso, claro, afetará os tipos de bactérias que podem se desenvolver dentro de nós.

Mesmo algo tão simples quanto uma troca de lençóis pode alterar nossos microbiomas (vamos examinar com mais profundidade o papel desempenhado pelos produtos químicos na próxima seção). Pesquisadores do Departamento de Biologia da Universidade de Copenhague e do Centro de Asma Pediátrica da Dinamarca analisaram amostras de 577 leitos de bebês e os compararam com amostras respiratórias coletadas de 542 desses bebês por volta dos 6 meses.[44] Os pesquisadores encontraram 930 tipos diferentes de bactérias e fungos. Constatou-se uma correlação entre as bactérias na poeira da cama e nas crianças; embora as duas populações de bactérias não fossem exatamente sinônimas, elas pareciam se afetar de forma direta. Aumento ou diminuição das bactérias respiratórias refletia um aumento ou diminuição das bactérias nos leitos dos bebês. A pesquisa sugere que a troca menos frequente da roupa de cama pode ser benéfica para a saúde do microbioma nasal e das vias aéreas.

Em suma, mais diversidade de bactérias ao nosso redor e dentro de nós é, em geral, algo positivo para a funcionamento do sistema imunológico. Em muitas entrevistas, ouvi dos pesquisadores um desejo de retornar a uma vida mais simples e menos tecnológica. Muito disso se relacionava com os alimentos que consumimos e com o modo como os produzimos. Um grande alergista sonha em realizar o estudo de controle definitivo para provar que o estilo de vida e hábitos modernos estão afetando negativamente nosso sistema imunológico.

"Imagine", disse ele, "se pudéssemos fazer com que um grupo de pessoas voltasse a um estilo de vida muito mais antigo. Comer alimentos cultivados sem pesticidas, integrais, em grande variedade. Não usar lava-louças ou detergentes. Sabe o que aconteceria? Fim das alergias. Eu só gostaria de poder provar."

Uma breve nota sobre nossas dietas e nutrição

A essa altura, você talvez anseie por mais informações sobre como podemos mudar nossa dieta para ajudar a equilibrar os microbiomas intestinais e, portanto, o sistema imunológico. Embora eu entenda esse desejo, devo desapontá-lo mais uma vez. Não há um montante suficiente de evidências cientificamente válidas para apoiar qualquer mudança alimentar. Posso, no entanto, dizer-lhe algumas coisas com base no que sabemos nesse momento.

1. Consumir mel colhido localmente não ajuda o sistema imunológico. Não há nenhuma evidência que apoie a teoria de que consumir mel que contém grãos de pólen ajudará com alergias respiratórias. O alimento é gostoso, portanto, não há mal nenhum em saciar a vontade de comer doces.

2. Probióticos não funcionam. Não há evidências suficientes para incentivar a ingestão de suplementos probióticos para tratar qualquer condição alérgica. Eles também não ajudam a gerenciar o microbioma intestinal. Muitos dos especialistas que entrevistei gostariam muito que você parasse de gastar seu suado dinheirinho com isso.

3. Alimentos transgênicos não contribuem para nosso mal-estar. Pamela Guerrerio me disse que não há dados conectando alimentos transgênicos ao desenvolvimento de alergia alimentar. O raciocínio é sólido. A alergia alimentar existe há muito tempo, há séculos, muito antes da descoberta da estrutura de dupla-hélice do gene em meados do século XX. Se os transgênicos fossem capazes de causar alergia, seria pela introdução de novas proteínas no sistema imunológico — mas isso criaria uma nova alergia, argumenta Guerrerio. E não temos nenhuma "nova" alergia alimentar — apenas mais das mesmas.[45]

A boa notícia é que cientistas como Nagler estão diligentemente tentando descobrir quais são os micróbios essenciais para uma função imunológica saudável — e eles têm alguns bons candidatos. Mas, por enquanto, não dispomos de nenhuma técnica concreta para alterar os microbiomas de modo a ajudar nossa função imunológica. O melhor conselho ainda é seguir uma dieta balanceada com muitos alimentos naturais. Até que a ciência avance, isso é tudo o que temos.

PRODUTOS QUÍMICOS PRODUZIDOS PELO HOMEM E A DESVANTAGEM DOS AVANÇOS CIENTÍFICOS

"O progresso do homem cria problemas", escreveu o Dr. Samuel Feinberg, um importante alergista e primeiro presidente da Academia de Alergia,

Asma e Imunologia dos Estados Unidos, em um livreto publicado em 1950.[46] Feinberg apontou a engenhosidade humana como uma causa significativa das crescentes alergias no mundo desenvolvido. Todas as nossas tinturas e corantes, tecidos sintéticos e novos plásticos, loções e delineadores, batons e xampus estavam começando a causar estragos ao sistema imunológico humano.

Vários especialistas com os quais conversei mencionaram produtos químicos artificiais como uma das principais forças motrizes por trás do agravamento das alergias, especialmente no efeito que podem ter na barreira cutânea.

O Dr. Donald Leung, imunologista e chefe da Divisão de Alergia Pediátrica e Imunologia Clínica do National Jewish Health, em Denver, é um dos principais pesquisadores de dermatite atópica no mundo. Em uma conversa que tivemos sobre as causas da alergia cutânea e do eczema, Leung argumentou que exageramos no uso de sabonete, detergentes e produtos com álcool na pele. Usamos de forma rotineira produtos anti-microbianos agressivos nas mãos e na limpeza das casas, em vez de água e sabão. Os esforços para higienizar nossos lares e a nós mesmos aumen-taram durante a pandemia da covid-19, quando os lenços antibacterianos esgotaram por meses. Tudo isso pode afetar de forma negativa a barreira cutânea, aumentando a probabilidade de adquirirmos uma condição alérgica. Na Feinberg School of Medicine, da Universidade Northwestern (que homenageia o Dr. Samuel Feinberg), o pesquisador imunológico Dr. Sergejs Berdnikovs apresentou o que é conhecido como a hipótese da barreira unificada para explicar o surgimento da alergia. A ideia dele é que as barreiras em todo o corpo, dos órgãos genitais até os olhos, são reguladas por uma variedade de hormônios. Se esses níveis hormonais sofrem alterações em algum ponto, eles enfraquecem a barreira epitelial no local, criando um risco aumentado de resposta alérgica. A Dra. Amy Paller, também da Feinberg School of Medicine, explicou o problema da barreira em relação à dermatite atópica.[47] Em pesquisa realizada em camundongos, quando a fita adesiva aplicada à pele removia a barreira e um alérgeno era aplicado, produziu-se dermatite atópica. O defeito da barreira, de acordo com Paller, "deixou os camundongos expostos aos antígenos". Da mesma forma, a hipótese de dupla exposição a alérgenos para alergias alimentares estende a hipótese de barreira para defender que a exposição a proteínas alimentares através de uma barreira cutânea enfraquecida, juntamente com a ingestão precoce de doses mais altas de proteínas alimentares, pode levar a uma alergia alimentar completa.[48] Isso significa que, ao fazer um sanduíche com manteiga de amendoim, não lavar as mãos direito e depois encostar em um bebê, você pode estar depositando vestígios de proteína de amendoim na pele dele. Se a pele desse bebê estiver "permeável", essa proteína vai penetrar no organismo dele. Se o bebê comer amendoim, uma alergia pode ser desencadeada.

"É provável que todas as coisas que colocamos em nossa pele ou na dos bebês não sejam boas para as barreiras", disse o Dr. Robert Schleimer quando conversamos no escritório dele, em Chicago. Schleimer é o ex-chefe da Divisão de Alergia e Imunologia da Feinberg e supervisiona pesquisas de ponta no campus da Universidade Northwestern. "Existem muitos tipos de compostos, à base de glicerol e outros. Alguns são carregados ou ácidos, vários são álcoois, e todos prejudicam a barreira da pele."

Schleimer me contou uma história sobre a década de 1960. O primeiro emprego dele foi em uma empresa chamada Tidee Didee Diaper Service, ganhando US$ 1,70 por hora. O trabalho consistia em recolher todas as fraldas de algodão usadas e levá-las para a lavanderia, onde seriam limpas e reembaladas para entrega. Ao refletir sobre a hipótese da barreira, ele destacou que o algodão é um tecido natural. Hoje em dia, usamos fraldas de plástico com propriedades antimicrobianas e aplicamos cremes na pele dos bebês para evitar assaduras causadas por esses materiais. Essa é apenas *uma* das mudanças que podem expor nossos filhos a mais reações.

"Temos detergentes muito fortes feitos de produtos químicos brutos que decompõem as coisas", comentou a Dra. Kari Nadeau, diretora do Sean N. Parker Center para Pesquisa de Alergia e Asma da Universidade Stanford. "A princípio, foi considerado algo positivo. Então começamos a perceber, veja só, que as pessoas que trabalham nas fábricas que produzem esses detergentes têm problemas respiratórios. O fato de você estar colocando proteases (enzimas que quebram as proteínas) em detergentes e o fato de que esses detergentes são feitos para limpar roupas ou a pele, lavar o cabelo ou a louça... Eles podem prejudicar nosso corpo."

Durante nossa conversa, Nadeau foi inflexível sobre as desvantagens da vida moderna, o que envolve todos os produtos químicos aos quais estamos nos expondo — e a nossos filhos — diariamente. Ela apontou o recente aumento de eczema grave. Nas décadas de 1940 e 1950, a imagem de uma casa limpíssima foi promovida de forma intensa pelas mesmas empresas que fabricavam esses novos detergentes (como a Dow Chemical).

"Acabou sendo criada uma imagem problemática", contou Nadeau. "Acontece que a maneira como minha avó vivia na fazenda deve ter sido a correta: não usar muitos detergentes, não tomar banho todos os dias, ter o cuidado de se expor a um pouco de sujeira, ficar ao ar livre."

Em um estudo recente, pesquisadores da Simon Fraser University descobriram que bebês pequenos (com até 3 meses de idade) que viviam em uma casa onde os produtos de limpeza doméstica eram usados com mais frequência tinham maiores chances de desenvolver chiado e asma até os 3 anos.[49] Pesquisadores observaram que a maioria dos bebês passava entre 80% e 90% do tempo dentro de casa — o que aumentava a exposição a tais produtos. Como observou o Dr. Tim Takaro, um dos autores do estudo, as crianças respiram mais vezes do que os adultos e, ao contrário destes, principalmente pela boca. Respirar pela boca, em vez de pelo nariz, que tem um sistema de filtragem natural, permite que qualquer coisa no ar chegue mais profundamente aos pulmões. A hipótese deles é que os vapores dos produtos de limpeza inflamam o trato respiratório e, assim, ativam o sistema imunológico inato dos bebês. O uso frequente de determinados produtos domésticos — purificadores de ar, desodorantes, desinfetantes antimicrobianos para as mãos, limpadores de forno e sprays de limpeza — pareceu prejudicial.

A exposição aos produtos químicos errados antes do nascimento pode ser igualmente prejudicial para um sistema imunológico em desenvolvimento. Um estudo longitudinal conduzido com 706 mulheres grávidas na França constatou que bebês nascidos com níveis mais altos de cádmio nos cordões umbilicais tinham maior probabilidade de desenvolver asma (24% a mais) e alergias alimentares (44% a mais).[50] O cádmio é um metal pesado de uso restrito, mas costuma estar presente em baterias, pigmentos, produtos de tabaco e revestimento de metais. O mesmo estudo também descobriu que níveis mais altos de manganês, usado na produção de aço inoxidável, estavam associados a um risco elevado de eczema conforme as crianças cresciam. Outro estudo descobriu que concentrações mais altas de plastificantes (solventes adicionados a materiais para torná-los mais flexíveis ou "plásticos") equivaliam a um maior risco futuro de alergias.[51] Os pesquisadores mediram os níveis de butil-benzil-ftalato (BBP), um plastificante comum usado na produção de cloreto de polivinil (PVC, mais conhecido como vinil), na urina de mulheres grávidas e mães de recém-nascidos. Descobriram que a exposição a esses ftalatos durante a gravidez e a amamentação causava alterações epigenéticas em repressores específicos para células imunes Th2 responsáveis por gerar inflamação. Os ftalatos são classificados como tóxicos e podem entrar em nosso corpo através da pele, dos alimentos ou pelos pulmões, e parecem ser capazes de desligar os genes por meio da metilação do DNA, uma ferramenta biológica acionada durante o desenvolvimento embrionário. Em outras palavras, as substâncias artificiais com as quais convivemos afetam não apenas as funções do sistema imunológico, como também o sistema imunológico em desenvolvimento de nossos descendentes *in vitro*.

Embora as substâncias naturais não sejam uma panaceia para as alergias (e podem ser deletérias, como no caso do cádmio e da hera venenosa, por exemplo), seria uma boa ideia pensar duas vezes nos produtos que usamos em casa e na pele. É evidente que nosso sistema imunológico precisa de uma folga.

A VITAMINA D E NOSSO ESTILOS DE VIDA SEDENTÁRIO E CONFINADO

Mudanças nos hábitos de trabalho e lazer também podem estar contribuindo para o recente aumento de alergias. Quando converso com especialistas, uma das teorias mencionadas é a tendência moderna de permanecer em ambientes fechados por longos períodos. Os alergistas pediátricos são mais propensos a mencionar como o cotidiano das crianças mudou entre os últimos cinquenta e cem anos.

Quando me encontrei com Pamela Guerrerio no NIH, ela logo mencionou que passamos boa parte da vida sob muita sombra. A falta de raios ultravioleta do sol na pele diminui a produção de vitamina D nas células. Níveis mais baixos de vitamina D também podem desempenhar um pequeno papel na causalidade geral da alergia. Descobriu-se que essa vitamina fornece uma proteção contra alergias (embora essa evidência seja objeto de discussão), sugerindo que ficarmos dentro de casas está nos prejudicando de maneira não intencional.

O Dr. Scott Sicherer, diretor do Elliot and Roslyn Jaffe Food Allergy Institute na Icahn School of Medicine no Mount Sinai, na cidade de Nova York, foi o primeiro entrevistado para este livro e o primeiro a me alertar para o papel que a vitamina D pode desempenhar no desenvolvimento de alergias. Ele me disse que tanto as doenças autoimunes quanto as alérgicas tendem a ser mais prevalentes em populações mais distantes da linha do Equador. Esse fato específico levou os imunologistas a pensarem na possibilidade de a vitamina D estar envolvida em distúrbios imunológicos, pois as pessoas ficam menos expostas à luz do sol em latitudes mais altas.

"Mas seria essa a história inteira?", perguntou-me Sicherer, sacudindo as mãos sobre a mesa. "Pode haver menos pessoas envolvidas na vida agrícola nessas latitudes. Pode haver exposição a coisas diferentes em diferentes regiões do mundo. É tão complexo que não podemos afirmar."

Guerrerio concordou nesse ponto. Ela observou que as pessoas também mantêm dietas diferentes e esse fato, combinado com menos luz solar, pode ter um efeito agravante no sistema imunológico. Ela considera provável que vários fatores estejam envolvidos na causa da alergia — incluído o estilo de vida dentro de casa — e que várias intervenções serão necessárias para reverter os efeitos sobre as funções do sistema imunológico.

OS CANÁRIOS LITERAIS NAS MINAS DE CARVÃO DE ALERGIA

Para mim, a evidência mais convincente de que o estilo de vida do século XXI e as mudanças ambientais causadas pelo homem estimulam o aumento das alergias é a seguinte: as espécies que nos acompanham há milhares de anos — cães, gatos, pássaros e cavalos — também têm alergias.[52] As outras espécies — as que não vivem dentro de nossas casas ou conosco — não.

Os sintomas dos animais de estimação são muito semelhantes aos nossos: espirros, roncos, asma, vômitos e asseio excessivo em gatos; erupções cutâneas, coceiras constantes e lambeduras em cães; tosse e chiado em cavalos. Eles devem ter alergias pelas mesmas razões que nós. Afinal, os sistemas imunológicos deles estão expostos à mesma panóplia de substâncias naturais e químicas. O principal alérgeno em cães? Ácaros. O principal alérgeno em cavalos? A alimentação humana embalada. Os gatos costumam ser alérgicos aos pólens de grama, árvores e ervas daninhas. Cães e gatos também podem ser alérgicos à descamação dos humanos, pois também trocamos de pele. Soa familiar?

Como em todo o mundo as pessoas estão mais dispostas do que nunca a oferecer os melhores cuidados possíveis a seus bichos de estimação, muitas gastam tempo e dinheiro tentando livrá-los dos sintomas de alergia. Os métodos são os mesmos empregados em humanos: anti-histamínicos e esteroides ou injeções de imunoterapia. O desafio é que não sabemos a dimensão do problema porque não temos dados suficientes sobre alergias e a incidência destas em animais de estimação como temos para os humanos. Sabemos que ocorrem, mas não sabemos se as taxas estão aumentando ou se os veterinários e tutores estão apenas reconhecendo melhor os sinais.

Para entender melhor como e por que as alergias afetam os animais de estimação, dirigi até Ithaca, em Nova York, para visitar especialistas dedicados ao problema na Faculdade de Medicina Veterinária da Universidade Cornell. Conversei com a Dra. Elia Tait Wojno no consultório dela, aninhado entre as exuberantes colinas verdes de Ithaca. Quase me sinto em uma fazenda, e com certa razão, pois a faculdade mantém muitos animais de pesquisa e pacientes animais no local. O consultório é grande, iluminado e organizado. Estamos sentadas frente a frente, absorvendo os últimos vestígios do sol da tarde.

A Dra. Tait Wojno começou a carreira trabalhando com vermes parasitas e respostas imunes. Ela explica que a resposta imune aos vermes parasitas é semelhante à resposta imune durante reações alérgicas em humanos e cães. (É claro que, no caso dos vermes, essas respostas são protetoras e, no caso das alergias, são elas que causam os sintomas.) Ao estudar a resposta imune aos helmintos (um tipo de verme parasita) em cães, podemos aprender muito sobre as funções imunológicas básicas envolvidas em uma alergia.

Trabalhar com cães nos permite observar como as alergias funcionam em animais que não os camundongos. Por décadas, os camundongos foram o organismo de pesquisa dominante no campo da imunologia. Mas, como já mencionamos, eles não são humanos, e modelos de camundongos nem sempre são os melhores preditores do que acontecerá em um corpo humano. É por isso que há um interesse crescente entre os pesquisadores de alergia em ir além dos camundongos para estudar a doença. Como alguns animais maiores, como cães e gatos, têm doenças alérgicas naturais, podem ser bons modelos para se aprender sobre imunologia básica entre as espécies, bem como para testar medicamentos para condições alérgicas.

"É possível aprender algo sobre cães olhando para os humanos, e é possível aprender algo sobre humanos olhando para os cães", diz a Dra. Tait Wojno. "Trata-se de observar uma doença que ocorre de forma natural em um ambiente muito semelhante. Meus cachorros dormem na minha cama. Eles estão expostos a muitos estímulos ambientais semelhantes."

Os camundongos, por outro lado, estão confinados a laboratórios e vivem em ambientes muito controlados. Eles também costumam ser geneticamente endogâmicos. Os cães com os quais Tait Wojno trabalha nasceram à moda antiga. Na verdade, ela trabalha com criadores para incluir cães em seus estudos. Ela destaca, enfaticamente, que são todos tratados como animais de estimação porque é o que eles são. Não são animais de laboratório; eles vivem com tutores. É um detalhe importante que permite aos pesquisadores refletir sobre quais componentes do ambiente compartilhado e habitado, quais hábitos e práticas médicas estariam nos afetando e também essas espécies companheiras.

As alergias nos animais de estimação oferecem pistas em potencial para resolver o mistério da alergia. Se pudermos entender a resposta imune inicial em animais, poderemos entender melhor a resposta inicial básica em humanos. Essa é uma das coisas que não entendemos em nenhum mamífero — a reação inicial do sistema imunológico a algo que surge e o subsequente conjunto de decisões que ele toma em resposta. Em última análise, a visita a Cornell me convenceu de uma coisa: nossos animais de estimação, como nós, são literalmente os canários na mina de carvão metafórica da alergia. O fato de nossos companheiros mais próximos sofrerem de alergias é um sinal de que algo que os humanos estão fazendo ativa as reações em todos os sistemas imunológicos.

A MISTERIOSA APARIÇÃO DA ALERGIA À ALFA-GAL

Como vimos até agora, nenhum fator isolado explica o aumento das alergias nos últimos dois séculos, mas a industrialização — e as mudanças ambientais e culturais que a acompanham — parecem desempenhar papel fundamental. No momento em que este livro é escrito, os indicadores de asma mais elevados estão nos países de língua inglesa e na América Latina; os mais baixos estão na Europa Oriental, no Mediterrâneo, nas áreas rurais da África e na China. Os imigrantes de países menos abastados demoram entre dois e cinco anos para desenvolver alergias quando se mudam para um país mais rico. Outras doenças imunológicas, como a autoimunidade, tendem a apresentar aumentos paralelos. À medida que a economia se fortalece, a taxa de mau funcionamento dos sistemas imunológicos aumenta.

O Dr. Alkis Togias, do NIH, enfatizou esta conexão: "Muitas coisas mudam à medida que as sociedades se desenvolvem. Não há dúvida de que as exposições ambientais e o estilo de vida estão relacionados ao que está acontecendo."

O Dr. Scott Sicherer colocou da seguinte forma: "O que você percebe quando obtém uma visão mais sofisticada da alergia são essas redes e linhas saindo de diversos nós no sistema que interagem de maneiras diferentes. Seria preciso um supercomputador para descobrir as distinções das influências que acontecem nos caminhos genéticos e ambientais. Então... é complicado."

Tudo é *complicado* porque nossa biologia é *extraordinariamente complexa* — e antiga. Como vimos, parte do problema é que os ambientes e estilos de vida mudam o tempo todo, muito depressa, para que nossos lentos sistemas evolutivos consigam acompanhar.

Quem também corre para acompanhar tão complexas mudanças são os próprios cientistas. O estudo da causa da alergia é difícil e caro.

"Há algo a dizer sobre a origem das alergias desde que começamos a estudá-las", comenta o Dr. Steve Galli, de Stanford. "Ao longo do tempo, erramos, por exemplo, sobre a exclusão do amendoim. À medida que aprendemos mais sobre alergia, a teoria sobre suas causas muda, de maneira sincrônica. Então, eu diria que, sem encontrar a principal causa, não é possível ter certeza de quem é o responsável."

Não temos um causador específico, e sim vários e simultâneos. Temos, para apresentar uma metáfora, toda uma floresta de pequenos incêndios criando uma vasta cortina de fumaça — uma que se interpõe entre nós e a extinção do fogo. Para ilustrar como a causalidade pode ser complicada, vamos nos voltar para uma novata: a alergia à carne.

A primeira vez em que ouvi falar sobre isso foi durante um jantar com colegas. Estávamos no meio de um processo seletivo para uma vaga em nosso departamento e, como de costume, entretínhamos o candidato do dia. Enquanto examinávamos os cardápios, a profissional maravilhosa que considerávamos para a vaga, uma antropóloga que trabalha com questões de poluição da água na agricultura, mencionou que não podia comer carne vermelha.

"Alguns verões atrás, fui picada por um carrapato e desenvolvi uma alergia", contou ela, ao solicitar a opção que acompanhava frango. "Não é um grande problema para mim, e não entro em anafilaxia. Passo muito, muito mal e começo a ter urticária."

Eu estava no meio da pesquisa para este livro e fiquei fascinada. Queria saber tudo. A antropóloga havia se mudado, com o parceiro dela, para o Tennessee quando ela aceitou um emprego após a pós-graduação. Como amante da natureza e pesquisadora de fazendas em zonas rurais, ela passava muito tempo ao ar livre, perambulando pelas margens dos rios, caminhando por fazendas nas quais o capim alto dos arredores entrava em contato com os campos cultivados. Em outras palavras, vivia no paraíso dos carrapatos. Embora não tenha se abalado ao voltar para casa dessas excursões e encontrar um ou dois carrapatos, o diagnóstico recente de alergia à alfa-gal, também conhecida como alergia à carne de mamíferos, foi uma surpresa completa.

Essa alergia é um produto do século XXI. Ao contrário das alergias respiratória, cutânea e alimentar, a alfa-gal foi descoberta no início dos anos 2000, tornando-a um exemplo perfeito para ilustrar como a causalidade da alergia é uma mistura de reações imunológicas e mudanças climáticas, ecológicas e nos estilos de vida provocadas pelo homem. Foi necessário uma equipe de cientistas trabalhar em estranhas reações imunes a uma nova droga contra o câncer para desvendá-la parcialmente.

O Dr. Thomas Platts-Mills volta à cena.

Ele é o diretor da Divisão de Alergia e Imunologia Clínica da Faculdade de Medicina da Universidade da Virgínia. Conversamos por telefone por mais de uma hora, em meio à segunda onda da pandemia da covid-19. Ele é britânico, agregador e afável, e muitas vezes interrompia nossa conversa para contar uma piada ou uma história sobre algum parente dele (eles são uma turma incrível). Para começar, ele me disse que não gosta quando se fala de uma "epidemia" de alergia. Para ele, usar a palavra "epidemia" dá a entender que os índices de febre do feno, asma, eczema e alergia alimentar aumentaram ao mesmo tempo. As taxas de febre do feno foram as primeiras a aumentar; depois as de asma começaram a crescer nas décadas de 1960 e 1970; e então as de eczema e alergia alimentar repetiram o feito nas décadas de 1980 e 1990. Mais recentemente, começamos a ver mais alergias que não são como suas contrapartes, porque não são mediadas por reações de anticorpos IgE. Uma é a esofagite eosinofílica (EOE), que veremos no próximo capítulo, e a outra é à alfa-gal.

A alergia à alfa-gal é tecnicamente categorizada como alergia alimentar, mas é uma reação imune a uma molécula de açúcar (galactose-alfa-1, 3-galactose ou alfa-gal) encontrada na maioria dos mamíferos, e não uma proteína, o que é mais habitual. É induzida por uma picada de carrapato. O processo é semelhante à sensibilização do sistema imunológico pelas proteínas do amendoim que penetram pela barreira cutânea. A saliva do carrapato ultrapassa a barreira da pele com a picada, causa coceira ao redor do local e já faz nossas células reagirem. Além disso, também pode conter vestígios de alfa-gal, especialmente se a última refeição do carrapato tiver sido o sangue de um mamífero como o cervo, que a produz. Com a picada, as células aprendem a associar a alfa-gal (uma molécula de açúcar inofensiva) a carrapatos (um parasita nocivo). Em algumas pessoas, essa combinação produz uma nova alergia, desencadeada pela ingestão de carne que contém o açúcar.

A alergia à alfa-gal está se espalhando pelos Estados Unidos. A grande causa disso é que o principal vetor, o carrapato-estrela-solitária, está sendo empurrado para o norte devido à expansão do território das formigas- -de-fogo (predadoras de carrapatos) e à mudança climática, entre outras variações ecológicas. Carrapatos-estrela-solitária já foram encontrados em lugares tão setentrionais quanto o sudoeste de Connecticut, Cape Cod e Canadá — lugares muito além do alcance normal desses parasitas. (Embora seja difícil dizer o que é "normal" à luz dos efeitos em cascata das mudanças climáticas recentes.)

A descoberta da alfa-gal é uma história longa e tortuosa. É como um mistério em que Tom Platts-Mills desempenha o papel de detetive.

"Pois bem, tudo começou com o cetuximabe", conta Platts-Mills. "O cetuximabe é um anticorpo monoclonal usado no tratamento do câncer.

Sabíamos que esse monoclonal estava causando muitas reações na Virgínia, dois anos antes de ser comercializado para o público."

De fato, como um adendo interessante, o estudo do medicamento foi interrompido de forma abrupta depois que Martha Stewart foi condenada à prisão por vender 4 mil ações da ImClone (a desenvolvedora do cetuximabe) antes que elas desvalorizassem com a notícia que seria divulgada no dia seguinte de que a FDA decidira proibir a comercialização da droga. As pessoas perderam o interesse por muito tempo. Depois, lentamente, os estudos recomeçaram. Foi durante essa retomada que uma clínica de tratamento do câncer no Arkansas relatou uma morte por anafilaxia depois da primeira infusão de cetuximabe. Então, vários pacientes também relataram respostas imunes negativas. Isso significava que os pacientes com câncer não estavam *se tornando* alérgicos à droga, eles já eram alérgicos a ela *de antemão*. Como isso seria possível?

Devido à experiência em imunologia, Platts-Mills foi chamado para investigar. Ele perguntou se poderia ter acesso ao soro sanguíneo dos pacientes do estudo, especificamente o sangue coletado antes de eles tomarem a droga experimental. A empresa responsável pelos testes, a Bristol Myers Squibb, estava ansiosa para descobrir qual era o problema e ajudou Platts-Mills a entrar em contato com oncologistas da Vanderbilt University, no Tennessee. Platts-Mills recebeu o soro sanguíneo de aproximadamente quarenta pacientes e quarenta controles pareados (também do Tennessee). A equipe de pesquisa dele mediu as reações de anticorpo de cada amostra e descobriu que os pacientes que reagiram mal ao cetuximabe tiveram uma reação de anticorpo IgE à molécula do medicamento, indicando uma reação alérgica. Os pacientes sem resposta de anticorpos não apresentaram reação ao medicamento.

Com o interesse despertado, e no encalço de uma nova resposta imune alérgica, eles testaram outro grupo de pacientes do Texas. Apenas um dos voluntários teve a resposta de anticorpos. Perplexa, a equipe de Platts-Mills testou amostras de pacientes inscritos no estudo de Boston. Nada. Foi quando ele percebeu que o que estavam vendo no laboratório não tinha relação com o câncer ou com a droga isoladamente, e sim com morar na região central do Tennessee.

"Os pacientes tiveram uma resposta de IgE à galactose-alfa-1,3-galactose, um oligossacarídeo (ou açúcar simples) mamífero que os humanos não possuem", explica Tom. "Portanto, temos anticorpos para esse açúcar, mas não temos o açúcar em si no nosso organismo."

A equipe escreveu as descobertas e as publicou no *The New England Journal of Medicine*.[53] Então, Platts-Mills e o segundo autor do artigo original, Beloo Mirakhur, foram ao ImClone para se encontrar com o bioquímico responsável pela glicosilação (um processo que estabiliza uma molécula química). Os anticorpos monoclonais usados para o medicamento em questão são produzidos em um laboratório a partir de células. Segundo Platts-Mills, "90% dos monoclonais são feitos a partir de uma linhagem celular do ovário de hamster chinês, que não produz alfa-gal". Isso significa que a maioria dos medicamentos monoclonais é segura, mesmo que o paciente tenha alergia à alfa-gal. Já o cetuximabe era sintetizado a partir de um tipo diferente de célula — uma célula *com* a molécula alfa-gal. A equipe de Platts-Mills tinha descoberto a principal causa e um ensaio para o teste de alfa-gal. Revigorados, queriam provar que a alfa-gal estava causando as reações imunes.

"Eu disse à equipe para tirar sangue de qualquer um que estivesse parado na clínica e me dizer quem tem esse anticorpo!", relembra Platts--Mills, rindo ao se lembrar do momento.

Os dados resultantes da análise após todos os testes realizados mostravam a reatividade de alguns pacientes à alfa-gal.

"Todos contavam a mesma historinha de que, se comessem carne de porco, ficavam com urticária quatro horas depois", diz Platts-Mills, lembrando-se de como desprezou inicialmente aqueles relatos. À primeira vista, parecia um absurdo, pois a maioria das alergias alimentares é de ação rápida, manifestando-se aproximadamente vinte minutos após a ingestão. "Se uma criança alérgica a amendoim pegar um amendoim por acidente no McDonald's, vão descobrir antes mesmo de ela sair dali", completara ele.

Platts-Mills também afirma que não é incomum que alergistas alimentares ouçam os pacientes atribuírem reações a fatores que não podem ser contundentes. Muitas vezes, o efeito nocebo está envolvido. Em outras palavras, quando alguém acredita que determinado alimento pode causar uma reação negativa talvez possa mesmo ter tal reação após ingeri-lo, mesmo que a tal substância não seja a culpada.[54] Antes de descobrir as reações à alfa-gal no laboratório, as reações tardias pareciam improváveis. Mas, a partir dessas descobertas iniciais, Platts-Mills percebeu que os pacientes relatavam uma provável reação alérgica, nunca antes vista.

A equipe de pesquisa de Platts-Mills tinha nas mãos um quebra-cabeça diferente para resolver. Afinal de contas, como as pessoas estavam se tornando sensíveis à alfa-gal? Quais eram os denominadores comuns dos casos?

Todos os pacientes que apresentaram evidências de reatividade à alfa-gal estavam localizados em apenas sete estados: Virgínia, Carolina do Norte, Tennessee, Kentucky, Arkansas, Oklahoma e Missouri. Olhando para os casos traçados em um mapa, parecia uma longa faixa cortando os Estados Unidos. Platts-Mills atribuiu a um de seus técnicos de laboratório a tarefa de descobrir quais outras coisas podiam ser mapeadas nas mesmas localizações geográficas.

Depois de alguns dias pesquisando, o técnico voltou e disse que a única coisa que encontrou que correspondia aos dados coletados era o mapa dos CDC de casos de febre maculosa das Montanhas Rochosas, uma doença infecciosa transmitida por carrapatos. Essa seria a primeira pista de que a alfa-gal também poderia ser transmitida por carrapatos. Platts-Mills voltou aos pacientes com reações positivas à alfa-gal e descobriu que todos tinham algo em comum: passavam longos períodos ao ar livre.

"Cuidavam do jardim, caminhavam, andavam a cavalo, caçavam, essas coisas", comenta Platts-Mills.

É nesse ponto que a alergia à alfa-gal se torna muito interessante do ponto de vista da mudança climática. Como um dos principais imunologistas do mundo e um historiador respeitado no campo das reações alérgicas, Platts-Mills argumenta que uma das razões para não repararmos na alfa-gal antes é a alteração constante do ecossistema durante as últimas décadas.

Entra em cena o cientista-chefe e entomologista diretor do Centro de Biologia Vetorial e Doenças Zoonóticas de Connecticut, o Dr. Kirby Stafford III, com mais de trinta anos de experiência no rastreamento de populações de carrapatos. Nós conversamos no final de novembro de 2021, em um dos primeiros dias frios do ano nos Estados Unidos, embora as temperaturas médias diárias ainda não tivessem se aproximado de zero. Eu queria saber mais sobre como as mudanças climáticas, como o inverno mais ameno, e as alterações ecológicas, como o aumento de espécies de plantas invasoras, afetavam os hábitos dos carrapatos, especialmente os dos que causam a reatividade à alfa-gal.

Nos Estados Unidos, o carrapato que mais desencadeia a alergia à carne é o carrapato-estrela-solitária. Esses animais não precisam muito para se alimentar. Embora sejam encontrados em veados e perus-selvagens, também podem se alimentar de mesomamíferos (que são mamíferos de porte médio, como guaxinins) e pássaros. Mas, ao contrário daqueles que transmitem a doença de Lyme (carrapatos-de-patas-pretas), eles não costumam se alimentar de roedores menores, como ratos-do-campo ou esquilos. A distribuição geográfica típica deles, até bem recentemente, estava circunscrita ao sul do país. Vários fatores biológicos e sociais aumentaram o alcance deles a novos territórios do norte. Houve também uma explosão populacional em seu habitat normal.

Mas qual é a principal explicação para a proliferação não apenas do carrapato-estrela-solitária, mas de todas as espécies de carrapatos nas últimas décadas? A explosão dos hospedeiros mamíferos; para os carrapatos-estrela-solitária, em particular, o aumento da população de veados-de-cauda-branca e perus-selvagens.

"É provável que haja mais veados-de-cauda-branca nos Estados Unidos hoje em dia do que antes de os colonos começarem a dizimar a espécie", diz Stafford.

Carrapatos e veados eram abundantes no país na época colonial. Em meados da década de 1770, um naturalista finlandês chamado Pehr Kalm publicou um livro sobre suas viagens pela América do Norte, no qual mencionava como carrapatos-estrela-solitária eram terríveis, reclamando que mal conseguia se sentar sem ser atacado. Apenas um século depois, porém, Coe Finch Austin, entomologista de Nova York, observou no livro de própria autoria que não havia carrapatos nas mesmas áreas que Kalm relatou serem infestadas deles. O motivo? Provavelmente o extermínio das populações de veados e o desmatamento de florestas para cultivo e combustível.

"Em Connecticut, em 1896, estimava-se que restavam apenas 12 cervos em todo o estado", explica Stafford. "Por causa desse baixo número, o estado começou a regular a caça para permitir o aumento da população."

Algumas regiões da Nova Inglaterra chegaram a importar veados de outros locais para tentar remediar o problema. Eles fizeram o mesmo, segundo Stafford, com perus-selvagens e porcos. Mas, hoje em dia, estados como Connecticut têm o problema oposto — o excesso de veados-de-cauda-branca. Com a diminuição dos caçadores, menos acesso a terras privadas para os remanescentes, a ausência de predadores naturais como lobos e ursos e a resistência social à ideia de abater rebanhos, a população disparou.

"Também estamos fornecendo habitats suburbanos ideais para esses animais", comenta Stafford. "Estamos oferecendo ótimos bufês de salada para eles."

Isso significa que as populações de carrapatos que eles hospedam — incluindo carrapatos-estrela-solitária — também crescem. Stafford recebe cada vez mais exemplares vindos de Connecticut enviados ao laboratório. Embora a porcentagem de carrapatos-estrela-solitária ainda seja menor do que a de carrapatos-de-patas-negras (representando pouco menos de 4% do total em 2020), os números estão crescendo significativamente.

"Ainda não estamos falando de grandes populações", diz Stafford, "mas vai acontecer".

Platts-Mills sabe que mais carrapatos-estrela-solitária significam mais casos de picadas. Há algo de singular na picada dessa espécie: a coceira. As picadas dos carrapatos portadores de Lyme não coçam. Em outras palavras, a picada do carrapato-estrela-solitária induz uma resposta imune perceptível.

"Tem algo na saliva dele que induz no paciente que já tem anticorpos para esse açúcar específico uma mudança para anticorpos IgE", explica Platts-Mills. "Como não temos esse açúcar em nosso corpo, podemos produzir anticorpos para ele no intestino."

Então, mesmo alguém sem alergia à carne produzirá anticorpos para a alfa-gal ao consumir carne. Mas — e este é um grande *mas* — nem todo mundo produzirá anticorpos para alfa-gal depois de uma picada de carrapato-estrela-solitária. Mesmo quando alguém produz o anticorpo, não terá necessariamente uma resposta imune negativa. Alguns sim, outros não. Platts-Mills estima que a presença do anticorpo para a alfa-gal na população geral siga a razão de um em cinco, sendo que a alergia só acontece em uma fração disso.

"E não sabemos explicar isso", diz Platts-Mills.

Na Austrália, onde também há alergia à alfa-gal, o mesmo carrapato também pode provocar anafilaxia. Mas ele não causa respostas anafiláticas nos Estados Unidos. Platts-Mills acha que a chave para entender o motivo está na composição da saliva do próprio animal. É provável que o carrapato *somado* à saliva desencadeie a resposta alérgica. Em outras palavras, uma picada de carrapato antes do consumo de carne vermelha é o ingrediente mágico que produz a alergia à carne.

Quando pergunto se havia um componente genético envolvido, Platts-Mills responde que os carrapatos preferem morder algumas pessoas do que outras.

"Se você colocar quatro pessoas nas montanhas Blue Ridge", diz ele, "duas delas ficarão cobertas de carrapatos e as outras não. Por quê? Talvez tenham um cheiro diferente. Tomar Lipitor [uma droga popular para colesterol] altera o cheiro da pele? Lavar a pele muda o cheiro?".

Essas diferenças sutis podem ser importantes para o paladar do carrapato-estrela-solitária — e isso é algo que ainda não compreendemos. Poderia haver um componente genético? Certamente. Mas o desodorante ou o sabonete também podem ser a causa. Ou medicamentos, algo também impulsionado, em parte, pela genética.

Platts-Mills supõe que a alergia à alfa-gal também pode estar relacionada a mudanças no conjunto de bactérias que compõem nossos microbiomas intestinais. (Voltamos ao trabalho de Nagler, porque tudo está conectado!) Algumas pessoas podem não reagir à alfa-gal por causa de bactérias intestinais, mesmo que sejam picadas por um carrapato-estrela-solitária e já tenham criado anticorpos. A pesquisa também mostrou que é mais provável desenvolver a nova alergia à carne transmitida por carrapatos se tiver sangue tipo B negativo, mas ninguém sabe por quê.[55] E, para concluir, na população de pessoas que reagem à alfa-gal, 50% são alérgicas a pólen, ácaros etc., e 50% não são alérgicas a nada.

"Não é o mesmo grupo genético, como acontece nos casos de febre do feno ou alergia alimentar", diz Platts-Mills, voltando a minha pergunta após um longo desvio explicativo. "Portanto, não posso afirmar se é algo genético ou não."

Como a maioria das reações alérgicas que lhe precederam, quanto mais descobrimos sobre a alfa-gal, mais perguntas temos sobre as causas. Em 2009, houve 24 casos relatados de alergia à alfa-gal; em 2020, havia mais de 5 mil.[56] A verdadeira incidência na população em geral, entretanto, permanece desconhecida. O mesmo acontece com o risco de desenvolver a alergia. No momento em que este livro foi escrito, os cientistas eram incapazes de prever quem desenvolverá a doença após uma picada de carrapato, ou mesmo quais carrapatos podem causar a doença.

"UMA VIDA MELHOR": UM APARTE PARA PAIS E FUTUROS PAIS

Ao fim da incursão sobre como hábitos e o atual estilo de vida podem contribuir para o desenvolvimento de alergias, quero fazer uma pausa para refletir sobre Elizabeth e os três filhos dela. O sentimento de culpa dessa mãe que equivocadamente acredita ser a responsável indireta pelas graves alergias alimentares dos filhos, está ligado ao desejo de fornecer a eles o melhor cuidado possível. O sofrimento deles lhe causa sofrimento, algo que pode ser compreendido por qualquer pai ou cuidador. A decisão dela de permitir que os bebês doentes fossem tratados de infecções terríveis com antibióticos na emergência hospitalar foi correta, ainda mais porque infecções sem tratamento podem ter consequências perigosas. No entanto, o arrependimento perdura. Depois de conversar com os cuidadores de muitos pacientes alérgicos, tenho certeza de que ela não é a única a se sentir assim.

O esforço que fazemos para garantir que nossos filhos tenham a melhor vida possível pode gerar — e muitas vezes gera — ansiedade em relação a milhares de pequenas decisões que devemos tomar durante toda a primeira infância. Para muitos pais, a sensação de desassossego começa ainda antes, durante a gestação, à medida que pesquisam a melhor forma de prevenir desdobramentos negativos, como alergias graves. Algumas das leitoras, diante das evidências que reuni neste livro, talvez se sintam péssimas por terem feito cesarianas necessárias ou por terem escolhido não amamentar — mesmo que tais decisões tenham sido corretas, dadas as circunstâncias.

Na era da informação, somos bombardeados de conselhos por uma variedade de fontes (desde sites médicos legítimos, baseados em evidências, até vídeos duvidosos do YouTube) sobre o que fazer ou não fazer para que continuemos saudáveis e felizes. Este livro inteiro, em certo sentido, não é diferente. Pode-se ler qualquer informação aqui e usá-la para tentar "manipular o sistema imunológico", por assim dizer. Eu não recomendo. A melhor coisa que você pode fazer é seguir os melhores conselhos médicos disponíveis, enquanto os imunologistas descobrem mais sobre como o sistema imunológico responde a ambientes novos e em constante mudança.

Em outras palavras: pais e pacientes com alergia, relaxem um pouco. Nenhum de nós pode causar as próprias alergias. A realidade é bem mais complicada.

NÃO HÁ RESPOSTAS FÁCEIS PARA A CAUSALIDADE DA ALERGIA, APENAS PERGUNTAS DIFÍCEIS

Ao fim da exploração das possíveis causas do dramático surto de alergias nos últimos dois séculos, o que aprendemos? Descobrimos que, embora a genética desempenhe um papel significativo na função do sistema imunológico, ela não explica nem prevê quem desenvolverá condições alérgicas. Vimos que, embora o ambiente em que vivemos — o mundo natural e artificial a nosso redor — contribua para o problema, não é a única causa. Estabelecemos que hábitos e comportamentos são muito importantes para a saúde geral e a função imunológica, mas também não explicam, sozinhos, o que ocorre no sistema imunológico. O que está acontecendo conosco é resultado de tudo que temos feito de maneira diferente nos últimos duzentos anos e do efeito que isso tem no meio ambiente e em nossa própria biologia. É simples assim. É complicado assim.

O especialista em eczema Peter Lio, de Chicago, gostaria que as pessoas parassem de procurar a causa dessas condições. Ele argumenta que é a pergunta errada a se fazer, especialmente porque não há uma única causa. Muitas vezes, os pacientes dele não querem ouvir a verdade — que a razão dos sintomas é bem mais complicada do que qualquer teoria pode sugerir —, mas ele tenta ser honesto.

"Quando me perguntam, respondo que é uma grande bagunça", diz ele. "Há a barreira cutânea, o sistema imunológico, mais algumas coisas sobre as terminações nervosas, o estilo de vida..."

A alergista alimentar Pamela Guerrerio queria que eu enfatizasse que, em última análise, é errado os pesquisadores procurarem uma causa única, porque envia uma mensagem imprecisa de que só precisamos descobrir qual é o problema para então resolvê-lo. Se o público em geral pensar que a alergia é um problema simples, ficará cada vez mais frustrado com o passar das décadas sem que haja uma solução direta. E, como veremos na Seção 3, sobre tratamentos, a maioria das soluções de que dispomos é, na melhor das hipóteses, imperfeita.

"Eu responderia que não há uma única causa", afirma Guerrerio. "Precisamos entender que deve existir uma suscetibilidade genética e exposições ambientais e que o que explica a alergia de um grupo pode não servir para outro grupo. Há diversas mudanças diferentes nos fatores ambientais."

No Hospital Infantil de Cincinnati, em uma discussão sobre o efeito da poluição na asma, a Dra. Neeru Khurana Hershey resumiu bem:

"Não há uma resposta só. Se houvesse, teríamos encontrado e resolvido o problema. É uma combinação de coisas e é diferente para diferentes áreas geográficas e diferentes antecedentes genéticos. Às vezes é mais fácil colocar a culpa em algo do que dar uma boa olhada no que estamos fazendo e como estamos contribuindo para o problema. Porque todos estamos contribuindo para o problema. O que deveríamos estar fazendo melhor, enquanto sociedade? E como eu estou contribuindo para a situação enquanto ser humano? Essas não são perguntas fáceis com respostas fáceis. São as mais difíceis."

PARTE TRÊS

Tratamentos

• • •

Desde a descoberta da febre do feno em 1819, médicos e alérgicos procuram tratamentos que possam aliviar sintomas ou curar de uma vez por todas as alergias. Mas, se as causas não são simplesmente biológicas, precisamos ir além das soluções farmacêuticas básicas. Nesta seção, examinaremos todos os esforços — passados e presentes — feitos para lidar com a questão das alergias. Do grande negócio dos medicamentos às políticas sociais e governamentais promulgadas para ajudar a lidar com um conjunto crescente de problemas ambientais, veremos que as soluções para as reações do sistema imunológico são tão complexas quanto suas causas.

CAPÍTULO 7

Remédios para as reações: passado, presente e futuro dos tratamentos para alergia

A HISTÓRIA DA IRREFREÁVEL EMILY BROWN: AVENTURAS NA EXCLUSÃO ALIMENTAR

"Alergia alimentar nem estava no meu radar", conta Emily Brown.

Enquanto crescia, Emily sofreu com febre do feno e asma, além de alergias ambientais. O marido dela também. Mas ninguém em sua família tinha qualquer alergia alimentar.

"Eu dava aulas na pré-escola antes de me tornar mãe e via algumas crianças com alergia alimentar", continua. "Mas essa foi a única exposição que sofri. Nunca tive nada, até ter filhos."

A filha mais velha de Emily nasceu em 2011 e teve eczema grave desde o nascimento. "Não dormia bem", conta Emily, "e sentia muita cólica. Não era uma bebê feliz".

Como eram um casal jovem e inexperiente, Emily e o marido tentaram lidar com o desconforto da filha. Quando a menina, com 6 meses de idade, apresentou sangue nas fezes, Emily a levou ao pediatra. "Basta esperar e ver o que vai acontecer", disse o médico.

Em 2011, as orientações para gestantes e pais recentes eram diferentes das atuais. Até 2016, os responsáveis eram aconselhados a evitar incluir alérgenos comuns, como amendoim ou morango, na dieta dos bebês. Emily chegou a consumi-los durante a gravidez e durante a amamentação, mas decidiu seguir o conselho médico e esperar um ano inteiro antes de apresentar amendoim à filha mais velha.

"Quando dei manteiga de amendoim para ela pela primeira vez, o rosto dela começou a inchar", recorda-se Emily. "Ela teve urticária. Foi assustador. Eu não sabia o que fazer."

Emily ligou para o pediatra imediatamente e foi orientada a dar um pouco de Benadryl à bebê. Quando a filha foi fazer o teste de alergia, descobriram sensibilidade a amendoim, leite, ovos, trigo e soja. Emily se lembra de ter recebido receita para uma EpiPen e de ter sido avisada para evitar todos os alimentos da lista — o que não é fácil de se fazer quando há tantos itens.

"Me lembro de pensar: 'Bem, o que podemos comer? O que vou cozinhar?'"

A avó materna da criança ficou perplexa. Assim como a melhor amiga de Emily, uma obstetra e ginecologista no terceiro ano de residência. Como estudante de medicina, a amiga teve apenas uma aula, de uma hora, sobre alergia na faculdade. Percebendo que precisaria de ajuda, Emily começou a fazer pesquisas online. Limpou a cozinha e leu todos os rótulos dos alimentos que já tinha, jogando fora tudo o que contivesse alérgenos aos quais a filha era sensível. A mãe dela lhe deu um vale-presente da Whole Foods para ajudá-la a reabastecer.

Emily havia tirado um ano de licença-maternidade para ficar com a filha pequena e ter aquela experiência especial de criar vínculos e aprender a ser mãe. O plano sempre foi voltar ao trabalho, mas o diagnóstico de alergia alimentar tornou isso impossível. A pré-escola na qual ela trabalhava não permitia que Emily levasse a filha porque a criança tinha alergias "demais". E se não pudesse levá-la consigo, Emily não teria condições de pagar a mensalidade de uma creche para voltar ao trabalho. A ironia de uma professora de pré-escola com dificuldade de encontrar uma pré-escola que aceitasse a filha não passou despercebida por mim. Ao conversar com os pais de crianças com alergias graves, muitas vezes me perguntei como eles conseguiam lidar com os efeitos do diagnóstico.

"Eu sempre digo às pessoas que foi como uma tempestade", diz Emily. "As despesas aumentaram. A conta do supermercado quadruplicou da noite para o dia. Eu tinha essa percepção da perda de renda porque, embora ainda não tivesse acontecido, vínhamos nos preparando. Meu marido é assistente social e não recebia um aumento havia seis anos. Então, as coisas estavam muito apertadas, mas demos um jeito. Estava tudo muito, muito difícil."

Emily faz uma pausa e respira fundo.

"E, naquela primavera, minha mãe faleceu", prossegue ela, com a voz mais baixa e ainda assim firme. "Não falo muito sobre isso. Só mencionei porque às vezes acho que as pessoas presumem que, quando você passa por momentos difíceis, vai contar com a ajuda da família ou de alguém próximo, certo? Mas nem sempre é assim. Para mim, a morte da minha mãe representou a perda de grande parte do apoio familiar."

As coisas ficaram ainda mais complicadas quando Emily descobriu que estava grávida do segundo filho. Quando isso aconteceu, o marido dela sugeriu inscrever a família no programa federal Women, Infants and Children (WIC, sigla em inglês para Mulheres, Bebês e Crianças) porque, com mais um filho, seria difícil alimentar todo mundo apenas com o salário dele. Emily cresceu em uma família bem-estabelecida de classe média e nunca havia recebido qualquer tipo de assistência pública. Mas sabia que o marido aconselhava os próprios clientes a se inscreverem no WIC.

Emily se lembra de ele dizer: "Nós pagamos para poder usufruir do sistema. Basta se inscrever. Será temporário." Então, eles se inscreveram.

Durante nossa conversa, Emily enfatiza a gratidão pelo WIC, que diz se tratar de algo maravilhoso. Entretanto, ao mesmo tempo, as restrições sobre as marcas e quantidade de alimentos elegíveis tornavam difícil encontrar os alimentos para a filha alérgica. O programa federal de assistência não foi criado para lidar com famílias com diagnóstico de alergia alimentar grave, cuja única opção real de tratamento é evitar os alérgenos agressores.

"Representávamos o que o programa devia apoiar, mas não conseguíamos desfrutar dele inteiramente porque os alimentos necessários não estavam no escopo", explica Emily. "Havia muitos desafios. Um exemplo: só tortilhas em embalagens de 900 gramas podiam ser compradas com o auxílio. Se, por algum motivo, a loja só tivesse a marca elegível com embalagens de 450 gramas, eu não podia comprar dois pacotes. Tinha que desistir da compra. Não era possível fazer qualquer substituição."

No caso de Emily, a filha não podia comer produtos que contivessem trigo. O pão padrão aprovado no programa é de trigo integral. Sem mencionar que o trigo, como Emily é rápida em ressaltar, está em praticamente todos os alimentos processados disponíveis na prateleira do supermercado.

A situação me parece um completo pesadelo. Emily diz que foi ainda pior do que imagino. Quando se faz parte do programa de assistência alimentar, a aquisição de alimentos está restrita ao condado em que se mora, ou seja, não adianta se tiver o produto no supermercado no condado vizinho e não no seu. Os produtos disponíveis na mesma rede de lojas podem ser diferentes dependendo de onde se faz as compras.

"Eu moro no condado mais pobre", explica Emily, "e estamos ao lado do condado mais rico. Então, quando falamos sobre acesso à alimentação, é uma conversa que envolve muitas camadas".

Quando ligou para o escritório estadual do WIC para explicar a situação, ela foi instruída a obter um atestado médico para dar à filha uma fórmula especial para bebês. Emily, então, ligou para o pediatra, que explicou que a menina deveria comer alimentos sólidos, não tomar mamadeira. Quando voltou a procurar o WIC com a resposta médica, o escritório lhe mandou procurar o banco de alimentos local, porque não podiam ajudá-la. O banco de alimentos disse o mesmo, porque a forma como os alimentos são embalados expunha tudo ao pó da farinha, que contém glúten de trigo, e recomendou um centro comunitário de redistribuição de alimentos — que tendem a resgatar alimentos de mercearias como a Whole Foods. Emily encontrou um que abria às 13 horas e chegou meia hora antes, mas a fila já dava volta no quarteirão. Foi assim que descobriu que as pessoas chegavam três horas antes para conseguir a melhor seleção de alimentos disponíveis. Naquele primeiro dia, Emily passou horas na fila.

"Você fica vendo os carrinhos passarem. Quando está com fome, fica na esperança de que haverá algo para você", conta ela, revivendo aquele dia, decepção e desilusão perceptíveis na voz. "Mas, quando chegou a minha vez de entrar, os únicos alimentos que minha filha poderia comer eram literalmente duas batatas e um pote de molho de tomate."

Aquele momento materializou para Emily um problema muito maior para pessoas de baixa renda com alergias alimentares, cuja única opção de tratamento disponível é a exclusão de alimentos.

"Quando evitar alimentos é a única coisa que podemos fazer", argumenta ela, "o acesso a alimentos não é apenas questão de sustento. É uma questão de tratamento e, portanto, deve ser coberto. Deve haver uma maneira de garantir que todos os pacientes tenham acesso". Segundo ela, parte do problema é o desequilíbrio inerente aos sistemas social e de saúde nos Estados Unidos. "Também existe essa ideia 'cavalo dado não se olha os dentes', certo? Não há dignidade nisso."

Segundo ela, a disponibilidade de alimentos não alergênicos significa fornecer redes de segurança *para todos*. A família dela nunca havia recebido assistência antes e só precisou por causa desse diagnóstico específico, na esperança de que fosse mesmo temporário. Mas a rede de segurança não se estendia a ela ou à família. Por isso, fundou uma organização sem fins lucrativos dedicada a resolver o problema. A Food Equality Initiative [Iniciativa de Igualdade Alimentar] atende cerca de 150 famílias em Kansas City, no Missouri, mas Emily espera expandi-la para outras áreas. A motivação para fundar a ONG era saber que ela não podia ser a única com aquele problema.

"Eu sabia que havia outras famílias, mas sabia que elas não conseguiam se manifestar, porque toda essa experiência não faz ninguém se sentir bem consigo mesmo."

Há muita vergonha em cada etapa do processo, explica. Ela queria mudar isso e, como era boa em fazer pesquisas e em defender os outros, se dedicou, determinada a ajudar não apenas a si e à filha alérgica, mas todos na mesma situação. Em 2015, Emily tomou um empréstimo de 500 dólares para abrir o próprio centro de redistribuição para pessoas com alergias alimentares. Foi o primeiro centro de redistribuição de alimentos hipoalergênicos e sem glúten dos Estados Unidos.

"Eu sempre brinco com as pessoas que aquele lugar é meu terceiro filho", comenta, rindo, "porque se passaram nove meses desde a ideia até a abertura".

Emily fez parceria com outros centros comunitários e negociou espaço nas prateleiras, depois as abasteceu e treinou as equipes locais e voluntários para ajudar as famílias com alergia alimentar nas compras. Estima que haja entre 8 mil e 15 mil possíveis beneficiários do serviço em sua área, mas ela só consegue atender 150 famílias — ou 1% da necessidade estimada. Falta de capital é o principal problema, mas Emily também quer garantir que a Food Equality Initiative se concentre mais em valores do que em volume e fica feliz em atender menos pessoas se isso significar atendê-las melhor.

"Embora desejemos atender mais", disse ela, "queremos garantir que prestamos um serviço de qualidade, que agregue valor e que seja prestado de modo digno".

As famílias não perdem tempo na fila da ONG para conseguir comida — tempo que poderia ser gasto procurando um emprego ou fazendo outra coisa — porque o atendimento é feito com hora marcada.

Emily fala muito sobre as disparidades flagrantes de diagnóstico e tratamento de alergias que acompanham perfis raciais e econômicos. Crianças negras e hispânicas são muito menos propensas a serem diagnosticadas com alergia alimentar e muito mais propensas a acabar no pronto-socorro com anafilaxia. Elas também têm menos acesso a bons cuidados de saúde e a novos tratamentos, como a imunoterapia oral (ITO) para alergia ao amendoim (mais sobre o assunto no Capítulo 9).

"O assombroso é que a alergia alimentar foi realmente considerada uma doença de gente rica e branca", diz Emily, "e os alergistas dizem: 'Bem, não tenho perfil diversificado de pacientes.' É aí que começamos a ver o papel implícito do viés. O médico não está sendo maldoso, mas, quando atende um paciente negro ou porto-riquenho, não faz as perguntas certas. Há uma disparidade real nos diagnósticos".

Como mãe de uma criança alérgica e diretora de uma ONG voltada para pessoas com alergia alimentar, ela argumenta que precisamos melhorar a qualidade das informações oferecidas aos pacientes nos prontos-socorros e do acompanhamento dos casos.

"Existe um desconhecimento tão grande em algumas dessas comunidades, e não é por inaptidão ou falta de adesão a tratamentos. É apenas porque não tiveram acesso. É um verdadeiro desafio."

O problema se repete com tratamentos de alergia. Embora fique animada com todos os novos medicamentos e terapias, Emily fica perturbada ao ver que a esmagadora maioria dos participantes desse segmento de estudos é branca. Ela faz referência ao Palforzia, medicamento para tratar a alergia ao amendoim recentemente aprovado pela FDA (disponível apenas nos Estados Unidos). Nas fases de teste, 90% dos participantes eram brancos.

"Quando menciono a imunoterapia oral a pacientes negros, percebo que eles nunca ouviram falar. Parece ser um tratamento que pessoas de outros perfis raciais não conhecem e não puderam ajudar a desenvolver — foram completamente deixadas de lado. Parece ser uma solução para quem tem dinheiro."

Emily se preocupa, e com razão, que apenas pacientes brancos recebam imunoterapia oral enquanto os outros terão como única opção de tratamento a exclusão de alimentos. Pergunta-se quando, se é que algum dia, iremos projetar soluções com base nas necessidades de *todos*, não apenas nas de alérgicos brancos ou ricos, e se dedica a uma busca obstinada pela equidade nos tratamentos. Ela sabe como pode ser difícil para pessoas pobres e de diferentes perfis conseguirem tratamento, porque aconteceu com ela.

O marido de Emily foi demitido do emprego não muito tempo depois que a filha foi diagnosticada. Ele encontrou um novo emprego em um *call center*, que não oferecia plano de saúde. A família de Emily precisou recorrer ao Medicaid, o programa de saúde social dos Estados Unidos — e, com isso, perdeu acesso a especialistas em alergia.

"Nenhum dos alergistas particulares da nossa comunidade atende pelo Medicaid", explica ela. "O único lugar a que se pode ir são os centros acadêmicos, que têm uma lista de espera enorme. Lembro que levou seis meses para conseguirmos uma consulta."

Enquanto Emily abria a ONG, a filha caçula dela ficou muito, muito doente. Ao completar 1 ano, ela foi diagnosticada com atraso no crescimento e recebeu terapia nutricional. Por volta dos 4 anos, foi diagnosticada com uma forma rara de alergia alimentar chamada esofagite eosinofílica (EoE). As pessoas com EoE têm um acúmulo de eosinófilos, um tipo de glóbulo branco, no revestimento do esôfago. Essas células reagem negativamente aos alérgenos alimentares e podem causar irritação, dor e constrição do esôfago, dificultando a ingestão de alimentos. A EoE é uma doença rara, afetando aproximadamente 1 em cada 2 mil pessoas. Felizmente, há uma clínica especializada em Kansas City, onde a filha de Emily foi atendida. Para ajudar a diagnosticá-la, os médicos da clínica prescreveram uma série de dietas de eliminação: começaram excluindo o leite, depois outros quatro alimentos, outros oito alimentos, carne vermelha e de frango.

Em 2019, Emily participou de uma conferência sobre alergia como palestrante convidada (a única maneira de ir, por não ter condições financeiras). Enquanto estava lá, ela conversou com um importante pesquisador de EoE que recomendou um tratamento com um regime de esteroides orais, além de uma dieta limitada. Emily seguiu as recomendações e viu a filha entrar em remissão. Atualmente, ela tem 7 anos e permanece em remissão, apesar de todos os gatilhos que iniciam uma reação ainda não serem conhecidos. (Como já vimos, às vezes isso é impossível de se descobrir.) O próximo passo, sem os esteroides, teria sido uma fórmula nutricional suplementar, que não é coberta pelo seguro no Missouri. Para evitar o gasto de 3 mil dólares por mês, Emily e o marido precisariam se mudar para um estado onde ela é fornecida gratuitamente. Os esteroides funcionaram, mas os efeitos colaterais são uma preocupação constante. Os indicadores endócrinos e de cortisol da menina precisam ser monitorados de perto, para verificar que os órgãos dela não estão sendo danificados. Se isso acontecer, a dosagem deverá ser ajustada, o que pode fazer com que a filha de Emily saia da remissão. As crianças geralmente não superam a EoE; é um distúrbio vitalício.

―――――――

A história de Emily Brown é única e, ao mesmo tempo, comum. Ela destaca obstáculos e dificuldades que os alérgicos e familiares passam após o diagnóstico inicial. O processo de diagnóstico é complicado, e o tratamento pode ser ainda mais difícil. A sintomatologia de cada paciente é diferente porque a resposta biológica de cada um é distinta. Isso torna o tratamento em algo extremamente difícil.

Além disso, esses tratamentos não progrediram nos últimos dois séculos. Até muito recentemente, estávamos presos às mesmas opções. Todas têm vantagens e desvantagens, e nenhuma fornece alívio completo e duradouro. No restante deste capítulo, vamos analisar a história dos tratamentos — desde a morfina e os cigarros para asma do século XIX até o Xolair (disponível no Brasil) e o Palforzia, da Aimmune Therapeutic, nos dias de hoje. Veremos o que mudou, o que não mudou e as dificuldades que os pacientes alérgicos enfrentam quando se trata de aliviar os piores sintomas. Por fim, veremos que não há "curas fáceis" para graves reações do sistema imunológico, embora haja esperança de prevenção e alívio mais eficazes em um futuro distante.

QUANTO MAIS AS COISAS MUDAM, MENOS OS TRATAMENTOS EVOLUEM: O PASSADO E O PRESENTE DO CUIDADO DA ALERGIA

Em uma carta de 1868 ao amigo e médico Oliver Wendell Holmes, o famoso abolicionista e clérigo Henry Ward Beecher se queixou por não encontrar remédios para a febre do feno. Holmes respondeu: "O cascalho é um remédio eficaz. Deve ser tomado a sete palmos de profundidade." A brincadeira amigável de Holmes com o desespero de Beecher teria surgido de uma profunda frustração com os tratamentos para alergia predominantes na época. Mesmo os médicos contemporâneos que sofriam de alergia, como o Dr. John Bostock e o Dr. Charles Harrison Blackley, não conseguiam encontrar alívio adequado para os piores sintomas, mesmo após décadas de autoexperimentação e prática clínica. Por mais que a compreensão científica das funções imunológicas tenha se aprofundado no último século, muitos estão familiarizados com o sofrimento de Beecher. Os tratamentos, até pouco tempo, eram basicamente os mesmos.

Para ilustrar melhor como a abordagem médica da alergia pouco mudou nos últimos dois séculos, acompanharemos três pacientes típicos submetidos a uma variedade de tratamentos para algumas das reações alérgicas mais comuns. Cada caso aqui apresentado é uma composição fictícia baseada em todos os pacientes que entrevistei, com quem interagi, sobre os quais li em textos históricos ou cujas histórias me foram relatadas por médicos. Eu os concebi brancos, de classe média a média-alta, com bons planos de saúde, que vive em cidades ou subúrbios e têm acesso relativamente fácil a alergistas. Fiz isso porque, pelo menos historicamente, a maioria dos pacientes de alergia eram brancos, abastados e moravam em áreas urbanas — e até o momento em que este livro foi escrito, esses grupos demográficos têm mais chance de ter acesso aos melhores tratamentos. Continuaremos a abordar o sério e persistente problema social relativo ao tratamento de alergias ainda neste capítulo.

Alergias respiratórias e asma

Jennifer é uma mulher jovem e saudável, com cerca de vinte e tantos anos, que sofre de alergias respiratórias sazonais desde criança. Ela é afetada por pólens de carvalho, grama e ambrosia. Sofre também de asma moderada a grave, razoavelmente controlada a menos que a contagem de pólen esteja muito elevada ou que haja esforço físico ao ar livre e durante o verão. Como alguém que praticou esportes como futebol e softbol a vida toda, Jennifer não gostaria de cortar as atividades externas. Em algumas ocasiões, ela chegou a ser levada ao hospital por causa de uma crise grave.

Do início do século XIX até a década de 1930 — Se alguém como Jennifer tivesse vivido nesse período, provavelmente teria acesso a algumas opções de tratamento diferentes, embora nenhuma delas fosse se revelar eficaz. Para começo de conversa, é provável que o médico de família a incentivasse a evitar o ar sujo ou poluído da cidade, suspeito de contribuir para os sintomas. Isso também valeria para todas as árvores, flores, odores ou substâncias como poeira que pareciam provocar crises de asma. Em outras palavras: evitar contato com todos os alérgenos conhecidos. Os pacientes com alergia respiratória eram instruídos a remover cortinas e tapetes; retirar todos os quadros e outros "ímãs de poeira" para limpeza minuciosa; passar um pano oleado ou úmido sobre toda a mobília, até nas molas dos colchões; a lavar pisos e radiadores; e não ter animais domésticos. Jennifer também poderia ter sido aconselhada a fechar todas as janelas e ficar dentro de casa o máximo possível durante as estações mais quentes.

Se a família dela fosse rica, o médico poderia recomendar que ela fizesse as malas e se refugiasse nas montanhas ou na praia durante os meses de verão. A partir do final do século XIX, era comum os pacientes mais ricos viajarem para um balneário, normalmente localizado no alto das montanhas ou no deserto, para escapar do ar e do pólen da cidade. Na metade leste dos Estados Unidos, hotéis grandes e luxuosos surgiram nos Adirondacks e nas Montanhas Brancas para atender a quem padecia de febre do feno, asma e bronquite. No oeste do país, as montanhas do Colorado e o deserto do Arizona se tornaram destinos populares.

"O número de asmáticos em Tucson hoje é maior do que em outras partes do país", conta o historiador Gregg Mitman, "porque houve um influxo de imigrantes com asma que não apenas aumentaram a carga genética na população, como também trouxeram plantas como amoreiras e oliveiras para esverdear o deserto, exacerbando suas alergias". (As consequências do plantio dessas árvores são discutidas no Capítulo 10.)

218   Theresa MacPhail

Se a família de Jennifer não quisesse se mudar ou não fosse rica o suficiente, ela poderia recorrer a uma variedade de medicamentos receitados para prevenir crises de asma e controlar os piores sintomas. Em um texto de 1934 destinado a clínicos, o Dr. Samuel Feinberg fez as seguintes recomendações de possíveis tratamentos: pós e cigarros para asma, morfina e derivados do ópio, iodetos, éter, cocaína, bebidas alcoólicas e cálcio.[1] A adrenalina também era prescrita para casos de ataques súbitos e agudos de asma.

Outra opção padrão era a injeção com extratos de pólen. A dessensibilização, como era chamada, surgiu em Londres em 1911 para "aumentar a imunidade" a um alérgeno, reduzindo as crises antes que começassem.[2] Como candidata a esse tratamento, Jennifer poderia escolher entre três métodos:

(1) O médico aplicaria o método cutâneo, que consistia em introduzir pequenas quantidades de um alérgeno através de pequenos arranhões na pele;

(2) O médico administraria o alérgeno por via intradérmica, como uma injeção, com dosagem controlada — para isso, ele precisaria manipular uma substância contendo os alérgenos locais que afetavam Jennifer;

(3) O médico aplicaria no saco conjuntival do olho da paciente uma gotinha de uma solução com quantidade específica do alérgeno, produzindo pequenas reações oftálmicas.

Com o tempo e a administração repetida de pequenas doses com potência crescente, o sistema imunológico poderia ser treinado para tolerar os alérgenos agressores. Mas a dessensibilização não era bem-sucedida em todos os casos (dados sobre a porcentagem geral de sucesso desses tratamentos iniciais são praticamente inexistentes). Se nenhuma dessas possibilidades fosse eficaz, Jennifer poderia ter recebido injeções mais duvidosas. Na época, não era incomum que médicos tentassem estimular o sistema imunológico de um paciente usando substâncias como leite, cálcio, enxofre, terebintina ou pequenas quantidades de bacilo da tuberculose. Eles esperavam que as injeções de tais substâncias pudessem induzir tolerância e ajudar no alívio dos sintomas. Os pacientes também poderiam receber injeções de soluções do próprio soro sanguíneo ou de microrganismos coletados do próprio trato respiratório ou de "extrato parasitário", especificamente de *Ascaris lumbricoides*, nome científico da lombriga, o parasita humano mais comum.[3] Um famoso alergista reparou que alguns médicos faziam experiências com injeções de vacinas contra gripe e febre tifoide, bactérias do intestino e veneno de cobra, e reclamou da falta de empirismo em grande parte dessas experimentações, argumentando que a maioria não passava de um "subproduto de baboseiras sem valor".[4]

Se nada mais funcionasse para Jennifer, ela poderia ser submetida a uma cirurgia para tentar corrigir qualquer anormalidade do trato respiratório. Na década de 1930, era comum remover amígdalas e adenoides de pacientes com problemas respiratórios, embora haja poucas evidências da eficácia. Jennifer também aprenderia uma série de exercícios respiratórios especiais, combinados com novas posturas (costas eretas e ombros caídos), e recebido massagens regulares para estimular o desenvolvimento de uma "parede torácica flexível".[5]

Da década de 1940 até os dias atuais: Com o passar dos anos e a evolução da tecnologia médica, os alergistas fizeram experiências com câmaras à prova de alergia, máscaras de filtragem de ar e duchas nasais com um aparelho especial para borrifar CO_2 na cavidade nasal;[6] eletroterapia, actinoterapia (o uso de raios UV) e terapia de raios X. Dependendo do médico, Jennifer seria submetida a qualquer uma dessas terapias especulativas em uma tentativa de controlar as crises respiratórias sazonais.

Mas os tratamentos típicos para alergias respiratórias e asma foram mais ou menos os mesmos por décadas. Em 2022, o padrão para pacientes como Jennifer, com doenças alérgicas causadas por alérgenos extrínsecos, continua sendo a evitação. Evitar é o tratamento preferencial, porque a remoção do alérgeno do ambiente do paciente ou do paciente do ambiente alérgico significa que o sistema imunológico não será exposto a nenhum gatilho e não precisará reagir. Se o alérgeno agressor for, por exemplo, pelo de gato, isso pode ser factível (embora emocionalmente complicado): é possível doar o animal, limpar a casa e evitar o felino no futuro. Mas não é um método viável para aqueles que, como Jennifer, têm sensibilidade a pólen de árvores e gramíneas ou ácaros, cuja remoção total pode ser difícil, se não impossível.

A segunda linha de defesa contra as doenças alérgicas — também praticamente inalterada desde o século XIX — é a limpeza completa e o reajuste do espaço habitado. Por exemplo, se alguém é alérgico a roedores, ácaros, baratas ou mofo, a limpeza regular da casa, a lavagem de todas as roupas de cama e a remoção de fontes de comida e água e da praga na casa podem reduzir a exposição aos alérgenos ofensivos. Condicionadores de ar e dispositivos de filtragem costumam ser recomendados, uma vez que essas tecnologias mais recentes podem filtrar alguns alérgenos, ou até mesmo a maior parte de elementos como o pólen. Quem sofre de alergia sazonal como Jennifer também é instruído a tomar banho assim que chega em casa, para tirar o pólen da pele e dos cabelos. A troca de roupa deve ser imediata. Todo o esforço necessário para evitar o contato direto com alérgenos pode parecer oneroso e cansativo para pacientes com alergias moderadas a graves. Na maioria das vezes, apesar de todo esforço, a evasão total não é viável.

A terceira linha de defesa de Jennifer é tentar controlar os piores sintomas usando um ou mais medicamentos. Muitos dos cuidados que seriam prescritos hoje em dia, no início dos anos 2020, seriam conhecidos pela Jennifer de 1940 (e até mesmo antes disso).

"Ainda usamos as mesmas drogas usadas há um século", explicou o Dr. Robert Schleimer, da Universidade Northwestern. "Os humanos não mudaram tanto, e os medicamentos também não. Só acrescentamos versões novas ou melhoradas."

Uma das primeiras linhas de tratamento para alergia respiratória de leve a moderada é — e continua a ser, após quase um século — o anti-histamínico, a classe mais antiga de medicamentos ainda prescritos para alérgicos, descobertos acidentalmente em 1937 durante pesquisas sobre a função imunológica em porquinhos-da-índia. Em 1942, os anti-histamínicos se tornaram acessíveis e populares como um remédio *até que* eficaz. Eles agem substituindo a histamina que se ligaria aos receptores das células imunes, bloqueando assim o progresso de uma reação. No momento em que este livro foi escrito, havia dez anti-histamínicos de primeira e segunda geração aprovados nos Estados Unidos que alguém como Jennifer pode tomar para controlar a coriza e a coceira nos olhos, disponíveis com ou sem receita.

Durante a conversa sobre tratamentos modernos para alergia respiratória, Schleimer observou que os anti-histamínicos de segunda geração, como Allegra, tendem a ter efeitos colaterais mais leves do que os medicamentos de primeira geração. Embora ainda eficazes, anti-histamínicos de primeira geração têm efeitos sedativos e podem interferir no foco e no processamento mental (como sabe qualquer pessoa que já tomou Fenergan no desespero para conseguir dormir). As drogas mais recentes não são sedativas e evitam a maioria dos piores efeitos colaterais presentes nas de primeira geração.

Mas por que eles ainda são fabricados? Por que alguém ainda os prescreveria ou usaria se os efeitos colaterais são tão intensos? A resposta curta é que os medicamentos de primeira geração são mais secativos — o que significa que são mais eficazes no combate à congestão nasal que costuma acompanhar alergias respiratórias leves e moderadas. As drogas de segunda geração, embora funcionem muito bem para interromper a reação da histamina, não ajudam com a congestão. Por isso, alguns pacientes como Jennifer preferem as drogas antigas durante o auge da temporada de pólen.

Quero fazer uma breve pausa para observar que pacientes como Jennifer em geral criam apegos e crenças extraordinariamente fortes em relação a marcas ou tipos específicos de anti-histamínicos. Em entrevistas com alérgicos, muitas vezes ouço explicações detalhadas sobre medicamentos e histórias de como um deles funcionava bem por anos e de repente não funcionava mais, ou sobre como um novo anti-histamínico mudou a vida de alguém, ou sobre a tolerância desenvolvida a uma determinada marca. Apesar de todos esses depoimentos, nenhum estudo científico demonstrou que os pacientes realmente desenvolvem ou podem desenvolver tolerância física a qualquer um dos dez medicamentos anti-histamínicos registrados. Pesquisadores que trabalham com o tema creem que os alérgicos abandonam os remédios receitados, ou querem trocar as receitas, pela persistência de sintomas graves ao longo do tratamento, e não porque as drogas tenham se tornado menos eficientes com o tempo. É possível também que os sintomas dos pacientes piorem por causa de uma carga maior de pólen ou maior exposição a níveis elevados de alérgenos. Em outras palavras, sentimos que a medicação não está funcionando porque às vezes ela, de fato, não está.[7]

"A farmacologia moderna se concentra naquilo que se chama de necessidade insatisfeita", disse Schleimer. "A necessidade insatisfeita se refere a todos aqueles com sintomas graves para quem os medicamentos comumente eficazes não estão funcionando."

Ele me deu um exemplo pertinente. Há setenta anos, muitas pessoas como Jennifer sofriam muito ou até morriam de asma. Para muitos, os medicamentos disponíveis não eram efetivos no controle da doença. Em seguida, surgiram os esteroides orais, aprovados para uso geral. Mas esses remédios se mostraram perigosíssimos: o uso de esteroides pode causar sérios danos aos tecidos corporais ao longo do tempo.

"Era melhor do que morrer de asma", comenta Schleimer, dando de ombros. "A propósito, essas drogas ainda estão por aí, mas a taxa de mortalidade por asma despencou graças ao desenvolvimento de esteroides inaláveis, que representaram um progresso em relação à apresentação em comprimidos. E os esteroides inaláveis funcionam na área, sem causar os efeitos colaterais e horríveis dos orais. Então, às vezes, é preciso pegar os mesmos remédios e melhorá-los, aprimorá-los. Para os anti-histamínicos, existem várias gerações. Cada um representa uma melhora. A mesma coisa acontece com os esteroides."

O tratamento para asma espelha o das alergias sazonais, mas adiciona novos medicamentos para controlar sintomas mais graves. Você já deve ter visto alguém usando um inalador para controlar a respiração ou prevenir uma crise. Esses inaladores contêm diferentes medicações, dependendo das necessidades do indivíduo.

Normalmente, os sintomas respiratórios em pacientes com asma são controlados usando uma categoria de fármacos conhecida como beta-agonistas, que são broncodilatadores usados em terapia de curto prazo para controlar sintomas. Seis deles são aprovados para uso nos Estados Unidos. Alguns são inaladores de curta duração como albuterol, levalbuterol e pirbuterol; outros são versões de longa duração, como salmeterol, formoterol e vilanterol. Basicamente, esses inaladores são o jeito moderno de dosar efedrina, uma droga receitada há cem anos para melhorar a capacidade respiratória dos pulmões.

Os inaladores de ação prolongada são prescritos apenas no intuito de controlar a asma crônica ou persistente. Os médicos não recomendam o uso contínuo, devido ao registro de capacidade pulmonar diminuída e maior reatividade nos pulmões após apenas três semanas de uso diário.[8] Os inaladores de ação curta são receitados para controle temporário dos sintomas ou para evitar a ocorrência destes antes de atividades extenuantes ou de exercício físico — como partidas de futebol. Os efeitos colaterais do uso persistente de inaladores beta-agonistas podem incluir tremores corporais, sensação de inquietação e problemas estomacais.

Os corticosteroides inaláveis (comumente chamados de esteroides) são um tratamento de primeira linha para todos os pacientes com asma persistente que não respondem aos beta-agonistas. Atualmente, existem oito fórmulas de corticosteroides inalatórios aprovadas para uso nos Estados Unidos. Uma vez que o controle dos piores sintomas é alcançado, uma paciente como Jennifer retorna à menor dose possível de esteroides para controlar a doença. Os glicocorticoides intranasais, uma classe diferente de corticoides, são usados para rinite alérgica e considerados seguros e eficazes por fornecerem tratamento local e direcionado. Esses sprays, incluindo Avamys, Nasonex e Nasacort, costumam ser recomendados como terapia de primeira linha para rinite alérgica perene e sazonal.

Há uma nova classe de medicamentos biológicos desenvolvidos para a asma, os anticorpos monoclonais, mas eles são caros. (Se o nome soa familiar, é porque foram usados para o tratamento de pacientes com covid-19.) O dupilumabe, comercializado como Dupixent, é um tratamento de anticorpos novo e eficaz para asma e eczema e custa, em 2023, em média 36 mil dólares por ano. A despesa poderia compensar se ele curasse a alergia ou erradicasse todos os sintomas, mas, como Schleimer ressaltou, essas novas classes de medicamentos não são isentas de efeitos colaterais. Cerca de 25% dos pacientes que tomam dupilumabe desenvolvem conjuntivite. O ativo também pode causar elevações nos eosinófilos, tipo de glóbulo branco encontrado nos tecidos corporais — o que pode significar problemas maiores, como a EoE.

"Esse tratamento não é uma panaceia", diz Schleimer. "Mas, por enquanto, é o melhor que temos."

"Pense nisso: trinta anos atrás, basicamente tínhamos apenas anti-histamínicos disponíveis, e era óbvio para todos nós que eles mal funcionavam", explica o Dr. Alkis Togias, em seu escritório no NIH, enquanto conversávamos sobre tratamentos disponíveis para alergia. "Eles mal funcionavam, mas eram tudo o que tínhamos para medicação. Até pouco tempo, o desafio era a escassez de tratamentos. Hoje isso é menos problemático. Temos tratamentos bastante sofisticados, mas alguns deles custam 30 mil dólares por ano... Então, como implementar isso em larga escala? Os médicos têm um novo problema. Como médico, você não deveria se preocupar com algo além de oferecer o melhor tratamento possível. Mas os clínicos estão sendo bombardeados pelo custo-benefício."

Em suma, as opções de tratamento de Jennifer são melhores do que nunca. No final das contas, ela fará de tudo um pouco para tentar administrar sua condição. Talvez decida não jogar futebol em um dia cheio de pólen de grama. Ela pode comprar um purificador de ar e tomar um anti-histamínico diariamente ou usar um inalador beta-agonista de março a outubro todos os anos. Durante os meses de verão, quando há mais pólen da grama no ar, é possível levar um inalador de esteroides, mais forte, até o campo de futebol para evitar ou controlar uma crise. Tudo isso junto pode fazer Jennifer se sentir melhor na maior parte do tempo, mas ela — e outras pessoas com os mesmos problemas — ainda vão batalhar para controlar os piores sintomas. Tudo isso, é claro, também depende do que o plano de saúde cobrirá, qual o valor de sua coparticipação e quanto ela pode pagar.

Alergia alimentar

Os pais de David notaram o problema pela primeira vez quando tentaram lhe dar uma pequena quantidade de manteiga de amendoim aos 6 meses de idade: ele teve urticária grave. Depois de testar o filho, descobriram que ele era alérgico a amendoim, nozes e ovos. Com o passar dos anos, David acabou no pronto-socorro algumas vezes por exposição acidental, o que foi traumático para todos. Com 10 anos, o menino evitava a ingestão acidental de qualquer um de seus alérgenos desencadeadores, mas ficava ansioso ao brincar na casa de amigos ou ir a festas de aniversário.

Do século XIX até os anos 1930: Se David tivesse nascido em algum momento desse período, provavelmente não teria desenvolvido qualquer alergia alimentar. Todas as crianças que reagiam de forma negativa aos alimentos recebiam o mesmo regime de tratamento. Em um texto médico antigo sobre "anafilaxia alimentar", ou alergia alimentar gastrointestinal, os especialistas alertavam que a superalimentação de bebês e crianças era causa direta de anafilaxia e, portanto, deveria ser evitada. Para ajudar a controlar as reações, todos os alimentos sensibilizantes precisavam ser retirados da dieta. Em casos graves, quando evitar determinado alimento não bastava, recomendava-se tratamentos de choque, bem como dietas líquidas e "injeções de óleo canforado, éter e adrenalina".[9] (Como se pode imaginar, os tratamentos de choque não eram eficientes.)

Na década de 1930, no entanto, o padrão preconizado para o tratamento de alguém com as alergias de David seria uma dieta de eliminação. O Dr. Albert Rowe, renomado especialista em alergia alimentar, acreditava (em grande parte equivocadamente) que as dietas de eliminação induziriam dessensibilização nos pacientes à medida que os alimentos eram reintroduzidos de forma gradual. Ele também experimentou a "terapia com proteínas", que consistia na aplicação de injeções de leite ou do bacilo da tuberculose (usado de forma semelhante para o tratamento da alergia respiratória), mas considerou os resultados "decepcionantes". Com o objetivo de prevenir o desenvolvimento de alergia alimentar em bebês, o Dr. Rowe dava os seguintes conselho às gestantes: não comer demais durante a gravidez; evitar excessos na alimentação durante a primeira infância; fazer os bebês seguirem dietas consistentes; e não introduzir de modo precoce alimentos conhecidos por serem alergênicos em outras pessoas (como já vimos, este último conselho é desastroso).[10]

Em seu livro sobre alergia, o Dr. Arthur Coca recomendava aos médicos que elaborassem tratamentos individualizados com base nas causas específicas de cada paciente. A profilaxia, ou prevenção da alergia, devia ser sempre o primeiro passo em qualquer plano de tratamento.[11] Se um paciente tivesse uma crise, então a primeira escolha para manejar os sintomas devia ser epinefrina, seguida de efedrina. Outras opções eram repouso, catarse (ou purga), jejum de 24 a 48 horas, contrairritantes (aplicação de ventosas ou cataplasmas para irritar a pele) e proteção dos pacientes contra temperaturas extremas e correntes de ar.

Além de evitar a comida alergênica, David e seus pais teriam poucas opções eficientes de tratamento. Pouco se sabia sobre alergia alimentar na época, pois ela era relativamente rara, para início de conversa. Muitas décadas se passariam até que as pesquisas aprimorassem os tratamentos e os cuidados.

Dos anos 1940 até o presente: Os alergistas especializados ainda oferecem uma variedade bastante limitada de tratamentos, a despeito do número crescente de pacientes em todo o mundo. A exclusão continua o protocolo padrão de tratamento, com a remoção de todos os alimentos contendo o alérgeno. Se isso não for possível, deve-se prevenir a contaminação cruzada de utensílios de cozinha, pratos ou panelas. Hoje em dia, é provável que a primeira medida dos pais de David fosse mudar os próprios hábitos alimentares para garantir que o filho não fosse exposto acidentalmente a ovos ou nozes em pratos preparados na cozinha de casa. Quando saíssem, os responsáveis tentariam se assegurar de que os pratos que David pedisse ou consumisse estivessem livres de alérgenos

— o que costuma ser mais complexo do que parece, especialmente em confraternizações. O esforço para evitar alérgenos e eventos anafiláticos pode ser exaustivo.

"As pessoas ficam desesperadas", diz a Dra. Pamela Guerrerio, alergista alimentar do NIH. "Não existe tratamento. Não tenho nada a oferecer além de uma EpiPen."

Além de evitar que David entrasse em contato com todos os seus alérgenos, os pais dele também carregariam uma EpiPen caso alguma emergência acontecesse. A EpiPen é a marca mais famosa de autoinjetor de adrenalina. A aplicação imediata desse hormônio pode desacelerar os processos biológicos que culminam na anafilaxia e, em casos mais severos, até em morte. A injeção costuma dar a pacientes como David o tempo necessário para ir ao hospital receber um tratamento que os salve.

No entanto, um estudo recente descobriu que 52% dos adultos com alergias com risco de vida não usavam EpiPens.[12] Entre os pacientes que receberam uma receita de um autoinjetor, apenas 89% fizeram a compra. Os participantes do estudo citaram o preço elevado e a ausência de reações graves anteriores como motivos para não adquiri-los. Entre os entrevistados que fizeram a compra, cerca de 21% afirmaram não saber como usá-la. Outros 45% disseram que não tinham o dispositivo à mão durante uma reação grave, tornando a receita inútil.

Vale ressaltar que os injetores de adrenalina não são pequenos e devem ser mantidos a uma temperatura específica (portanto, não podem ser armazenados no porta-luvas de um veículo em um dia quente de verão). Muitos alérgicos me disseram, em particular, que carregar os autoinjetores o tempo todo nem sempre é prático. Adolescentes e jovens adultos, especificamente, argumentaram ser inconveniente carregá-los para festas e confraternizações. Pais com filhos mais novos, como o caso de David, entretanto, quase sempre os carregam, e a maioria das escolas nos Estados Unidos tem alguns disponíveis caso haja uma emergência.

Além de exclusão e das autoinjeções de adrenalina em caso de exposição acidental, a única outra terapia disponível para pacientes com alergia alimentar como David é a imunoterapia. Definida como o processo de administrar pequenas quantidades de um alérgeno ao longo do tempo para construir tolerância imunológica, a imunoterapia em geral é recomendada apenas a pacientes com alergia severa que não tiveram os piores sintomas controlados pelos anti-histamínicos e pela exclusão. O processo de tratamento pode durar anos, e a eficácia varia muito de pessoa para pessoa (ainda mais em casos de alergia respiratória). Não sabemos exatamente por que a imunoterapia funciona, mas o processo de fato é capaz de alterar nosso mecanismo imunológico subjacente. No tratamento tanto da alergia alimentar quanto da respiratória, a imunoterapia se mostra promissora não apenas na prevenção dos sintomas, mas também na redução do número de eventos anafiláticos que um paciente como David enfrentará na vida.

Existem três tipos básicos de imunoterapia: subcutânea (ITSC), sublingual (ITSL) e oral (ITO). As duas primeiras são usadas para alergias a algo no ambiente, como as de Jennifer. A ITO trata alergia alimentar. Os três tipos devem ser realizados em ambientes clínicos. É fundamental a observação direta, no caso raro de o paciente manifestar uma resposta severa à quantidade mínima de alérgeno administrada. Pacientes como Jennifer, submetidos à ITSL, recebem gotas ou comprimidos que dissolvem após alguns minutos; as gotas são colocadas sob a língua por um tempo específico, depois engolidas ou cuspidas, já os comprimidos são engolidos. Os pacientes tratados com ITSC recebem injeções semanais ou quinzenais no início da terapia. As doses continuam por três anos. Depois desse período, a maioria pode interromper o tratamento com segurança e manter seus efeitos protetores. Os efeitos positivos da imunoterapia podem durar anos após a interrupção do tratamento, mas não são eternos. Pacientes que recebem ITO, como David, vão ingerir doses baixas e calculadas do alérgeno alimentar específico sob supervisão clínica. As consultas iniciais demoram horas porque o paciente deve ser monitorado para reações. A seguir, por duas semanas, uma quantidade predefinida de alérgeno deve ser diariamente consumida em casa. David precisaria retornar à clínica de alergia pediátrica a cada duas semanas para aumentar a dosagem de acordo com o predeterminado e ser monitorado para qualquer reação. Esta parte do processo de tratamento é conhecida como "indução" e dura vários meses. No final dessa etapa, David precisaria continuar a consumir certa quantidade do alérgeno para manter o nível de dessensibilização. (Se a ITO ainda parece nebulosa, não se preocupe. No Capítulo 9, entraremos em mais detalhes sobre isso.)

Possíveis efeitos colaterais de ITSL, ITSC e ITO são inchaço de língua, boca ou garganta, coceira na boca e, em casos raros, anafilaxia. Inchaço grave no local das injeções durante ITCS é raro, mas pode ocorrer. As três formas de imunoterapia são consideradas tratamentos seguros, mas a eficácia varia.[13] Até recentemente, o padrão-ouro de tratamento para a maioria das alergias era a ITSC. Em estudos anteriores, ela foi considerada mais eficaz, embora a ITSL fosse considerada mais segura (o que significa, em resumo, que causou menos choques anafiláticos). Ao contrário dos medicamentos que ajudam nos sintomas, as imunoterapias trabalham para mudar de modo ativo o funcionamento imunológico geral do paciente, ensinando as células imunes a tolerar maiores quantidades de antígenos antes de responder.

De forma curiosa e um tanto problemática, apenas alguns dos extratos de alérgenos usados na imunoterapia são padronizados seguindo regras da FDA e calibrados de acordo com os níveis de potência conhecidos como unidades alergênicas bioequivalentes (BAU, do inglês *biologic allergy units*). Outros são padronizados medindo-se a quantidade específica de alérgeno contido no extrato (considerando-se a massa de soluto por volume de solução).

Ou seja, como já vimos tantas vezes antes, não existe uma padronização global. Cada fabricante escolhe o padrão para elaborar seus extratos. Até recentemente, isso também significava que nem toda imunoterapia era igual. Dois alergistas trabalhando na mesma cidade poderiam usar extratos diferentes de fabricantes diferentes. As respostas dos pacientes também variam.

Para muitos, a imunoterapia não funciona. Ainda mais no caso de alergias causadas por alérgenos ambientais, como a febre do feno (razão pela qual nem listei ITSC ou ITSL como opção para as alergias a carvalho, grama e ambrosia de Jennifer). Se um paciente não notar melhora depois de um ano inteiro de imunoterapia, recomenda-se que ela seja descontinuada. Atualmente, os pesquisadores trabalham no desenvolvimento de exames de sangue simples capazes de prever o possível sucesso da imunoterapia antes que ela seja ministrada.[14] Essa triagem pouparia tempo, dinheiro, inconveniência e sofrimento emocional que acompanha o paciente durante uma terapia tão longa.

É importante observar que poucos dos alérgicos com quem conversei durante a pesquisa para este livro haviam tentado a imunoterapia. Alguns encontraram benefícios. A maioria interrompeu o tratamento dentro de um ano, dizendo-se incapazes de identificar grandes benefícios no alívio dos sintomas e cansados das visitas semanais ou quinzenais ao alergista. Nenhum dos pacientes adultos com alergia alimentar com quem conversei havia tentado imunoterapia; alguns mencionaram o medo de ingerir grandes doses daquilo que poderia matá-los. O tratamento com ITO também causa reações como dor de estômago, formigamento na boca e erupções cutâneas. Algumas pessoas não estão dispostas a passar por um tratamento que, pelo menos nos primeiros meses, traz tanto desconforto. Muitas crianças pequenas acham que o tratamento em si provoca ansiedade, uma vez que os sintomas se assemelham aos de um choque anafilático em andamento.

Desde janeiro de 2020, há uma nova fórmula padronizada para a imunoterapia voltada para alergia ao amendoim, aprovada pela FDA para ser administrada nos Estados Unidos, chamada Palforzia. Hoje, os pais de David teriam a opção de escolhê-la como tratamento para aumentar de maneira significativa a tolerância do filho à exposição acidental a amendoim. Ela se mostrou incrivelmente eficaz, permitindo que os pacientes consumissem alguns amendoins sem uma resposta imune severa. Para David, isso pode representar muito menos ansiedade.

Mas, como veremos no Capítulo 9, uma imunoterapia como o Palforzia não é uma "cura" para a alergia alimentar. Um especialista que entrevistei me alertou mais de uma vez que esse medicamento, embora útil, só era eficaz para um único alérgeno: amendoim. A maioria das crianças alérgicas reage a múltiplos alérgenos. A imunoterapia para alergia alimentar também deve ser mantida por tempo indeterminado ou sua eficácia diminui. Em outras palavras, não é uma panaceia. A Dra. Kari Nadeau enfatiza a necessidade de mais esforço por parte dos especialistas, argumentando que um único medicamento com aprovação da FDA está longe de ser o suficiente: "Não devemos nos aplaudir por qualquer das terapias existentes para alergia alimentar, pois há ainda questões de segurança."

No final das contas, os pais de David teriam que escolher entre o caminho tradicional — exclusão de alimentos e um autoinjetor de adrenalina para emergências — e a imunoterapia. Por enquanto, são as únicas opções. E nenhuma delas é perfeita.

Dermatite atópica ou eczema

Emma tem 6 anos, adora cães e gatos, mas é extremamente alérgica a eles, além de sofrer eczema severo desde bebê. As erupções cutâneas podem durar de semanas a meses, causando problemas para dormir e se concentrar na escola. A pele das bochechas, dos cotovelos, dos joelhos e das mãos inflama, coça e fica muito vermelha. Ao coçar, ela acaba abrindo feridas. Às vezes, a crise é tão séria que a pele das mãos secreta pus.

A partir do século XIX até a década de 1930: Historicamente, pessoas com tais condições teriam sido classificadas como tendo erupções ou irritações na pele. A palavra "eczema" foi cunhada em meados do século XVIII, mas não foi reconhecida como condição alérgica até década de 1930, quando "dermatite atópica" foi usada pela primeira vez. Até a era moderna, o tratamento típico para a moléstia seria a aplicação de vários cataplasmas (pastas feitas de materiais naturais, semelhantes às máscaras faciais de tratamento modernas) ou, em alguns casos, sangria. À medida que a compreensão do sistema imunológico progrediu, muitos médicos começaram a vincular o eczema à dieta do paciente — em particular, ao consumo de leite. Restrições dietéticas para controlar as crises teriam sido comuns. Mas a família de Emma não encontraria muitas opções ou tratamentos eficazes entre os quais escolher. Ela sofreria sozinha, na esperança de superar o problema quando mais velha.

A partir da década de 1940 até os dias atuais: Até pouco tempo atrás, quase todas as opções de tratamento para o eczema eram terríveis. De acordo com meu ponto de vista, depois de conversar com dezenas de alergistas e muitas pessoas com a doença, o eczema é a condição alérgica mais difícil de tratar. Para começar, como apontou o Dr. Peter Lio, a maioria dos pacientes com dermatite atópica não tem ideia do que desencadeia os surtos. Podem ser alérgenos ambientais; podem ser compostos químicos em algo que estão usando; pode ser algo tão simples como calor ou exercício. Normalmente, "evitar" não é uma opção.

E os sintomas podem ser insuportáveis. Durante décadas, os pacientes que tentavam controlar a condição viviam perdendo a batalha.

"Está na sua pele, para que todos possam ver o tempo todo", comenta a Dra. Jessie Felton durante um bate-papo via Zoom. Ela é dermatologista pediátrica nos Hospitais da Universidade de Brighton e Sussex e no Royal Alexandra Children's Hospital, no Reino Unido. "É visível e pode aparecer no rosto. Não há conforto. Afeta a concentração e o sono. Isso não significa privação de sono somente para a criança; ela se estende à família toda."

Quando pergunto sobre o tratamento de dermatite atópica em pacientes como Emma, a médica conta a história de uma paciente semelhante, uma menina de 5 anos com eczema grave. O caso foi tão angustiante que a criança foi medicada com imunossupressores — a última linha de defesa.

"A criança pediu que a mãe cobrisse todos os espelhos da casa porque ela não suportava mais olhar para si mesma", conta Felton. "Estamos falando de uma criança de 5 anos. Ela estava tão angustiada com a pele escarlate, destroçada, descamando."

O tratamento inicial de costume para casos leves de eczema é uma rotina diária de cuidados com a pele. Solicita-se aos pacientes que apliquem hidratantes especiais nas áreas afetadas várias vezes ao dia, embora estudos recentes sugiram haver menos evidências de que a hidratação funcione de forma preventiva. Em casos leves ou moderados mais persistentes, corticosteroides tópicos são receitados como primeira linha de tratamento. Existem sete grupos de esteroides tópicos, classificados do mais potente (dipropionato de betametasona) ao menos potente (hidrocortisona) e prescritos de acordo. Não é raro que pacientes com eczema contraiam infecções bacterianas, por isso pomadas antibióticas e antibióticos orais também podem ser receitados para ajudar no controle de uma crise. Pode-se recomendar o tratamento de quaisquer alergias alimentares ou respiratórias do paciente, uma vez que podem ativar o eczema. A segunda linha de defesa inclui corticosteroides sistêmicos (administrados por via oral ou injeção) e imunossupressores. As duas opções, mais pesadas, funcionam, mas também causam efeito rebote quando o tratamento termina. Em outras palavras, um tratamento bem-sucedido de eczema pode, na verdade, piorar a situação. Os imunossupressores têm outro efeito colateral desagradável: como funcionam desativando parcialmente a resposta imune geral, aumentam o risco de desenvolver infecções.

Felton afirma que o tratamento de eczema é difícil para pacientes como Emma, não apenas porque são penosos e muitas vezes ineficazes, mas também por causa do desgaste mental que provoca em todos os envolvidos. "As mães e os pais sentem muita culpa ao aplicar as pomadas", explica ela. "É muito desconfortável para a criança. Uma dificuldade constante. Os responsáveis tentam seguir o tratamento. Ao mesmo tempo, a criança berra, pedindo que não o façam. Então é muito, muito complicado."

Os tratamentos também são complicados porque cada paciente é diferente. E, em geral, quando chegam ao consultório de Felton, eles já passaram por muita coisa.

"Quando eu os atendo, eles já passaram por tudo", disse ela. "Fizeram testes de alergia. Talvez tenham ido para o exterior. Estão comprando todos os tipos de cremes, gastando muito dinheiro e sofrendo muito porque nada ajuda."

A primeira coisa que a Dra. Felton faz é tentar descobrir o que está acontecendo com o indivíduo. Ela descreve cada caso de dermatite atópica como um novelo de lã, todo emaranhado. É preciso paciência para desembaraçá-lo. Também vê promessa em vários tratamentos em estudo, incluindo anticorpos monoclonais anti-IgE e inibidores de Janus quinases (daremos uma olhada mais detalhada nesses medicamentos no Capítulo 9). O anticorpo monoclonal Dupixent foi o primeiro medicamento biológico aprovado para dermatite atópica. Felton afirma se tratar de um divisor de águas, o primeiro novo tratamento a trazer real esperança para os casos mais graves de eczema, mas ainda há obstáculos no caminho até que sua prescrição seja aprovada pelo Serviço Nacional de Saúde do Reino Unido. (Ouvi reclamações semelhantes sobre a dificuldade de fazer alguns planos de saúde nos Estados Unidos cobrir esses custos.)

Mesmo com as dificuldades de obter aprovação, Felton está animada por ter uma nova opção. Com esteroides, é preciso fazer exames de sangue regulares para garantir que o tratamento não esteja afetando as funções hepáticas ou renais do paciente. Apesar disso, Felton os emprega, pois descobriu que podem ser eficazes quando tomados por vários meses (muitas vezes, limpando a pele sem efeito rebote). Um dos esteroides orais mais populares, a prednisona, não requer monitoramento do sangue e é capaz de entregar o alívio tão necessário, apesar de não ser uma boa opção de longo prazo (devido a efeitos colaterais nos pacientes, como aumento da pressão arterial). Os esteroides tópicos reduzem a inflamação, mas também podem aumentar a formação de vasos sanguíneos, afinar a pele e provocar complicações imunológicas. Os inibidores tópicos de calcineurina (TCIs) provocam menos efeitos colaterais do que os esteroides e podem ajudar a reduzir a coceira, a inflamação e o ressecamento, mas o uso prolongado pode aumentar o risco de câncer (como demonstraram estudos em animais). Com os novos produtos biológicos[15] em desenvolvimento, haverá menos preocupações. E, se for possível controlar a reação da pele por um ano, a maioria das crianças como Emma não sofre rebote ao fim do tratamento.

"Existe algo mágico no sistema imunológico das crianças", disse Felton, "e isso não acontece com os adultos".

Mas nem o Dupixent consegue ajudar alguns pacientes. A Dra. Emma Guttman-Yassky, da Icahn School of Medicine no Mount Sinai, alertou em um artigo publicado pela National Eczema Association que nenhuma dessas novas drogas "curará" a dermatite atópica. (Embora seja verdade que muitas crianças "superam" o eczema quando adultas, a atopia permanece latente e pode se agravar no futuro — quando a função do sistema imunológico estiver comprometida pela idade ou pelo estresse, por exemplo). Como nos tratamentos mais antigos, existe a possibilidade de essas drogas mais novas limparem a pele do paciente por vários anos, até que o sistema imunológico se adapte a elas. Depois disso, as crises podem voltar. Nesse caso, vai precisar mudar a rotina e os medicamentos.

Esse ciclo de "necessidade insatisfeita" vai continuar até que aprendamos o suficiente sobre os mecanismos biológicos subjacentes de todas as respostas imunológicas alérgicas a ponto de impedir sua manifestação. Até lá, pacientes como Emma, David e Jennifer estão presos em um jogo de gato e rato, encurralados entre sistemas imunológicos extremamente reativos e os tratamentos disponíveis. Quanto mais soubermos sobre o mecanismo das alergias, melhor poderemos preveni-las e tratá-las.

TRATAMENTOS DO FUTURO?
A PROMESSA DE NOVAS TECNOLOGIAS NO HORIZONTE

Alergistas e pacientes concordam em um ponto: os tratamentos atualmente disponíveis não são bons o bastante. Embora haja progresso, ainda usamos coisas descobertas há cem anos (ou mais). O desenvolvimento de novas tecnologias científicas está abrindo um novo caminho. O que todas as inovações a surgir nas próximas décadas terão em comum é o *machine learning* e as novas técnicas de laboratório.

A magnitude do poder da computação a que os cientistas têm acesso na atualidade é incrível e só aumenta, fazendo surgir algoritmos mais sofisticados que ajudam os imunologistas a classificar a enorme quantidade de dados de pacientes acumulada há décadas. Alguns desses esforços já se mostram promissores.

Por meio de algoritmos de computador, pesquisadores na Suécia encontraram dois novos biomarcadores (alguns genes) que podem ajudar os dermatologistas a diferenciar eczema irritante e dermatite de contato (irritação da pele causada por uma substância como hera venenosa ou fragrâncias).[16] Como pode ser muito complicado diferenciar essas duas reações imunes com base apenas em sintomas visíveis, o diagnóstico incorreto é comum. Existem também dois tipos distintos de eczema: de contato alérgico e irritante não alérgico (causado por produtos químicos ou pela realização de atividades físicas). Novos testes diagnósticos elaborados com esses biomarcadores também podem ajudar a distinguir os tipos de eczema e tratá-los melhor.

A AllerGenis, uma empresa de biotecnologia que licenciou os direitos da pesquisa sobre epítopos alergênicos (a parte de uma proteína à qual os anticorpos se ligam) feita pelo renomado alergista alimentar Dr. Hugh Sampson, usa pesquisas imunológicas na elaboração de novas tecnologias para diagnóstico e tratamento, empregando o *machine learning* (um tipo de inteligência artificial) a fim de prever os resultados da imunoterapia para alergia ao leite com 87% de precisão (acertando mais do que os testes comuns de soro sanguíneo disponíveis). São utilizados dados de imunoensaios que mediram as respostas de anticorpos de um indivíduo para prever a eficácia da imunoterapia.

Tentando se aproveitar do poder do big data, a Anthem Blue Cross Blue Shield (uma das maiores seguradoras de saúde dos Estados Unidos) se uniu a pesquisadores da Universidade Harvard para descobrir se a inteligência artificial pode melhorar o resultado do tratamento de indivíduos alérgicos.[17] A colaboração revolucionária espera usar a enorme quantidade de dados que a operadora armazena sobre os pacientes para descobrir quais tratamentos são mais eficazes — e eficazes *para quem*. Essa pesquisa pode permitir a criação de protocolos mais individualizados, eliminando a necessidade de tentativa e erro durante os estágios iniciais do tratamento de alergias... além de economizar muito dinheiro para os planos de saúde.

Outros pesquisadores estão tentando somar o poder de novas técnicas laboratoriais às décadas de pesquisas em imunologia para encontrar novos mecanismos biológicos que possam ser alvo de tratamento. Pesquisadores da Aarhus University, na Dinamarca, descobriram um anticorpo que pode impedir a ligação de IgE às células, impossibilitando a liberação de histamina.[18] Cientistas do La Jolla Institute for Immunology estão tentando bloquear o acúmulo de células T prejudiciais nos pulmões durante uma crise de asma, bloqueando as proteínas de sinalização.[19] Além disso, pesquisas na Universidade Northwestern concluíram que os inibidores da tirosina quinase de Bruton (BTK), enzima encontrada nos mastócitos, podem diminuir a intensidade das reações alérgicas e possivelmente evitar a anafilaxia.[20] O estudo usou três diferentes inibidores de BTK[21] para bloquear a liberação de histamina e outros sinais alergênicos em mastócitos em um tubo de ensaio. Essa descoberta pode abrir caminhos para a concepção de um medicamento que previna reações anafiláticas em pacientes com alergias potencialmente fatais.

Enquanto isso, o NIH reúne e usa o poder de laboratórios de pesquisa em universidades, órgãos do governo e indústrias para detectar novos caminhos e novas abordagens de tratamento. O Dr. Marshall Plaut, imunologista de renome internacional que se aposentou recentemente da instituição, afirmou que algumas das pesquisas mais promissoras acontecem na Immune Tolerance Network (Rede de Imunotolerância, um sistema colaborativo financiado pelo NIH). "Tem um modelo que propõe um método alérgeno+, ou um alérgeno em combinação com alguma molécula sinérgica, que poderia acelerar a indução de tolerância", explica Plaut. Isso significa treinar o sistema imunológico para tolerar um alérgeno auxiliado por uma molécula que acelera o processo, talvez algo que seja imediatamente reconhecido e que não provoque uma reação negativa. O objetivo da Immune Tolerance Network é tratar doenças alérgicas *antes* que elas apareçam.

Nesse mesmo sentido, muitas novas pesquisas estão focadas na implantação de técnicas de imunoterapia, ou vacinas, para ajudar na alergia. A BM32, uma nova vacina para pólen de gramíneas em ensaios clínicos de fase 2, pode reduzir os sintomas de alergia respiratória causada por pólen em até 25%.[22] O tratamento exige menor quantidade de doses em comparação à imunoterapia tradicional, com menos efeitos colaterais. Outra vacina em desenvolvimento na Suíça, a HypoCat, imuniza gatos contra o próprio alérgeno principal (chamado Fel-d-1). A vacina produz anticorpos que se ligam ao Fel-d-1, reduzindo as secreções. Isso significa que os gatos vacinados vão produzir menos alérgenos, aliviando alergias. A empresa também está trabalhando em uma vacina para cães com princípios semelhantes. A Flinders University, na Austrália, está testando uma nova vacina para peçonha de abelha com adjuvante advax (o mesmo composto usado para melhorar a eficácia da vacina contra a gripe) para acelerar a imunoterapia.[23] A vacina atual para alergia ao veneno de abelha requer cinquenta injeções ao longo de três anos. Uma nova pesquisa sobre uma forma antiga de imunoterapia tem revelado evidências de que o eczema pode ser tratado com injeções de alergia (ou injeções de imunoterapia), o que expandiria as opções de tratamento para pacientes com dermatite atópica.[24]

Levando a ideia subjacente de imunoterapia a novos níveis, pesquisadores da Universidade Duke estão usando nanopartículas que podem "retreinar" o sistema imunológico para tolerar alérgenos alimentares.[25] As nanopartículas são carregadas com citocinas (um grupo de pequenas proteínas usadas na sinalização celular) e antígenos. Uma vez dentro do corpo, elas viajam até os gânglios linfáticos, onde podem fornecer proteção contra anafilaxia, apresentando antígenos às células imunológicas de maneira mais amistosa. Baseando-se em um princípio semelhante, pesquisas realizadas na Universidade Northwestern sugerem que uma nanopartícula contendo glúten pode ajudar a treinar o sistema imunológico de pacientes com doença celíaca, criando tolerância.[26] (Nota importante: a doença celíaca não é uma alergia. É uma resposta autoimune desencadeada pela ingestão de trigo.) Os macrófagos do paciente (grandes glóbulos brancos que podem cercar e matar outras células) aceitam a partícula e a reapresentam para o sistema imunológico de um modo a aumentar a tolerância imunológica. Em um ensaio clínico, o tratamento com nanopartículas da Northwestern diminuiu em 90% os níveis de inflamação imunológica em pacientes expostos ao glúten. Em outras palavras, a nanotecnologia pode ser uma forma de induzir maior tolerância. A esperança é de que, uma vez desenvolvida, a tecnologia possa ser usada para prevenir doenças alérgicas em indivíduos com predisposição genética.

Outra possível "cura" para doenças alérgicas pode estar na boa e velha (relativamente falando) tecnologia genética. Usando as mais recentes técnicas de manipulação celular, pesquisadores da Universidade de Queensland conseguiram apagar a memória das células T em animais, permitindo que os sistemas imunológicos destes tolerassem proteínas alergênicas sensibilizantes.[27] O estudo usou um alérgeno da asma, mas os cientistas acreditam que o mesmo princípio pode ser aplicado a outras classes de alérgenos, como peçonha de abelha ou mariscos. O objetivo final dessa linha de investigação científica é uma terapia gênica de injeção única que altere o processo decisório das células T de um paciente, promovendo a tolerância a qualquer número de alérgenos.

Do lado oposto, pesquisadores tentam criar organismos geneticamente modificados (OGMs) desprovidos das proteínas causadoras da maioria das alergias alimentares. O Dr. Eliot Herman, da Universidade do Arizona, trabalha na produção de soja livre da proteína geradora de resposta imune em pessoas alérgicas.[28] A soja é cruzada com uma variedade mais comum e produz quantidades muito baixas da proteína agressora. Atualmente, Herman faz testes em porcos criados para apresentar maior sensibilidade à soja (que alguns porcos já têm naturalmente, como alguns de nós). Dependendo dos resultados, poderemos ter em breve uma nova ferramenta na luta contra a alergia: alimentos menos antigênicos.

Embora todas essas pesquisas científicas sejam promissoras, devemos lembrar que lançar um novo tratamento no mercado envolve um processo incrivelmente lento, caro e árduo.

"No momento, podemos pegar cerca de cinquenta anos de pesquisa imunológica e aplicá-la para ajudar os pacientes", diz o Dr. Marc Rothenberg, do Hospital Infantil de Cincinnati, "e ainda não somos capazes de curar alergias".

Dito isso, Rothenberg afirmou ter certeza de que as pesquisas realizadas atualmente ajudarão a pavimentar o caminho para uma cura futura. A pesquisa científica fundamental sobre os mecanismos biológicos por trás da alergia — ou o que costumamos chamar de "ciência básica" — é a chave para o progresso. Como vimos ao longo das passagens históricas deste livro, a maioria dos avanços em nossa compreensão da imunologia foram fruto do acaso ou de pessoas inteligentes capazes de seguir uma combinação de instintos e curiosidade natural. Rothenberg defende o compartilhamento livre e aberto da pesquisa para acelerar a cura, e não como um curativo no tratamento de sintomas. Na verdade, o alergista é conhecido por disponibilizar os próprios dados por meio de um site, em inglês, que ele mesmo criou, o EGIDExpress (https://egidexpress. research.cchmc.org).

"Há muita burocracia, muita regulamentação", explica Rothenberg. "Embora tenhamos uma ótima equipe, temos limites de tempo e de dinheiro. Entre a descoberta de um medicamento e a aprovação pela FDA, podem se passar até trinta anos. É muito tempo de espera quando você tem filhos que sofrem dessas doenças."

Isso foi algo que ouvi de quase todos os pesquisadores que trabalham com alergias. Eles precisam de mais dinheiro para contratar mais pessoas, comprar mais instrumentos e conduzir mais pesquisas. Sem a ampliação do investimento em ciência imunológica básica, melhores tratamentos de alergia e uma "cura" continuarão a décadas de distância.

UMA NOTA SOBRE MEDICINA ALTERNATIVA, EFEITO PLACEBO E BUSCA DE ALÍVIO

Estou no consultório de uma dermatologista no centro de Manhattan, fazendo meu exame preventivo de câncer anual, quando conto sobre este livro. Ela fica aliviada por alguém estar escrevendo um livro baseado em evidências, pois sabe que os pacientes pesquisam por conta própria — geralmente no Google e no WebMD — para se autodiagnosticar e se tratar. Já é bastante difícil, afirma ela, tratar esses pacientes sem também precisar contestar informações às vezes falsas ou enganosas que eles encontram online ou por meio de amigos. O que mais a irrita, no entanto, é o fato da própria cunhada não lhe dar ouvidos — uma dermatologista certificada com anos de experiência — no caso do eczema da sobrinha. A cunhada ouve alguém no YouTube que mora na África do Sul e acaba de comprar um suplemento que não vai ajudar em nada.

"É muito, muito frustrante", diz a médica, usando uma lupa para escanear as sardas e verrugas espalhadas pela minha pele. "Eu entendo que ela esteja desesperada pela filha. Eu só queria que ela me escutasse. Que ouvisse a ciência."

Relutei em falar aqui sobre tratamentos alternativos porque, embora não queira dar palco a teorias sem qualquer comprovação científica, também não quero que aqueles que os usaram se sintam invisíveis ou constrangidos. Eu também entendo por que, quando a biomedicina não conseguiu aliviar os sintomas mais desagradáveis, procura-se ajuda em outro lugar. As alergias podem ser, nos piores momentos, assustadoras, deploráveis e exaustivas. Tratamentos envolvem partes iguais de esperança, confiança e ciência. O efeito placebo é real: se você acredita que algo vai funcionar, pode ter uma melhora visível e mensurável na própria condição. Então, como podemos dizer que cannabis, acupuntura ou um passeio em uma mina de sal não funcionam, se o paciente obtém algum alívio?

"As pessoas procuram qualquer coisa que ajude", diz Pamela Guerrerio quando a visitei no NIH, "sejam ervas medicinais chinesas, seja qualquer outra coisa".

Nenhum dos alergistas ou pesquisadores com quem falei condenou os pacientes por buscarem soluções. Mas quase todos expressaram a mesma frustração que minha dermatologista. Os especialistas também enfatizaram que nem todos os tratamentos alternativos ou complementares são criados da mesma forma: fitoterapia chinesa,[29] homeopatia e acupuntura podem trazer benefícios reais e são estudados em ensaios clínicos em locais como o Hospital Mount Sinai, em Nova York. Consumo de probióticos,[30] massagens de Reiki, tratamentos quiropráticos e ingestão de mel local mostraram pouco ou nenhum benefício em estudos controlados.

Muitos dos alérgicos entrevistados para este livro mencionaram ter experimentado uma ou mais terapias alternativas. Alguns relataram melhoras nos sintomas. Alguns me disseram que esses tratamentos também pareciam funcionar por um tempo e depois falhavam. A maioria dos pacientes combinou fontes de informação para tomar decisões, escutando tanto clínicos gerais, alergistas e farmacêuticos quanto amigos com alergias semelhantes, familiares e, às vezes, desconhecidos em grupos de apoio online. Como antropóloga médica, eu argumentaria que terapias alternativas podem, vão e precisam desempenhar papel no tratamento da alergia — idealmente em conjunto com a biomedicina —, uma vez que oferecem aos pacientes não apenas alívio potencial (seja pelas substâncias ativas, seja por efeito placebo), mas também esperança, o que talvez seja mais importante.

De acordo com muitos dos especialistas com quem conversei, a melhor abordagem é a terapia integrativa, uma combinação de métodos e tratamentos para o cuidado de pacientes alérgicos. A Dra. Meenu Singh, do Instituto de Pós-Graduação em Educação e Pesquisa Médica de Chandigarh, Índia, acredita que a ioga ajuda pacientes e muitas vezes a prescreve, junto com tratamentos biomédicos mais tradicionais. Ela acha que, ao desenvolver uma prática de ioga, os pacientes aprendem a controlar a respiração, o que lhes ajuda a controlar melhor a asma. Ela diz que o advento de novos tratamentos biológicos dez vezes mais caros que os antigos e mais baratos não interessa aos pacientes pobres. Entretanto, os tratamentos mais baratos, como inaladores, apresentam desafios próprios. Os pais e avós dos pacientes de Singh estão sempre preocupados que os filhos se viciem em inaladores ou esteroides. Quando as crianças começam a melhorar, os responsáveis por elas passam a evitar o remédio.

Singh observa também que os testes de diagnóstico de alergia são caros, bem como radiografias de tórax e tomografias computadorizadas. Um teste de alergia completo pode custar 10 mil rúpias (cerca de 120 dólares, considerando-se o câmbio de 2023). Os clínicos gerais os solicitam, mas não sabem como interpretá-los. Colher um bom histórico de alergia, segundo Singh, leva cerca de uma hora e a maioria dos médicos ou não está disposto a dedicar tanto tempo ou não pode fazê-lo porque as clínicas estão lotadas. Tempo para ouvir os pacientes, sugere a médica, é o melhor dos remédios.

"Muitas vezes, ao conversar, eles se sentem melhor", diz Singh, "e escutam o que você tem a dizer. Eles confiam a você a saúde dos filhos. Portanto, é fundamental ouvi-los".

Isso, no fim das contas, pode ser o tratamento alternativo mais eficaz para a alergia: simplesmente dedicar tempo para ouvir os pacientes e testemunhar a experiência de vida deles. Talvez seja isso o que atrai as pessoas às terapias complementares em primeiro lugar. Peter Lio, que dirige um centro de eczema integrativo em Chicago, disse que tenta passar o máximo de tempo possível com os pacientes e trabalha com eles de modo a testar diferentes terapias e tratamentos. Singh e Lio sabem que eles apenas desejam uma escuta atenta.

SOBRE ETNIA, CLASSE SOCIAL, GEOGRAFIA E ACESSO A CUIDADOS DE QUALIDADE

Quando Emily Brown soube do diagnóstico da filha, vasculhou a internet em busca de informações e grupos de apoio. Por fim, descobriu um grupo local que se reunia nos subúrbios de Kansas City, Kansas. Emily dirigia 45 minutos uma vez por mês para comparecer. As reuniões aconteciam em uma padaria dentro de um shopping.

"Eu nunca podia me dar ao luxo de comer nada", explica Emily. "Estávamos com dificuldades na época, e o combustível para ir e voltar já representava uma despesa extra. Era meu único passeio. Era como se fosse o ponto alto do meu mês."

As outras mães do grupo de apoio tinham filhos de idades variadas, e Emily achava útil ouvir conselhos de pessoas que já haviam passado pela situação que ela estava vivendo.

"Eu sentia que havia muito valor lá, mas ainda era estranho e difícil. Eu era a única pessoa não branca naquele grupo, certamente a mais pobre, e lembro que todos falavam sobre seus alergistas", lembra Emily. "Não tínhamos um alergista, só um pediatra, porque, embora tivéssemos plano de saúde na época, não podíamos arcar com a coparticipação para a especialidade. Uma consulta com o pediatra me custava 25 dólares, mas um alergista custaria o dobro. Quando você não consegue comprar comida, pensa em cada centavo que sai do seu bolso."

Cuidados básicos com alergias e grupos de apoio não são tão acessíveis quanto se imagina. O acesso ao sistema de saúde e a tratamentos financeiramente viáveis dependem, pelo menos nos Estados Unidos, de uma série de fatores, incluindo a cor da pele do paciente, a localização geográfica e a situação econômica. Não é tão simples como obter um diagnóstico e, em seguida, receber tratamento.

"Esta é uma doença que afeta desproporcionalmente pacientes não brancos", diz Emily, "mas quando você analisa as organizações de advocacia em prol de pacientes, vê apenas pessoas brancas. Isso deve ser sempre um sinal de que algo está errado".

Emily argumenta que a luta das famílias de baixa renda com alergia alimentar tem sido invisível mesmo para ONGs de educação e apoio, como a Food Allergy Research & Education (FARE, sigla em inglês para Pesquisa e Educação da Alergia Alimentar). Posso garantir que o mesmo pode ser dito sobre a situação das famílias de baixa renda com asma e eczema. Os denominadores comuns para acesso a tratamento são renda disponível e plano de saúde.

Nos primeiros anos após o diagnóstico de alergia alimentar da filha, a família de Emily recebeu assistência alimentar durante nove meses e recorreu ao Medicaid por um ano e meio. Ela me lembra de que todo mundo está vulnerável a um revés, e ninguém deve pensar que jamais vai precisar do serviço público. É do interesse de todos, defende, garantir que tais serviços contemplem necessidades tanto quanto possível. Também se preocupa com todas as doações privadas dirigidas a pesquisas científicas e não a iniciativas como a organização sem fins lucrativos que ela criou.

"Se todo o dinheiro for para pesquisas de tratamentos, não teremos bons resultados individuais para as famílias necessitadas", afirma ela.

O historiador Gregg Mitman repete o argumento de Emily na conversa que tivemos. Ele questiona o foco histórico no desenvolvimento de drogas melhores *versus* fazer algo em relação aos ambientes. Em outras palavras, podemos decidir: pegar 10 milhões de dólares e tentar disponibilizar mais cedo esteroides inalados para crianças que vivem no centro da cidade ou investir a mesma quantia para intervir de forma concentrada nos aspectos ambientais da saúde — como, por exemplo, a localização das garagens de ônibus, com as maiores emissões de diesel, em relação às habitações populares. O que Gregg e Emily estão perguntando é o seguinte: existe, para todas as famílias, acesso igual aos cuidados de saúde, ao diagnóstico precoce e a ambientes saudáveis?

"É difícil dizer onde é melhor gastar dinheiro", argumenta Gregg, "porque nunca fizemos um estudo comparativo. Todos presumem que mudanças na infraestrutura são mais caras do que o acesso a produtos farmacêuticos".

Mas e se estivermos errados sobre a abordagem dos cuidados com alergias? E se a prevenção for bem mais barata que o tratamento? E, mais pertinente ainda, mesmo que desenvolvamos mais drogas milagrosas como Dupixent, quem terá acesso a elas? Pessoas pobres, de classe baixa, não brancas, que moram em zonas rurais, vazios sanitários ou apenas os países em desenvolvimento terão acesso a esses tratamentos mais novos e eficientes?

Alkis Togias retorna à questão do custo da saúde quando discutimos o tratamento e os cuidados com alergias. Ele argumenta que os médicos não devem carregar o fardo da preocupação com o custo, apenas se preocupando com a eficácia do tratamento. Sem assistência médica universal e de subsídio para a compra de medicamentos, no entanto, isso não é realista.

"Os clínicos estão sendo demolidos pelo sistema, pelos convênios e por tudo o que acompanha esse sistema, o que cria um grande conflito", diz Togias. "Para mim, esse é outro grande desafio no tratamento de alergias."

À medida que as taxas de alergia só aumentam e nosso sistema imunológico fica cada vez mais reativo, o mercado de tratamentos para alergia continua em expansão. Na verdade, o aumento nas taxas de alergia durante o último século gerou lucros infinitos para as empresas que atendem alérgicos. Vamos dar uma olhada no complexo papel do dinheiro nos tratamentos de doenças alérgicas em todo o mundo.

CAPÍTULO 8

O próspero negócio
dos tratamentos de alergia

Como todas as doenças crônicas, a alergia é um grande negócio. O número impressionante e crescente de alérgicos no mundo inteiro significa lucros enormes para várias indústrias, das farmacêuticas às fabricantes de alimentos e cosméticos, com a criação de novas e melhores ferramentas de diagnósticos, comprimidos, inaladores, autoinjetores de epinefrina, linhas de produtos hipoalergênicos, alimentos sem alérgenos e muitos outros itens e serviços que atendem milhões de paciente. Citando o historiador médico Mark Jackson, "na virada do milênio, alergia significa dinheiro". Quanto dinheiro? Um bocado. Permita-me ilustrar com um rápido resumo das últimas projeções:

- As vendas globais combinadas de testes diagnósticos e produtos terapêuticos (tratamentos) de alergia devem chegar a 52 bilhões de dólares por ano até 2026. Para comparação, isso equivale ao produto interno bruto (PIB) anual da Tanzânia.
- Espera-se que a China gaste 8,7 bilhões de dólares em tratamentos de alergia até 2027.
- Em 2020, durante a crise da covid-19, o mercado global de antialérgicos teve faturamento estimado em 24,8 bilhões de dólares ao ano, sendo 6,7 bilhões só nos Estados Unidos. Os analistas de mercado

preveem que a cifra global chegará a algo entre 35 e 39 bilhões até 2027, crescimento de 6,8% ao ano.

- O mercado de alimentos sem alérgenos deve alcançar 108 bilhões de dólares até 2030.

São números acachapantes. O restante deste capítulo relata três histórias sobre a complicada relação entre a ciência biomédica e o mundo dos negócios. As três examinam como o dinheiro, mais especificamente a busca por lucro em um sistema de saúde capitalista, afeta o desenvolvimento e a disponibilidade de tratamentos. Primeiro, mergulharemos no pior cenário, observando o escândalo de preços da EpiPen em 2016. Em segundo lugar, passaremos pela melhor das hipóteses, observando o medicamento biológico dupilumabe. Em terceiro lugar, aprenderemos como o financiamento do governo semeia pesquisas acadêmicas sobre mecanismos básicos de alergia que alimentam investimentos de risco em novas empresas de biotecnologia que prometem inovações nos diagnósticos ou terapias de alergia.

CONTO Nº 1: O ESCÂNDALO DA EPIPEN

Se você não sabe o que é uma EpiPen, considere-se um sujeito de sorte. A EpiPen é onipresente na vida de milhões de pacientes com alergia, particularmente aqueles com alergias alimentares moderadas a graves ou que podem sofrer anafilaxia como resultado da exposição acidental a um antígeno. Trata-se de uma caneta autoinjetável patenteada de 15 centímetros de comprimento preenchida com epinefrina (também conhecida como adrenalina). Há outras marcas de autoinjetores de epinefrina disponíveis, só que essa é a mais usada para emergências. Desde que chegou ao mercado em 1987, tornou-se sinônimo de injeções de adrenalina que salvam vidas. Assim como se usa a marca "Kleenex" para se referir a "lenço de papel", quando pacientes alérgicos falam comigo sobre seus autoinjetores, eles falam, explicitamente, "Epis" ou "EpiPens". Nos Estados Unidos, quando alguém precisa de uma injeção de adrenalina, pede por uma dessas. Isso ocorre porque a EpiPen foi o primeiro autoinjetor e continua a ter a reputação de ser fácil de usar. Há décadas, alérgicos dependem dela como defesa contra o pior cenário: a morte por anafilaxia. Médicos e pacientes confiam na marca porque funciona e porque ajuda a salvar muitas vidas.

Mas há outro fator em jogo: a EpiPen tem sido protagonista de massivas campanhas de marketing. Quando a Mylan Pharmaceuticals adquiriu a fabricante da EpiPen em 2007, promoveu agressivamente o novo produto em campanhas de conscientização pública sobre os perigos reais e crescentes da anafilaxia. Na época, os índices de alergia alimentar disparavam, e os noticiários estavam repletos de histórias trágicas de mortes prematuras de crianças pequenas e adolescentes que haviam comido um biscoito com amendoim ou ingerido algo com ovos por acidente. O aumento de casos deu à Mylan uma oportunidade de capitalizar o produto salvador — como um exemplo dessa campanha publicitária nada sutil, em 2014, a empresa fez parceria com a Walt Disney Parks and Resorts para criar um site e uma série de livros infantis destinados para famílias com alergias graves.

Além de aumentar o orçamento de marketing da EpiPen, a Mylan também começou a contratar lobistas. De acordo com o Center for Public Integrity [Centro para a Integridade Pública], no período de 2006 a 2016, a Mylan Pharmaceuticals contratou mais lobistas do que qualquer outra empresa nos Estados Unidos. (Atualmente, existem 1.587 lobistas da indústria farmacêutica registrados atuando em Washington, D.C.) A combinação desses esforços valeu a pena. A FDA mudou a bula e passou a indicar o uso da EpiPen a indivíduos que "corriam risco" de anafilaxia, e não apenas àqueles que já haviam passado por um evento.

Os esforços da Mylan também incluíram lobby em 36 estados entre 2010 e 2014. Por que gastar tanto dinheiro cortejando legisladores estaduais quando já se tem o apoio da FDA? O que a empresa queria? A resposta: legislações estaduais que exigissem que a epinefrina fosse disponibilizada em todas as escolas públicas.

A legislação para exigir o acesso a autoinjetores em ambientes escolares era *mesmo* necessária, uma vez que a administração rápida de uma ou duas doses de epinefrina pode salvar a pessoa da morte no caso de uma reação alérgica grave. No entanto, essas leis são também potencialmente muito lucrativas para empresas farmacêuticas que fabricam os dispositivos. Cada estado que promulgava tal legislação criava a necessidade repentina de autoinjetores para milhares de escolas. Em 2012, a Mylan estabeleceu o programa EpiPen4Schools, oferecendo kits iniciais gratuitos para as escolas participantes (contendo quatro autoinjetores gratuitos) e um desconto em futuras compras de EpiPen.[1] As doações eram dedutíveis de impostos e forneceram um grande impulso para o reconhecimento da marca.

Todos os esforços de marketing e de lobby da Mylan foram eficazes, embora eticamente questionáveis. A participação da empresa no mercado de autoinjetores de adrenalina de emergência passou de 90% em 2007 para 95% em 2016, configurando praticamente um monopólio.

Como um parêntese interessante e pertinente, enquanto pesquisava para este livro, recebi novas informações sobre a morte de meu pai. De acordo com a namorada dele na época, meu pai sabia que tinha alergia à peçonha de abelha, mas nunca teve nada parecido com uma resposta anafilática. O médico lhe havia receitado uma EpiPen no início dos anos 1990 — na época, apenas indivíduos que já haviam tido pelo menos uma reação alérgica grave recebiam uma prescrição, mas mesmo assim o médico recomendou que ele levasse o injetor consigo durante a temporada de abelhas e vespas "por precaução". Além disso, como ele não tinha histórico de reações alérgicas graves, o seguro de vida não cobriria o custo. Um cidadão muito prático da Nova Inglaterra, meu pai fez os próprios cálculos e descobriu que o risco a que se expunha era menor do que o custo e a inconveniência de carregar uma EpiPen durante o verão. No fim das contas, ele literalmente pagou com a vida por essa decisão. Se o diagnóstico de alergia a veneno de abelha fosse feito apenas uma década depois, o seguro de saúde cobriria a receita, depois das alterações na bula feitas pela FDA, o que poderia ter salvado a vida dele.

No verão de 2016, a Mylan Pharmaceuticals aumentou o preço da EpiPen: uma embalagem padrão, com dois pacotes, custaria pouco mais de 600 dólares. As canetas de autoinjeção patenteadas, carregando doses precisas e salvadoras de adrenalina, eram anualmente receitadas, só nos Estados Unidos, para 3,6 milhões de pacientes com alergias graves ou que oferecessem risco de vida. Não se preocupe, farei as contas para você: a esse preço, a fabricante da EpiPen faturava 2,16 bilhões de dólares por ano com as vendas do produto. Só esse número já é escandaloso por conta própria. E ainda há mais. Em 2008, logo depois da Mylan adquirir os direitos à patente,[2] os pacientes com alergia pagavam apenas 103 dólares pela *mesma* receita. Na ausência de concorrentes reais ou de genéricos confiáveis no mercado, a empresa conseguiu aumentar em 500% o preço do medicamento de referência mais popular em apenas seis anos e ninguém reclamou até o aumento final em 2016.

Naquele verão, pacientes alérgicos e pais de crianças com alergias graves foram às redes sociais para protestar. O que quem não tinha plano de saúde ou tinha, só que com uma cobertura ruim, deveria fazer? O novo preço era proibitivo para famílias empobrecidas e da classe média trabalhadora. Como muitas escolas são obrigadas a estocar EpiPens para alunos alérgicos como parte da Lei Federal de Acesso Escolar à Epinefrina de Emergência, sancionada pelo presidente Obama em 2013, os preços da Mylan também pressionavam os já limitados orçamentos escolares em todo o país. As pessoas começaram a comprar frascos de epinefrina e encher seringas vazias com a mesma dosagem, pedindo aos profissionais de saúde que mostrassem como injetar nelas mesmas ou em seus filhos — uma alternativa muito mais barata e também mais arriscada à EpiPen e outros autoinjetores.

Apesar do clamor nacional, a empresa manteve o preço. Então, no verão de 2018, pacientes alérgicos precisaram lidar com a escassez de oferta. Muitas reportagens relatavam o pânico dos pais (dos que ainda podiam pagar) tentando em vão encontrar EpiPens. Durante a escassez, a receita de um pacote padrão com duas EpiPens continuou custando pouco mais de 600 dólares — e isso quando era possível encontrá-los.[3]

A história da EpiPen contém uma moral muito comum, destacando a luta constante entre grupos de defesa de pacientes, médicos e outras associações médicas e empresas farmacêuticas. Mas você se engana se acha que terminou por aqui. A trama fica ainda mais confusa e sombria.

Em agosto de 2017, a Mylan pagou 465 milhões de dólares[4] em um acordo, depois que o Departamento de Justiça lhe acionou judicialmente pelos preços abusivos nas vendas de EpiPen para o programa Medicaid. No mesmo ano, a Sanofi SA, uma empresa farmacêutica concorrente, apresentou uma queixa anticoncorrencial.[5] A Securities and Exchange Commission (SEC) dos Estados Unidos começou a investigar a Mylan por manipulação de preços. Em 2019, a empresa concordou em pagar 30 milhões de dólares adicionais em um acordo com a SEC.[6]

Enquanto tudo isso acontecia, para ajudar no acesso à adrenalina de emergência que salva vidas, a FDA aprovou a primeira versão genérica da EpiPen e da EpiPen Jr em agosto de 2018. Fabricadas pela Teva Pharmaceuticals, as canetas autoinjetoras genéricas funcionam da mesma forma, têm a mesma dosagem e eficácia e estariam disponíveis para compra no ano seguinte. É importante destacar que o genérico fabricado pela Teva não foi o primeiro autoinjetor alternativo de adrenalina do mercado: Adrenaclick e Auvi-Q, da Sanofi, estavam disponíveis há anos. A Auvi-Q é caro sem um bom seguro, chegando a custar 598 dólares por um pacote com dois (bem menos caro do que seu pico de 5 mil dólares quando comecei a escrever este livro anos atrás). Embora a Adrenaclick seja bem mais barata, custando 109 dólares o pacote com dois, o mecanismo de injeção é diferente da EpiPen, o que assusta muitos responsáveis e pacientes, e até alguns médicos, pois a maioria das pessoas com experiência em injeções de adrenalina são treinadas com EpiPens. Como explicou uma mãe: "Em caso de emergência, você quer alguém tentando descobrir como administrar a versão mais barata para seu filho?" A versão genérica da Teva foi a primeira a duplicar o mecanismo injetor da EpiPen, então se sairia muito melhor em relação ao original.

Ou pelo menos teria se saído — se a Mylan não tivesse lançado o próprio genérico antes.

Antecipando-se à concorrência da Teva, a Mylan começou a vender uma versão sem marca do próprio medicamento por quase a metade do preço — o pacote com dois saindo por 320 dólares. Sem um terceiro genérico viável no mercado, a Teva precisou igualar esse preço (atualmente um pacote com dois autoinjetáveis custa cerca de 300 dólares) para se manter competitiva diante do produto genérico da Mylan. Em 2019, a farmacêutica Upjohn (o braço genérico da Pfizer) e a Mylan se fundiram para formar a Viatris, mas o preço (até o momento) continua o mesmo — de 650 a 700 dólares para o medicamento de marca e cerca de 350 para o genérico. A sólida fama da EpiPen como a marca de confiança também levará um tempo para se dissipar, apesar das consequências do escândalo de preços.

O que essa breve história sobre os preços da EpiPen expõe é o ponto fraco de um sistema de saúde orientado pelo mercado. Ao contrário de doenças agudas, que podem exigir uma ou duas receitas ou tratamentos em um curto período, doenças crônicas como alergia ou diabetes requerem manutenção e cuidados de longo prazo. Isso significa várias receitas e tratamentos que duram meses, anos ou até mesmo uma vida inteira. As alergias alimentares duram toda a vida (embora nem sempre), mas os autoinjetores expiram e precisam ser substituídos a cada ano. Eles também não podem ser armazenados em temperaturas inferiores a 15°C ou superiores a 30°C sob risco de degradação da epinefrina, que deverá ser descartada. Isso resulta em um fluxo de renda agradável e estável para os fabricantes. A epinefrina é uma droga de produção barata (menos de 1 dólar por 1 mililitro). O injetor custa mais para fabricar (as estimativas variam entre 2 e 4 dólares, mas os valores exatos são desconhecidos) e qualquer pequena "melhoria" no mecanismo de entrega do medicamento pode justificar um aumento de preço, permitindo que as empresas aleguem que precisam recuperar despesas de pesquisa e desenvolvimento. É óbvio que os medicamentos custam dinheiro para serem descobertos, testados e fabricados. Entretanto, as questões sociais mais amplas sobre as quais devemos refletir são: quanto um paciente alérgico deve pagar por um medicamento que salva vidas? Quem deve cobrir esse custo? As respostas têm sérias consequências.

Por exemplo, a Dra. Meenu Singh, do Instituto de Pós-Graduação em Educação e Pesquisa Médica de Chandigarh, me disse que não há EpiPen na Índia. É um medicamento caro demais. Pacientes com alergias graves carregam frascos de epinefrina e tentam ir ao médico quando têm crises de alergia alimentar. Como resultado, a taxa de mortalidade por anafilaxia na Índia é muito maior do que nos Estados Unidos (as estimativas variam de 1% a 3% na Índia, em comparação com 0,3% nos Estados Unidos). O estado de Illinois[7] foi o primeiro a exigir que os planos de saúde cobrissem o custo total da EpiPen para crianças que precisam dela. Em outros estados, no entanto, o medicamento é subsidiado apenas em parte, isso para quem tem plano de saúde. Portanto, dependendo do estado de residência, o acesso a um injetor automático é diferente. Isso significa que o risco de morte é diferente. É uma correlação simples e terrível.

CONTO Nº 2: A PROMESSA — E O PREÇO — DO DUPIXENT

Nos cinco anos da pesquisa para este livro, nenhum tratamento para alergia foi citado com mais frequência do que o Dupixent, a injeção usada para tratar asma e eczema. Foi a resposta dominante à pergunta: quais novos tratamentos o entusiasmam? A resposta foi unânime: "Um dos novos medicamentos biológicos, como o dupilumabe, é muito promissor." Para alguns, principalmente para os dermatologistas, os ensaios clínicos indicavam uma atualização muito necessária no arsenal já conhecido de medicamentos deles. A eficácia em reparar a pele, disseram, parecia boa demais para ser verdade. Ficaram entusiasmados por poder oferecê-lo aos pacientes com os piores e mais persistentes casos de eczema ou de dermatite atópica.

O dupilumabe — vendido sob o nome Dupixent — é o produto de uma parceria entre a Regeneron Pharmaceuticals e a Sanofi. A molécula ativa foi descoberta pela Regeneron, com financiamento significativo da

Sanofi. No final de novembro de 2021, após meses trocando e-mails com as duas empresas, participei de uma videochamada com a Dra. Jennifer Hamilton, vice-presidente e chefe de Medicina de Precisão da Regeneron, e o Dr. Naimish Patel, chefe de Desenvolvimento Global, Imunologia e Inflamação da Sanofi, para conversar sobre aquele medicamento inovador.[8]

Como se pode imaginar, as grandes empresas farmacêuticas têm medo de falar com pessoas de fora, especialmente jornalistas ou escritores, tendo em vista a sequência de escândalos como o da Mylan ou os processos mais recentes da OxyContin. Não posso dizer que as culpo, porque muitas vezes são retratadas de forma simplista, como inimigas gananciosas do acesso à saúde, elevando os preços dos medicamentos. A história que estou prestes a contar, no entanto, tem mais nuances. Ela mostra como os cientistas que trabalham para empresas farmacêuticas dependem e depois contribuem para o corpo da pesquisa biomédica que em geral começa em laboratórios sem fins lucrativos.

A pesquisa imunológica básica conduzida sobre as vias alérgicas é realizada há décadas de forma lenta e meticulosa em diversos laboratórios acadêmicos e governamentais no mundo inteiro — inclusive o NIH. Trata-se de um sistema financiado por governos nacionais. Em outras palavras, o financiamento público de pesquisas sobre os mecanismos básicos da resposta alérgica produz informações acionáveis. Essas são disponibilizadas publicamente em revistas científicas ou em sites — tanto por princípio quanto por propósito —, uma vez que uma das missões e objetivos gerais do NIH é promover a saúde humana em todos os lugares. É assim que a ciência de base, especialmente a biomédica, deve funcionar.

No entanto, essa pesquisa realizada com financiamento público passa para a mão de empresas com fins lucrativos, como a Regeneron, convertendo-se em propriedade intelectual. Assim, o dinheiro federal é usado para semear avanços em nossa compreensão científica de um assunto como a imunologia. O dinheiro corporativo é usado em seguida para transformar esses avanços em tratamentos eficazes, vendáveis e fonte de grandes lucros, é claro. O público, por sua vez, se beneficia — ou pelo menos é o que diz o argumento predominante — ao obter acesso a melhores tratamentos médicos.

Se há um vilão aqui, é esse pernicioso ciclo de financiamento. Quando os orçamentos do NIH são cortados ou congelados, como acontece na maioria das vezes, há menos dinheiro disponível para pesquisas adicionais em ciência de base. Ficamos com mais ciência aplicada — pesquisa científica feita exclusivamente para produzir produtos, em geral aqueles precificados de acordo com a quantidade de inovação que incorporam.

Não é como se a pesquisa e os ensaios clínicos liderados por corporações como Regeneron e Sanofi não agregassem valor. Veremos em breve que sim, e que os laboratórios devem ser compensados financeiramente por essas contribuições. Mas precisamos nos fazer algumas perguntas fundamentais: quanto as empresas farmacêuticas devem lucrar ao transformar ciência básica em um tratamento terapêutico de sucesso como o Dupixent? E de que forma a busca por uma droga lucrativa altera os objetivos supremos do tratamento?

Essa história começa no final dos anos 2000. O primeiro passo na concepção de medicamentos, segundo o Dr. Robert Schleimer, da Universidade Northwestern, é encontrar uma necessidade insatisfeita para solucionar. Os pesquisadores da Regeneron perceberam, depois de conversar com colegas acadêmicos e clínicos em instituições como Northwestern e Mount Sinai, que havia uma escassez de tratamentos eficazes para a dermatite atópica, também conhecida como eczema. Eles também sabiam que a condição alérgica da pele afetava seriamente a qualidade de vida do paciente e que um novo tratamento com menos efeitos colaterais do que as opções existentes (cremes esteroides e imunossupressores) poderia oferecer uma melhora significativa no bem-estar geral. O eczema parecia a doença perfeita para iniciar os testes de uma nova molécula que indicava ser capaz de interromper uma via alérgica essencial.

Mas, para realmente entender a diferença entre usar um esteroide e um anticorpo monoclonal como o dupilumabe para o tratamento do eczema, precisamos fazer um breve desvio científico.

Do ponto de vista técnico, o dupilumabe é um anticorpo monoclonal (uma subclasse de anticorpo IgG) que ataca a interleucina-4 (IL-4), uma citocina produzida por células T e mastócitos. (As citocinas são proteínas produzidas por células imunológicas que afetam outras células; em outras palavras, são sinais para outras células ativarem ou desativarem determinadas funções.) A IL-4 faz parte de uma via de sinalização fundamental nas respostas imunes alérgicas tipo 2. O dupilumabe previne a inflamação do tipo 2 associada às vias alérgicas da IL-4 e da IL-13, ligando-se ao receptor alfa da IL-4 nas células imunes. Em termos leigos, isso significa que a droga funciona para impedir a sinalização celular que pode levar a uma resposta alérgica completa. A via da IL-4 está envolvida na expressão de várias condições atópicas — não apenas do eczema — e é por isso que o dupilumabe também funciona bem para outras doenças alérgicas. (Voltaremos a esse importante fato daqui a pouco.)

Drogas usadas para tratar alergias, como esteroides e imunossupressores, não são tão específicas quanto os anticorpos monoclonais. Essas drogas são compostas de pequenas moléculas que se ligam a vários alvos em uma célula e podem afetar vários caminhos ao mesmo tempo. Quanto mais amplo for o impacto de uma droga no organismo, maior será seu potencial de gerar efeitos colaterais graves.

Patel explicou que os esteroides podem suprimir a inflamação que incomoda os pacientes com eczema, mas também suprimem processos inflamatórios que combatem bactérias, vírus ou fungos. As mesmas vias biológicas visadas pelos esteroides são críticas para funções como crescimento ósseo e manutenção muscular. É por isso que eles não podem ser usados por longos períodos: o uso contínuo pode provocar ossos quebradiços, fraturas ósseas ou aumento na incidência de infecções de pele. É fácil entender por que médicos e pacientes têm uma relação de amor e ódio com esteroides tópicos e orais. Eles ajudam tanto quanto prejudicam. Os tratamentos com anticorpos mais modernos, como o dupilumabe, disse Patel, geraram comoção justamente pela quantidade reduzida de reações adversas.

"Queremos algo específico", disse Hamilton, "porque não queremos efeitos colaterais. O objetivo não era ser imunossupressor. O objetivo era atingir a parte do sistema imunológico que causava a doença alérgica".

O dupilumabe já havia se mostrado promissor em modelos de camundongos no laboratório, mas o verdadeiro teste eram os ensaios clínicos em humanos.

Assim que perceberam os primeiros resultados, Hamilton soube que tinham algo muito especial nas mãos.

"Foram os dados sobre coceira que nos surpreenderam", lembrou.

A redução foi dramática e ocorreu muito mais depressa do que a equipe de pesquisa havia previsto inicialmente. Pensavam que a droga levaria de semanas a meses para reduzir o tamanho das lesões cutâneas e fazer uma diferença notável no nível de coceira experimentada pelos pacientes. Estavam errados. A maioria dos pacientes relatou alívio depois de apenas uma semana. Por causa do direcionamento estrito do anticorpo, não parecia haver tantos efeitos colaterais quanto em outros tratamentos para eczema. Não houve, por exemplo, aumento na incidência de infecções cutâneas durante os testes. A nova droga parecia até alterar o microbioma da pele de maneira positiva.

"Após o tratamento com dupilumabe", disse Hamilton, "o nível de *Staph aureus* [um tipo de bactéria que pode viver na pele] é menor. E o paciente passa a ter um microbioma mais diversificado na pele, o que é mais normal".

O tratamento funciona assim: o Dupixent é ministrado via injeção a cada duas semanas. Na maioria dos pacientes, o tratamento começa a dar resultados de 12 a 16 semanas após a injeção inicial e precisa ser mantido por tempo indeterminado para não perder a eficácia. É, portanto, considerado um tratamento de "longo prazo", o que significa que seu uso é prolongado e contínuo.

Em março de 2017, com base nos dados de ensaios clínicos subsequentes, a FDA o aprovou para uso em pacientes com eczema. Dois anos depois, o órgão autorizou o uso em eczema atópico de moderado a grave em adolescentes, ampliando significativamente a bula. Em maio de 2020, outra modificação ocorreu, dessa vez para permitir o uso por crianças de 6 a 11 anos de idade. Em junho de 2022, a FDA aprovou o uso de dupilumabe em bebês e crianças entre 6 meses e 5 anos com dermatite atópica moderada a grave cuja doença não for controlada por terapias tópicas ou quando estas forem contraindicadas. Essas aprovações ampliaram e muito a população de potenciais usuários.

O mercado de tratamentos farmacológicos para dermatite atópica/eczema era enorme mesmo antes do Dupixent ser aprovado para uso público. Em 2017, o mercado global de medicamentos para esse fim, em todo o mundo, movimentaria 6 bilhões de dólares ao ano. A maior parte desse bolo corresponde aos corticosteroides, mas medicamentos biológicos como o Dupixent têm o potencial para superá-los como os maiores geradores de receita no mercado de dermatite. Apenas quatro anos após a aprovação inicial pela FDA, o Dupixent já rendia 4 bilhões de dólares por ano (o mercado global é de cerca de 6 bilhões de dólares por ano). À medida que a bula dele for alterada para contemplar mais faixas etárias e mais condições, essa receita aumentará; até 2026, o mercado global para dermatite atópica deve atingir a marca de 13 bilhões de dólares por ano. Isso significa muito lucro para as empresas farmacêuticas que tentam dominar o mercado. A Regeneron e a Sanofi podem obter lucros inacreditáveis, ainda mais porque a patente do medicamento perdura ao menos por outros 15 anos, até por mais tempo se aprimorarem (ou quando aprimorarem) o medicamento ou o modo como ele chega ao público. Já em junho de 2020, a FDA aprovou uma caneta cheia projetada para autoadministração de Dupixent. Embora a fórmula continue a mesma, esse novo mecanismo zerará a patente das versões autoadministradas.

Mas a base de potenciais usuários de Dupixent é ainda maior. Estudos clínicos em pacientes com asma mostraram uma melhora substancial na função pulmonar e taxas significativamente mais baixas de asma grave do que nos grupos placebo. Com base nos dados iniciais, a FDA aprovou o uso em pacientes com asma moderada a grave em março de 2018. Em junho de 2019, foi aprovado para uso em rinossinusite crônica com pólipos nasais (uma inflamação crônica dos seios nasais que causa crescimentos nas cavidades nasais — em outras palavras, uma condição muito desagradável). Dois anos depois, em outubro de 2021, a FDA aprovou o uso de dupilumabe como tratamento de manutenção complementar de pacientes de 6 a 11 anos com asma moderada a grave caracterizada por fenótipo eosinofílico ou com asma dependente de corticosteroides orais. Em maio de 2022, o uso de dupilumabe para pacientes com 12 anos ou mais com EoE, pesando pelo menos 40 quilos, foi aprovado. No momento da redação deste livro, o dupilumabe está na fase 3 de estudos para prurigo nodular, esofagite eosinofílica pediátrica, dermatite atópica de mãos e pés, urticária crônica induzida por frio, doença pulmonar obstrutiva crônica com evidência de inflamação tipo 2, urticária crônica espontânea, prurido crônico de origem desconhecida, rinossinusite crônica sem polipose nasal, rinossinusite fúngica alérgica, aspergilose broncopulmonar alérgica e penfigoide bolhoso. Não preciso dizer quanto todas essas possíveis mudanças na bula ampliariam os proventos futuros da Regeneron e da Sanofi — tudo a partir de um único "medicamento milagroso". A partir apenas desses ensaios clínicos, não acho que seja exagero argumentar que o dupilumabe está sendo visto pela comunidade médica como um possível tratamento único para quase todos os distúrbios relacionados à alergia. Patel disse que a Sanofi está fazendo estudos longitudinais em parceria com instituições acadêmicas para aferir se o tratamento precoce com Dupixent pode interromper a marcha atópica ou retardar a progressão em crianças com eczema, que podem vir a desenvolver asma ou alergia alimentar. (Pelo que vi, não apostaria contra esse resultado.)

Até agora, tudo isso parece positivo. Talvez, ao ler isso, você também tenha sentido um leve entusiasmo acerca da eficácia do medicamento e o potencial para o tratamento de outros distúrbios relacionados à alergia. Esse é o caminho que percorri inicialmente enquanto fazia pesquisas para este livro. No entanto, ouvi repetidos alertas de especialistas que entrevistei sobre os perigos de enxergar determinados tratamentos como se fossem "a cura" de qualquer doença alérgica. Médicos com pacientes alérgicos e décadas de trabalho sempre lembravam que o Dupixent, como qualquer outra intervenção farmacêutica, é limitado.

Para começar, há efeitos colaterais.[9] Como vimos no capítulo anterior, os alergistas e imunologistas já se preocupam com os possíveis efeitos negativos, apesar de continuarem entusiasmados com a eficácia geral do medicamento. Além disso, os dados até agora confirmam essas preocupações. Em um estudo de coorte de 241 pacientes franceses[10] que o tomaram, os pesquisadores descobriram que, embora o medicamento tivesse a eficácia relatada nos ensaios clínicos iniciais, também produzia uma taxa mais alta de conjuntivite (38% dos pacientes) e eosinofilia (24% a mais do que antes do início do tratamento). Eosinofilia é o termo para contagens mais altas de eosinófilos, um tipo de glóbulo branco. Ter um número maior de eosinófilos geralmente está associado a infecções parasitárias, alguns tipos de câncer e a reações alérgicas. Outro estudo[11] constatou que 23% dos pacientes que o tomaram desenvolveram "novas dermatoses regionais", ou novas manchas de pele irritada, geralmente no rosto. Os pesquisadores suspeitam que as novas crises cutâneas podem ser atribuídas a uma dermatite alérgica de contato subjacente desconhecida e recomendaram a realização de testes de contato. No entanto, também observaram que nem todos os casos podem ser explicados por gatilhos alérgicos.

Como um aparte importante, muitos pacientes não parecem se importar com a troca, mesmo diante de problemas tão graves quanto ulceração dos olhos. Membros de fóruns online e indivíduos que participaram de pesquisas qualitativas sobre Dupixent coletadas pela National Eczema Association argumentaram que não querem parar de tomar o medicamento, desde que seja eficaz para limpar a pele. Muitos o louvam e incitam os outros a tomarem a droga assim que os médicos e planos de saúde permitirem. Acho que é uma prova de quanto sofrimento o eczema moderado ou grave causa. A maioria das pessoas com uma forma mais grave da doença parece disposta a trocar quaisquer efeitos colaterais pelo retorno a uma vida normal, como costumam dizer. Eles consideram que o um tratamento promove uma "mudança de vida".

Justiça seja feita, é por isso que Jennifer Hamilton e Naimish Patel se interessaram pela pesquisa biológica. Eles sabem que condições como o eczema podem ser fardos terríveis e querem ajudar a aliviar o sofrimento. Hamilton mantém o e-mail impresso de um paciente do teste inicial de dupilumabe no quadro de avisos do escritório, para se lembrar do motivo de ter escolhido esse trabalho.

"No final das contas", diz ela, "estamos tentando melhorar a vida dos pacientes e salvar vidas". E, para muitos, o Dupixent faz exatamente isso.

Mas, como fui lembrada várias vezes pelos médicos, sempre haverá pacientes com doença alérgica moderada a grave para os quais essa "droga milagrosa" não será eficaz. Os médicos relatam que cerca de 25% dos pacientes não respondem tão bem quanto era de se esperar. De acordo com o Institute for Clinical and Economic Review (Icer), 30% a 44% dos pacientes apresentam melhora dramática com o medicamento, o suficiente para justificar o alto custo de sua produção. No entanto, existem outros que parecem responder muito bem ao Dupixent a princípio, mas que depois retornam à condição original. Nesses pacientes, a eficácia da droga diminui. Tal como acontece com outros tratamentos, como os corticosteroides, o corpo parece se adaptar, tornando-o menos eficaz ao longo do tempo. Esses pacientes são rotulados como "responsivos não duráveis".

Se ficarmos enamorados demais pelo sucesso de uma droga, como se preocupa a Dra. Kari Nadeau, diretora do Sean N. Parker Center em Stanford, talvez paremos de procurar por melhores opções de tratamento. Ou, pior ainda, podemos parar de tentar descobrir uma solução permanente para respostas alérgicas. Isso ainda não parece estar acontecendo, pois novos medicamentos — muitos deles biológicos como o dupilumabe — estão sendo avaliados apenas para eczema. Um desses medicamentos, o lebrikizumabe, está mostrando resultados ainda melhores do que o Dupixent em ensaios clínicos de fase 2.

Vale lembrar que nem todos receberão receitas de dupilumabe, pois a situação que se encontram pode não ser considerada "grave o suficiente" para justificar o alto custo do medicamento. Não existe uma definição clínica consensual de dermatite atópica leve a moderada ou de moderada a grave. Como vimos com a definição e a classificação da asma, esse é um problema comum no tratamento de alergias e torna o diagnóstico mais desafiador. Sem diretrizes e definições globais padrão, cada profissional é obrigado a usar uma combinação da própria experiência clínica e critérios diagnósticos para determinar o nível de gravidade da doença de um paciente. O diagnóstico de um caso moderado a grave, como me explicou a Dra. Jessie Felton, dermatologista pediátrica do Reino Unido, é crítico para garantir acesso a um novo medicamento como o dupilumabe. Como é tão novo e tão caro, sem versões genéricas mais baratas, a maioria das seguradoras e agências nacionais de saúde (como as do Reino Unido) reserva cobertura apenas para os casos mais perniciosos e graves. Um caso moderado pode não ser coberto, ainda mais se o paciente responder razoavelmente bem a cremes de corticosteroides ou doses curtas de imunossupressores. Felton disse que os pacientes precisam enfrentar muitos obstáculos para obter acesso ao Dupixent. Em outras palavras, o medicamento pode ser eficaz no tratamento de várias condições alérgicas, mas apenas para quem consegue comprá-lo — ou seja, não muita gente.

Durante anos, espreitei vários sites de mídia social, observando as interações de pessoas com alergia. Nos tópicos de discussão sobre dermatite atópica e eczema, há uma empolgação palpável em relação à promessa representada por esse remédio. Alguns pacientes sortudos até postam fotos dramáticas de antes e depois para demonstrar a capacidade quase milagrosa da droga de resolver surtos terríveis. Mas, com muita frequência, há pessoas reclamando que seus planos de saúde não cobrem o medicamento. "Eu estou tão feliz por você!", escreveu alguém em um comentário. "Gostaria de ter condições de comprar, mas meu plano não cobre, porque disseram que meu eczema 'não afeta minha vida o suficiente'." Outros compartilham dicas sobre como aproveitar os programas que ajudam as pessoas a arcar com a coparticipação e acessar o medicamento sem seguro. (Todas essas informações, aliás, estão disponíveis no site oficial da Sanofi para Dupixent.)

O alto custo do medicamento — no momento em que escrevo, 3.203,39 dólares para um suprimento de quatro semanas sem cobertura pelo seguro — está fora do alcance de muitos pacientes que poderiam se beneficiar.

Para quem não quer fazer conta, a esse preço, o suprimento de um ano chega a 41.644,07 dólares.[12] Aproximadamente 80% das companhias de seguros de saúde cobrem, mas a coparticipação varia de 60 a 125 dólares por mês. Para alguém com um orçamento apertado, essa quantia talvez ainda seja inacessível. Quanto aos pacientes do Medicare ou Medicaid? Apenas alguns dos planos o cobrirão. Pacientes em países menos ricos terão pouco ou nenhum acesso por pelo menos uma década. No entanto, o crescimento dos fluxos de receita do Dupixent é limitado apenas ao número de pacientes que precisarão do medicamento. E, como vimos nos capítulos anteriores, haverá muitos deles.

A Regeneron considera crucial a educação do paciente e do médico[13] sobre as taxas de sucesso do dupilumabe para aumentar a participação do medicamento no mercado de produtos farmacêuticos para dermatite. Do ponto de vista deles, como os pacientes tiveram tão poucas opções por tanto tempo, eles precisam aprender não apenas que o dupilumabe está disponível, mas que é muito melhor do que corticosteroides ou imunossupressores. Se isso soa familiar à história do EpiPen, é porque é mesmo. Pelo menos nos Estados Unidos, o marketing direto ao consumidor de novos medicamentos é uma grande parte do *modus operandi* de todas as empresas farmacêuticas. Se conseguirem divulgar a eficácia de um medicamento, os pacientes o solicitarão pelo nome no consultório médico. Como antropóloga médica familiarizada com as interações médico-paciente, posso dizer que a maioria dos médicos sente uma grande pressão para deixá-los felizes — além de querer promover a saúde e o bem-estar do paciente. Em um sistema capitalista, o paciente é como um cliente. Como CEO da Regeneron, Len Schleifer precisa gerar lucros para os acionistas da empresa, bem como garantir a satisfação de clientes — pacientes e planos de saúde. Pelos esforços de Schleifer, o conselho de administração da Regeneron concordou em pagar 1,4 bilhão de dólares em bônus de compensação para ele caso os números continuem crescendo no ritmo atual. Até agora, o Dupixent é o medicamento biológico cujo desenvolvimento foi o mais rápido a chegar ao mercado. Como mais e mais pessoas desenvolvem doenças alérgicas, não parece haver sinais de desaceleração.

A história do desenvolvimento de um medicamento como o Dupixent não traz uma lição simples e destaca como as empresas farmacêuticas lançam mão da ciência de base realizada por laboratórios de pesquisa sem fins lucrativos em todo o mundo. Pode parecer uma troca desequilibrada, especialmente porque empresas como a Regeneron e a Sanofi lucram muito com essa informação. Mas a verdade é que as instituições acadêmicas não têm os recursos (pessoal, conexões globais, financiamento) para realizar os grandes ensaios clínicos necessários para levar um medicamento como o Dupixent com segurança ao mercado. Por sua vez, grandes empresas como a Sanofi não têm tempo nem recursos para investir em estudos de longo prazo para entender melhor elementos como progressão e determinantes de doenças. É isso que os laboratórios de pesquisa acadêmica fazem bem. Pesquisadores científicos nos meios acadêmico, governamental e farmacêutico mantêm um relacionamento dinâmico e complexo. Como vimos aqui, ele funciona, mas também *não funciona*, pelo menos no tocante à equidade no financiamento de pesquisas e ao custo da maioria dos novos tratamentos. A tensão está entre querer ajudar os pacientes e obter lucro, como veremos no próximo conto.

CONTO Nº 3: ACADÊMICOS NOS NEGÓCIOS

Alguns dos cientistas imunológicos e pesquisadores clínicos com quem conversei durante a pesquisa para este livro têm dois empregos. Por um lado, são pesquisadores que atuam em universidades e/ou hospitais universitários. Eles ocupam oficialmente postos de professores, pesquisadores clínicos ou cientistas de laboratório (e, em muitos casos, os três ao mesmo tempo). Por outro lado, são empresários iniciantes que ocupam cargos de liderança dentro de novas startups de biotecnologia. Este não é um enquadramento incomum dentro da universidade moderna; as instituições acadêmicas estão fazendo cada vez mais parcerias com empresas para financiar laboratórios de pesquisa no campus. De muitas maneiras, isso faz sentido. Os especialistas em alergia que entrevistei estão todos, sem exceção, no topo de suas áreas de atuação. Coletivamente, eles sabem tudo o que há para saber sobre respostas imunes do tipo alérgico. Qualquer empresa de biotecnologia que busca produzir diagnósticos ou terapias novas ou melhores não encontrará pessoas mais adequadas para desenvolver produtos inovadores.

No entanto, existe também uma tensão palpável nesses arranjos, que os pesquisadores com quem conversei comentavam de forma direta e aberta. O conflito inerente entre o desejo de um especialista biomédico de ajudar os pacientes e a necessidade de uma empresa obter lucro está presente em todos os estágios de pesquisa e desenvolvimento. Os acadêmicos que optam por participar tendem a ter um objetivo abrangente: criar coisas melhores que ajudem mais pessoas. Isso é o que a maioria deles espera realizar ao se tornar parte desses empreendimentos comerciais. No entanto, qualquer menção explícita ao dinheiro em jogo nesses arranjos entre acadêmicos e corporações era evitada ou omitida. Os salários acadêmicos são de classe média; professores de ciências e engenharia ganham entre 90 e 150 mil dólares por ano, dependendo do tempo de carreira e da instituição (Harvard obviamente paga mais do que a Universidade de Nebraska). Imagino que para muitos acadêmicos e médicos que tentam preencher a lacuna entre a pesquisa científica básica e a aplicada, ou entre a universidade e o mundo dos negócios, pode ser difícil encontrar um equilíbrio.

Por isso, alguns especialistas admitem que tentam se manter afastados da motivação pelo lucro. O Dr. Marc Rothenberg, do Hospital Infantil de Cincinnati, desconfia da máquina de propaganda que tantas vezes acompanha as empresas de biotecnologia, que buscam obter investimentos de capital de risco em vez de serem motivadas pela ciência e pelas necessidades dos pacientes. Médicos e pesquisadores de ciência básica se preocupam principalmente com a saúde de seus pacientes e em formas de melhorar a vida deles por meio de cuidados clínicos e pesquisas. Laboratórios acadêmicos, como o de Rothenberg, são motores de propriedade intelectual, abastecendo a empresa farmacêutica com boas ideias.

"As coisas vão acontecer", diz Rothenberg. "A descoberta de um novo caminho com significado translacional faz com que as empresas se interessem. Agora, um dos tópicos mais quentes nas empresas e entre os capitalistas de risco é o foco em drogas que vão bloquear doenças eosinofílicas como a EoE. Recebo ligações toda semana, se não todos os dias. Dez anos atrás? Quase não havia interesse."

Para Rothenberg, o bem-estar dos pacientes vem em primeiro lugar. Se a pesquisa dele ajudar alguém, então a missão foi cumprida. Mas ele continua cauteloso em relação a deixar que as corporações decidam quais caminhos de pesquisa seguir, pois costumam ser os tipos de pesquisa que podem monetizar.

O Dr. Dean Metcalfe, do NIH, me explica que o processo é quase sempre o mesmo. Os inaladores, esteroides e produtos biológicos usados em ambientes clínicos vêm de grandes empresas farmacêuticas porque elas têm dinheiro e os aparatos necessários para realizar testes de pesquisa. As pessoas em laboratórios acadêmicos trabalharão em algo como transdução de sinal em resposta alérgica usando financiamento do NIH, mas não terão os recursos — equipe e recursos financeiros, normalmente — para desenvolver novas moléculas (como dupilumabe) que possam afetar essa sinalização. É aí que as empresas farmacêuticas entram. A pesquisa acadêmica sobre sinalização é publicada em revistas científicas e médicas. Em seguida, os laboratórios corporativos pegam essas descobertas e começam a procurar as moléculas que ligam e desligam esses sinais, conforme necessário.

"A questão é que é muito caro fazer tudo isso", sugere Metcalfe.

Caro de que maneira? É difícil dizer com exatidão. Por um lado, obter qualquer informação detalhada sobre os custos associados à pesquisa ao desenvolvimento de novos medicamentos é impossível. As empresas farmacêuticas não são exatamente transparentes sobre custos, e as estimativas variam de 19 milhões de dólares por medicamento aprovado pela FDA a quase 3 bilhões. De qualquer maneira, é dinheiro que o NHI não têm como gastar. O orçamento fiscal total em 2022 dessas empresas foi de 46 bilhões de dólares (dispersos em muitas pesquisas diferentes e com todas as doenças e condições de saúde *combinadas*). Em outras palavras, os pesquisadores acadêmicos que dependem do financiamento do NIH muitas vezes precisam procurar outro lugar para cobrir os gastos — e é por isso que o financiamento externo de corporações é tão atraente. A maioria dos laboratórios sem fins lucrativos não consegue sobreviver sem algum tipo de investimento externo. Quase todo pesquisador acadêmico tem que navegar nas águas turbulentas que dividem a ciência básica da contraparte aplicada — e mais lucrativa.

Uma das entrevistadas mais relutantes em relação ao lado comercial da alergia foi a Dra. Cathryn Nagler, da Universidade de Chicago. Quando conversamos sobre a pesquisa conduzida por ela, Nagler explicou que precisava ser cortejada por empresários. A princípio, ela se via apenas como uma pesquisadora, uma imunologista com a missão de entender melhor o microbioma humano. Sempre quis que a pesquisa tivesse efeitos positivos para pacientes com alergia alimentar, mas isso era um efeito colateral das tentativas de entender melhor a interação de micróbios e células imunológicas nas vísceras humanas. Então, de uma forma lenta mas progressiva, esse efeito colateral começou a se mover para o centro do palco.

"Não é mais apenas pesquisa acadêmica para mim", diz Nagler. "Agora quero fazer algo para ajudar as pessoas que contribuíram para essa pesquisa. Quero cumprir a promessa que fiz a elas."

Trabalhando com um colega em Nápoles, na Itália, a equipe de Nagler coletou amostras de bebês saudáveis e alérgicos ao leite de vaca (APLV), procurando diferenças importantes nos microbiomas que pudessem explicar as diferenças. Eles transferiram esses microbiomas para camundongos livres de germes, que não possuem bactérias próprias, e então observaram as mudanças na expressão gênica induzidas no epitélio intestinal dos camundongos saudáveis e colonizados por APLV. Quando integraram conjuntos de dados sobre as diferenças encontradas e as mudanças genéticas que induziram nos camundongos, descobriram que um tipo de bactéria anaeróbica na classe Clostridia, *Anaerostipes caccae*, era significativamente mais abundante nos lactentes saudáveis. Nagler acredita que essa classe particular de bactéria é um dos "pacificadores" do intestino. Elas fermentam fibras dietéticas para produzir ácidos graxos de cadeia curta, como o butirato, que é essencial para a saúde do epitélio, ou a fina camada protetora das entranhas humanas. *A. caccae* também induz ou cria células T reguladoras e regula a barreira intestinal.

O primeiro produto da empresa de Nagler, ClostraBio, é um polímero sintético que visa a entrega de butirato às partes do intestino onde ele é normalmente produzido. Ela também está interessada no desenvolvimento potencial de bioterapêuticos vivos e fibras dietéticas prebióticas para promover o crescimento e o bem-estar de bactérias como *A. caccae* no intestino humano. O cofundador da empresa é um engenheiro molecular que trabalha em estreita colaboração com Nagler no empreendimento comercial. Ela se converteu à ideia de pesquisa translacional.

"Estamos buscando um financiamento de série A, que é de 20 milhões de dólares, para levar isso para a pesquisa clínica", conta Nagler, mostrando slides das descobertas iniciais. "Quero traduzir meu trabalho acadêmico em tratamentos."

Diferentemente de muitos outros tratamentos que precisam ser feitos de forma contínua, Nagler espera que a terapia da Clostrabio não seja vitalícia. Ela espera que ajude a restaurar a função de barreira eficaz para promover a tolerância imunológica em pacientes com alergia alimentar. A melhor parte, para ela, é que isso vai alterar o microbioma intestinal para melhor — sem o uso de antibióticos, que são uma grande parte da causa do problema em primeiro lugar.

Segundo Nagler, a importância de cruzar a linha entre ciência básica e ciência aplicada estaria em fazer a diferença para as pessoas que contribuíram para a pesquisa por décadas: os próprios pacientes. Embora ela estivesse — e continue — hesitante em transformar a ciência em um tratamento lucrativo, ela também vê como isso pode ajudar muito mais pessoas. E para que mais serve a pesquisa científica senão para ajudar na saúde e no bem-estar de toda a humanidade?

DINHEIRO, DINHEIRO, DINHEIRO, OU COMO FINANCIAR CIÊNCIAS BÁSICAS

Não são apenas as empresas farmacêuticas que ganham dinheiro com quem sofre de alergias. O mercado de purificadores de ar, por exemplo, deverá chegar a 28,3 bilhões de dólares até 2027.[14] As cadeias de hotéis também começaram a capitalizar no crescente mercado de alergias, oferecendo quartos mais caros, "livres de alérgenos".[15] Produtos antialérgicos ou hipoalergênicos estão por toda parte, apesar de pouca ou nenhuma regulamentação sobre o que pode ser rotulados como "hipoalergênicos", bem como alimentos. Tudo isso representa uma grande receita para as empresas que atendem ao crescente número de alérgicos em todo o mundo.

Como vimos, no entanto, os tratamentos são onde a maior parte do dinheiro deve ser ganho nos mercados. Drogas como o Dupixent podem gerar bilhões de dólares para fabricantes, ao mesmo tempo que fazem com que uma parcela considerável de alérgicos se sinta melhor. Há dois truques: encontrar um equilíbrio entre o desejo de lucrar muito com o problema e a necessidade de avançar nos tratamentos e descobrir soluções possíveis para reações alérgicas. A conclusão incômoda é que precisamos ser extremamente cuidadosos sobre como gastamos dinheiro em pesquisa e sobre quem conduz estudos clínicos.

Quando me encontro com o Dr. Alkis Togias, o chefe da divisão de alergia do NIH, a mente dele está voltada para o dinheiro e o papel deste na promoção do tipo de descobertas científicas que, em última análise, levam a melhores tratamentos. É uma questão complicada, com certeza, com a qual Togias está muito familiarizado.

"O NIH é de longe o maior financiador de pesquisas sobre alergia nos Estados Unidos e no mundo", diz ele, apresentando o problema

Alérgicos   271

do financiamento da pesquisa *versus* lucro. "Estamos defendendo, estamos financiando grupos de pesquisa específicos para alergia alimentar, para asma, mas sempre pedimos que vejam o quadro geral. Apoiamos a pesquisa sobre os mecanismos básicos da alergia, bem como a pesquisa clínica. É nossa crença inerente como instituição que a ciência básica será importante na compreensão da doença."

Togias me dá um exemplo do que o NIH pode fazer que ninguém focado em lucrar fará. Ao financiar um ensaio clínico, a instituição insiste que o estudo inclua uma compreensão do mecanismo da própria doença. Não basta, em outras palavras, provar que uma droga funciona. O NIH quer saber por que essa droga funciona.

"As pessoas dirão: 'Bem, por que faz isso? Você está testando uma nova droga; se funcionar, ótimo.' A resposta é: 'Bem, é ótimo se funcionar, mas de forma alguma será o tratamento definitivo'", explica Togias. "Precisamos reunir informações que nos digam algo sobre o próximo passo no tratamento, sobre os próximos passos que precisamos dar. Nenhuma empresa farmacêutica jamais fará isso."

Mesmo doadores e organizações de pacientes sem fins lucrativos não se importam com o motivo pelo qual algo funciona, apenas com o fato de funcionar. A ênfase está no resultado, não nos mecanismos biológicos básicos. Mas o problema dessa abordagem, como aponta Togias, é que assim não vamos expandir nossa base de conhecimento. Então não teremos uma chance tão boa de entender como as respostas imunológicas funcionam e por quê, nem seremos capazes de alterá-las quando realmente importa — *antes* que uma reação alérgica ocorra. Financiar pesquisas científicas básicas que tentam entender melhor como o sistema imunológico funciona, como a pesquisa atual do NIH sobre como os mastócitos liberam histamina ou a Immune Tolerance Network (Rede de Tolerância Imune), é provavelmente um uso muito melhor de nossos recursos limitados do que tentar encontrar outro, mesmo melhor, medicamento ou produto que previne ou trata sintomas.

Em última análise, descobrir um método para evitar que todas as reações alérgicas se desenvolvam valeria cem novos medicamentos ou tratamentos biológicos. E apenas um investimento governamental e social revigorado na ciência imunológica básica — e com isso uma mudança social para a dissociar o lucro monetário da saúde — pode nos levar até lá. Especialmente se "nós" incluir todos, não apenas os ricos, habitantes do primeiro mundo, brancos e/ou alérgicos urbanos que podem pagar pelos melhores tratamentos.

CAPÍTULO 9

O que torna um tratamento eficaz?
O equilíbrio entre riscos e benefícios

Até agora, ao explorarmos os cuidados com as alergias, não chegamos a abordar como as pessoas — pacientes alérgicos, cuidadores de crianças com alergias, especialistas e clínicos — pensam e avaliam diferentes opções de tratamento. No cerne desses processos decisórios encontram-se fatores como custos e benefícios, a eficácia relatada de um determinado tratamento e possíveis efeitos colaterais negativos, além da segurança e bem-estar geral do paciente, tanto física quanto mental. Em geral, quem se submete a um tratamento para reações imunes mais graves precisa aceitar algum grau de risco. A solução para um mal quase sempre tem o potencial de causar outro, ainda mais quando falamos de algo provido de um equilíbrio tão preciso e inescrutável quanto o sistema imunológico humano.

Gostaria de fazer uma pausa e pedir que você faça um breve experimento mental. Imagine-se sofrendo de condições alérgicas moderadas a graves ou talvez conheça alguém que sofra. Você terá diferentes graus de familiaridade com as questões que discutiremos neste capítulo. Então, para começar, gostaria que tivéssemos o mesmo entendimento sobre como as decisões de tratamento são tomadas e o que pode estar em jogo.

Imagine-se sendo o responsável por uma criança de 5 anos com uma séria alergia alimentar a amendoim. A alergia é tão grave que a mera exposição a vestígios poderia levá-la à morte. Você se preocupa sempre que leva seu filho a uma festa de aniversário, a um encontro na casa dos amiguinhos ou quando o deixa na escola. Virou um disco arranhado, repetindo os mesmos alertas sobre a alergia dele a todos que o encontram ou que precisam cuidar dele de alguma forma. A constante vigilância necessária e os níveis cotidianos de ansiedade são desgastantes. Seu filho também começou a desenvolver ansiedade, pois se tornou mais consciente de que coisas invisíveis no ambiente podem fazer mal a ele. Na verdade, toda a vida familiar foi afetada pelo estado de saúde de seu filho, pois mantê-lo longe de amendoins é um trabalho quase integral. Esta é sua realidade diária desde que a alergia dele foi descoberta, há quatro anos.

Agora, quero que você responda a uma pergunta com base no seguinte cenário: se uma resposta anafilática mortal surgir depois de uma visita à sorveteria local, na qual um adolescente recém-contratado, distraído, usa a concha de sorvete de amendoim para servir o sabor chiclete escolhido pelo seu filho, você decidiria experimentar a imunoterapia oral para tratar a alergia alimentar? Mesmo que ela pudesse provocar a mesma reação?

É uma pergunta extremamente difícil de responder, sob qualquer ângulo. O alergista insiste que o novo tratamento ITO mostra ótimos resultados e o pediatra diz que não se sentiria confortável em recomendá-lo porque faltam estudos suficientes sobre a eficácia a longo prazo ou sobre a taxa de eventos adversos durante o processo. Imagine-se pesquisando por horas, na frente do computador, fixando-se na pequena porcentagem de crianças que entram em choque anafilático no decorrer do tratamento. O que seria preferível? Correr o risco de algumas exposições acidentais ao longo da vida ou risco consciente de expor seu filho, durante meses, a uma quantidade mínima do alérgeno que desencadeia a anafilaxia?

Se fizer o tratamento e for bem-sucedido, seu filho pode ingerir de forma acidental o equivalente a duas nozes sem acabar no pronto-socorro. Parece inacreditável, não é? Mas você também aprende que, por a ITO ser muito recente, ainda não sabemos nem se os efeitos positivos do tratamento durarão mais de dez anos, nem se a terapia de manutenção deve prosseguir de forma indefinida. Se ele interromper o tratamento, a pequena tolerância imunológica que desenvolveu por meio de uma série de procedimentos cansativos e estressantes pode ser lentamente perdida. Tudo isso pressupondo, é claro, que você tem um bom plano de saúde, acesso a um alergista e condições de arcar com a coparticipação de cada visita ao consultório.

Agora responda novamente à mesma pergunta: você arriscaria a vida de seu filho para evitar que ele sofra um evento anafilático ou não?

Não são questões puramente hipotéticas. São bem reais, formuladas todos os dias por pais de crianças com alergia severa. Em conversas durante a pesquisa para este livro, ficou evidente para mim que médicos, pacientes e responsáveis avaliam os possíveis riscos e custos do tratamento de maneira muito diferente. Não é moleza decidir pela ITO, por exemplo. Longe disso.

Há grandes questões morais e existenciais em jogo nessas decisões, como por exemplo avaliar quanto risco alguém que vive com uma alergia grave ou ameaçadora pode estar disposto a suportar para obter uma "cura" ou ao menos alívio para os piores sintomas. Os regulamentos da FDA garantem que nenhuma terapia biológica possa causar danos indevidos aos pacientes, usando uma estrutura de benefício-risco. De acordo com a organização, a estrutura "é uma abordagem qualitativa focada na identificação e na comunicação clara de questões fundamentais, evidências e incertezas na avaliação benefício/risco da FDA e como essas considerações fundamentam as decisões regulatórias".[1] Em outras palavras, os reguladores usam dados de ensaios clínicos para avaliar os benefícios e riscos para os pacientes. No entanto, mesmo depois que um novo medicamento como o Aimmune, para alergia ao amendoim, obtém a aprovação desse órgão regulador, não significa que especialistas em alergia ou pacientes concordem que os benefícios superam os riscos.

A verdade é que tratamentos para qualquer alergia nem sempre funcionam para todos, e seus efeitos — mesmo quando o tratamento é *eficaz* — nem sempre se prolongam. Os tratamentos também podem ser caros e difíceis de manter porque precisam ser continuados por anos (às vezes por toda a vida).

A seguir, veremos como as diferentes partes interessadas definem o que é um tratamento "eficaz" em relação à alergia alimentar e à dermatite atópica, e como os pacientes se orientam entre suas opções de tratamento em relação ao desenvolvimento de novas terapias aprovadas pela FDA. É um pouco confuso, como sempre. No final, a decisão de se submeter a um tratamento novo é pessoal e baseada nas experiências de cada indivíduo. Na ausência de quaisquer terapias preventivas reais, restam apenas duas opções reais para aqueles com as piores condições alérgicas: experimentar novos tratamentos... ou não.

EXEMPLO DO MUNDO REAL Nº 1: TRATAMENTOS DE IMUNOLOGIA ORAL PARA ALERGIA ALIMENTAR

Antes de começarmos, alguns antecedentes: como já sabemos, a imunoterapia em si é uma ideia antiquíssima. Os especialistas a praticam há mais de cem anos, com resultados medianos. Os princípios básicos dos tratamentos de imunoterapia mais recentes, padronizados e avançados que têm chegado ao mercado, como Palforzia para alergia ao amendoim, continuam os mesmos. O objetivo final é retreinar o sistema imunológico para tolerar melhor os alérgenos. Atualmente, dispomos de tratamentos de imunoterapia para algumas alergias respiratórias e alimentares, cuja eficácia varia dependendo do indivíduo. Ainda não é uma ciência exata. De um ponto de vista estritamente biológico, nem temos certeza de como funciona. Só sabemos que funciona, em muitos casos.

No passado, a imunoterapia para alergia alimentar era uma espécie de "faça você mesmo". Do início dos anos 1900 até os anos 1970, os alergistas preparavam os próprios extratos usando pólen local ou outros alérgenos da região. Ao longo das décadas de 1970 e 1980, à medida que a ciência avançava, os alérgenos foram padronizados e fabricados a partir de diferentes especificações. Hoje, eles estão disponíveis sob encomenda, e os alergistas os misturam e diluem[2] com o objetivo de atender às necessidades de cada paciente. Cada alergista decide a concentração indicada e os protocolos podem variar.

Para alergias ao amendoim, especificamente, alergistas do passado e do presente compravam farinha de amendoim a granel, usando-a como ingrediente para produzir os próprios comprimidos orais e sublinguais que, aos poucos, aumentavam a presença do alérgeno durante semanas e meses. Essas pílulas caseiras de amendoim eram baratíssimas, segundo me contaram vários médicos. O processo também era relativamente simples, apesar de ser necessário conhecimento especializado para garantir a quantidade correta de alérgeno em cada dose. Como as pílulas não eram padronizadas, no entanto, erros na dosagem eram possíveis e às vezes ocorriam. Hoje, além desse método (ainda disponível), os pacientes também podem optar por tomar Palforzia.

Este medicamento é feito a partir de farinha de amendoim desengordurada. Atualmente é indicado para tratar pacientes a partir dos 4 anos de idade, embora funcione melhor em crianças pequenas do que em adultos. O tratamento é feito diariamente por seis meses e é concluído em três fases, que compreendem a medição inicial da dose, aumento da dosagem e manutenção. A dose inicial contém 3 miligramas de amendoim e aumenta gradativamente até a dose final de 300 miligramas. Nesse momento, Palforzia é o único medicamento de imunoterapia oral aprovado pela FDA e é usado apenas para tratar a alergia a amendoim. No começo, os pacientes são submetidos a tratamento supervisionado em uma clínica, caso apresentem uma reação adversa significativa. Cada dose com uma quantidade um pouco maior do alérgeno é administrada sob supervisão profissional; mas, se o paciente responder bem, outras doses podem ser tomadas em casa.

Antigos ou novos, os tratamentos de imunoterapia oral para alergia alimentar apresentam riscos. Em um paciente com alergia grave, o próprio tratamento pode causar um evento anafilático (razão pela qual todas as doses iniciais e aumentos devem ser administrados em uma clínica ou hospital com acesso a equipamentos e especialistas que podem salvar vidas). Mesmo quando o paciente tolera bem o tratamento, pode sofrer desconforto, o que acontece na maioria das vezes. Os efeitos colaterais da ITO (tanto de Palforzia quanto da ITO tradicional) podem incluir formigamento ou inchaço da boca e da língua; dificuldade para respirar ou chiado; aperto ou inchaço na garganta; inchaço da face ou de olhos; erupção cutânea ou coceira; cólicas estomacais, vômitos ou diarreia; tonturas ou desmaios — embora a dosagem possa ser temporariamente reduzida para aliviar os piores sintomas. Em alguns, o tratamento pode provocar inflamação do esôfago ou desencadear EoE. Muitos pacientes (e seus cuidadores) também sofrem de ansiedade em relação a esses possíveis efeitos colaterais durante o tratamento, especialmente em suas fases iniciais ou quando se aumenta a dosagem. Alguns abandonarão o tratamento devido a um ou mais efeitos colaterais negativos.

Em um estudo recente com 1.182 indivíduos (de 4 a 17 anos) tomando Palforzia, a maioria apresentou sintomas leves (35%) a moderados (55%) durante as primeiras semanas de tratamento.[3] Reações graves ocorreram em 41 pacientes, ou seja, em 3,5% daqueles que tomaram o medicamento. Os eventos anafiláticos foram raros, mas ocorreram a uma taxa de 1,2% em um período de três anos. A frequência em geral era reduzida à medida que o tratamento progredia. Os principais efeitos colaterais relatados foram irritação na garganta, dor de estômago e coceira na boca. Três em cada 4 pacientes que tomaram Palforzia conseguiram atingir a dose final de manutenção de 300 miligramas.

A decisão de se submeter ou não a alguma forma de ITO muitas vezes parece depender de diferentes formas de pensar sobre a eficácia geral do tratamento. A definição de "eficaz" pode variar drasticamente, conforme as partes envolvidas.

Ponto de vista nº 1: A perspectiva do paciente

Stacey Sturner dirige um dos maiores grupos de alergia alimentar no Facebook. Tudo começou em 2015, quando a família dela lidava com a alergia ao amendoim de seu filho Reid, desenvolvida no primeiro ano de idade, em 2013. O grupo do Facebook fornece informações e um espaço compartilhado para empatia, apoio e histórias pessoais. A maioria dos membros, segundo Stacey, se junta ao grupo porque está prestes a tomar uma decisão sobre qual tratamento seguir — como, por exemplo, se deve ou não tomar Palforzia. Outros entram assim que começam a imunoterapia oral, às vezes para se gabar ou para envergonhar outros pais por não tomarem as mesmas decisões e, às vezes, compartilhar as experiências negativas que estão tendo, buscando apoio. Como profissional de comunicação e marketing, Stacey queria que seu grupo no Facebook fosse além daquilo que ela chama de abordagem anedótica.

"A maioria dos grupos nas redes sociais aborda o problema da alergia de forma anedótica. 'Qual é a sua história e como ela se aplica a mim?' Acho isso problemático por vários motivos", explica Stacey durante a segunda longa conversa que tivemos por telefone sobre alergia, concentrada na forma como pessoas como ela tomam decisões sobre opções de tratamento.

Stacey me diz que teve a sorte de ter um alergista fantástico quando o filho foi diagnosticado — e que outros não foram tão felizes. Ela acha que informações atualizadas e baseadas em evidências são essenciais para entender a alergia e os tratamentos disponíveis. Ter acesso a uma boa informação pode fazer toda a diferença entre viver bem com alergias, ou não. Quando começou a participar de grupos online, Stacey ficou frustrada com a falta de informações baseadas em evidências. Havia muitas histórias pessoais e "fatos" que não se apoiavam em nenhuma citação ou link. Em janeiro de 2014, Stacey estava pesquisando tanto que decidiu começar o próprio grupo para compartilhar as informações. O grupo já tem mais de 13 mil membros, que passam por uma seleção criteriosa: Stacey não permite quem se recusa a fundamentar postagens com dados científicos.

"Há muitas famílias desesperadas por aí", diz ela. "A alergia alimentar pode ter um efeito prejudicial no seu estilo de vida. Há muitos problemas de saúde mental por causa de todo o estresse."

Em 2016, o filho dela passou mal durante um teste alimentar para amendoim no consultório do alergista. A reação foi, por sorte, relativamente leve, mas ainda assim exigiu uma injeção de epinefrina. Na verdade, Reid nunca teve uma resposta anafilática, nem chegou a ir ao pronto-socorro devido a uma exposição acidental. Seus níveis de anticorpo IgE em resposta ao amendoim sempre estiveram na extremidade inferior do espectro, e esperava-se que ele fosse superar a alergia. Por esse motivo, ele não se qualificaria para nenhum dos estudos clínicos do Palforzia, que se desenrolavam na época. A condição do filho era moderada o bastante para que Stacey se sentisse bem adotando uma postura de esperar para ver. Ao mesmo tempo, era uma reação forte o suficiente para que ela não quisesse correr riscos: se até os 5 anos Reid continuasse a ter aquele tipo de reação, ela experimentaria a imunoterapia antes que ele começasse a frequentar o jardim de infância.

Stacey me diz que as reações moderadas do filho durante os testes alimentares facilitaram a decisão de duas maneiras. Para começar, era visível que ele tinha uma alergia (havia erupção cutânea e inchaço) e que ele poderia se beneficiar do tratamento. Além disso, ela acreditava que ele seria capaz de lidar com o tratamento em si, que exigia o consumo de pequenas quantidades de amendoim por semanas a fio. Reid, ao contrário de muitas crianças que aprenderam a temer a comida como algo perigoso ou mortal, não tinha nenhuma fobia alimentar. Stacey sempre escolheu bem as palavras para explicar ao filho o que estava acontecendo, porque nunca quis aterrorizá-lo de forma desnecessária ou deixá-lo com medo de se alimentar. Como resultado, Reid estava mais disposto do que muitas crianças alérgicas a consumir algo que ele sabia que continha amendoim. Por causa da singularidade da situação, e armada como estava com as informações mais recentes sobre taxas de sucesso e riscos potenciais, ficou muito mais fácil para ela tomar a decisão de submeter o filho à imunoterapia oral.

Houve, no entanto, uma coisa que a fez pensar duas vezes. Seu filho mais velho tem a doença de Crohn, um distúrbio imunológico que afeta o esôfago. (A doença de Crohn costuma afetar apenas o intestino, mas

Alérgicos 281

em casos raros também pode afetar o esôfago.) A imunoterapia oral não é recomendada em pacientes com esofagite eosinofílica (EoE), uma vez que pode desencadear a doença e causar complicações graves, muitas vezes com risco de vida. A última coisa que Stacey queria era fazer com que Reid tivesse problemas adicionais causados pela ITO.

"Acho que qualquer um diria que o tratamento nunca deve ser pior do que a doença", diz Stacey.

No final das contas, o médico que trata seu filho mais velho, um especialista em EoE, aprovou a decisão dela de ir em frente com o tratamento ITO de Reid, apesar de não manifestar muito entusiasmo. Stacey voltou ao especialista que realizou o teste alimentar oral de Reid e se candidatou à ITO. No início, quando ela e Reid iam à clínica tomar a dose e esperavam 45 minutos, Stacey ficava um pouco nervosa. Mas com o tempo, ao ver Reid tolerando o tratamento com pouca resposta negativa, ela se sentiu mais confiante. Ela me disse que muitos pais no grupo no Facebook relatam experiências semelhantes; à medida que os filhos começam a progredir, a ansiedade diminui e a empolgação e a esperança aumentam. É aí que os especialistas em alergia precisam aplicar uma dose de realidade para manter as expectativas dos responsáveis sob controle, defende Stacy. Não é porque um paciente responde bem ao início da ITO que o restante do tratamento será tranquilo. Há, como vimos, muita variação nas respostas imunes de um indivíduo, de modo que os resultados também podem variar bastante.

A submissão de Reid à ITO padrão acabou sendo um grande sucesso. O maior obstáculo foi o tratamento interromper o fluxo normal da vida, pois a terapia precisava ser feita duas vezes ao dia durante meses. Essa programação foi, segundo a própria Stacey, difícil tanto para ela como para o filho. Mas, passados seis meses, Reid desenvolveu uma tolerância a oito amendoins, ou aproximadamente 4 mil miligramas[4] de proteína de amendoim. Depois disso, ele fez terapia de manutenção por três anos, tomando doses regulares para manter o nível de tolerância. Por fim, os níveis de anticorpos no sangue caíram para quase zero e o teste cutâneo deu negativo. Nesse ponto, o médico sugeriu que Reid interrompesse a terapia de manutenção por um mês e voltasse para outro desafio alimentar oral. Ele passou com louvor, comendo 14 amendoins sem reação. Agora, Reid come amendoim pelo menos duas vezes por semana para manter a tolerância adquirida, e o faz com felicidade. Stacey diz que as barras de chocolate Snickers são um "remédio" bem popular.

"Não poderíamos estar mais empolgados e, claro, isso me transforma em uma grande fã", diz Stacey. "Só que tenho muito cuidado, porque sei que a grande maioria não acaba com um resultado tão bom. É complicadíssimo. Estou administrando um grupo de alergia alimentar e não quero que as pessoas usem minha história como um exemplo do que pode acontecer com elas. Porque, sim, pode acontecer. Mas as chances não são tão altas. Tivemos uma sorte extraordinária."

Stacey me conta que uma de suas preocupações é a falta de consistência em muitos protocolos de ITO. Cada alergista faz de uma forma diferente, e isso gera muita confusão e medo nos pais. Por causa da pesquisa que fez, ela se sentiu mais confiante em inscrever o filho em tratamentos de ITO. Mas entende por que nem todos os responsáveis conseguem ou querem tomar as mesmas decisões.

Desde a aprovação do Palforzia em janeiro de 2020, Stacey observou um aumento no número de pessoas que se juntaram ao grupo e estão passando por ITO com o novo medicamento. Ela vê isso como algo positivo, pois o Palforzia parece tornar o tratamento pelo menos parcialmente mais acessível, mesmo em áreas sem grande acesso a alergistas. Como segue um protocolo padronizado, com uma taxa de sucesso documentada, mais médicos e pacientes parecem se sentir confortáveis com o Palforzia. Segundo Stacey, ele funciona como um ótimo garoto-propaganda para o próprio conceito de imunoterapia.

Como não é apenas mãe de filho alérgico, mas também está envolvida na comunicação sobre alergias alimentares, peço a Stacey que opine sobre o que vê nas redes sociais e o que ouve de outros pacientes e as respectivas famílias. Como passou pessoalmente pelo processo, além do grupo no Facebook onde compartilha decisões de tratamento, ela está em uma posição única para falar sobre o modo como as pessoas encaram o risco. Como um indivíduo comum transita pelo processo de tomada de decisão?

Ela responde sem vacilar: o maior problema é que muitos chegam ao grupo sem qualquer informação sobre a ITO. Foram informados de que o filho é um bom candidato e pensam em submetê-lo ao tratamento, mas não têm a menor ideia dos riscos.

"Sempre fico surpresa com o número de pessoas que posta comentários do tipo: 'Ei, vamos começar a ITO amanhã. Quais são os riscos?' Não consigo lidar com isso", diz ela.

Em geral, Stacey observa que são pessoas que chegam com as expectativas moderadas pelas evidências. Não sabem, por exemplo, que a ITO pode produzir complicações gastrointestinais. Não foram informadas de que crianças com asma grave não devem passar pelo tratamento. A pior parte, explica, é quando alguém se chateia ao ouvir membros mais informados falarem sobre os possíveis riscos.

Ela acha que os alergistas precisam explicar melhor todos os riscos e benefícios para cada paciente. E vai além: todos os membros da família — não apenas os pais ou cuidador com mais responsabilidade pelas decisões médicas — precisam estar em sintonia. Ela me conta que o marido dela teria tirado Reid do tratamento se ele tivesse problemas estomacais — não se sentindo bem ao deixar o filho desconfortável —, e Stacey deixou o alergista informado desde o início. Mas não é o que acontece na maioria das vezes.

"Em geral, há muita desinformação sobre o que é a imunoterapia oral", afirma Stacey. "E muito disso é jargão de marketing. Sou profissional de marketing, então isso me deixa meio maluca. Só não acho que a área médica deva se envolver em manobras de marketing para orientar a escolha de determinado tratamento com o qual, é claro, a empresa se beneficia financeiramente. Acho que a ITO pode ser muito boa. Mas também acho que os pacientes merecem estar mais bem-informados."

No final das contas, Stacey me diz que a decisão de recorrer à ITO — seja com Palforzia ou com tratamentos mais tradicionais — é individual.

"Sou alguém que gosta de consertar as coisas", diz, explicando a própria decisão. "Mas é uma escolha pessoal." Cada um tem diferentes níveis de conforto com os possíveis riscos do tratamento.

Ponto de vista nº 2: A perspectiva do especialista

A Dra. Cathy Nagler, da Universidade de Chicago, entende as preocupações dos pacientes com a imunoterapia oral e a dificuldade para decidir se submeter a um tratamento como o com Palforzia. Se um paciente passa por todo o comprometimento físico, emocional e temporal necessário para que a ITO funcione, mas ainda precisa se preocupar com a eficácia desta a longo prazo, será que ela é mesmo um bom negócio? Vale mesmo a pena?

Nagler não tem tanta certeza. Ou, pelo menos, não acha que Palforzia ou outros tratamentos de imunoterapia oral devessem ser a única oferta aos pacientes. Isso porque a imunoterapia oral não é uma "solução" para o problema real — que é a alergia subjacente.

"Meu argumento é que nunca será suficientemente bom", disse Nagler. "A imunoterapia oral visa desligar a resposta imune. Mas, acima de tudo, queremos melhorar a resposta de barreira induzida por bactérias para impedir que os alérgenos tenham tanto acesso à corrente sanguínea. Acho que, se não desenvolver isso ao mesmo tempo, nunca obteremos nada melhor do que a dessensibilização transitória. Mesmo que seja mantida por toda a vida, pode não ser boa o suficiente."

Há pesquisas iniciais que fundamentam esse pensamento. Um estudo realizado na Universidade Stanford em 2019 descobriu que qualquer interrupção da ITO para o amendoim, mesmo uma continuação com uma dose mais baixa, levava a um declínio significativo na tolerância.[5] No estudo, os participantes que passaram por um desafio alimentar oral após 24 meses de ITO recebiam uma dose diária de 300 miligramas ou um placebo. Depois de um ano, todos voltaram a fazer um desafio alimentar oral. Os resultados? Cerca de 37% do grupo que recebeu o tratamento de manutenção teve êxito no desafio com amendoim. No grupo do placebo, apenas 13%. Isso indica que a descontinuação das doses de manutenção da ITO reduz a dessensibilização protetora. Sugere também que, mesmo se o paciente aderir com rigor à manutenção, ainda é provável que tenha uma reação ao alimento. Talvez não morra se consumir uma pequena quantidade, mas continuará precisando evitá-lo.

Os pacientes que tentam decidir se devem ou não passar por tratamentos como a ITO nem sempre estão cientes desses resultados. Não sabem que, mesmo que o tratamento seja bem-sucedido, ainda precisarão evitar os alimentos. Talvez ainda seja preciso que carreguem uma caneta injetora caso tenham uma reação ruim no futuro. A ITO não é uma solução perfeita de longo prazo, apesar da badalação e da esperança em torno dela. Embora possa aliviar os maiores medos das famílias a curto prazo, questões muito reais sobre segurança a longo prazo continuam sem resposta. De fato, no relatório sobre Palforzia, de 2019, o Icer, uma organização sem fins lucrativos que fornece análises independentes dos benefícios clínicos e custo-efetividade de tratamentos médicos, apontou "a considerável incerteza sobre os resultados a longo prazo"[6] para o medicamento como uma das razões para rejeitar por unanimidade a recomendação do mesmo.

Algo que torna esses cálculos mais difíceis é a incerteza que ronda a reação individual dos pacientes.

Como explicou Nagler, as reações aos alérgenos são imprevisíveis. Podem variar de leves (lábios inchados, urticária), moderadas (dor de estômago) a graves (parada cardiovascular e anafilaxia). Além do mais, as reações podem mudar. Em um dia, você pode ter urticária. Em outro, uma resposta mais severa. (Os sintomas de alergia estão sujeitos à variação devido à quantidade e tipo de alérgeno, bem como o método de exposição.) Mesmo a medição dos níveis de anticorpos IgE nem sempre é adequada para prever a gravidade da reação. Um paciente pode ter níveis muito baixos de IgE e ainda ter uma resposta anafilática. O oposto é igualmente verdadeiro. Um paciente pode ter IgE muito alto e não apresentar doença sintomática. Isso não ajuda pacientes e pais a decidir em relação à ITO e pode causar altos níveis de ansiedade, principalmente na primeira fase do tratamento, quando as reações são mais comuns.

Para o Dr. Scott Sicherer, diretor do Elliot and Roslyn Jaffe Food Allergy Institute no Mount Sinai, o debate sobre a "eficácia" da ITO se concentra na definição de um resultado bem-sucedido — e isso depende de como entendemos a dessensibilização em primeiro lugar. No relatório final do Icer, o painel de revisores especialistas observou que a "dessensibilização" como conceito não está bem-definida. Uma pessoa está "dessensibilizada" quando pode consumir dois ou trinta amendoins? É quando tem níveis baixos de IgE ou apresenta um teste cutâneo negativo? Não há consenso sobre o que esse termo significa em uma base clínica. Isso pode dificultar a comparação de estudos de ITO que usam diferentes padrões de tolerância.

"Geralmente, exige-se que você reaja a menos de um terço de um amendoim para participar do estudo", explicou Sicherer. "Eles podem estabelecer um limite de dois amendoins. Portanto, se você conseguir comer dois amendoins no final do estudo, será um caso de sucesso. Digamos que dois terços das pessoas recebendo o tratamento foram capazes disso no final. Então elevamos o patamar de tolerância delas e é isso que chamamos de sucesso. O grupo que estava no placebo permanece como no início. Você poderia olhar dessa maneira e dizer que fomos capazes de aumentar o limite em dois terços das pessoas que submetemos ao processo. Portanto, achamos bom porque, se você fizer as perguntas certas no restaurante, não vai ter problema se errarem no pedido. Por outro lado, estar em terapia aumenta significativamente o risco de reações anafiláticas."

Quando entrevistei Sicherer pela primeira vez, o Palforzia ainda estava em testes clínicos e ninguém sabia se a FDA o aprovaria. Ele explicou que a controvérsia na área e em evidência nas conferências de alergia debatia se a imunoterapia oral era ou não uma bobagem, diante de todos os dados disponíveis sobre a taxa de reações graves.

"Em média, pelos estudos que temos até agora, a pessoa tratada terá mais reações alérgicas e mais anafilaxia do que teria se a evitasse", disse Sicherer. "Portanto, o que preocupa a família ou o indivíduo é uma exposição acidental que resulte em uma reação. Eles a evitam fazendo muitas perguntas e talvez não comendo em determinados lugares, ou não comprando certo biscoito ou o que quer que seja. Pode acontecer um acidente e haver uma reação, mas ao se submeter a essa terapia e comer um pouco todos os dias, do nada pode ter reações inesperadas ao tomarem a dose regular. Quando olhamos apenas para os estudos, as pessoas no grupo placebo têm menos anafilaxia e reações alérgicas do que aquelas no grupo de tratamento. Isso é melhor do que se preocupar se um restaurante comete um erro ou não? Não sei a resposta, mas vou dizer que quando falo sobre isso com uma família, há quem diga: 'É, não quero fazer isso.' E há famílias que dizem: 'Vamos começar imediatamente.' Acho que a experiência das famílias e o que essas questões significam para elas são o que influencia a decisão."

Em outras palavras, é uma decisão baseada no modo como cada indivíduo ou família enxerga os riscos relativos do tratamento ITO *versus* exclusão, o que depende do que já enfrentaram no curso da doença alérgica. Como Stacey Sturner já argumentou, essas são escolhas extremamente pessoais. Nem todos escolherão o mesmo caminho.

No relatório final do Icer, o painel de especialistas a que se pediu uma revisão de todos os dados disponíveis sobre Palforzia (chamado pelo nome científico, AR101) colocou-se contra a normalização do uso como tratamento de primeira linha. Para eles, o benefício obtido por dois terços dos participantes do estudo, capazes de tolerar até 600 miligramas de proteína de amendoim, não foi suficiente para contrabalançar "um aumento significativo de sintomas gastrointestinais, reações alérgicas sistêmicas e uso de epinefrina".[7] Além do mais, o painel sentiu que não chegaram a ser demonstradas nem mudanças positivas na qualidade de vida geral dos pacientes, nem reduções no número de reações à exposição acidental a amendoim.

O painel concluiu: "Assim, há apenas certeza moderada de um benefício líquido comparável, pequeno ou substancial para a saúde e uma probabilidade pequena (mas diferente de zero) de um benefício líquido negativo para a saúde em relação ao AR101 em oposição à exclusão estrita e o uso rápido de epinefrina (promissor, mas inconclusivo). Dada a necessidade de visitas frequentes aos médicos na fase de aumento progressivo da dose e os também frequentes eventos adversos, será importante garantir que os pacientes recebam as informações adequadas e que suas preferências sejam esclarecidas antes do início da terapia de dessensibilização com AR101."[8]

Em outras palavras, os especialistas reunidos pelo Icer recomendaram que os médicos que pretendiam oferecer o Palforzia se certificassem de que os pacientes compreendiam todos os desfechos possíveis e que concordavam totalmente com o tratamento. Eles tinham que estar conscientes da probabilidade de sofrerem efeitos colaterais e dos riscos associados ao tratamento. Além disso, precisavam ser informados que nem todos os pacientes se beneficiaram igualmente do tratamento e que precisariam continuar a terapia de manutenção por tempo indeterminado. Os pacientes teriam que decidir, juntamente com seus médicos, qual seria o melhor curso de ação depois de serem informados de todos os riscos e benefícios em potencial. No final das contas, a decisão permanece nas mãos do paciente.

Ponto de vista nº 3: A perspectiva da empresa

O Palforzia foi criado por uma empresa chamada Aimmune Therapeutics. A própria Aimmune foi formada após um encontro da Food Allergy Research & Education (Fare, sigla em inglês para Pesquisa e Educação em Alergia Alimentar) realizado em 2011, com a presença de pacientes, alergistas, cientistas pesquisadores e representantes do NIH. O objetivo da reunião, conforme declarado no site da empresa, era "mudar o foco do financiamento de pesquisas básicas para encontrar uma cura para a alergia alimentar, identificando a abordagem com maior probabilidade de obter a aprovação da FDA".[9] O resultado da reunião? A formação de uma nova corporação chamada Allergen Research Corporation em 2011, que se tornou a Aimmune Therapeutics em 2015.

Desde o início, o foco da pesquisa era a imunoterapia oral. Em janeiro de 2020, depois de quase uma década de pesquisas e ensaios clínicos, a FDA aprovou o uso do Palforzia, tornando-o o primeiro tratamento aprovado pelo governo dos Estados Unidos para alergia alimentar. Apenas dez meses depois, a Nestlé adquiriu a Aimmune (por meio de sua subsidiária Nestlé Health Science) por mais de 2,1 bilhões de dólares. O investimento inicial da fabricante de alimentos na Aimmune (145 milhões de dólares) ocorreu em 2016, quando o Palforzia ainda estava em seus primeiros ensaios clínicos. O acordo foi seguido por investimentos subsequentes na Aimmune Therapeutics em 2018 e 2020, totalizando 473 milhões de dólares e dando à Nestlé uma participação acionária de 25,6% na empresa, mesmo antes da aquisição.[10]

O código de conduta e ética nos negócios da Aimmune, disponível publicamente no site corporativo, afirma que ela segue os mais altos padrões de ética nos negócios. Indo além, o código exige "um padrão mais elevado do que o exigido pela prática comercial ou pelas leis, regras ou regulamentos aplicáveis". Em outras palavras, a Aimmune pretende ser uma empresa farmacêutica melhor, e é possível argumentar que, desde sua origem, ligada à defesa dos pacientes com alergia alimentar, ela não tem sido uma empresa farmacêutica típica. No entanto, após a aquisição, ela passou a integrar uma das maiores fabricantes globais de alimentos, com um histórico próprio de práticas não tão éticas de negócios[11] (como comercializar uma cara fórmula infantil para mães pobres em países em desenvolvimento e defender, em apoio ao próprio empreendimento de água engarrafada, que o acesso à água não é um "direito", mas uma "necessidade"). A Aimmune foi adquirida pela Nestlé por 34,50 dólares por ação, o que avaliou a empresa em 2,6 bilhões, um aumento de aproximadamente 50% no preço das ações da empresa desde 2019. Em outras palavras, o investimento na Aimmune foi uma boa jogada financeira. Por quê? Porque o Palforzia, como a EpiPen, tem o monopólio nas receitas médicas e provavelmente será líder no mercado de ITO por décadas, pois foi o primeiro e representou um avanço no reconhecimento de marca entre pacientes com alergia. Com o apoio de uma potência como a Nestlé, a Aimmune continuará a ser líder em tratamentos de alergia alimentar.

Neste ponto, você talvez esteja se perguntando qual seria o interesse de um grande fabricante de alimentos em uma empresa de terapias para alergia alimentar. Quando descobri a conexão entre a Nestlé e a Aimmune, também fiquei intrigada a princípio. Mas ao coletar histórias sobre as leis de rotulagem de alimentos (nos Estados Unidos, os fabricantes são obrigados por lei a listar todos os ingredientes conhecidos ou possíveis) e exposições acidentais a alérgenos, e ao aprender sobre as taxas crescentes de alergias alimentares em todo o mundo, começou a fazer cada vez mais sentido para mim. Enormes empresas de alimentos como Nestlé, Cargill e Archer-Daniels-Midland têm interesse em garantir que seus produtos conquistem uma grande participação no mercado. Se o número de pessoas que sofrem de alergias alimentares continuar a crescer rapidamente, isso não vai ser bom para os resultados. As embalagens de alimentos também foram criticadas pelas famílias dos pacientes de alergias alimentares por não facilitarem a identificação de alérgenos. Não é bom nem para a imagem de uma empresa, nem para seus lucros se alguém come um de seus biscoitos e morre. Se você é um executivo de uma empresa de alimentos, será um bom negócio apoiar soluções "fáceis" e seguras[12] para alergias alimentares. É uma proteção tanto para os consumidores quanto para os acionistas: todos ganham. Do ponto de vista corporativo, as imunoterapias orais são tratamentos "eficazes" para alergias porque diminuem o risco de responsabilidade corporativa.

Você pode argumentar que estou sendo cínica. E talvez esteja mesmo. Mas a receita de alimentos da Nestlé em 2020 foi de 76,8 bilhões de dólares. O investimento na Aimmune empalidece na comparação. Se tratamentos como o Palforzia forem bem-sucedidos, isso significa menos pessoas reagindo aos produtos da Nestlé e menos processos judiciais. As duas empresas têm muito a ganhar com o sucesso contínuo do Palforzia.

EXEMPLO DO MUNDO REAL Nº 2:
INIBIDORES DE JAK PARA DERMATITE ATÓPICA

Até pouco tempo, os tratamentos para dermatite atópica eram muito limitados e bem menos eficazes no alívio dos piores sintomas de eczema do que seria desejado por pacientes e médicos. Normalmente, cremes de uso tópico à base de corticosteroides são prescritos para ajudar no controle de alguns dos piores sintomas, mas a eficácia é variável e geralmente diminui com o passar do tempo. O uso a longo prazo desses cremes também não é recomendado, pois os pacientes podem desenvolver sérios efeitos colaterais indesejados, como afinamento da pele ou úlceras. Além do mais, assim que os esteroides são descontinuados, os pacientes costumam enfrentar crises graves como rebote do tratamento. Como já vimos, o recente desenvolvimento e aprovação do Dupixent deu a pacientes e médicos uma nova opção — e renovou a esperança de um controle mais eficaz dos sintomas. No entanto, o Dupixent não funciona para todos e pode produzir efeitos colaterais indesejados.

Quando conversei com médicos especializados em dermatite atópica e perguntei sobre futuras opções de tratamento, eles mencionaram com frequência uma nova classe de medicamentos conhecidos coletivamente como inibidores de Janus quinase (JAK). As Janus quinases são um grupo de quatro enzimas (tipos de proteínas) cuja função básica é agregar a outras moléculas a classe de substâncias químicas conhecidas como fosfatos. Essa adição sinaliza para outras moléculas que está na hora de se ativar ou desativar. Pensemos neles como pequenos interruptores para uma variedade de funções envolvidas em diferentes processos dentro do corpo humano. Durante uma crise alérgica (e muitos distúrbios autoimunes), os JAKs fazem parte do mecanismo de sinalização que ajuda a ativar as citocinas, nossos velhos amigos inflamatórios. Isso significa que bloqueá-los pode ajudar a conter a inflamação causada por uma variedade de respostas imunes.

Diferentes inibidores de JAK têm como alvo diferentes tipos de Janus quinases e são usados para tratar diferentes condições imunomediadas, desde artrite reumatoide e doença de Crohn até dermatite atópica. Em ensaios clínicos, eles se mostraram muito promissores no controle de diferentes respostas inflamatórias. De fato, vários medicamentos inibidores diferentes já foram aprovados pela FDA. No entanto, em dezembro de 2021, a FDA anunciou que exigiria identificação de "caixa preta" em quatro deles. Os rótulos de caixa preta são a categoria de risco mais alta da FDA. Se um medicamento demonstrou em ensaios clínicos de segurança que é capaz de causar efeitos colaterais graves ou ter risco de vida, a organização exige que o fabricante especifique e destaque tais perigos no rótulo do medicamento. Por exemplo, a FDA descobriu que uma classe de inibidores orais de JAK usados para tratar a artrite (chamada Xeljanz) aumentou de forma significativa o risco de coágulos sanguíneos, câncer, eventos cardíacos graves, como infartos, derrames e morte.

Este é o contexto científico de que precisávamos para examinar mais de perto o primeiro (e na época em que escrevo, um entre apenas dois) inibidor de JAK aprovado pela FDA para dermatite atópica ou eczema: ruxolitinibe.

Em setembro de 2021, a FDA aprovou um novo medicamento de molécula pequena chamado ruxolitinibe para uso tópico na dermatite atópica, vendido sob a marca Opzelura. Opzelura é um creme tópico usado nas áreas afetadas da pele duas vezes ao dia. É indicado apenas para uso a curto prazo, uma vez que as reações adversas comuns podem incluir urticária e outras infecções (bacterianas, virais ou fúngicas), e prescrito para pacientes com idade igual ou superior a 12 anos para dermatite atópica leve a moderada que não é bem controlada com o uso de esteroides ou com o Dupixent.

Nos ensaios clínicos de fase 3, o Opzelura teve um bom desempenho e foi bem tolerado pela maioria dos pacientes, com 50% observando melhora acentuada nas condições em comparação com o grupo de controle.[13] Os pacientes que usaram o creme relataram reduções significativas na coceira, a principal queixa da maioria dos pacientes com eczema, horas após a primeira aplicação. Nestes ensaios iniciais, nenhum dos pacientes usando Opzelura desenvolveu clinicamente reações adversas significativas no lugar da aplicação do creme.

Usar Opzelura ou não? Como se pode ver, esta é uma decisão diferente daquela enfrentada por quem sofre de alergia alimentar. Pessoas com dermatite atópica não correm o risco de morrer. Dito isso, o eczema é uma das piores condições alérgicas para se conviver, pois pode ter efeitos enormes na qualidade de vida de uma pessoa. A definição de "eficácia", sob essas circunstâncias únicas, muda dependendo de com quem se está falando e em quais aspectos do tratamento se está focando.

Ponto de vista nº 1: a perspectiva do paciente

James Hansen é um pai e marido ocupadíssimo que mora na Flórida e adora praticar esportes no tempo livre. Eu "encontrei" James pela primeira vez enquanto espreitava os fóruns do Reddit relacionados ao eczema. Percebi que ele era um defensor do uso de drogas biológicas no lugar dos esteroides, e por isso parecia a pessoa perfeita para explicar o que pacientes com eczema como ele pensam quando estão decidindo sobre quais tratamentos seguir. Em janeiro de 2022, em meio a mais uma onda da covid-19, entramos em uma ligação no Zoom para discutir experiências com dermatite atópica e a recente decisão dele de experimentar Opzelura.

"Você me pegou em um bom dia", disse James. "Minha pele está muito boa hoje. Se tivesse me ligado há uns quatro meses atrás, me encontraria todo vermelho, escamando, e infeliz. Fiz muitos progressos nos últimos meses, mas lutei contra alergias e eczema durante toda a vida."

James, que também tem alergia alimentar e asma leve, desenvolveu eczema pela primeira vez quando criança. Não consegue se lembrar de uma época em que sua pele não fosse um problema. Na verdade, ele me conta que, quando era muito mais jovem, chegou a ter pensamentos suicidas por causa dessa condição. De muitas maneiras, as condições alérgicas foram o foco durante grande parte da vida dele.

"As pessoas não entendem", comentou ele. "Tento explicar que estou com uma erupção cutânea ou inflamação e os outros acham que estou choramingando, como se não fosse um problema real. Mas, quando tenho uma crise grave, não quero ser visto. Não quero ver ninguém. Fico apenas deprimido e me escondendo."

Os gatilhos para as crises de James são... qualquer coisa. Às vezes, a pele dele se irrita por entrar em contato com algo tópico. Em outras, é por causa das alergias alimentares; ou está relacionado, ainda, ao estresse (o trabalho dele é estressante) ou a falta de sono — o que acontece bastante, já que é pai de uma criança pequena (e outro filho está a caminho). Durante décadas, James tentou controlar os piores sintomas — coceira, vermelhidão, pele em carne viva e soltando secreções — com esteroides.

"Meu pensamento sempre foi: 'O que vai me fazer sentir e ficar bem o mais rápido possível, não importa o que aconteça?'", explicou. "Seja lá o que o médico disser que vai ajudar, vou tentar. Os esteroides tópicos foram muito úteis por um tempo. Aí pararam de fazer efeito. Daí me prescreveram esteroides cada vez mais fortes, que também pararam de funcionar. Tive que usar esteroides orais, que limparam minha pele no mesmo instante."

Mas, como já vimos, os esteroides têm efeitos colaterais terríveis. Nem os tópicos nem os orais podem ser usados de modo contínuo, e James já havia notado a pele ficando mais fina como resultado do uso prolongado. Ele estava aprisionado em um ciclo vicioso. A pele melhorava, mas, depois que ele interrompia a medicação oral, vinha um rebote, que muitas vezes piorava demais no processo.

"Era como se minha pele tivesse ficado viciada", contou James.

Ele falou que já tentou de tudo em matéria de tratamentos. Remédios holísticos, como óleos ou vaselina. Suplementos. Mas os esteroides eram a única coisa que funcionava, e mesmo eles não eram eficazes do jeito que ele precisava. No fim, James estava usando três tipos diferentes de cremes esteroides tópicos: um para o rosto, um para o corpo e outro para o couro cabeludo. Mesmo com os esteroides, a pele coçava e ele arranhava o rosto durante o sono, acordando coberto de sangue. Para dizer o mínimo, os esteroides não eram uma cura para os problemas dele. Na verdade, ele passou a acreditar que eles estavam piorando seu eczema. Foi quando começou a procurar tratamentos mais eficazes com menos efeitos colaterais negativos. James queria algum medicamento que pudesse usar temporariamente e depois parar, sem o perigo de sofrer outro surto.

"Foi quando ouvi falar desse medicamento recém-lançado chamado Opzelura, que não é esteroide", disse James. "Não causa o mesmo dano. Não afina a pele. Aí eu pensei: 'Deixa eu experimentar esse negócio.'"

Quando pergunto sobre os alertas na embalagem, ele responde que já havia feito muitas pesquisas sobre os possíveis efeitos colaterais do uso de inibidores de JAK. A princípio, ficou preocupado, mas então percebeu que os alertas se referiam a versões orais das drogas e não para aplicações tópicas como o Opzelura. James sabe que um medicamento novo ainda não conta com um perfil de segurança de longo prazo e que há, portanto, riscos. Mas, para ele, os benefícios possíveis superam em muito os perigos.

"A vida não é boa quando a pele está muito ruim", disse James. "Fico infeliz quando minha pele está em plena erupção. Às vezes, parece que esses riscos valem a pena. Eu também olhei para as porcentagens. Qual a porcentagem das pessoas no estudo que teve um impacto negativo? Se for menos de 10%, para mim quer dizer que tenho 90% de chance de não ter esse problema."

Quando conversamos, James estava há alguns meses em seu novo tratamento combinado com Dupixent, de uso diário, e aplicações pontuais ocasionais de Opzelura, que sempre usa quando tem um surto. Sua pele parece ótima. Durante nossa chamada de Zoom, com o filho pequeno brincando ao fundo, James diz que está feliz e se sente "normal" novamente. Consegue dormir e tem energia para o trabalho, a esposa grávida e o filho. Opzelura, James atestou, mudou sua vida para melhor. Quanto aos riscos? Ele vai tentar o desmame de Dupixent, mantendo Opzelura para futuros surtos. No mundo ideal, um tratamento eficaz seria algo que curasse esse eczema — e talvez também a alergia alimentar e a asma. Mas, por enquanto, Opzelura já é bom o bastante.

Ponto de vista nº 2: a perspectiva do especialista

Quando perguntei ao Dr. Peter Lio, professor assistente clínico de Dermatologia e Pediatria na Feinberg School of Medicine na Universidade Northwestern e diretor-fundador do Chicago Integrative Eczema Center, o que acha sobre a "eficácia" em relação aos tratamentos, ele reagiu com entusiasmo. É algo em que Lio tem pensado muito ao longo dos anos, ao lidar com pacientes com dermatite atópica grave, muitos dos quais enfrentam eczema recalcitrante e lutam há anos para encontrar melhores opções para lidar com tal condição.

"Essa é uma pergunta muito boa e profunda que pode nos levar para dentro de algumas tocas de coelho", comentou ele, "apesar de parecer tão direta".

Assim como seus colegas que trabalham com alergia alimentar, Lio enfatizou que a definição de um tratamento eficaz depende quase totalmente da perspectiva do paciente. É impossível, de fora, presumir como alguém vai se sentir em relação à própria pele. Nem sempre é tão simples quanto olhar para a pele e avaliar as lesões.

"Há algumas pessoas cuja pele tem uma aparência muito ruim", explicou Lio, "que estão felizes e não querem mudar nada. Por outro lado, tenho pacientes que são rigorosos, que conseguiram deixar a pele quase sem nenhuma marca, mas que ainda estão infelizes e querem mais. As duas posições são válidas, e grande parte do trabalho passa pelo processo de tomada de decisão compartilhada, avaliando onde estão, de onde vieram e, potencialmente, onde poderiam encontrar o que há de mais moderno".

Embora coisas como tamanho, cor ou condição de uma lesão de pele possam ser medidas e avaliadas independentemente por um clínico, outras, como a sensação dessa lesão de pele ou o efeito na vida cotidiana do paciente, não podem. Como Lio e outros médicos são rápidos em apontar, o uso de sinais clínicos (como a pontuação no Índice de Gravidade do Eczema por Área — escala utilizada em ensaios clínicos para avaliar o grau da dermatite atópica) não é suficiente para tirar conclusões sobre a eficácia geral de qualquer tratamento de alergia.

"Temos que equilibrar eficácia, segurança, tolerabilidade e acessibilidade para cada medicamento", explicou Lio. "E, claro, o efeito colateral assustador sentido por uma pessoa é razoável para outra."

Para alguém como James, o aumento da probabilidade de câncer ou ataque cardíaco no futuro é algo menor diante da aparência e da sensação da pele hoje. James também é relativamente jovem e saudável, então pode colocar esses riscos na balança de forma diferente que um portador de condições subjacentes. Ao ver o rótulo de um novo medicamento, como um creme inibidor de JAK, outros podem decidir que não se sentem confortáveis com os riscos, por menores que sejam do ponto de vista estatístico. Para alguns, especialmente para quem não tem uma boa cobertura de saúde, o custo por si só pode ser o fator decisivo. No momento, um tubo de 60 gramas de Opzelura nos Estados Unidos custa 2.013 dólares. (Com um bom plano, entretanto, a quantia a ser desembolsada pode ser reduzida a 10 dólares por tubo.)

Para ajudar pacientes a entenderem melhor as opções de tratamento, Lio recomenda que os médicos usem uma pesquisa de diagnóstico relativamente nova chamada Atopic Dermatitis Control Tool (ADCT, sigla em inglês para Ferramenta de Controle de Dermatite Atópica), que consiste em pedir aos pacientes que respondam a seis perguntas sobre experiências ao longo da semana anterior, abordando questões como a qualidade do sono, o impacto da condição da pele nas atividades diárias e no humor e a gravidade da coceira. O total de pontos ajuda pacientes e seus médicos a acompanhar o progresso e ver se os tratamentos atuais são eficazes em termos de melhora no bem-estar geral e na qualidade de vida. Isso ajuda a eliminar a arbitrariedade do processo de tomada de decisão. Com a ajuda dessa ferramenta, Lio se sente mais confiante ao dizer se um inibidor de JAK como Opzelura está realmente funcionando para lidar com os sintomas e preocupações mais graves de seus pacientes.

"Acho que essa abordagem é o futuro", sugeriu Lio, "e é um grande passo à frente".

Ponto de vista nº 3: a perspectiva da empresa

O Opzelura é fabricado pela Incyte, uma empresa de biotecnologia formada em uma fusão em 2002. A empresa se concentra na descoberta e no desenvolvimento de novos medicamentos biológicos para uso em oncologia e dermatologia. Em outras palavras, tenta aproveitar o poder do conhecimento científico em expansão sobre o sistema imunológico para tratar uma variedade de condições médicas imunomediadas.

Ruxolitinibe, o medicamento de molécula pequena usado no creme tópico Opzelura para dermatite atópica, foi aprovado pela FDA em 2011 para uso no tratamento de mielofibrose, um tipo raro de câncer de medula óssea. A versão oral do ruxolitinibe, chamada Jakafi, bloqueia JAK1 e JAK2 e pode causar efeitos colaterais graves, como coágulos sanguíneos e eventos cardíacos detalhados anteriormente no capítulo. Os efeitos colaterais típicos da forma tópica de ruxolitinibe são diarreia, bronquite, contagem elevada de eosinófilos, coriza e urticária. O ruxolitinibe é um medicamento lucrativo para a Incyte, tendo gerado 70% da receita total do terceiro trimestre da empresa em 2021, com 547 milhões de dólares em vendas. Sua margem de lucro apresentou um crescimento de mais de 12% em relação ao mesmo período de 2020. Qualquer empresa farmacêutica ficaria muito feliz com esse crescimento anual, e esses números nem incluem as vendas do Opzelura aprovado mais recentemente. Como já sabemos muito bem, o número de pacientes alérgicos não mostra sinais de diminuição. Portanto, a Incyte deve obter um lucro saudável com a linha de inibidores de JAK para dermatite atópica. Quando fiz as primeiras entrevistas com médicos e pacientes, o Opzelura também era o único medicamento aprovado pela FDA. Na época, a Incyte desfrutava de um breve monopólio de mercado enquanto outras empresas farmacêuticas faziam testes clínicos com inibidores de JAK. Com tudo isso em mente, os analistas de Wall Street esperam que a droga gere algo entre 600 milhões e 1,5 bilhão de dólares por ano para a Incyte até 2030.

O Institute for Clinical and Economic Review, no entanto, tem algumas preocupações em relação aos novos medicamentos biológicos, tanto anticorpos monoclonais como Dupixent quanto inibidores de JAK como Opzelura. Por um lado, o painel independente de especialistas apontou que ambas as classes de medicamentos só serão prescritas e cobertas pelo plano quando os pacientes puderem apresentar histórico de insucesso com outros regimes de tratamento. O Opzelura é especificamente indicado para uso em pessoas com dermatite atópica leve a moderada, mas, como o relatório Icer[14] aponta (e como sabemos agora), no momento não há boas diretrizes ou padrões para determinar quem se enquadra nessa categoria. Por exemplo, está claro que James teve crises graves de eczema. Então, tecnicamente, ele não se encaixaria. (Os médicos costumam usar códigos de diagnóstico falsos para obter cobertura de plano para os pacientes. Essa prática é generalizada, não apenas em relação à alergia.) Para usar esses novos medicamentos com sucesso, o Icer argumenta que as ferramentas de diagnóstico precisam ser aprimoradas e padronizadas. Um objetivo digno, com certeza, mas difícil de concretizar, dada a natureza desarticulada do tratamento de alergias.

O Icer também sinalizou preocupações de segurança e recomendou que os pacientes não recebessem o tratamento para uso prolongado até que mais dados de testes de segurança fossem coletados. Embora as drogas pareçam promissoras, a realidade é que sabemos relativamente pouco sobre seu efeito geral na função imunológica em tratamentos mais longos.

Como costuma acontecer com os novos medicamentos aprovados na esfera federal, os pacientes que os usam em estágios iniciais fazem parte de um grande experimento não controlado. As terapias farmacêuticas para a dermatite atópica costumam ser usadas em combinações, turvando as águas científicas. Pode ser difícil dizer, como admitiu James, se era apenas Opzelura que fazia a diferença para ele, ou se era a combinação de Dupixent com Opzelura. Para muitos pacientes como James, contudo, fazer parte dos dados do mundo real sobre novos medicamentos é preferível quando ficam sem alternativas.

Do ponto de vista corporativo, os anticorpos monoclonais e os inibidores de JAK preenchem uma lacuna nos tratamentos cutâneos, enquanto as empresas que os fabricam obtêm grandes lucros. Para elas, a eficácia é sempre vista tanto do ponto de vista médico (o medicamento melhora o bem-estar do paciente em escalas de avaliação clínica?) quanto do cálculo financeiro (as vendas são robustas e o número de pacientes é suficientemente grande para garantir crescimento continuado?). Sob as duas perspectivas, o Opzelura parece um verdadeiro sucesso.

O QUE REALMENTE É EFICÁCIA, EM OUTRAS PALAVRAS

Nossa compreensão do sistema imunológico humano ainda está em desenvolvimento; muitas facetas da forma como nosso corpo interage com o mundo ao redor permanecem envoltas em complexidade e incerteza. No entanto, na última década, grandes avanços na imunologia básica levaram a inovações promissoras. Novos tratamentos para alergia, como Palforzia e Opzelura, exigem que os pacientes e seus médicos avaliem com atenção os riscos e os benefícios potenciais. Por possivelmente alterarem nossas funções imunológicas, todos esses tratamentos virão com efeitos colaterais.

James Hansen costuma repetir a história de sua jornada de tratamento em *subreddits* dedicados ao eczema e à retirada de esteroides tópicos. A experiência dele pode ser tão importante para outros pacientes, ou talvez mais, quanto os dados científicos sobre a eficácia de Opzelura de um ponto de vista mais clínico. Indivíduos desesperados por encontrar tratamentos mais eficazes também podem se identificar com a história pessoal de James, ao contrário do que ocorreria com dados concretos. Esses indivíduos não estão em busca apenas novas opções de tratamento, mas também de esperança.

Este livro não é diferente. Está cheio de histórias. Histórias de pacientes, como as de James e Stacey Sturner, e histórias de alergistas, como as do Dr. Sicherer e do Dr. Lio. Essas histórias estão influenciando você, leitor, neste exato instante.

Imagine novamente, seu filho com alergia grave a amendoim. Você o submeteria ao tratamento com Palforzia ou optaria por continuar evitando o alérgeno? Se seu filho se recusasse a ingerir a proteína de amendoim, você o obrigaria? E se ele ficasse com dor de estômago?

O que você decidiu? Como acha que se sentiria em relação à tal decisão? Confiante? Culpado? Esperançoso? Ansioso? Todas as opções anteriores?

Esses são os dilemas que cuidadores e pacientes com alergias respiratórias, cutâneas e alimentares de moderadas a graves enfrentam com regularidade. A necessidade de melhores informações, mais acesso a tempo de qualidade com profissionais de saúde especializados e apoio financeiro e emocional durante todo o processo de tratamento cresce no mesmo ritmo das taxas de alergia. As únicas questões que restam são as seguintes: o que nós, enquanto sociedade, vamos fazer em relação a tudo isso? Como seria uma resposta social ou coletiva eficaz diante do aumento das alergias?

CAPÍTULO 10

A alergia também é um problema social

A IMAGEM DOS ALÉRGICOS NA CULTURA NORTE-AMERICANA

Quando tinha 13 anos, eu amava *Os Goonies*. Talvez você já tenha visto: um filme dos anos 1980, dirigido por Steven Spielberg, sobre um bando de pré-adolescentes e adolescentes — os "Goonies" do título — que tentam decifrar um mapa do tesouro pirata de 250 anos. O intuito é salvar as casas em que moram das garras de investidores imobiliários, que pretendem construir um campo de golfe no terreno. O herói, Mikey Walsh, é um jovem com asma. A primeira vez que o vemos, ele usa o inalador enquanto o irmão mais velho levanta pesos e chama Mikey de "frouxo".

"Eu não sou frouxo!", responde Mikey, aos gritos.

No início do filme, a mãe dele manda o irmão mais velho garantir que Mikey não ponha o pé para fora de casa, devido à condição médica. "Se ele está a ponto de ter uma crise de asma, não quero que ele saia na chuva", comenta ela. Assim que a mãe sai, o irmão diz: "Você quer sentir dificuldade de respirar? Pois vai sentir." Em seguida, ele coloca Mikey em uma chave de braço clássica de filme dos anos 1980 e começa a dar cascudos no irmão.

Durante todo o filme (que, aliás, envelheceu muito bem, como pude constatar ao revê-lo recentemente), vemos Mikey usar o inalador com frequência. Ele tem a mesma função em cada cena: pontuar o nervosismo, ansiedade ou medo do personagem. Na verdade, ele usa o inalador com tanta frequência que a pesquisadora de alergia em mim ficou preocupada.

Aquela frequência seria prejudicial na vida real — ninguém consegue lidar com tantas doses de esteroides ou broncodilatadores tragados em rápida sucessão. Mikey, interpretado por um jovem Sean Astin, famoso por *O Senhor dos Anéis*, é pequeno e magro e usa aparelho. Embora seja corajoso, o líder de fato dos Goonies também é retratado como um sonhador.

No final do filme (alerta de spoiler!), Mikey e os amigos são vitoriosos. Eles conseguem superar um pessoal nefasto e salvam os imóveis. A linda namorada do irmão mais velho de Mikey se aproxima e diz, referindo-se a um beijo anterior: "As partes de você que não funcionam tão bem vão alcançar as partes que funcionam." Em resposta, Mikey joga o inalador por cima do ombro, murmurando: "Ah, quem precisa disso?"

A mensagem é clara. Depois de enfrentar os próprios medos, Mikey não é mais "fraco" nem asmático. Não precisa mais de proteção — a coragem dele o curou. Aprendemos que a asma é para os frouxos, e Mikey não é frouxo.

Estou me referindo a este delicioso filme infantil para fazer uma afirmação mais ampla: a mídia — muitas vezes inconscientemente — molda a imagem que temos do típico alérgico. Crescendo no final dos anos 1970 e no início dos anos 1980, aprendi, por meio de imagens culturais como *Os Goonies*, que ter uma alergia respiratória era uma limitação. Além do mais, era um ponto fraco fisiológico e indicava que alguém era mais vulnerável (na melhor das hipóteses) ou mais nerd (na pior das hipóteses). Muitos filmes, programas de TV e romances, tanto na época quanto agora, associam ter uma alergia respiratória ou alimentar a ser "um perdedor", "um nerd" ou um excluído cultural. Ou então as alergias são usadas como referência no enredo, para criar um contraponto humorístico ou para facilitar a composição dos antecedentes de um personagem.

Milhouse, um personagem "nerd" da série de TV *Os Simpsons*, é notoriamente alérgico a trigo, laticínios e às próprias lágrimas. No filme *A sogra*, a personagem de Jennifer Lopez é propositalmente exposta a amêndoas pela futura sogra. Toda a cena é encenada para fazer rir: a personagem de Lopez começa a tossir no mesmo instante e diz que sente a língua estranha. O rosto incha. O comediante Louis C.K. faz piadas dizendo que os alérgicos a amendoim seriam evolutivamente prejudicados e sugere que "se tocar em uma noz pode te matar, talvez você devesse mesmo morrer". A cultura nos condiciona a pensar de certo modo sobre determinados assuntos. No caso da alergia, essas representações — embora aparentemente inofensivas — podem ter consequências duradouras. Um exemplo: bullying por alergia alimentar e o filme *Pedro Coelho*.

Neste filme de 2018, vagamente baseado no famoso livro infantil homônimo, um bando de coelhos (liderados por Pedro, é claro) enfrenta Thomas, o sobrinho do velho fazendeiro McGregor, que morreu de ataque cardíaco. Pedro e seus amigos assumiram o controle do jardim por completo, até que Thomas vem reclamar a propriedade. Uma batalha começa. Em uma cena que levou muitos dos envolvidos com alergia alimentar a protestar contra o filme, Pedro e os amigos atacam Thomas com várias frutas. Quando um coelho pega uma amora, ele percebe que Thomas é alérgico a ela. Os coelhos começam a mirar o rosto de Thomas com as amoras, e uma voa para dentro da boca aberta do rapaz. Thomas engole e imediatamente começa a reagir. Enfia a mão nos bolsos da calça e puxa uma EpiPen, aplicando-a na parte superior da coxa e caindo para trás. Os coelhos pensam que o derrotaram, mas a adrenalina faz Thomas se levantar. Pedro exclama: "Esse cara é uma espécie de feiticeiro!"

Houve quem se aborrecesse com a cena por diversas razões, uma delas por fazer parte de um filme dirigido a crianças pequenas, baseado em uma história infantil. Qual, exatamente, deveria ser a mensagem dessa cena? Que não haveria problema em jogar alimentos alergênicos sobre alguém com uma grave alergia alimentar? Que não haveria problema em fazer isso desde que o indivíduo tivesse um autoinjetor?

No Twitter (renomeado X) e outras redes sociais, a hashtag #boycottpeterrabbit [boicote *Pedro Coelho*] começou a repercutir. Sob pressão social, a Sony divulgou uma declaração dizendo que o estúdio lamentava ter abordado um problema médico sério com tanta leviandade e por não ter sido "mais consciente e sensível" às dificuldades das famílias que enfrentam graves alergias alimentares. Mas, para muitos, o estrago já estava feito. Milhões de crianças tinham visto a cena ofensiva. Alguns pais e outros envolvidos com o tema expressaram preocupação de que o bullying alimentar, retratado na tela como comportamento aceitável, talvez pudesse se tornar mais socialmente palatável fora das telas.

O bullying a alérgicos é um fenômeno real, ainda mais em ambientes escolares como cantinas e playgrounds. Já ouvi inúmeras histórias como a de uma mulher que chamarei de Jaime. Jaime cresceu com eczema severo. A pele dela começou a reagir a coisas enquanto ela estava no jardim de infância. Com o passar dos anos, ela melhorava, piorava um pouco e depois desaparecia por um tempo, voltando ao normal. Em 1982, quando Jaime estava na quinta série, a pele voltou a pipocar. Dessa vez, a reação foi séria e prolongada.

"Eu me coçava tanto que fiquei com enormes feridas abertas nas mãos e nos braços", lembra ela. "Eu colocava luvas à noite. Mesmo assim eu me coçava. Acordava de manhã com as luvas grudadas em minhas mãos por causa das feridas." Jaime faz uma pausa e sua voz diminui um pouco de volume. "Então, as provocações começaram."

Jack, um menino da mesma série e que também morava no bairro dela, viu o que estava acontecendo. No ônibus para a escola, Jack a provocava e encorajava outros meninos no ônibus a zombar da "pele de jacaré". Ele a perturbou durante a educação fundamental e o ensino médio.

"Isso me afetou emocionalmente por muito tempo", lembra Jaime. "Não sei se ele chegou a perceber como me prejudicava. Acho que não. Meus pais foram reclamar com os dele, que responderam que era coisa de criança. Nunca fizeram nada. Isso teve um impacto enorme em mim."

As memórias desagradáveis daquele tempo ainda perduram. O trauma de ser provocada a acompanhou por muito tempo depois de a pele dela ficar livre de eczema, a ponto de Jaime pensar nessas memórias como parte da fundação de toda a sua personalidade. Para as crianças que relatam serem estigmatizadas ou intimidadas por causa de alergias, as experiências muitas vezes deixam cicatrizes sociais permanentes.

Quando converso com jovens adultos que têm uma condição alérgica (e, como professora universitária, encontro muitos), sempre pergunto sobre experiências com provocações, intimidação ou sentimentos de ostracismo social relativos à condição que têm. Felizmente, a maioria diz que não vivenciou nenhuma negatividade vinda de amigos próximos ou de familiares durante a educação fundamental e o ensino médio, e que continuam sem sentir nenhum tipo de discriminação. Dito isso, quase ao mesmo tempo, admitem com frequência que não gostam de levar inaladores ou autoinjetores de adrenalina para passeios sociais nem de alardear as próprias condições quando estão com os amigos. Eles preferem, se puderem, se "misturar" com os não alérgicos. O lema deles parece ser: não interrompa eventos sociais normais com necessidades alérgicas.

O Dr. Eyal Shemesh, psiquiatra que atende no Elliot and Roslyn Jaffe Food Allergy Institute no Mount Sinai, não se surpreende com esses relatos. É, ele me disse, parte de uma estratégia preventiva que os pacientes alérgicos mais jovens costumam desenvolver nos primeiros anos após o diagnóstico. Ninguém quer ser lembrado a todo momento de que é diferente dos colegas ou que pode morrer por causa de sua condição. É assustador e é mais fácil não pensar nisso. Isso também os protege de qualquer reação social que possam perceber caso sejam assumida e visivelmente alérgicos. Há uma diferença, porém, entre o estigma negativo (sustentado por imagens culturais) que acompanha uma alergia e o bullying declarado, voltado para quem tem uma alergia. "Trata-se de uma construção social muito específica", diz Shemesh. "É um padrão repetido que visa ferir o destinatário."

Como mostrou o filme *Pedro Coelho*, o objetivo do bullying é ferir. Shemesh ficou surpreso com o que descobriu. É fácil fazer uma pesquisa no Google ou nas redes sociais e encontrar casos envolvendo alergia alimentar: uma menina de 12 anos com alergia a laticínios em quem esfregaram molho de queijo no rosto; um menino de 13 anos que morreu após uma fatia de queijo ser jogada sobre a pele dele; um jovem adulto lembrando quantas vezes alguém usou um sanduíche de manteiga de amendoim para afastá-lo da mesa do almoço. Um estudo de 2011 constatou que crianças e adolescentes com asma também eram propensos a sofrer bullying devido a essas condições.[1]

"O mais interessante é que, em muitos casos, os pais não sabem", conta Shemesh. Mesmo quando questionadas diretamente pelos responsáveis, crianças com condições alérgicas escondem tais experiências negativas na escola ou em eventos sociais. Eles só revelavam como sofreram quando a pergunta vinha de alguém imparcial, como um médico. Em um estudo de 2012, Shemesh descobriu que mais de 1 em cada 3 crianças sofrem bullying relacionado à alergia.[2] Em outro estudo com pais de filhos com alergia alimentar, no entanto, apenas um em cada 5 contou à família o que havia sofrido.[3] Em outras palavras, as famílias não sabem sobre as dificuldades sociais enfrentadas pelos filhos alérgicos.

Shemesh vê esse bullying em especial como uma questão social e cultural mais ampla, a respeito da qual ainda há muito a fazer. Nos Estados Unidos, as crianças são aconselhadas a ignorar os agressores. Quando os responsáveis descobrem o que está acontecendo, Shemesh diz que tentam resolvê-lo por conta própria, muitas vezes conversando com os pais das crianças infratoras. As duas abordagens são, na melhor das hipóteses, ineficazes, argumentou o psiquiatra. "Não é um problema da criança", disse. "Precisamos trabalhar juntos para acabar com isso."

Esse é o cerne da questão: precisamos trabalhar juntos em prol do crescente número de crianças e adultos com alergias. Este capítulo explora nossas atitudes culturais em relação a alergias, nossa empatia por desconhecidos com o sistema imunológico agressivamente reativo e o que isso pode significar para a criação de alergias e outras políticas ambientais no futuro. Debates públicos recentes sobre a oferta de amendoim em aviões, a criação de mesas de almoço para alérgicos e espaços livres de alérgenos, leis de rotulagem de alimentos, bullying e representações de alergias em filmes e na TV destacam como se percebe a questão da responsabilidade social no tocante à prevenção e aos cuidados com alergias.

O problema das alergias sublinha como estamos interconectados e, em última análise, mutuamente responsáveis por nossa saúde e bem-estar. Se a alergia é causada por tudo o que fazemos, então será necessário um esforço coletivo para resolver o problema.

O QUE OS NORTE-AMERICANOS PENSAM SOBRE ALERGIA

Em 2019, alguns meses antes do início da pandemia da covid-19, realizei uma pesquisa com mil norte-americanos[4] para tentar entender melhor algumas das atitudes e crenças culturais sobre alergias. Os resultados representam os pontos de vista de todas as faixas demográficas concebíveis e incluem tanto as pessoas que têm alergias (56%)[5] como aquelas que, felizmente, estão livres delas (44%). Quando elaborei as perguntas da pesquisa, havia recém-começado a entrevistar especialistas e pacientes para este livro. Baseei as questões na pesquisa histórica que já havia feito e em várias representações midiáticas de alérgicos, e não nas conversas que teria nos três anos seguintes. Como antropóloga, desconfiei que nossa longa história de associar alergia a neurose, mulheres, moradores de centros urbanos e pessoas bem educadas teria consequências sobre a forma como vemos os alérgicos modernos. Eu esperava descobrir que, em geral, os norte-americanos consideravam as pessoas com alergias "mais fracas" — física, emocionalmente ou ambos — do que seus pares não alérgicos. Mas o que descobri me surpreendeu.

Os resultados da minha pesquisa sugerem que a maioria dos entrevistados[6] não considera pessoas alérgicas mais fracas do que as não alérgicas. Apenas 1 em cada 4 entrevistados indicou acreditar que aqueles sem alergias eram fisicamente mais fortes, e apenas 14% dos entrevistados supunham que as pessoas sem alergias eram emocionalmente mais fortes. Essas descobertas sugerem que a experiência coletiva está começando a mudar a narrativa cultural. (Como exemplo, lembre-se do ponto de vista do século XIX e início do século XX de que as pessoas com alergias eram de alguma forma mais fracas e neuróticas — e que seus distúrbios seriam causados pelos nervos.)

Quando perguntei aos entrevistados se achavam que os pais de crianças com alergia alimentar ou asma eram superprotetores, a maioria disse que não (59% e 69%, respectivamente). Dito isso, cerca de 39% das pessoas concordaram que os pais de crianças com alergia alimentar se preocupavam demais com os filhos (e os homens eram mais propensos do que as mulheres a pensar assim). E pelo menos 30% concordam que os pais daqueles com alergias respiratórias graves ou asma estavam angustiados demais com o bem-estar dos filhos. Isso sugere que, embora não acreditem que crianças alérgicas sejam mais fracas, algumas pessoas pensam que os pais podem estar exagerando os problemas dos filhos.

Em entrevistas e conversas com pessoas não alérgicas, muitas vezes notei uma leve suspeita de que os alérgicos ou os cuidadores destes poderiam exagerar sintomas ou a situação. Os resultados da pesquisa confirmaram essa nuance. A maioria dos entrevistados indicou conhecer pessoalmente pelo menos uma pessoa com alergia (72%); pouco mais de 35% dos entrevistados relataram crer que as pessoas com alergias "às vezes" exageravam sintomas. Quase a mesma porcentagem (41%) disse ter suspeitado pessoalmente que alguém que eles conheciam estava "fingindo" ou mentindo sobre os sintomas. Curiosamente, pessoas mais jovens (de 18 a 29 anos) tinham quase *duas vezes mais probabilidade de desconfiar* do que os mais velhos (mais de 60 anos). Dito isso, a maioria dos entrevistados não acha que estamos sendo complacentes demais com os alérgicos; apenas 36% acreditam que estamos sendo excessivamente vigilantes (e a maioria deles acha que somos apenas "um tanto" complacentes demais). Mais uma vez, aqueles com idades entre 18 e 29 anos eram bem mais propensos do que os mais velhos a pensar que escolas, restaurantes, companhias aéreas e outras instituições estavam indo "longe demais" no esforço para acolher pacientes alérgicos.

Os mais jovens têm muito mais probabilidade de ter crescido com colegas de escola, amigos ou familiares alérgicos. Então, por que estariam mais propensos a suspeitar de exagero e menos propensos a querer que a sociedade acomodasse as necessidades alheias? Ao examinar os resultados, comecei a me perguntar se uma maior familiaridade com as alergias poderia gerar alguma forma de desprezo ou talvez menos empatia. Talvez experiências diretas tenham normalizado a condição a ponto de as alergias serem vistas pelas gerações mais jovens como parte da vida "normal", dispensando, portanto, tratamento especial.

Ao mesmo tempo que 48% dos norte-americanos acham que as alergias estão piorando, 67% pensam que mais pessoas têm alergias do que há vinte anos e 81% acreditam que ter alergias impacta de forma negativa a qualidade de vida. A alergia ainda é uma das doenças que desperta menos compaixão. Quando pedi às pessoas que classificassem oito doenças comuns de acordo com a compaixão que lhe despertavam, a febre do feno/alergias respiratórias eram de longe as menos propensas a evocar comiseração — e os pacientes com alergia alimentar ficaram em segundo lugar. Aqueles com eczema grave ficaram em terceiro no ranking da menor possibilidade de empatia.

Que doenças eram consideradas como muito mais graves — e, portanto, merecedoras de mais cuidado? Doenças cardíacas, dores crônicas e câncer de pele.[7] Norte-americanos com mais de 45 anos eram bem mais propensos a pensar que a doença cardíaca era a pior condição, enquanto os mais jovens (de 18 a 29 anos) tendiam a pensar que o câncer de pele merecia mais empatia e preocupação. É um raciocínio que faz sentido quando se considera o momento de vida de cada um. Se você tem mais de 45 anos, é mais provável que tenha medo de doenças cardíacas ou que tenha sofrido de dores crônicas. Em geral, tendemos a ser mais compassivos com condições que podemos nos imaginar enfrentando e com aquelas que têm maior probabilidade de nos matar.

Fiquei agradavelmente surpresa com a maioria dessas descobertas, mas elas ainda são insuficientes. Do lado positivo, a maioria concorda que as alergias estão piorando, que há mais gente afetada e que alergias afetam de forma negativa a qualidade de vida. Do lado menos positivo, embora a maioria esteja disposta a acomodar quem sofre de alergias, é evidente que nem sempre se sente empatia pela experiência dos pacientes. Lamentavelmente, não me surpreendi ao descobrir que a maioria sente que os pacientes alérgicos vez ou outra exageram a gravidade da própria condição. Pensando bem, nossa atitude em relação à alergia é algo confuso. Mas se os resultados da pesquisa estiverem corretos e se as atitudes da Geração Z mudarem com a chegada dos próprios filhos (como provavelmente acontecerá), então pode ser que, aos poucos, ocorra uma mudança... para melhor.

Será, contudo, que toda essa maior conscientização e empatia pelos alérgicos se traduzirá em melhores políticas nos níveis local e nacional, bem como para a sociedade como um todo no futuro?

UMA BREVE OBSERVAÇÃO SOBRE POLÍTICAS, REGULAMENTOS E LEIS RELATIVAS À ALERGIA

Em 2015, enquanto eu embarcava em um voo para o Colorado, uma jovem na fila atrás de mim começou a pedir às pessoas ao redor que se abstivessem de comer qualquer coisa que contivesse nozes durante o voo. Se alguém tivesse um lanche com esse ingrediente, ela se oferecia para pagar por outro. O homem ao lado dela disse que tinha uma barra de granola, mas não quis abrir. Um idoso do outro lado do corredor manifestou simpatia, dizendo à jovem que tinha um neto com a mesma aflição.

Logo depois, a tripulação fez um comunicado pedindo a todos os passageiros que se abstivessem de comer qualquer coisa que contivesse nozes durante o voo, nos informando que não haveria nozes nos lanches oferecidos no serviço de alimentação a bordo. À nossa frente, alguns gemidos audíveis de desaprovação. Ao nosso redor, silêncio. Olhei para trás e vi a jovem se acomodando em seu assento, as bochechas vermelhas de vergonha.

A decisão de oferecer ou não amendoim (ou outros alimentos alergênicos) durante voos não é regulamentada oficialmente pelo Departamento de Transportes dos Estados Unidos — fica a critério de cada companhia aérea. Nessa zona cinzenta moral e ética, na ausência de quaisquer leis ou regras formais, a maioria das companhias aéreas instituiu políticas antialérgicas para ajudar a proteger os passageiros. Por exemplo, Southwest Airlines, United Airlines e Air Canada interromperam a distribuição de lanches com amendoim, mesmo quando não há alérgicos a bordo, apesar das reações anafiláticas por inalação de pó de amendoim ou contato com resíduos serem raras. Outras companhias aéreas se adaptam aos passageiros com alergias, mas apenas quando previamente avisadas.

No entanto, mesmo concessões aparentemente pequenas como essas podem gerar uma resposta social rápida. Quando a Southwest Airlines proibiu amendoim em voos em 2018, redes sociais como Twitter, Facebook e Reddit explodiram com comentários, tanto a favor quanto contra a medida. A maioria aplaudiu o movimento. Outros condenaram, dizendo que era uma demonstração de como os norte-americanos haviam se tornado "molengas", e que era injusto que uma minoria comprometesse os hábitos da maioria. Alguns dos autores de comentários chegaram a prometer que continuariam comendo oleaginosas a bordo, apesar da proibição.

Anos depois, me pego pensando naquele voo. Se alguém se sentasse nas fileiras ao redor daquela jovem severamente alérgica e não atendesse àquele apelo, poderíamos ter colocado a vida dela em risco. Se alguém tivesse ignorado o banimento temporário e abrisse um pacote de nozes mistas, mesmo que as alergias dela não tivessem sido desencadeadas, a sensação de segurança daquela jovem teria despencado na mesma medida que a ansiedade aumentava. Nesse cenário, nós — companheiros de viagem e seres humanos — teríamos falhado com ela. E, embora nada digno de nota tenha acontecido naquele voo —, todos se abstiveram e a jovem desembarcou sem incidentes — sei de casos em que outras pessoas com alergia não tiveram tanta sorte.

Em julho de 2018, Alexi, a filha de 15 anos de Kellie Travers-Stafford, viu um recipiente aberto com biscoitos Chips Ahoy! ao visitar a casa de um amigo. Com uma alergia grave a amendoim, pensou ter reconhecido a embalagem vermelha da versão sem nozes que consumia em casa. Sentindo-se confiante, ela colocou um na boca.

Alexi percebeu imediatamente os primeiros sinais de uma resposta anafilática iminente — uma sensação de formigamento na boca — e voltou para casa depressa. Enquanto esperava a chegada dos paramédicos, a mãe de Alexi, Kellie, injetou duas EpiPens, administrando duas doses completas de epinefrina em rápida sucessão, esperando que a reação alérgica da filha pudesse ser interrompida por tempo suficiente para que ela

Alérgicos 313

recebesse os cuidados médicos de que precisava. Mas, apesar de entender a alergia alimentar que tinha, ser cautelosa com o que comia e ter acesso a uma EpiPen, Alexi morreu noventa minutos depois de comer um único biscoito contendo amendoim.

"Como uma mãe que ensinou à filha o que era bom e o que não podia ser ingerido", escreveu Kellie, "me sinto perdida e com raiva porque ela sabia dos limites e reconhecia as embalagens, tinha noção do que era 'seguro'".

Em uma postagem emocionada no Facebook detalhando os eventos que levaram à morte da filha, Kellie pediu que os fabricantes de alimentos fossem mais consistentes nos rótulos e nas embalagens. O objetivo, disse ela, era evitar que outra família passasse por uma tragédia semelhante. Quando li essa história, apenas duas semanas após a morte de Alexi, a postagem de Kellie havia sido compartilhada mais de 79 mil vezes e recebido mais de 20 mil comentários. Vários meios de comunicação divulgaram a história e Alexi se tornou parte de uma discussão nacional cada vez mais intensa sobre as alergias nos Estados Unidos e sobre o que devemos fazer.

Embora a maioria das notícias, das reações e dos comentários online tenham sido solidários, alguns expressaram dúvidas sobre se a Nabisco, a empresa que fabrica Chips Ahoy!, poderia ou deveria ser responsabilizada pelo menos parcialmente pela morte de Alexi. Um representante da empresa controladora da Nabisco, a Mondelēz International, respondeu aos eventos afirmando que a corporação leva as alergias muito a sério e faz todos os esforços para garantir que todos os rótulos de alimentos sejam corretos, acrescentando: "Sempre incentivamos os consumidores a ler os rótulos das embalagens ao comprar e consumir qualquer um de nossos produtos para obter informações sobre os ingredientes do produto, incluindo a presença de alérgenos. (Para reforçar a referência, a embalagem do Chips Ahoy! com Reese's Peanut Butter Cups indica com destaque, nos painéis frontal e lateral, a presença de copinhos de manteiga de amendoim em imagens e palavras.)"[8]

Enquanto as notícias da morte de Alexi continuavam a circular e reverberar, a linha divisória entre aqueles que pedem maior vigilância por parte dos pacientes alérgicos e, por outro lado, aqueles que pedem uma rotulagem mais rígida por parte das empresas de alimentos parecia ser o nível de conscientização sobre alergia. Quanto mais próximas as pessoas estivessem de alguém com uma alergia mortal, maior a probabilidade de concordarem com o clamor de Kellie por uma comunicação melhor na embalagem. Nesse caso, a familiaridade não gerava desprezo — produzia compreensão, empatia e indignação.

Ao conversar com especialistas, fui lembrada a todo momento de que a alergia é um problema da comunidade. Pode ser fácil descartá-la como uma condição médica menor por raramente ser fatal. Como a alergia é única para cada indivíduo e não contagiosa, é vista como um problema médico pessoal de cada um. Ao longo da pesquisa e da escrita deste livro, porém, passei a pensar na alergia não apenas como uma questão individual e biológica, mas também como uma questão profundamente social.

Os alérgicos são as primeiras vítimas da transformação coletiva de nossos ambientes e hábitos diários. Não é possível evitar contato com alérgenos — produtos químicos, pólen, proteínas — sem a cooperação de todos ao redor. Gestos simples como abster-se de comer certos alimentos em ambientes fechados (por exemplo, em aviões ou na mesa da merenda escolar) se tornaram campos de batalha culturais. Da proibição de lanches contendo amendoim em aviões a novas leis de rotulagem de alimentos, cada política promulgada para ajudar pacientes com alergias foi recebida com uma boa quantidade de resistência pública. Existe uma tensão, sempre em jogo nas condições médicas causadas ou desencadeadas por fatores ambientais, entre direitos e responsabilidades individuais e a necessidade de proteger e promover a saúde da comunidade como um todo. (Debates mais recentes sobre uso de máscaras, fechamento de escolas e empresas, além do distanciamento social durante a pandemia global da covid-19, enfatizaram bem isso.)

No entanto, o que essas duas histórias destacam é o fato de que, no fundo, a alergia nos obriga a fazer algumas perguntas desconfortáveis

Alérgicos 315

sobre nossos deveres para com os outros enquanto membros de uma sociedade.

- Quem é responsável pela saúde e pelo bem-estar de alguém com alergia?
- Quem é obrigado a ajudar a manter os alérgenos sob controle?
- É justo proibir determinados alimentos, perfumes ou certas árvores em locais públicos porque não fazem bem a saúde de todos?
- Até que ponto as empresas devem ser responsáveis pela saúde e pelo bem-estar geral?
- Devemos ter regras ou leis que limitem alguns direitos individuais para proteger a saúde de todos em nossas comunidades?

Essas questões críticas refletem o que está em jogo na elaboração de políticas sociais e ambientais, não apenas para pacientes alérgicos, mas para a saúde e o bem-estar humano em geral. Vamos dar uma olhada em como algumas dessas questões se desenrolam em relação às regulamentações federais e locais mais recentes destinadas a proteger pacientes com alergias.

A regulação das mudanças sociais: leis de rotulagem de alimentos e alergia alimentar

Se você cresceu antes de 1990 nos Estados Unidos, deve se lembrar que, quando ia comprar comida embalada, não havia como saber quantas calorias ela continha. Uma lista de ingredientes passou a ser exigida pelo governo federal ainda em 1906, para ajudar a conter a proliferação de aditivos alimentares inseguros e propaganda enganosa. Porém, foi só em 1990, quando os índices de obesidade começaram a crescer em um ritmo alarmante (assim como o número de norte-americanos com doença crônica grave relacionada à alimentação, como diabetes tipo 2), foi que o congresso aprovou o Nutrition Labeling and Education Act (NLEA, sigla em inglês para Lei de Rotulagem Nutricional e Educação), padronizando as informações nutricionais em alimentos embalados.

Ao mesmo tempo, as taxas de alergia alimentar haviam começado a escalar de forma constante. Os novos rótulos nutricionais forneciam aos consumidores mais informações sobre os alimentos, mas não abordavam os problemas enfrentados pelos pacientes com alergia alimentar nos corredores do supermercado. O Dr. Scott Sicherer, do Elliot and Roslyn Jaffe Food Allergy Institute, lembrava-se bem da situação, em parte porque a pesquisa dele seria fundamental para mudá-la.

"Naquela época, os rótulos diziam coisas como 'sabores naturais' e ninguém sabia o que isso significava", diz Sicherer. "Não havia a obrigação de dizer que havia leite no produto porque o leite poderia ser um sabor natural. Era possível usar praticamente qualquer coisa na comida como ingrediente secreto. Além disso, usavam nomes químicos. Você precisava saber que 'caseína' designa uma proteína do leite, porque seria a única informação fornecida."

Se não soubesse o que era caseína e tivesse um filho com alergia ao leite, estaria em apuros. Foi o que Sicherer e outros colegas pesquisadores descobriram em um estudo de 2002 com pais de crianças com alergia alimentar. Apenas 7% conseguiam identificar o leite conforme constava em 14 listas de ingredientes de produtos que o continham. Pouco mais da metade dos responsáveis conseguiu identificar o amendoim conforme listado nos cinco rótulos de produtos que o continham.[9] Esses números não são fantásticos. Como apenas um exemplo, duvido que muitos de nós reconheceríamos *Arachis hypogaea* como sendo "amendoim" no rótulo de uma barra de granola.

Sicherer, pais de crianças pequenas com alergia e a maioria dos alergistas e pediatras estavam convencido de que algo precisava ser feito para ajudar as pessoas a evitar alérgenos. O maior grupo de defesa dos direitos de pacientes com alergias alimentares na época, a Food Allergy Network (Fan, sigla em inglês para Rede de Alergia Alimentar) decidiu ajudar a rastrear o problema. No início dos anos 2000, a rede recebia anualmente

Alérgicos 317

dos membros centenas de relatórios confiáveis sobre alimentos embalados que tinham sido rotulados de forma inadequada — e, portanto, perigosa.

Em uma revisão aleatória de alimentos, concluída quase uma década após a aprovação da NLEA, a FDA descobriu que pelo menos 25% tinham sido rotulados incorreta ou inadequadamente, falhando em listar ovo e amendoim entre os ingredientes. Os *recalls* de alimentos devido à presença de alérgenos não rotulados dispararam. E, como Sicherer contou, mesmo quando os alérgenos eram listados nos rótulos, costumava-se usar os nomes científicos — e não os nomes que a maioria dos consumidores conhece bem. Na virada deste século, estava ficando evidente, até para a próprio FDA, que as leis de rotulagem de alimentos eram terrivelmente inadequadas.

Em 2004, uma das únicas leis federais foi promulgada para abordar diretamente a questão da alergia: Food Allergen Labeling and Consumer Protection Act (FALCPA, sigla em inglês para Lei de Rotulagem Alergênica de Alimentos e Proteção ao Consumidor).

Como um corretivo para a NLEA, a lei visava ajudar os consumidores a discernir os ingredientes dos alimentos embalados. Após a FALCPA, os fabricantes foram obrigados a listar todos os ingredientes que podem estar contidos em qualquer produto alimentício, usando os nomes comuns para todos os principais alérgenos. A lei especificou que até vestígios dos oito alérgenos mais comuns devem ser rotulados com clareza em qualquer alimento comercialmente disponível.

Embora essa lei de rotulagem tenha facilitado as compras de supermercado para pessoas alérgicas, o sistema está longe de ser perfeito — falhou tragicamente com a filha de Kellie Travers-Stafford, Alexi. O maior problema é que muitos alimentos sem alérgenos são fabricados com máquinas e linhas de produção usadas para fazer alimentos que contêm esses alérgenos. Se a Mondelēz International usa as mesmas instalações ou máquinas para fazer biscoitos Oreo e Chips Ahoy! com manteiga de amendoim, indivíduos com alergias alimentares correm o risco de contaminação cruzada. Normalmente, o fabricante coloca um alerta nos rótulos de alimentos que podem ter sido contaminados dessa maneira.

Mas, como Sarah Besnoff explicou na *University of Pennsylvania Law Review* em 2014, a FALCPA

> não contém especificações sobre o modo de listar avisos de contato cruzado, nenhum requisito sobre como produtores de alimentos devem medi-lo ou relatar qualquer risco descoberto de contato cruzado e limitação na rotulagem nutricional. Como tal, uma leitura superficial em qualquer mercearia da vizinhança mostrará uma grande variedade de advertências, desde nenhum aviso até "Pode conter...", "Este produto foi processado em maquinário..." e "Não podemos garantir...". Nenhuma dessas advertências explica como se mediu esse risco de contaminação cruzada (se é que houve medição), em que momento do processo de produção essa potencial contaminação pode ter ocorrido ou se esse risco percebido de contato cruzado é o resultado de testes, especulações ou, pior, de um departamento jurídico nervoso.[10]

A maioria dos principais fabricantes de alimentos já reconheceu o crescente problema da alergia alimentar e começou a abrir locais de fabricação sem alérgenos para garantir que os produtos sejam seguros para consumo. É um passo na direção certa e que tira dos pacientes parte do fardo de garantir a própria segurança. Dito isso, as práticas de rotulagem preventiva contra alergias permanecem não padronizadas e não regulamentadas, tanto nos Estados Unidos quanto no mundo. Na ausência de regulamentação legal de padrões, ou mesmo de orientação da FDA, os fabricantes de alimentos foram deixados por conta própria. Um estudo recente que entrevistou pessoas com alergia alimentar nos Estados Unidos e no Canadá constatou que quase a metade presumia que a rotulagem nutricional era exigida por lei.[11] Um terço achava que a rotulagem refletia a quantidade de alergênico presente nos produtos. Aqueles que tinham um histórico de reações graves eram mais propensos a evitar completamente qualquer coisa com um alerta no rótulo.

Em outras palavras, embora os fabricantes estejam começando a melhorar, os pacientes com alergia alimentar ainda são reféns de rótulos pouco claros e informações incompletas. Permanece quase inteiramente sobre cada indivíduo o cuidado de se proteger. Na ausência de regras e políticas sacramentadas pelo governo dos Estados Unidos, quem sofre com alergia alimentar deve tentar se informar sobre alimentos e fabricantes "mais seguros" do que outros. Como sociedade, precisamos nos perguntar se isso é justo ou desejável. Meu palpite é que, mesmo que não tenhamos uma alergia alimentar e não possamos identificar diretamente os alérgenos nos rótulos, cria-se uma incerteza para os pacientes. Podemos concordar que alimentos devem ser seguros para o consumo geral. A questão daqui para a frente é: como devemos regular a indústria de alimentos para garantir que isso aconteça?

A regulação das alterações ambientais: paisagismo e alergias respiratórias

Mary Ellen Taylor tem a própria empresa de paisagismo desde 1986. Por quase quarenta anos, ela vem adubando, cortando, podando e plantando perto da própria casa, em Delaware. Ela tem uma pequena equipe trabalhando para ela, que inclui o marido, e adora o que faz.

Uma curiosidade pertinente: Mary Ellen sofre de asma e alergias respiratórias. Quando criança, não tinha qualquer problema. Mas, com o passar dos anos, os problemas despontaram — provavelmente por causa do contato repetido com alérgenos durante o trabalho como paisagista (um destino que ela compartilha com os botânicos, como vimos no Capítulo 5). A primeira reação alérgica respiratória que ela teve aconteceu por volta dos trinta anos, depois de espalhar cobertura morta por 5 metros no próprio quintal. Desde então, ela se viu algumas vezes na emergência hospitalar com crises de asma. Durante anos, usou um inalador de resgate, um inalador de esteroides e anti-histamínicos diários para manter tudo sob controle. Com o tempo, reduziu os esteroides, pois sabe que eles podem afetar negativamente a densidade óssea e os dentes.

"Meus maiores gatilhos são pelos de gato, mofo e grama", contou Mary Ellen em um telefonema no final de 2021. Liguei para ela para obter a visão de um paisagista profissional sobre como lidar com alergias respiratórias e para fazer perguntas sobre como o pólen é levado em consideração no projeto e plantio de jardins. "Fico perto de cobertura morta, que contém mofo. Fico perto de grama o tempo todo. Então, quando descobri, fiquei pensando: 'Só me faltava essa!'"

Na maioria das vezes, ela permite que outros membros da equipe lidem com a cobertura morta. Embora pegue amostras de solo para teste — uma tarefa comum para um paisagista — e faça pessoalmente uma parte do plantio, ela não se esquece de lavar as mãos. Nem sai sem o inalador. Se o deixa em casa, dá meia-volta na mesma hora para buscá-lo.

Perguntei a Mary Ellen como o diagnóstico de asma alérgica afetou o trabalho dela, que envolve lidar com plantas.

"Passei a prestar atenção em onde eu estava na paisagem", explicou. "Estava tocando em alguma coisa? Estava perto de algum gatilho?"

Como muitos outros alérgicos, Mary Ellen se tornou mais sintonizada com o ambiente. Garante que as alergias não influenciam a escolha de plantas ou como trabalha para outras pessoas. Na verdade, ela disse que os paisagistas não pensam necessariamente em coisas como carga de pólen, a menos que sejam instados pelos clientes. Em toda a carreira, apenas uma cliente avisou que tinha alergias graves. Mary Ellen ficou confusa: por que essa cliente queria canteiros de flores? Até que percebeu a resposta: a intenção era ficar dentro de casa e observá-los de longe.

"Na maioria das vezes, tento garantir que os clientes tenham floração sazonal", comentou, "e que as cores que desejam e as plantas escolhidas permaneçam em escala com o restante da paisagem. É isso que está por trás do trabalho de design. Eu nunca penso 'Caramba, isso vai fazer alguém espirrar' nem nada parecido."

Fiquei curiosa, nessa altura da conversa, para saber se o campo de atuação dela em geral se preocupa com alergias respiratórias e cargas de pólen. As associações profissionais de paisagismo ou revistas especializadas já tocaram no assunto?

"Eu pertenço a algumas associações paisagísticas diferentes", respondeu Mary Ellen. "Mas nunca encontrei nada sobre esse assunto. Vamos às conferências para aprender sobre diferentes plantas e ferramentas, mas nunca se mencionou nada sobre alergias. Estou percebendo apenas agora que pessoas muito alérgicas nunca fazem jardinagem. E que quem nos procura geralmente quer ficar dentro de casa e nos deixar trabalhar."

Ela me conta que a tendência atual no paisagismo profissional é a ênfase nas plantas nativas. Em resposta às preocupações ambientais, mais pessoas defendem que árvores, arbustos e gramíneas nativas de uma área sejam plantados, em oposição à flora "exótica" que esteve em voga por décadas. (Você se lembra do olmo chinês do Capítulo 5?) As plantas nativas também produzem muito pólen, explicou Mary Ellen, mas pelo menos é um pólen útil. As abelhas e borboletas locais e o resto da fauna adoram, mesmo que as plantas nativas não sejam melhores do que as exóticas em termos de carga de pólen.

Conhece-se por plantas "exóticas" qualquer uma que não ocorra naturalmente no ecossistema local. Em algumas regiões, determinadas espécies chegam a ser proibidas com base na produção de pólen. Caso em questão: condado de Pima, no Arizona.

As oliveiras, ou *Olea europaea*, foram introduzidas na costa oeste dos Estados Unidos durante o século XVIII, por missionários católicos. Embora nativa do Mediterrâneo e de algumas áreas da África e da Ásia, a oliveira se adapta bem às condições áridas do deserto do Arizona. Ela precisa de pouca água e é perfeita para paisagismo em climas mais secos. Há uma desvantagem, porém: as oliveiras produzem um bocado de pólen durante dois meses de cada ano, e o sistema imunológico de muita gente tem sensibilidade a ele, o que desencadeia respostas alérgicas.

As autoridades locais do condado de Pima repararam que as oliveiras estavam arruinando a reputação do Arizona como ótimo lugar para pacientes com alergia e asma. Assim, em 1984, o condado interrompeu qualquer plantio futuro dessas plantas (também proibiu as amoreiras do Texas e exigiu que os proprietários mantivessem gramados da variedade Bermuda bem aparados pelos mesmos motivos). Foi o primeiro condado nos Estados Unidos a proibir uma espécie específica de árvore devido à carga de pólen. Um ano depois, Boulder City, em Nevada, seguiu o exemplo. No momento em que este livro foi escrito, a proibição permanece em vigor.

Funcionários do condado de Pima afirmaram que, depois de apenas três anos desde a proibição entrar em vigor, o ar ficou visivelmente mais limpo. No entanto, as alergias respiratórias não se dissiparam. Por quê? Existem outros tipos de pólen, como o das algarobas, árvores nativas da região.

Quando liguei para saber mais sobre a proibição, ninguém no condado familiarizado com o assunto estava disponível. Durante a pesquisa para esta seção, comecei a notar algo estranho. Ninguém que trabalhava em escritórios da administração de parques e jardins em qualquer lugar estava disposto a conversar comigo — e, acredite, eu tentei. Liguei para vários municípios — inclusive para Nova York e Chicago — e não tive sucesso. No final das contas, suponho que o pólen seja um problema político. Não há uma resposta "boa" para a pergunta que fiz sobre o que podemos fazer coletivamente para ajudar quem sofre de alergias sazonais porque não há como se livrar do pólen. Na verdade, qualquer esforço para reduzi-lo pode ser visto como algo ecologicamente incorreto. Então o que fazer?

Proibir árvores e gramíneas não nativas? Tentar regular quantas árvores, gramíneas e plantas polinizadoras podem existir em determinada área geográfica? Ou deixar as pessoas com alergias respiratórias descobrirem por si, enquanto nos concentramos em eliminar coisas mais perigosas, como material particulado, do ar?

As respostas para essas perguntas não são claras. Pelo menos no caso do condado de Pima, não parece que a proibição de certas espécies tenha alguma eficácia. No final, verifica-se que *nada* é simples na elaboração de uma política de alergia ambiental. Mas a essa altura, no último capítulo deste livro, você provavelmente já imaginava que não poderia mesmo ser simples.

O FUTURO DA ALERGIA

Em última análise, políticas e leis refletem os paradigmas culturais dominantes da época em que surgem. Nossa maneira de pensar sobre as alergias — como são retratadas na mídia e quanta exposição e educação temos sobre elas — afeta o que nós, como sociedade, decidimos fazer a respeito dessas condições. Aqui estão as questões que eu acredito que devem dominar a política sobre alergia daqui para a frente: diante da previsão de crescimento das taxas globais de alergia que veremos nas próximas décadas, trabalharemos coletivamente por meio de novas leis, regulamentos e normas culturais para ajudar a prevenir as alergias ou aliviá-las? Vamos desistir de alguns hábitos e tradições para ajudar a tornar o mundo um espaço mais habitável para todos? Ou continuaremos a pedir aos alérgicos que assumam individualmente toda a responsabilidade por suas condições? As escolhas que fizermos vão determinar quão saudável será nosso mundo para todos os sistemas imunológicos nos próximos séculos.

EPÍLOGO

O corpo reagindo até a morte: alergias em tempos da covid-19

Essa exposição contínua a baixos níveis de agentes tóxicos acabará resultando em uma grande variedade de manifestações patológicas tardias, criando sofrimento fisiológico, aumentando o fardo médico e diminuindo a qualidade de vida.[1]

— René Dubos, microbiologista franco-americano, 1966

Tive dificuldades para descobrir como concluir este livro. Repetidamente, constatei como as alergias são complicadas. Aprendemos que elas têm a ver com nossa vulnerabilidade — tanto biológica quanto social. Aprendemos também sobre os desafios de viver em um ambiente em constante mudança. Eu queria deixar você, leitor, com uma nota otimista porque muito do que descobriu aqui é assustador e deprimente.

Mas a dura verdade é que nosso sistema imunológico sobrecarregado não está se saindo bem no século XXI. Uma diminuição na qualidade geral do ar em todo o mundo — do aumento da poluição a contagens mais altas de pólen — está, aos poucos, tornando mais difícil para todos o simples ato de respirar. Mas não são apenas as mudanças climáticas e a relação com o ambiente natural que podem nos condenar: é tudo em nosso atual modo de vida. Mudanças na produção de alimentos e nas dietas, juntamente com o aumento da dependência em antibióticos, estão contribuindo para taxas mais altas de alergia em toda parte. Novos produtos químicos e industriais estão deixando nossa pele mais irritadiça. Tudo o que temos feito nos últimos duzentos anos (como atesta a nova alergia à alfa-gal) está fazendo com que as reações do sistema imunológico fiquem mais agressivas — de uma forma lenta, imperceptível, constante. Os alérgicos são como canários na mina de carvão ambiental. Embora sejam eles quem mais sofrem no momento, são um prenúncio do que está por vir para todos. As alergias são, para citar um alergista, "o modelo dos impactos da mudança climática na saúde".

Estamos literalmente desafiando nosso corpo de dentro para fora até a morte. A pergunta é: o que vamos fazer a respeito? A resposta pode ser: (A) nada de diferente e observar como as alergias pioram porque nosso sistema imunológico continua sobrecarregado e mal preparado para a vida no século XXI; ou (B) perceber que causamos grande parte da epidemia de alergia e começar a repensar coletivamente como vivemos nosso cotidiano, adotando um estilo mais sustentável e alterando todo o relacionamento com o que nos rodeia.

Embora eu preferisse ser mais otimista sobre as chances de escolhermos a opção B, qualquer bom médico pode dizer que as pessoas nem sempre fazem as melhores escolhas para si mesmas, especialmente quando isso exige uma transformação radical não só no pensamento, mas no comportamento. No entanto, se não reimaginarmos a relação com os mundos microscópicos ao redor, para onde iremos?

Em janeiro de 2020, quando o mundo começou a perceber lentamente que estávamos no início do que acabaria sendo a maior e mais mortal pandemia global em mais de um século, o relacionamento com o meio ambiente foi visto sob uma nova luz — ainda mais considerando o que há de invisível a nosso redor. Partículas microscópicas (boas e ruins) estão por toda parte. Os micróbios, em particular, sempre foram nossos companheiros. Alguns deles fazem parte de nosso corpo. Não é exagero argumentar que não somos totalmente humanos. Mal somos *majoritariamente* humanos.

Agora, enquanto lê esta página, você abriga mais micróbios do que células humanas. A entidade que constitui "você" é uma coleção de microrganismos e células cooperando para parecer e funcionar como um "ser humano". Lembra aquela descrição da caravela-portuguesa que deu início à história da alergia? Bem, é muito parecido. Você é como uma coleção ambulante de bactérias e vírus com um smartphone e sapatos. Em outras palavras, você é um zilhão de células — humanas e não humanas — trabalhando juntas simbioticamente, assim como todos os outros chamados organismos superiores do planeta.

O Dr. David Bass, um dos principais membros das equipes de pesquisa do Centre for Environment, Fisheries and Aquaculture Science [Centro de Ciências do Ambiente, Pesca e Aquicultura] e da Universidade de Exeter no Reino Unido, argumenta que "a grande maioria das células em nosso corpo são bacterianas, não humanas. Portanto, somos ecossistemas ambulantes — comunidades interativas de muitos organismos diferentes".[2]

Talvez você ache que se trata de uma informação interessante, mas como ela se encaixa em nossa biografia da alergia? Bem, se o sistema imunológico humano existe para manter o equilíbrio de células úteis e prejudiciais em todo o corpo — no papel de curador e avaliador natural do corpo, por assim dizer —, então o microbioma individual de uma pessoa pode ser a chave não apenas para melhorar a saúde, mas também para entender o funcionamento desse sistema, como a Dra. Cathy Nagler argumentou tão fortemente ao longo deste livro. Se os sucessos parciais da imunoterapia forem referência, então estudar o microbioma — ou como as células humanas interagem com as bactérias e vírus internos ao nosso corpo — pode nos ajudar a desvendar todo o mistério das alergias.

Se existe uma "cura" para as alergias, ela deve estar no complicado relacionamento com o que comumente chamamos de "germes". Porque alguns germes são nossos amigos, não inimigos. Ter a mistura certa de micróbios — tanto a nosso redor quanto dentro de nós — é necessário para a saúde e o bem-estar. Literalmente não podemos viver bem sem eles.

Como alguém que vem estudando vírus durante toda a vida adulta, isso não me surpreende. Vírus e bactérias estão por toda parte — são os tijolos que constroem a vida. Eles existem nos níveis mais profundos do oceano e nos desertos mais secos, em ambientes onde nada mais pode prosperar. Então, por que eles não seriam necessários para nossa saúde e sobrevivência? Encontro consolo em saber que fazemos parte do ecossistema e não existimos em separado. Se pudermos repensar o que significa ser humano e aprender não apenas a coexistir com os micróbios, mas também a promover e nutrir nossa relação com eles, acredito, teríamos chances de as alergias se tornarem uma coisa do passado, como a varíola ou a poliomielite (pelo menos até recentemente).

A pandemia da covid-19 destacou a grande necessidade de entendermos melhor como ações humanas afetam o mundo microscópico e como nosso sistema imunológico interage com ele. Pesquisas durante a pandemia sugeriram que o risco de contaminação aumentou junto com a quantidade de pólen no ar. O nível de pólen poderia, de fato, explicar 44% da variação nas taxas de infecção pelo SARS-CoV-2. Havia duas razões para isso. A primeira é que níveis mais altos de pólen levam a uma resposta imune enfraquecida. Os grãos de pólen, com efeito, permitiram que as partículas do vírus burlassem o já sobrecarregado sistema imunológico. Imagine o pólen e o vírus como uma multidão entrando pelas portas de um estádio. É bem mais fácil escolher e deter as partículas de vírus no portão quando não estão misturadas. A segunda é que as partículas de vírus podem se ligar aos grãos de pólen que circulam no ar, ajudando-os a flutuar por mais tempo e ir mais longe do que o normal. Esses tipos de interações ambientais complexas e os efeitos que causam em nosso sistema imunológico podem fazer a diferença entre sobreviver a uma pandemia e sucumbir a ela. Compreender mais sobre a função imunológica básica e como o sistema imunológico responde a diferentes partículas pode nos ajudar a projetar ferramentas de prevenção e tratamentos mais eficazes no futuro.

Enquanto escrevo, a variante ômicron do SARS-CoV-2 está provocando o aumento de casos de covid-19, e os não vacinados estão começando a encher as enfermarias de hospitais em todo o mundo. Apesar disso, o mundo começa a sair da longa quarentena e distanciamento social que vigoraram a partir de março de 2020. As vacinas para covid-19, muitas das quais com tecnologia inovadora de mRNA, ainda são eficazes na prevenção de casos graves da doença. Imunologistas e virologistas aprenderam mais sobre nossa função imunológica, só que as preocupações sobre a resposta do sistema imunológico se mantêm. Os pesquisadores se perguntam quais efeitos o distanciamento social e o isolamento podem ter sobre nossa capacidade imunológica de lidar com as exposições à medida que voltamos a interagir. São crescentes os avisos de que as crianças podem ficar mais doentes do que o normal ao retornarem a escolas, acampamentos e brincadeiras porque o sistema imunológico delas estão "fora de forma" depois da quarentena.

A verdade é que não sabemos que efeitos essa pandemia teve nos nossos corpos. Somos todos parte de um experimento natural massivo e não intencional. Cientistas de todos os lugares estão se esforçando para acompanhar os desdobramentos. Se há um lado positivo em todas as mortes, desastres econômicos e perturbações sociais criadas pelo SARS-CoV-2, é o seguinte: sairemos disso sabendo um pouco mais sobre nosso sistema imunológico.

No início da pandemia, havia cerca de 8 mil imunologistas no mundo. Minha esperança é que, após a covid-19 e com o aumento das taxas de alergias em todo o mundo, em breve haja muito mais. Na verdade, os imunologistas e alergistas que conheci ao longo da pesquisa para este livro são os que mais me dão esperança para o futuro. Sem dúvida, eles foram algumas das pessoas mais inteligentes, generosas e dedicadas que já tive o prazer de conhecer. Estão determinados a descobrir o enigma da resposta alérgica, aliviar as reações imunológicas e aproveitar todas as proezas científicas e tecnológicas para reequilibrar e remodelar a relação humana com o meio ambiente. Saber que estamos em mãos capazes e atenciosas torna mais fácil dormir à noite. Espero que você se sinta da mesma forma.

Pesquisar e escrever este livro teve um impacto significativo em mim. Comecei a procurar maneiras de ajudar meu sistema imunológico: passei a comer mais alimentos naturais e menos processados. Durmo o suficiente e me exercito. Não tomo mais banhos diários nem troco meus lençóis com tanta frequência. Prometi reduzir minha pegada de carbono. Voto em candidatos que apoiam ações sobre mudanças climáticas e proteção ambiental. Uso menos "coisas" na pele. Convido você a pegar as informações neste livro e repensar hábitos e ações. Juntos, apesar de tudo que fizemos a nós mesmos e ao mundo natural, ainda acredito que temos tempo para escolher a opção B.

A MORTE DO MEU PAI, REVISITADA

A essa altura, entendo muito melhor como foi a morte de meu pai. Entendo, também, todas as ligações que temos um com o outro, tanto geneticamente quanto por meio de nossas personalidades. Meu pai era um cara irritável — duas temporadas de serviço militar no Vietnã fazem isso com uma pessoa. Ele ficava ansioso e deprimido, o que significava que comia demais, fumava demais e bebia demais. Em outras palavras, ele lidou com a vida no século XX como a maioria de nós lida com a vida no século XXI.

Uma picada de abelha o matou, mas não foi só isso. Se ele não fosse fumante, não estaria com a janela aberta naquele dia e a abelha não teria entrado. Ele não carregava uma EpiPen porque era muito cara. Ele era fumante porque estava estressado, tentando pagar as contas da casa. Tentava pagar as contas da casa porque não tinha curso superior, pois se alistou no exército aos 18 anos. E os motivos que o levaram a isso eram só dele.

Agora que sou mais velha do que meu pai ao morrer, sei como a vida pode ser complicada. Também costumo me estressar e faço todo o tipo de coisa sem sentido — não carrego uma EpiPen, por exemplo (embora eu vá resolver esse assunto em breve). A alergia me fascina porque para desenvolvê-la basta nascer e viver neste mundo em desequilíbrio. Ela é uma "doença" estranha. Não é provocada por algo que você tenha feito, mas ao mesmo tempo é culpa de todos. Você não fica doente, mas ao mesmo também não se sente bem. Se sua resposta imunológica é cutucada pela coisa errada, ela vai matá-lo ao tentar protegê-lo.

Acho que meu pai compreendia tudo intuitivamente, tendo atravessado uma guerra desastrosa e crescido nos tumultuados anos 1960. Ele compreendia ruídos de comunicação e o que acontece quando se escolhe as batalhas erradas. Comecei essa jornada porque queria compreender o que aconteceu com ele e o que acontecia comigo e com muitos amigos. No começo, queria apenas entender o problema da alergia nos Estados Unidos. Mas acho que comecei a vislumbrar a história daquilo que acontece com todos nós — com a própria humanidade — enquanto lidamos com as alterações que fizemos no ambiente e continuamos a remodelar o mundo a nosso redor. Em última análise, a alergia está relacionada à vulnerabilidade humana, tanto biológica quanto social. Para o bem ou para o mal, as alergias provam que estamos todos juntos neste mundo cada vez mais reativo. Será necessário trabalharmos juntos para tratar a situação com eficácia.

AGRADECIMENTOS

Escrever um livro costuma ser um esforço coletivo que dura anos. Em meu caso, passei mais de cinco anos pesquisando e escrevendo. Tive a ideia quando me queixava com meu amigo e também antropólogo médico e escritor Eric Plemons, que me lembrou de que eu era uma pesquisadora e que não existiam bons livros sobre alergias, então eu poderia me encarregar da tarefa... e foi o que fiz. A paciência infinita e os excelentes conselhos de Eric ajudaram a tornar este livro o que ele é hoje. Billy Middeton, também meu amigo, colega e escritor, examinou diferentes rascunhos, me ajudando a tornar o resultado final mais consistente. Também quero agradecer aos ex-alunos que me ajudaram a coletar informações e a conduzir entrevistas nos estágios iniciais, especialmente Olivia Schreiber (que se tornará médica — e eu não poderia me sentir mais orgulhosa).

Minha incansável agente, Isabelle Bleecker, leu tudo o que escrevi e também atendeu todas as ligações que fiz enquanto estava em pânico... mesmo depois das 17 horas de uma sexta-feira. Todos deveriam ter a sorte de ter uma agente literária como ela. Minha maravilhosa editora, Caitlin McKenna, compreendeu o escopo e a ambição deste projeto desde o início e me ajudou a transformá-lo no livro que sabíamos que ele poderia se tornar. Todos deveriam ter a sorte de ter uma editora tão generosa quanto ela.

Minha equipe ampliada na Random House é igualmente maravilhosa. Só Deus sabe como Noa Shapiro consegue fazer tudo o que ela faz, mas ela o faz com desenvoltura. Agradeço também a minha adorável e trabalhadora equipe de marketing que divulgou o trabalho: Ayelet Durantt, Monica Stanton e Windy Dorrestyn. Muita gratidão à equipe de design que criou este belo objeto físico que você está segurando: Simon Sullivan e Greg Mollica. E, claro, muito obrigada à própria equipe de produção: Rebecca Berlant, Richard Elman e Ada Yonenaka. Agradeço a minha equipe de publicidade por garantir que as pessoas ouçam mais sobre o problema das alergias: London King, Maria Braeckel e Greg Kubie. Por último, mas não menos importante, agradeço a todos que apoiaram este livro na Random House: o editor-chefe Andy Ward, o subeditor Tom Perry, a diretora editorial assistente Erica Gonzalez e o diretor editorial de não ficção Ben Greenberg. Sinto-me extremamente grata por fazer parte dessa equipe.

No início deste projeto, tive a sorte de receber um National Endowment for the Humanities Public Scholars Award. (Quaisquer opiniões, descobertas, conclusões ou recomendações expressas neste livro não refletem necessariamente as do National Endowment for the Humanities.) Isso me permitiu tirar um ano muito necessário de folga do ensino para pesquisar parte deste livro. Também ajudou a cobrir o custo de uma pesquisa sobre crenças e atitudes dos norte-americanos em relação a alergias. Não sei se você sabe, mas pesquisas são absurdamente caras. Eu me senti uma pessoa de sorte por contar com o generoso financiamento do NEH. Nesse contexto, gostaria também de agradecer a meu amigo Will Hart e PSB Insights por me deixar lançar algumas perguntas sobre alergia em sua pesquisa de pulso — de graça. É uma generosidade que nunca vou esquecer. Também quero agradecer aos incríveis bibliotecários e funcionários da Drs. Barry and Bobbi Coller Rare Book Reading Room na Academia de Medicina de Nova York e também da National Library of Medicine. Vocês me ajudaram a localizar alguns dos textos mais raros e críticos sobre o início da história da alergia. Os bibliotecários são, é preciso dizer, os heróis desconhecidos da pesquisa acadêmica. (Apoie as bibliotecas! Elas sempre precisam de mais financiamento.)

Tenho a maior gratidão por todos os cientistas, clínicos e pacientes que dividiram comigo suas ideias. Os especialistas com quem conversei nos últimos cinco anos são algumas das pessoas mais gentis e generosas que já tive o prazer de entrevistar. Os pacientes foram acolhedores e estavam dispostos a compartilhar experiências, dando a esse livro um toque mais pessoal e eficaz. Não posso expressar toda a minha gratidão. Gostaria, no entanto, de destacar dois dos cientistas que foram ainda mais longe. Em primeiro lugar, Steve Galli, que leu pacientemente todo o manuscrito e corrigiu com cuidado e gentileza quaisquer erros científicos que eu possa ter cometido. Em segundo lugar, Cathy Nagler, que leu o manuscrito inteiro *duas vezes* para garantir que eu estava explicando toda a ciência de forma correta — o que em nosso ramo equivale à santidade. Entende quando afirmo que os especialistas em alergia são os melhores?

Agradecimentos especiais a três pessoas que me moldaram como autora e pensadora. Começo com Jane Harrigan, ex-presidente de jornalismo da UNH, que de alguma forma nunca desistiu da ideia de fazer de mim uma escritora e ainda encontra tempo para ocasionalmente me enviar mensagens encorajadoras. Acho que ela tinha razão. Stefan Helmreich, antropólogo fora de série, que me convenceu de que, com um doutorado em antropologia, eu poderia estudar o que quisesse e me divertir. Ele estava certo. E Vincanne Adams, incrível antropóloga médica e uma das orientadoras de minha tese na UC-Berkeley/UCSF, que me aconselhou a assumir meu lado jornalístico e usá-lo para me tornar uma estudiosa de medicina melhor. Ela estava certíssima também. Esses professores são a prova viva de que mestres podem mudar a vida de uma pessoa. Eu não teria escrito este livro se não tivesse encontrado exemplos tão admiráveis para seguir.

E finalmente, a meus colegas, amigos e meu parceiro, Max... Toda a gratidão do mundo. Ninguém deveria aguentar uma escritora que tenta escrever um livro impossível e que não para de falar no assunto... mas vocês me aguentaram. Gostaria de dizer que vocês não vão passar por todo esse tumulto outra vez, mas sabemos muito bem que isso vai se repetir.

NOTAS

Prólogo

1. David B. K. Golden. "Insect Allergy", em *Middleton's Allergy Essentials*, ed. Robyn E. O'Hehir, Stephen T. Holgate e Aziz Sheikh. Amsterdã: Elsevier, 2017, p. 377.
2. Centros de Controle de Doenças (CDC). "QuickStats: Number of Deaths from Hornet, Wasp, and Bee Stings, Among Males and Females—National Vital Statistics System, United States, 2000–2017", *Morbidity and Mortality Weekly Report* 68, nº 29, 26 de julho de 2019, p. 649.

Capítulo 1 – O que é alergia (e o que não é)

1. Ruby Pawankar, Giorgio Walkter Canonica, Stephen T. Holgate, Richard F. Lockey. "White Book on Allergy 2011–2012 Executive Summary", *World Allergy Organization*. Disponível em: https://www.worldallergy.org/UserFiles/file/WAO-White-Book-on-Allergy_web.pdf.
2. Os nomes da maioria dos pacientes com alergia descritos neste livro foram alterados para proteger a privacidade dos mesmos. Nas poucas exceções a essa regra, tanto o nome quanto o sobrenome foram usados.
3. Examinaremos mais essa história no Capítulo 4, que fala sobre genética, herança e alergia como uma reação imune "normal".
4. J. M. Igea. "The History of the Idea of Allergy", *Allergy* 68, nº 8, agosto de 2013, p. 966-73.
5. Warwick Anderson e Ian R. Mackay. *Intolerant Bodies: A Short History of Autoimmunity*. Baltimore: Johns Hopkins University Press, 2014, p. 28.
6. Os anticorpos eram visíveis ao microscópio e os cientistas perceberam que eles desempenhavam papel fundamental na luta contra as bactérias. No entanto, o termo "anticorpo" no início de 1900 era usado de modo significativamente diferente ao que usamos hoje em dia.

7. À medida que "alergia" se tornou mais popular, Pirquet ficou cada vez mais frustrado com a fusão de seu termo original com "hipersensibilidade" ou "reação exagerada". Ele sentia que era um erro entender a alergia *apenas* como uma resposta hipersensível do sistema imunológico, uma vez que alterava a teoria fundamental da própria alergia desenvolvida por ele. Cansado das repetidas tentativas de corrigir o uso do termo por colegas cientistas, Pirquet o abandonou. O significado de "alergia" nunca mais se referiria a reações biológicas positivas como a imunidade.

8. O primeiro periódico científico dedicado à alergia foi o *Journal of Allergy*, publicado em 1929. Ainda é uma das principais publicações da área e tem como título *The Journal of Allergy and Clinical Immunology*.

9. Warren T. Vaughan. *Allergy and Applied Immunology: A Handbook for Physician and Patient, on Asthma, Hay Fever, Urticaria, Eczema, Migraine and Kindred Manifestations of Allergy*. St. Louis: C. V. Mosby, 1931, p. 43.

10. George W. Bray. *Recent Advances in Allergy (Asthma, Hay-Fever, Eczema, Migraine, Etc.* Filadélfia: P. Blakiston's, 1931, p. 5.

11. William Sturgis Thomas. "Notes on Allergy, circa 1920–1939". Dois fichários de anotações particulares disponíveis na Drs. Barry and Bobbi Coller Rare Book Reading Room, na Academia de Medicina de Nova York. Muito obrigada à diligência da bibliotecária de livros raros pela ajuda em localizá-los e trazê-los para mim.

12. De fato, durante o século XIX, a febre do feno foi a princípio considerada uma doença infecciosa, semelhante ao resfriado comum, mas ninguém conseguiria replicar os postulados de Koch (o micróbio deve ser encontrado apenas em indivíduos doentes; deve ser cultivado de amostras coletadas de indivíduos doentes; e essas culturas devem ser capazes de deixar doente um indivíduo saudável) em um alérgeno, provando assim cientificamente que um micróbio vivo causou a doença.

13. G. H. Oriel. *Allergy.* Londres: Bale & Danielsson, 1932, p. 5.

14. Igea. "History of the Idea of Allergy".

15. Arthur F. Coca. *Asthma and Hay Fever in Theory and Practice. Part I: Hypersensitiveness, Anaphylaxis, Allergy.* Springfield, Illinois: C. C. Thomas, 1931, p. 4.

16. Thomas A. E. Platts-Mills, Peter W. Heymann, Scott P. Commins e Judith A. Woodfolk. "The Discovery of IgE 50 Years Later", *Annals of Allergy, Asthma & Immunology* 116, no 3, 2016, p. 179-82.

Capítulo 2 – Como é feito o diagnóstico de alergia

1. Ocasionalmente, alguém terá aquilo que é conhecido como "reação de fase tardia" a uma picada na pele ou um teste intradérmico — uma reação que começa uma ou duas horas após a realização dos testes cutâneos, atingindo o pico em seis a doze horas depois. Essas reações de fase tardia não costumam ser registradas, e não compreendemos bem os mecanismos biológicos subjacentes e significado.

2. Anca Mirela Chiriac, Jean Bousquet e Pascal Demoly. "Principles of Allergy Diagnosis", em *Middleton's Allergy Essentials*, ed. Robyn E. O'Hehir, Stephen T. Holgate e Aziz Sheikh. Amsterdã: Elsevier, 2017, p. 123.

3. Samuel M. Feinberg. *Asthma, Hay Fever and Related Disorders: A Guide for Patients*. Filadélfia: Lea & Febiger, 1933, p. 48.

4. Warren T. Vaughan. *Allergy and Applied Immunology: A Handbook for Physician and Patient, on Asthma, Hay Fever, Urticaria, Eczema, Migraine and Kindred Manifestations of Allergy*. St. Louis: C. V. Mosby, 1931.

5. A desvantagem do teste de soro P-K é que ele pode transferir para o paciente não alérgico outras doenças transmitidas pelo sangue (como hepatite ou HIV). Isso é, em parte, a razão que fez seu uso ser limitado e estritamente controlado.

6. William Sturgis Thomas. "Notes on Allergy, circa 1920–1939". Dois fichários de anotações particulares disponíveis na Drs. Barry and Bobbi Coller Rare Book Reading Room, na Academia de Medicina de Nova York.

7. Feinberg. *Asthma, Hay Fever and Related Disorders*.

8. Arthur F. Coca. *Asthma and Hay Fever in Theory and Practice. Part 1: Hypersensitiveness, Anaphylaxis, Allergy*. Springfield, Illinois: C. C. Thomas, 1931, p. 322-29.

9. Albert Rowe. *Food Allergy: Its Manifestations, Diagnosis and Treatment, with a General Discussion of Bronchial Asthma*. Filadélfia: Lea & Febiger, 1931, p. 21.

10. Guy Laroche, Charles Richet, filho, e François Saint-Girons. *Alimentary Anaphylaxis (Gastro-intestinal Food Allergy)*. Berkeley: University of California Press, 1930.

11. Rowe. *Food Allergy*, p. 20.

12. Chiriac, Bousquet e Demoly. "Principles of Allergy Diagnosis", p. 120.

13. T. Ruethers, A. C. Taki, R. Nugraha et al. "Variability of allergens in commercial fish extracts for skin prick testing", em *Allergy*, nº 74, 2019, p. 1.352-1.363.

14. Mahboobeh Mahdavinia, Sherlyana Surja e Anju T. Peters. "Principles of Evaluation and Treatment", em *Patterson's Allergic Diseases*, 8ª ed., ed.

Leslie C. Grammer e Paul A. Greenberger. Filadélfia: Wolters Kluwer, 2018, p. 160-62.

15. Mahdavinia, Surja e Peters. "Principles of Evaluation and Treatment", p. 159.

16. Curiosamente, o Dr. Lio me disse que a dermatite atópica adulta era considerada um mito na época em que ele se formava. É mais aceita hoje. A alergia cutânea de contato, por outro lado, sempre esteve vinculada à vida adulta por causa das alergias cutâneas ocupacionais, quando as pessoas desenvolvem sensibilidade a uma substância por meio de contato repetido (como alergia ao látex em profissionais de saúde).

17. Adnan Custovic. "Epidemiology of Allergic Diseases", em *Middleton's Allergy Essentials*, ed. Robyn E. O'Hehir, Stephen T. Holgate e Aziz Sheikh. Amsterdã: Elsevier, 2017, p. 54: "A maioria dos estudos epidemiológicos define a sensibilização atópica como uma IgE sérica positiva, específica para alérgenos positiva [...] ou um teste cutâneo positivo [...]. No entanto, testes positivos de 'alergia' indicam apenas a presença de IgE específica para alérgenos (seja no soro ou ligado à membrana de mastócitos na pele) e não estão necessariamente relacionados ao desenvolvimento dos sintomas clínicos após exposição a alérgenos. De fato, uma proporção considerável de indivíduos com testes alérgicos positivos não apresenta evidência de doença alérgica." [Tradução livre.] Em outras palavras, é possível ter uma sensibilidade clinicamente observável sem nunca experimentar uma reação. Alguns estudos sugeriram que o tamanho da pápula formada pelo teste cutâneo com puntura, mais a presença de anticorpos IgE, é mais preditivo de sintomas ou de "doença alérgica".

18. Scott H. Sicherer e Hugh A. Sampson. "Food Allergy: Epidemiology, Pathogenesis, Diagnosis, and Treatment", *Journal of Allergy and Clinical Immunology* 133, nº 2, fevereiro de 2014, p. 295.

19. Sicherer e Sampson. "Food Allergy", p. 296. Mesmo que um desafio alimentar não seja realizado, Sicherer e Sampson argumentam que os testes padrão de puntura na pele e os testes sIgE podem "ajudar muito no diagnóstico".

20. Um painel de especialistas do National Institute of Allergy and Infectious Diseases "identificou 4 categorias de reações adversas a alimentos imunomediadas (por exemplo, alergias alimentares), ou seja, mediadas por IgE, não mediadas por IgE, mistas ou de reações mediadas por células [...]. Há uma série de distúrbios que não são alergias alimentares, mas podem ser semelhantes" (Sicherer e Sampson, "Food Allergy", p. 294). Por exemplo, a doença celíaca não é mediada por IgE, mas a alergia de contato com a pele é mediada por células.

Alérgicos   341

21. Chiriac, Bousquet e Demoly. "Principles of Allergy Diagnosis", p. 123.
22. Chiriac, Bousquet e Demoly. "Principles of Allergy Diagnosis", p. 123.
23. Curiosamente, um teste cutâneo positivo é necessário para iniciar a imunoterapia. No entanto, esses testes não podem ser usados para avaliar o sucesso da imunoterapia ou para determinar quando interromper o tratamento porque mostram apenas sensibilidade, não a presença de uma alergia. Se a imunoterapia funcionar, o paciente não terá mais sintomas — ou a alergia —, mas manterá a sensibilidade ou a propensão a uma alergia. Portanto, a imunoterapia nunca altera os resultados de um teste cutâneo.

Capítulo 3 – Nosso mundo alérgico: medindo o aumento das doenças alérgicas

1. Adnan Custovic. "Epidemiology of Allergic Diseases", em *Middleton's Allergy Essentials*, ed. Robyn E. O'Hehir, Stephen T. Holgate e Aziz Sheikh. Amsterdã: Elsevier, 2017, p. 52.
2. Custovic. "Epidemiology of Allergic Diseases".
3. Custovic. "Epidemiology of Allergic Diseases".
4. Custovic. "Epidemiology of Allergic Diseases".
5. Custovic. "Epidemiology of Allergic Diseases".
6. Custovic. "Epidemiology of Allergic Diseases".
7. Lymari Morales. "More than 10% of the U.S. Adults Sick with Allergies on a Given Day", Gallup News, 17 de novembro de 2010. Disponível em: https://news.gallup.com/poll/144662/adults-sick-allergies-given-day.aspx.
8. R. S. Gupta et al. "Prevalence and Severity of Food Allergies Among US Adults", *JAMA Network Open* 2, nº 1, 2019, p. e185630.
9. Scott H. Sicherer e Hugh A. Sampson. "Food Allergy: Epidemiology, Pathogenesis, Diagnosis, and Treatment", *Journal of Allergy and Clinical Immunology* 133, nº 2, fevereiro de 2014, p. 291-302.
10. Custovic. "Epidemiology of Allergic Diseases", p. 61.
11. Custovic. "Epidemiology of Allergic Diseases", p. 62.
12. A gravidade é dificílima de medir porque depende das experiências subjetivas dos pacientes com suas alergias. Atualmente, não há medidas adequadas da gravidade da alergia além de autorrelato e observações clínicas. Dito isso, a maioria dos pacientes alérgicos que entrevistei me sugeriu que, com o passar dos anos, suas alergias pioraram em termos de gravidade. Isso foi especialmente verdadeiro para pacientes alérgicos sazonais.
13. A. B. Conrado et al. "Food Anaphylaxis in the United Kingdom: Analysis of National Data, 1998–2018", *The BMJ* 372, 2021, p. n251.
14. Custovic. "Epidemiology of Allergic Diseases", p. 61-62.

Capítulo 4 – Herança alérgica:
as alergias como uma resposta imune "normal"

1. A maior parte da minha reconstituição da descoberta de Portier e Richet é baseada em duas fontes: Charles D. May; "The ancestry of allergy: being an account of the original experimental induction of hypersensitivity recognizing the contribution of Paul Portier", em *Journal of Allergy and Clinical Immunology*, 75, n° 4, abril de 1985, p. 485-495; Sheldon G. Cohen e Myrna Zeleya-Quesada. "Portier, Richet, and the discovery of anaphylaxis: A centennial", em *The Allergy Archives: Pioneers and Milestones*, volume 110, artigo 2, 2002, p. 331-336.

2. Além da própria pesquisa, Portier se tornaria o diretor do Institut Océanographique (financiado pelo príncipe Albert I) na sua abertura em 1908, e acabou supervisionando mais de cem dissertações em biologia marinha.

3. Infelizmente, Richet também acreditava na inferioridade biológica das raças não brancas. Ele manteve um ávido interesse em eugenia até a morte, em 1935.

4. Humphry Rolleston. *Idiosyncrasies*. Londres: Kegan, Paul, Trench, Trubner & Co., 1927.

5. Laurence Farmer e George Hexter. *What's Your Allergy?* Nova York: Random House, 1939, p. 8-9. Citado posteriormente no mesmo texto, Hutchinson lamenta: "No que diz respeito às idiossincrasias, a medicina estava brincando de cabra cega" (17).

6. Curiosamente, Arthur Coca questionou os "estudos estatísticos disponíveis sobre a natureza hereditária" da atopia. Para começar, as pessoas questionadas sobre o histórico médico da família "devem ser essencialmente inteligentes e suficientemente familiarizadas com o significado dos termos" para responder às perguntas. Afinal, se alguém não entendesse o que era febre do feno ou asma, como poderia avaliar se seus parentes tinham a doença? Então, somente aqueles que realmente interagiram com os parentes poderiam saber as respostas a essas perguntas. Por exemplo, não se poderia saber com certeza se um ancestral morto há muito tempo sofria de asma. Caso o paciente fosse jovem demais, nem todos os seus sintomas poderiam ter se manifestado, o que prejudicaria as estatísticas. Além disso, se o entrevistado morasse nos Estados Unidos, mas fosse proveniente da Europa, talvez não fosse possível obter dados relevantes sobre a sensibilidade a coisas que existiam apenas na América ou apenas na Europa. Na mesma linha de pensamento, se um indivíduo nunca foi exposto a determinado alérgeno, ele não saberia se tem sensibilidade. Parece que a dificuldade em obter boas estatísticas de pesquisas autorrelatadas tem atormentado os pesquisadores

desde o início do campo da alergologia e não é, absolutamente, um problema novo. Arthur F. Coca. *Asthma and Hay Fever in Theory and Practice. Part 1: Hypersensitiveness, Anaphylaxis, Allergy.* Springfield, Illinois: C. C. Thomas, 1931, p. 42.

7. William Sturgis Thomas. "Notes on Allergy, circa 1920–1939". Dois fichários de anotações particulares disponíveis na Drs. Barry and Bobbi Coller Rare Book Reading Room, na Academia de Medicina de Nova York.

8. Guy Laroche, Charles Richet, filho, e François Saint-Girons. *Alimentary Anaphylaxis (Gastro-intestinal Food Allergy)*. Berkeley: University of California Press, 1930.

9. Rolleston. *Idiosyncrasies*, p. 42.

10. W. Langdon-Brown. "Allergy, Or, Why One Man's Meat Is Another's Poison". Resumo da palestra proferida diante da Sociedade Médica da Universidade de Cambridge, 19 de outubro de 1932.

11. Um detalhe um tanto triste: muitas vezes se pensava que as doenças das crianças eram provocadas pela genética ou pelo comportamento das mães. Por exemplo, crianças com asma grave costumavam ser separadas das mães porque se pensava que a ansiedade ou as neuroses das mães contribuíam para as crises. O preconceito contra mães e mulheres dentro da medicina era comum durante esse período. Infelizmente, o viés de gênero em diagnósticos médicos ainda contribui para resultados diferenciais para pacientes do sexo feminino. Para uma boa visão geral sobre essas questões, ver Maya Dusenbery. *Doing Harm: The Truth About How Bad Medicine and Lazy Science Leave Women Dismissed, Misdiagnosed, and Sick*. Nova York: HarperOne, 2018.

12. Em grande parte porque a anafilaxia só foi estudada em animais em laboratórios e não em humanos. Experimentos controlados em laboratório podem parecer mais padronizados do que observações no mundo real.

13. Arthur F. Coca. *Asthma and Hay Fever in Theory and Practice. Part 1: Hypersensitiveness, Anaphylaxis, Allergy.* Springfield, Illinois: C. C. Thomas, 1931.

14. Walter C. Alvarez. *How to Live with Your Allergy*. Nova York: Wilcox & Follett, 1951.

15. Samuel M. Feinberg. *Allergy Is Everybody's Business*. Chicago: Blue Cross Commission, 1953.

16. A asma é mais prevalente em meninos e mais prevalente e grave em mulheres adultas. A testosterona suprime a produção de um tipo de célula imune que desencadeia a asma (ILC2). O estrogênio é inflamatório, e é por isso que as mulheres costumam relatar mudanças durante a gravidez.

344 Theresa MacPhail

17. H. Milgrom e H. Huang. "Allergic Disorders at a Venerable Age: A Mini-review", *Gerontology* 60, nº 2, 2014, p. 99-107. O envelhecimento do sistema imunológico e as alterações na composição bacteriana podem levar ao agravamento das alergias nos idosos; 5 a 10% deles têm doença alérgica e a incidência está aumentando.

18. F. Hörnig et al. "The LINA Study: Higher Sensitivity of Infant Compared to Maternal Eosinophil/Basophil Progenitors to Indoor Chemical Exposures", *Journal of Environmental and Public Health*, 2016. Concentrações mais altas de plastificantes equivalem a um risco maior do desenvolvimento de alergias (conforme medido pelo benzil-butil-ftalato, ou BBP, na urina das mães). A exposição a ftalatos durante a gravidez e amamentação causa alterações epigenéticas nos repressores de Th2.

    Para uma discussão sobre transferências de sensibilidade, consulte Rasha Msallam et al. "Fetal Mast Cells Mediate Postnatal Allergic Responses Dependent on Maternal IgE", *Science* 370, 20 de novembro de 2020, p. 941-50. As mães (pelo menos em modelos de camundongos) podem transmitir alergias aos filhos. Se forem expostas a um alérgeno (neste caso, ambrosia) durante a gravidez, os anticorpos IgE podem atravessar a placenta para o feto e ligar-se aos mastócitos fetais. Uma vez nascidos, esses filhotes são mais propensos a uma reação alérgica na primeira exposição à substância (ao contrário de outro alérgeno, neste caso, ácaros). As transferências de sensibilidade duraram apenas algumas semanas e a maioria desapareceu em seis semanas. Mas esta pesquisa (realizada em Cingapura por cientistas da A*STAR e da Duke-NUS Medical School) mostra que a sensibilidade poderia, teoricamente, ser transferida da mesma maneira em humanos.

19. Åsa Johansson, Mathias Rask-Andersen, Torgny Karlsson e Weronica E. Ek. "Genome-Wide Association Analysis of 350000 Caucasians from the UK Biobank Identities Novel Loci for Asthma, Hay Fever and Eczema", em *Human Molecular Genetics* 28, nº 23, 2019, p. 4.022-41. Dos segmentos de genes, 41 ainda não haviam sido identificados em outros estudos. O estudo foi conduzido usando o Biobank, do Reino Unido, o 23andMe, da Universidade de Uppsala, e o SciLifeLab, da Suécia.

20. A ligação entre a variação da filagrina e as condições alérgicas já havia sido postulada antes, mas este foi o primeiro estudo de uma coorte de nascimentos.

21. Hans Bisgaard, Angela Simpson, Colin N. A. Palmer, Klaus Bønnelykke, Irwin Mclean, Somnath Mukhopadhyay, Christian B. Pipper, Liselotte B. Halkjaer, Brian Lipworth, Jenny Hankinson, Ashley Woodcock e Adnan Custovic. "Gene-Environment Interaction in the Onset of Eczema in In-

fancy: Filaggrin Loss-of-Function Mutations Enhanced by Neonatal Cat Exposure", em PLoS Med., junho de 2008; 5(6), p. e131.

22. Infelizmente, esse tipo de solução não significa que podemos impedir o desenvolvimento de eczema. Embora a maioria dos adultos com eczema tenha tido a condição quando crianças, cerca de 25% relatam ter experimentado sintomas iniciais na idade adulta, de acordo com a National Eczema Association. Costuma ser mencionado como "eczema instalado na idade adulta".

23. Curiosamente, alérgenos ambientais como os ácaros da poeira doméstica e das baratas podem entrar com maior facilidade no corpo de crianças pequenas, vulneráveis por causa da pele permeável, desencadeando eczema e asma. O trabalho do Dr. Mukhopadhyay com gatos pode estimular mais estudos de coorte de nascimento que ajudem a desvendar essas ligações entre exposições ambientais específicas e pele permeável.

24. Outros cientistas do NIH também descobriram que um gene chamado *BACH2* pode desempenhar um papel no desenvolvimento de distúrbios alérgicos e autoimunes ao regular a reatividade do sistema imunológico. Um estudo de associação do genoma que analisou amostras de pacientes autoimunes sinalizou o gene como um possível regulador de respostas imunes inflamatórias. Em um estudo de 2013, os pesquisadores do NIH descobriram que a expressão de *BACH2* era um fator chave na forma como as células T do sistema imunológico respondiam aos antígenos — inflamando-se ou regulando a resposta. Em um comunicado de imprensa do NIH, Nicholas P. Restifo, que comandava o projeto, explicou: "É apropriado que o gene compartilhe o nome com o famoso compositor Bach, uma vez que orquestra muitos componentes da resposta imune, que, como os diversos instrumentos de uma orquestra, devem atuar em uníssono para alcançar a harmonia sinfônica." O estudo referenciado pode ser encontrado em R. Roychoudhuri et al. "Bach2 Represses Effector Programmes to Stabilize Treg-mediated Immune Homeostasis", *Nature*, online, 2 de junho de 2013.

25. S. H. Sicherer, T. J. Furlong, H. H. Maes, R. J. Desnick, H. A. Sampson, B. D. Gelb, "Genetics of peanut allergy: a twin study", *Journal of Allergy and Clinical Immunology* 106 (1Pt 1), julho de 2000, p. 53-56.

26. O estudo foi realizado por Jonathan Kipnis; Dr. Milner resumiu para mim durante nossa entrevista no *campus* do NIH em 2019. J. Herz, Z. Fu, K. Kim et. al. "GABAergic neuronal IL-4R mediates T cell effect on memory", em *Neuron* 109, n° 22, 17 de novembro de 2021, p. 3.609-3.618.

27. A. A. Tu, T. M. Gierahn, B. Monian et al. "TCR sequencing paired with massively parallel 3' RNA-seq reveals clonotypic T cell signatures", em *Nature Immunology* 20, 2019, p. 1.692-1.699.

346 Theresa MacPhail

28. G. William Wong et al. "Ancient Origin of Mast Cells", *Biochemical and Biophysical Research Communications* 451, n° 2, 2014, p. 314-18.
29. Hadar Reichman et al. "Activated Eosinophils Exert Antitumorigenic Activities in Colorectal Cancer", *Cancer Immunology Research* 7, n° 3, 2019, p. 388-400. Este estudo da Universidade de Tel Aviv descobriu que os eosinófilos podem ser úteis na luta contra o câncer de cólon ao eliminar as células malignas. Em 275 amostras de tumores de pacientes, quanto maior o número de eosinófilos, menos grave é o câncer.
30. Martin Metz et al. "Mast Cells Can Enhance Resistance to Snake and Honeybee Venoms", *Science* 313, n° 5.786, 2006, p. 526-30.
31. Para quem estiver curioso sobre as primeiras experiências de Richet com as toxinas da caravela-portuguesa, nem todas as toxinas são criadas da mesma forma, quimicamente falando. Como Richet não tinha acesso à tecnologia científica moderna, ele não seria capaz de medir qualquer efeito protetor mínimo que a ativação dos mastócitos pudesse ter fornecido e, de qualquer forma, a complicada função dos mastócitos ainda não tinha sido compreendida.
32. Galli sugere que é por isso que ninguém sequer tentou inventar um tratamento baseado em anticorpos para a peçonha. Não seria possível ganhar dinheiro com isso.

Capítulo 5 – Natureza fora de esquadro

1. Charles H. Blackley. *Experimental Researches on the Causes and Nature of Catarrhus Aestivus (Hay-Fever or Hay-Asthma)*. Londres: Baillière, Tindall & Cox, 1873. Toda a discussão sobre Blackley foi extraída desse livro, que é a publicação original de toda a pesquisa de Blackley sobre pólen e febre do feno.
2. Laurence Farmer e George Hexter. *What's Your Allergy?*. Nova York: Random House, 1939. Por muito tempo, considerava-se impossível que uma substância tão indefinida quanto a poeira doméstica pudesse causar alergias. Em um texto escrito em 1917, o Dr. Robert Cooke, citado por Farmer e Hexter, estabeleceu um caso detalhado para provar a conexão, mas levou anos para que outros profissionais aceitassem que uma substância ambiental poderia causar uma reação.
3. Ele também achou que certos tipos de pólen poderiam passar através das membranas mucosas para a circulação no corpo, causando outros sintomas.
4. Blackley também realizou experimentos com uma pipa que demonstraram que o pólen estava presente em quantidades muito maiores nos estratos

superiores do ar do que próximo ao solo. Isso o levou a acreditar que o pólen poderia ser transportado por grandes distâncias, causando a doença da febre do feno em locais afastados de campos de feno, prados ou até outra vegetação. Mesmo assim, o ar da montanha provavelmente estaria livre de pólen devido à falta de vegetação — e de tipos diferentes — em altitudes mais elevadas. Mas Blackley não conseguiu provar, pois não poderia escapulir até as montanhas para fazer experimentos enquanto estava ocupadíssimo com o consultório médico.

5. Blackley repetiu sua experiência na periferia da cidade e depois um pouco mais no centro. Embora as contagens de pólen não fossem tão altas quanto nas campinas, elas aumentavam e diminuíam em um padrão semelhante e produziam sintomas semelhantes.

6. August A. Thommen. *Asthma and Hay Fever in Theory and Practice. Part III: Hay Fever.* Springfield, Illinois: C. C. Thomas, 1931.

7. Farmer e Hexter. *What's Your Allergy?.* A teoria dos germes para a alergia foi proposta pela primeira vez por Hermann von Helmholtz, um físico que sofria de febre do feno e testou o próprio escarro, encontrando germes.

8. Anna se aposentou e está desfrutando de uma vida em que não precisa passar horas a fio olhando no microscópio.

9. O monitoramento e a pesquisa da qualidade do ar na verdade começaram na década de 1940, mas receberam um verdadeiro impulso depois que o congresso dos Estados Unidos aprovou a Lei do Ar Limpo, em 1970.

10. Denise J. Wooding et al. "Particle Depletion Does Not Remediate Acute Effects of Traffic-Related Air Pollution and Allergen: A Randomized, Double-Blind Crossover Study", *American Journal of Respiratory and Critical Care Medicine* 200, nº 5, 2019, p. 565-74.

11. Mark Jackson. *Allergy: The History of a Modern Malady.* Londres: Reaktion Books, 2009. O livro acompanha essa transição histórica. Nos Estados Unidos, crianças nascidas na pobreza correm um risco muito maior de desenvolver asma, em grande parte devido a fatores de risco ambientais. Veremos a associação entre status socioeconômico e risco de alergia com mais detalhes no Capítulo 6.

12. Organização Mundial da Saúde. "Asthma Fact Sheet", 11 de maio de 2022. Disponível em: https://www.who.int/news-room/fact-sheets/detail/asthma.

13. Enquanto pesquisava para este livro, conversei com um motorista do Uber em Nova Orleans sobre o modo como as alergias e a asma pioraram após o furacão Katrina. Segundo ele, o grande culpado era o mofo.

14. A. Sapkota et al. "Association Between Changes in Timing of Spring Onset and Asthma Hospitalization in Maryland", *JAMA Network Open* 3, nº 7, 2020.

348   Theresa MacPhail

15. S. C. Anenberg, K. R. Weinberger, H. Roman, J. E. Neumann, A. Crimmins, N. Fann, J. Martinich, P. L. Kinney. "Impacts of oak pollen on allergic asthma in the United States and potential influence of future climate change", em *Geohealth* 1, nº 3, maio de 2017, p. 80-92.

16. Nathan A. Zaidman, Kelly E. O'Grady, Nandadevi Patil, Francesca Milavetz, Peter J. Maniak, Hirohito Kita, Scott M. O'Grady. "Airway epithelial anion secretion and barrier function following exposure to fungal aeroallergens: Role of oxidative stress", no *American Journal of Physiology—Cell Physiology*, 313, 2017, p. C68-C79.

Capítulo 6 – Somos os responsáveis por isso? O estilo de vida moderno e a alergia

1. George W. Bray. *Recent Advances in Allergy*, 1931, p. 46.

2. William Sturgis Thomas. "Notes on Allergy, circa 1920–1939". Dois fichários de anotações particulares disponíveis na Drs. Barry and Bobbi Coller Rare Book Reading Room, na Academia de Medicina de Nova York.

3. Warren T. Vaughan. *Allergy and Applied Immunology: A Handbook for Physician and Patient, on Asthma, Hay Fever, Urticaria, Eczema, Migraine and Kindred Manifestations of Allergy*. St. Louis: C. V. Mosby, 1931.

4. Samuel M. Feinberg. *Allergy in General Practice*. Londres: Henry Kimpton, 1934, p. 32.

5. Laurence Farmer e George Hexter. *What's Your Allergy?*. Nova York: Random House, 1939, p. 182. Um ponto interessante: entre todos os estudos de caso usados para demonstrar o ponto de Farmer e Hexter, apenas um era homem.

6. Arthur Coca. *Asthma and Hay Fever in Theory and Practice*. Springfield, Illinois: C. C. Thomas, 1931, p. 214-218.

7. Albert Rowe. *Food Allergy: Its Manifestations, Diagnosis and Treatment, with a General Discussion of Bronchial Asthma*. Filadélfia: Lea & Febiger, 1931, p. 21.

8. Há uma história muito mais longa e envolvente do viés de gênero e etnia dentro da medicina que acompanha as primeiras conceituações de alergia como uma doença dos "fracos". A história da medicina está repleta de exemplos — histeria e síndrome da fadiga crônica são apenas dois com os quais os leitores podem estar mais familiarizados — e, embora eu não tenha espaço para fazer justiça aqui, uma pesquisa por "viés médico" no Google Scholar resultará em milhares de artigos acadêmicos sobre o tema.

9. Walter C. Alvarez. *How to live with your allergy*. Mayo Foundation, 1951, p. 36.

10. Samuel Feinberg. *One Man's Food*. Chicago: Blue Cross Commission, 1953, p. 2-3.
11. Allergy Foundation of America. *Allergy: its mysterious causes and modern treatments*, 1967. Esse folheto está disponível na Academia de Medicina de Nova York.
12. Robert Cooke. *Allergy in Theory and Practice*. Filadélfia: Saunders, 1947, p. 323.
13. Universidade do Estado de Michigan. "Here's How Stress May Be Making You Sick", ScienceDaily, 10 de janeiro de 2018. Disponível em: www.sciencedaily.com/releases/2018/01/180110132958.htm; Helene Eutamene, Vassilia Theodoru, Jean Fioramonti e Lionel Bueno. "Acute Stress Modulates the Histamine Content of Mast Cells in the Gastrointestinal Tract Through Interleukin-1 and Corticotropin-Releasing Factor Release in Rats", *Journal of Physiology* 553, pt. 3, 2003, p. 959-66. Disponível em: doi:10.1113 / jphysiol.2003.052274; Mika Yamanaka-Takaichi et al. "Stress and Nasal Allergy: Corticotropin-Releasing Hormone Stimulates Mast Cell Degranulation and Proliferation in Human Nasal Mucosa", *International Journal of Molecular Sciences* 22, n° 5, 2021, p. 2.773. Disponível em: doi: 10.3390/ijms22052773.
14. K. Harter et al. "Different Psychosocial Factors Are Associated with Seasonal and Perennial Allergies in Adults: Cross-Sectional Results of the KORA FF4 Study", *International Archives of Allergy and Immunology* 179, n° 4, 2019, p. 262-72. A média etária dos participantes do estudo era de 61 anos. Seria interessante ver quais seriam as correlações em diferentes faixas etárias ou por gênero.
15. É um ciclo vicioso que nem sempre os pacientes conseguem interromper sozinhos. Revisitaremos o aspecto social das alergias no Capítulo 10.
16. D. P. Strachan. "Hay Fever, Hygiene, and Household Size", *BMJ* 299, 1989, p. 1.259-60.
17. Onyinye I. Iweala e Cathryn R. Nagler. "The Microbiome and Food Allergy", *Annual Review of Immunology* 37, 2019, p. 379.
18. G.A.W. Rook, C. A. Lowry e C. L. Raison. "Microbial 'Old Friends', Immunoregulation and Stress Resilience", *Evolution, Medicine, and Public Health* 1, janeiro de 2013, p. 46-64.
19. Erika von Mutius. "Asthma and Allergies in Rural Areas of Europe", *Proceedings of the American Thoracic Society* 4, n° 3, 2007, p. 212-16: "Essas descobertas sugerem que a poeira de estábulos de animais contém fortes substâncias imunomoduladoras e que essas substâncias ainda desconhecidas suprimem a sensibilização alérgica, a inflamação das vias aéreas

350 Theresa MacPhail

e a hiper-responsividade das vias aéreas em um modelo murino de asma alérgica." [Tradução livre.]

20. J. Riedler et al. "Exposure to Farming in Early Life and Development of Ashtma and Allergy: A Cross-Sectional Survey", *Lancet* 358, nº 9288, 6 de outubro de 2001, p. 1.129-33. As seguintes descobertas foram feitas: a exposição a estábulos e o consumo de leite de fazenda antes de 1 ano de idade foi associado a frequências mais baixas de asma (1% *versus* 11%), febre do feno (3% *versus* 13%) e sensibilização atópica (12% *versus* 29%). Os níveis mais baixos de asma foram associados à exposição contínua a estábulos até os 5 anos de idade.

21. Christophe P. Frossard et al. "The Farming Environment Protects Mice from Allergen-Induced Skin Contact Hypersensitivity", *Clinical & Experimental Allergy* 47, nº 6, 2017, p. 805-14.

22. Hein M. Tun et al. "Exposure to Household Furry Pets Influences the Gut Microbiota of Infant at 3–4 Months Following Various Birth Scenarios", *Microbiome* 5, nº 1, 2017.

23. G. T. O'Connor et al. Early-Life Home Environment and Risk of Asthma Among Inner-City Children", *Journal of Allergy and Clinical Immunology* 141, nº 4, 2018, p. 1.468-75.

24. J. K. Y. Hooi et al. "Global Prevalence of *Helicobacter pylori* Infection: Systematic Review and Meta-Analysis", *Gastroenterology* 153, nº 2, agosto de 2017, p. 420-29.

25. M. J. Blaser, Y. Chen e J. Reibman. "Does *Helicobacter pylori* Protec Against Asthma and Allergy?", *Gut* 57, nº 5, 2008, p. 561-67.

26. Nils Oskar Jõgi et al. "Zoonotic Helminth Exposure and Risk of Allergic Diseases: A Study of Two Generations in Norway", *Clinical & Experimental Allergy* 48, nº 1, 2018, p. 66-77. A ideia da exposição a micróbios ser protetora também foi estendida aos parasitas. Existe uma ampla literatura — tanto científica quanto popular — sobre a teoria de que pelo menos parte do sistema imunológico evoluiu para combater a presença constante de toda uma série de organismos parasitas em nosso ambiente natural. Essa teoria — intimamente relacionada à teoria da higiene — sugere que, sem parasitas, o sistema imunológico humano é propenso a uma reação exagerada a outras substâncias, menos nocivas. No entanto, uma nova pesquisa contraria diretamente a suposição de que a infecção por parasitas intestinais pode ser protetora. Pesquisadores da Universidade de Bergen, na Noruega, descobriram que crianças infectadas com helmintos, infecções intestinais comuns de parasitas, tinham um risco quatro vezes maior de desenvolver asma e alergias.

Alérgicos 351

27. "Half of Ugandans Suffer from Allergy–Study", *The Independent*, 25 de julho de 2019. Disponível em: https://www.independent.co.ug/half-of-u-gandans-suffer-from-allergy-study/.

28. George Du Toit, Graham Roberts, Peter H. Sayre, Henry T. Bahnson, Suzana Radulovic, Alexandra F. Santos, Helen A. Brough, Deborah Phippard, Monica Basting, Mary Feeney, Victor Turcanu, Michelle L. Sever et al. para a equipe de estudo LEAP, "Randomized Trial of Peanut Consumption in Infants at Risk for Peanut Allergy", no *New England Journal of Medicine* 372, 2015, p. 803-813.

29. Victoria Soriano et al. "Has the Prevalence of Peanut Allergy Changed Following Earlier Introduction of Peanut? The EarlyNuts Study", *Journal of Allergy and Clinical Immunology* 147, nº 2, 2021. De um estudo feito em Melbourne com 1.933 bebês inscritos no estudo EarlyNuts de 2018 a 2019 e comparados a 5.276 bebês no estudo HealthNuts de 2007 a 2011. As diretrizes foram alteradas em 2016 para recomendar introdução precoce de amendoim e outros alimentos alergênicos antes dos 12 meses de idade.

30. T. Feehley, C. H. Plunkett, R. Bao, et al. "Healthy infants harbor intestinal bacteria that protect against food allergy", em *Nature Medicine* 25, 2019, p. 448-453.

31. Comunicado à imprensa do Brigham and Women's Hospital. "New Therapy Targets Gut Bacteria to Prevent and Reverse Food Allergies", 24 de junho de 2019. Disponível em: https://www.brighamandwomens.org/about-bwh/newsroom/press-releases-detail?id=3352.

32. J. M. Anast, M. Dzieciol, D. L. Schultz et al. "*Brevibacterium* from Austrian hard cheese harbor a putative histamine catabolism pathway and a plasmid for adaptation to the cheese environment", em *Scientific Reports* 9, 2019, p. 6.164.

33. S. R. Levan, K. A. Stamnes, D. L. Lin et al. "Elevated faecal 12,13-diHO-ME concentration in neonates at high risk for asthma is produced by gut bacteria and impedes immune tolerance", em *Nature Microbiology* 4, 2019, p. 1.851-1.861.

34. Emilie Plantamura et al. "MAVS Deficiency Induces Gut Dysbiotic Microbiota Conferring a Proallergic Phenotype", *Proceedings of the National Academy of Sciences* 115, nº 41, 2018, p. 10.404-9.

35. Iweala e Nagler. "The Microbiome and Food Allergy".

36. Institut Pasteur. "Discovery of a Crucial Immune Reaction When Solid Food Is Introduced That Prevents Inflammatory Disorders", comunicado à imprensa, 19 de março de 2019. Disponível em: https://www.pasteur.fr/en/press-area/press-documents/discovery-crucial-immune-reaction-when--solid-food-introduced-prevents-inflammatory-disorders.

37. Uma crítica à ideia de que os antibióticos são os culpados é que isso é uma correlação. Pode ser que as infecções sejam as verdadeiras culpadas e não os próprios antibióticos, especialmente porque nem todas as crianças que tomam antibióticos vão desenvolver alergias.

38. Zaira Aversa et al. "Association of Infant Antibiotic Exposure with Childhood Health Outcomes", *Mayo Clinic Proceedings* 96, nº 1, 2021, p. 66-77.

39. Joseph H. Skalski et al. "Expansion of Commensal Fungus *Wallemia mellicola* in the Gastrointestinal Mycobiota Enhances the Severity of Allergic Airway Disease in Mice", *PLOS Pathogens* 14, nº 9, 2018.

40. Anna Vlasits. "Antibiotics Given to Babies May Change Their Gut Microbiomes for Years", *STAT*, 15 de junho de 2016. Disponível em: https://www.statnews.com/2016/06/15/antibiotics-c-sections-may-change-health-for-the-long-term/.

41. Galya Bigman. "Exclusive Breastfeeding for the First 3 Months of Life May Reduce the Risk of Respiratory Allergies and Some Asthma in Children at the Age of 6 Years", *Acta Paediatrica* 109, nº 8, 2020, p. 1.627-33.

42. R. Bao et al. "Fecal Microbiome and Metabolome Differ in Healthy and Food-Allergic Twins", *Journal of Clinical Investigation* 131, nº 2, 19 de janeiro de 2021. Estudo fecal em bebês gêmeos sugere que diferenças nas populações microbianas no intestino — e também metabólitos de fontes alimentares — podem ser responsáveis por alergias alimentares. As mudanças no microbioma intestinal persistem na idade adulta, apesar de quaisquer mudanças nos fatores de estilo de vida ou dieta. O artigo cita Kari Nadeau dizendo que muitas pessoas vão ao Google querendo saber se comer iogurte é benéfico. Embora não possam vincular essas coisas à causalidade, há uma forte associação. Portanto, por enquanto, não há conselhos consistentes sobre o que comer.

43. Cheng S. Wang et al. "Is the Consumption of Fast Foods Associated with Asthma or Other Allergic Diseases?", *Respirology* 23, nº 10, 2018, p. 901-13.

44. Shashank Gupta et al. "Environmental Shaping of the Bacterial and Fungal Community in Infant Bed Dust and Correlations with the Airway Microbiota", *Microbiome* 8, nº 1, 2020, p. 115.

45. Tecnicamente, alergia à alpha-gal é uma nova alergia alimentar — que examinaremos mais adiante neste capítulo —, mas não desencadeia as mesmas vias alérgicas. Assim, considerando o que classificamos como uma alergia, é e não é uma alergia alimentar.

46. Samuel Feinberg. *One Man's Food*. Chicago: Blue Cross Commission, 1953, p. 6.

Alérgicos   353

47. É importante notar que Paller não concorda com a classificação do ecze-ma como uma condição alérgica. Em sua opinião, é agrupado com outras alergias por causa dos gatilhos alérgicos. Ela também não acredita que os números mostrem evidências reais da marcha atópica.

48. Iweala e Nagler. "The Microbiome and Food Allergy", p. 378.

49. Jaclyn Parks et al. "Association of Use of Cleaning Products with Respira-tory Health in a Canadian Birth Cohort", *Canadian Medical Association Journal* 192, nº 7, 2020.

50. European Lung Foundation. "Exposure to Cadmium in the Womb Linked to Childhood Asthma and Allergies", ScienceDaily, 2 de setembro de 2020. Disponível em: www.sciencedaily.com/releases/2020/09/200902182433. htm. As crianças foram reexaminadas aos 8 anos para ver se tinham alguma alergia.

51. Susanne Jahreis et al. "Maternal Phthalate Exposure Promotes Allergic Air-way Inflammation over 2 Generations Through Epigenetic Modifications", *Journal of Allergy and Clinical Immunology* 141, nº 2, 2018, p. 741-53.

52. As alergias também são comuns em leitões desmamados cedo demais, mas permanecem incomuns em vacas.

53. Christine H. Chung, Beloo Mirakhur, Emily Chan, Quynh-Thu Le, Jordan Berlin, Michael Morse, Barbara A. Murphy, Shama M. Satinover, Jacob Hosen, David Mauro, Robbert J. Slebos, Qinwei Zhou, Diane Gold, Tina Hatley, Daniel J. Hicklin, Thomas A. E. Platts-Mills. "Cetuximab-indu-ced anaphylaxis and IgE specific for galactose-⊠-1, 3-galactose", no *New England Journal of Medicine* 358, nº 11, março de 2008, p. 1.109-1.117.

54. É por isso que os desafios alimentares orais duplo-cegos continuam sendo o padrão-ouro do diagnóstico de alergia alimentar. Nem o clínico nem o paciente (ou os pais) podem saber se houve ou não a ingestão do alérgeno. Se uma das partes souber, os resultados podem ser distorcidos. Um importante alergista alimentar certa vez me disse que os pacientes juravam que eram alérgicos a algo ao qual não reagiam sob o desafio do controle duplo-cego. Não é incomum que os alergistas alimentares se queixem de que muitos não querem aceitar os resultados dos desafios alimentares. O efeito nocebo é forte o suficiente para que eles prefiram a própria evidência, em vez de confiar no teste de controle.

55. Scott H. Sicherer e Hugh A. Sampson. "Food Allergy: Epidemiology, Pa-thogenesis, Diagnosis, and Treatment", *Journal of Allergy and Clinical Immunology* 133, nº 2, fevereiro de 2014.

56. Departamento de Saúde e Serviços Humanos dos Estados Unidos. "Alpha--Gal Syndrome Subcommittee Report to the Tick-Borne Disease Working

354 Theresa MacPhail

Group", último acesso em 13 de fevereiro de 2022. Disponível em: https://www.hhs.gov/ash/advisory-committees/tickbornedisease/reports/alpha-gal--subcomm-2020/index.html.

Capítulo 7 — Remédios para as reações: passado, presente e futuro dos tratamentos para alergia

1. Samuel M. Feinberg. *Allergy in General Practice*. Filadélfia: Lea & Febiger, 1934.
2. Warren T. Vaughan. *Allergy and Applied Immunology: A Handbook for Physician and Patient, on Asthma, Hay Fever, Urticaria, Eczema, Migraine and Kindred Manifestations of Allergy*. St. Louis: C. V. Mosby, 1931. Vaughan detalha a descoberta por Leonard Noon e John Freeman.
3. Essa prática ecoa alguns tratamentos alternativos modernos que experimentam o uso de parasitas para conter a inflamação associada a respostas imunes negativas. Ver Moises Velasquez-Manoff. *An Epidemic of Absence: A New Way of Understanding Allergies and Autoimmune Diseases*. Nova York: Scribner, 2012.
4. Arthur F. Coca. *Asthma and Hay Fever in Theory and Practice. Part 1: Hypersensitiveness, Anaphylaxis, Allergy*. Springfield, Illinois: C. C. Thomas, 1931, p. 744.
5. Arthur F. Coca. *Asthma and Hay Fever in Theory and Practice. Part 1: Hypersensitiveness, Anaphylaxis, Allergy*. Springfield, Illinois: C. C. Thomas, 1931, p. 307–308.
6. George W. Bray. *Recent Advances in Allergy (Asthma, Hay-Fever, Eczema, Migraine, etc.* Filadélfia: P. Blakiston's, 1931.
7. Uma fascinante observação: os antidepressivos tricíclicos também têm propriedades anti-histamínicas e às vezes são prescritos para urticária. Descobriu-se que os anti-histamínicos também ajudam com náuseas, vertigens, ansiedade e insônia. Nosso corpo é mais complexo e os sistemas são mais interligados do que tenho condições de me debruçar aqui.
8. Rachel G. Robison e Jacqueline A. Pongracic. "B Agonists", em *Patterson's Allergic Diseases*, 8ª ed., ed. Leslie C. Grammer e Paul A. Greenberger. Filadélfia: Wolters Kluwer, 2018, p. 738.
9. Guy Laroche, Charles Richet, filho, e François Saint-Girons. *Alimentary Anaphylaxis (Gastro-intestinal Food Allergy)*. Berkeley: University of California Press, 1930, p. 125.
10. Albert Rowe. *Food Allergy: Its Manifestations, Diagnosis and Treatment, with a General Discussion of Bronchial Asthma*. Filadélfia: Lea & Febiger, 1931, p. 300-301.

11. Arthur F. Coca. *Asthma and Hay Fever in Theory and Practice. Part 1: Hypersensitiveness, Anaphylaxis, Allergy.* Springfield, Illinois: C. C. Thomas, 1931, p. 270–310.
12. Christopher M. Warren et al. "Epinephrine Auto-injector Carriage and Use Practices Among US Children, Adolescents, and Adults", *Annals of Allergy, Asthma and Immunology* 121, nº 4, outubro de 2018), p. 479-89.
13. A Dra. Jeanine Peters-Kennedy, professora clínica associada da Faculdade de Medicina Veterinária da Universidade Cornell, disse que os animais de estimação normalmente recebem imunoterapia específica para alérgenos, embora ela diga aos tutores que são vacinas para alergias. Uma vez que os alérgenos específicos são descobertos e a imunoterapia é formulada, os tutores são treinados para aplicar as injeções em casa. Ao contrário dos humanos, os animais de estimação não precisam ir a uma clínica para receber esse tipo de terapia. Animais de estimação tomam as injeções continuamente. "Eles tomam por toda a vida, se funcionar. E funciona em aproximadamente dois terços dos casos." Eles também recebem anti-histamínicos, esteroides e outros medicamentos para ajudar com sintomas — assim como nós.

   As injeções parecem eficazes para a síndrome de alergia oral, sendo que 55% das crianças apresentam melhora nos sintomas após recebê-las. Consulte "Allergy Shots May Be an Effective Treatment for Pediatric Pollen Food Allergy Syndrome", American College of Allergy, Asthma & Immunology, 8 de novembro de 2019. Disponível em: https://acaai.org/news/allergy-shots--maybe-effective-treatment-pediatric-pollen-food-allergy-syndrome.
14. Universidade Técnica de Munique. "Allergy Research: Test Predicts Outcome of Hay Fever Therapies", ScienceDaily, 18 de outubro de 2018. Disponível em: www.sciencedaily.com/releases/2018/10/181018095355.htm. Uma descoberta recente de que, em casos bem-sucedidos de tratamento com imunoterapia, os pacientes tinham mais células B reguladoras e menos células TH-17 (uma classe de células auxiliares T pró-inflamatórias) pode levar ao desenvolvimento de um exame de sangue que poderia prever o resultado da imunoterapia em pacientes. Isso economizaria muito tempo e dinheiro para aqueles que podem não obter tantos benefícios.
15. Novos tratamentos no horizonte: o novo traloquinumabe biológico da LEO Pharma, que bloqueia a via alérgica da IL-13 e foi aprovado pela FDA em dezembro de 2021; PF-04965842 da Pfizer, um bloqueador de enzima Janus quinase (JAK)-1 oral diário (a FDA o rotulou como uma "terapia inovadora"); o baricitinibe da Eli Lilly e Incyte inibe JAK1 e JAK2.
16. Vittorio Fortino et al. "Machine-Learning-Driven Biomarker Discovery for the Discrimination Between Allergic and Irritant Contact Dermatitis",

Proceedings of the National Academy of Sciences 117, nº 52, 2020, p. 33.474-85.

17. "doc.ai Partners with Anthem to Introduce Groundbreaking, End-to-End Data Trial Powered by Artificial Intelligence on the Blockchain", PR Newswire, 1º de agosto de 2018. Disponível em: https://www.prnewswire.com/news-releases/docai-partners-with-anthem-to-introduce-groundbreaking-end-to-end-datatrial-powered-by-artificial-intelligence-on-the-blockchain-300689910.html.

18. Kim Harel. "Researchers Describe Antibody That Can Stop Allergic Reactions", Aarhus University, 28 de janeiro de 2018. Disponível em: https://mbg.au.dk/en/news-and-events/news-item/artikel/researchers-describe-antibody-that-can-stop-allergic-reactions/.

19. Donald T. Gracias et al. "Combination Blockade of OX40L and CD30L Inhibits Allergen-Driven Memory Th2 Reactivity and Lung Inflammation", *Journal of Allergy and Clinical Immunology* 147, nº 6, 2021, p. 2.316-29.

20. Melanie C. Dispenza et al. "Bruton's Tyrosine Kinase Inhibition Effectively Protects Against Human IgE-Mediated Anaphylaxis", *Journal of Clinical Investigation* 130, nº 9, 2020, p. 4.759-70.

21. Os inibidores de BTK são usados atualmente em tratamentos de câncer e custam cerca de 500 dólares por dia. A possível desvantagem? As drogas são conhecidas por causar defeitos no sistema imunológico, levando a diminuição na contagem dos glóbulos brancos e a mais infecções.

22. Julia Eckl-Dorna et al. "Two Years of Treatment with the Recombinant Grass Pollen Allergy Vaccine BM32 Induces a Continuously Increasing Allergen-Specific IfG4 Response", *The Lancet* 50, 27 de novembro de 2019, p. 421-32.

23. Robert Heddle et al. "Randomized Controlled Trial Demonstrating the Benefits of Delta Inulin Adjuvanted Immunotherapy in Patients with Bee Venom Allergy", *Journal of Allergy and Clinical Immunology* 144, nº 2, 2019, p. 504-13.

24. American College of Allergy, Asthma and Immunology. "Severe Eczema May Best Be Treated by Allergy Shots: Significant Benefits Seen in One Medically Challenging Case", ScienceDaily, 16 de novembro de 2018. Disponível em: www.sciencedaily.com/releases/2018/11/181116083213.htm.

25. "Animal Study Shows How to Retrain the Immune System to Ease Food Allergies", DukeHealth, 21 de fevereiro de 2018. Disponível em: https://corporate.dukehealth.org/news/animal-study-shows-how-retrain-immune-system-ease-food-allergies.

26. Universidade Northwestern. "New Treatment May Reverse Celiac Disease: New Technology May Be Applicable to Other Autoimmune Diseases and Allergies", ScienceDaily, 22 de outubro de 2019. Disponível em: www.sciencedaily.com/releases/2019/10/191022080723.htm.

27. Jane AL-Kouba et al. "Allergen-Encoding Bone Marrow Transfer Inactivates Allergic T Cell Responses, Alleviating Airway Inflammation", *JCI Insight* 2, nº 11, 2017.

28. American Society of Agronomy. "Tackling Food Allergies at the Source", 16 de novembro de 2020. Disponível em: https://www.agronomy.org/news/science-news/tackling-food-allergies-source/.

29. O remédio herbal chinês chamado "ma huang" — usado por milhares de anos para problemas respiratórios — levou ao desenvolvimento da efedrina. De fato, descobriu-se que muitas ervas tradicionais contêm compostos ativos que foram então incorporados à biomedicina ocidental. Nem todos os tratamentos alternativos ou complementares são falsos, embora muitos sejam e possam ser perigosos se usados sem supervisão médica. Algumas preparos à base de ervas, por exemplo, contêm substâncias perigosas, como vestígios de chumbo.

30. Scott H. Sicherer e Hugh A. Sampson. "Food Allergy: Epidemiology, Pathogenesis, Diagnosis and Treatment", *Journal of Allergy and Clinical Immunology* 133, nº 2, fevereiro de 2014, p. 301. Os autores afirmam que "uma revisão da Organização Mundial de Alergia de 2012 concluiu que os probióticos não têm um papel estabelecido na prevenção ou tratamento da alergia".

    Quando entrevistei a Dra. Cathy Nagler, ela disse: "A microbiota saudável está cheia de lactobacilos e bifidobactérias, que são bactérias de alimentos integrais, probióticos típicos. Não funciona. É provável que façam seu estômago se sentir melhor quando está irritado, mas não influenciam o sistema imunológico, exceto por alguns dados de dermatite atópica no primeiro ano de vida."

Capítulo 8 – O próspero negócio dos tratamentos de alergia

1. Em setembro de 2016, o procurador-geral de Nova York iniciou uma investigação antitruste sobre o programa EpiPen4Schools, da Mylan. Como resultado, a empresa descontinuou muitas de suas estratégias de vendas relacionadas ao programa.

2. O mecanismo injetor patenteado que a EpiPen usa foi inventado na década de 1970 por Sheldon Kaplan, para fornecer antídoto de gás nervoso aos soldados. A EpiPen obteve aprovação da FDA em 1987.

3. Outra empresa farmacêutica, a Novartis, entrou no mercado dos Estados Unidos com a própria versão para atender à escassez de EpiPen no verão de 2019.

4. Durante anos, a Mylan evitou conceder descontos volumosos ao governo, alegando falsamente que os autoinjetores fornecidos aos pacientes no âmbito do programa eram versões genéricas e não um medicamento de marca pois continham uma droga genérica e prontamente disponível, a epinefrina.

5. A queixa argumentava que a Mylan vinha oferecendo descontos às seguradoras e ao Medicaid se eles concordassem em não reembolsar o autoinjetor da Sanofi.

6. Curiosamente, a Mylan nunca admitiu formalmente qualquer irregularidade nas políticas de preços. A única pessoa que assumiu qualquer responsabilidade pública foi a CEO da empresa, Heather Bresch, no Forbes Healthcare Summit de 2016. Mesmo assim, ela alegou que todos os aumentos de preços eram justificados por aprimoramentos feitos no produto.

7. Projeto de Lei 3.435.

8. Nenhum patrocínio financeiro foi fornecido pela Sanofi e Regeneron para desenvolver, publicar ou distribuir este livro. As opiniões e declarações que não citam diretamente os funcionários destas empresas são minhas e não são endossadas pelas mesmas.

9. Para ser justa, existem efeitos colaterais em todos os tratamentos para dermatite atópica. O uso prolongado de corticosteroides pode causar adelgaçamento da pele, lesões, hematomas, acne, rosácea, má cicatrização de feridas e excesso de pelos. No entanto, a maioria dos pacientes passa bem com esteroides e a maioria dos médicos atribui o medo ou a paranoia em relação a esteroides tópicos à insatisfação do paciente com os tratamentos. Eu acrescentaria a isso que, como muitas pessoas relatam, os esteroides não ajudam muito e os efeitos colaterais menores podem não valer todo o trabalho.

10. Sarah Faiz et al. "Effectiveness and Safety of Dupilumab for the Treatment of Atopic Dermatitis in a Real-Life French Multicenter Adult Cohort", *Journal of the American Academy of Dermatology* 81, nº 1, 1º de julho de 2019, p. 143-51.

11. G. A. Zhu et al. "Assessment of the Development of New Regional Dermatoses in Patients Treated for Atopic Dermatitis with Dupilumab", *JAMA Dermatology* 155, nº 7, 2019, p. 850-52.

12. Tentar acompanhar os preços atuais dos medicamentos durante a pesquisa, redação e edição deste livro me levou à beira da insanidade. Os preços flutuam com frequência e o custo real para os pacientes varia muito, depen-

dendo de uma série de fatores. Se quiser ver o preço atual enquanto lê, faça uma pesquisa na web. É provável que o valor esteja próximo da quantia que coloquei aqui, mas prever quais serão os preços dos medicamentos em um determinado momento é como prever o tempo durante a mudança climática.

13. O CEO da Regeneron, Len Schleifer, disse abertamente que vê um forte impulso de marketing como a chave para aumentar a receita do Dupixent, transformando um medicamento de 2 bilhões de dólares por ano em um medicamento de 12 bilhões de dólares por ano.

14. "Air Purifier Market Share, Size, Trends, Industry Analysis Report by Type [High Efficiency Particulate Air (HEPA), Activated Carbon, Ionic Filters]; by Application [Commercial, Residential, Industrial]; by Residential End--Use; by Region, Segment Forecast, 2021–2029", Polaris Market Research, novembro de 2021. Disponível em: https://www.polarismarketresearch.com/industry-analysis/air-purifier-market.

15. Para saber mais sobre essa tendência, consulte https://www.pureroom.com/; Tanya Mohn. "Sneeze-Free Zone", *The New York Times*, 10 de janeiro de 2011. Disponível em: https://www.nytimes.com/2011/01/11/business/11allergy.html; e Alisa Fleming. "Hotel Havens for Travel with Allergies and Asthma", *Living Allergic*, 5 de fevereiro de 2014. Disponível em: https://www.allergicliving.com/2014/02/05/hotel-havens/.

16. Para combater isso, a Asthma and Allergy Foundation of America iniciou um programa para examinar os produtos. O método e a lista de produtos podem ser encontrados em https://www.asthmaandallergyfriendly.com/USA/.

Capítulo 9 – O que torna um tratamento eficaz?
O equilíbrio entre riscos e benefícios

1. FDA. "Benefit-Risk Assessment in Drug Regulatory Decision-Making", 30 de março de 2018, p. 3. Disponível em: www.fda.gov/files/about%20fda/published/Benefit-Risk-Assessment-in-Drug-Regulatory-Decision-Making.pdf.

2. A edição de 2014 do *Practice Management Resource Guide*, da American Academy of Allergy, Asthma & Immunology apresenta um capítulo inteiro sobre como misturar alérgenos padronizados em kits de imunoterapia individualizados para pacientes.

3. Thomas Casale, A. Wesley Burks, James Baker et. al, "Safety of Peanut (*Arachis hypogaea*) Allergen Powder-dnfp in Children and Teenagers With Peanut

Allergy: Pooled Analysis from Controlled and Open-Label Phase 3 Trials", em *Journal of Allergy and Clinical Immunology* 147, nº 2, 2021, p. AB106.

4. Atualmente, o tratamento com Palforzia não excede 300 miligramas. Se os pacientes quiserem continuar com a ITO, como Stacey fez, terão que interromper o uso do Palforzia e mudar para a ITO mais tradicional.

5. R. Chinthrajah et al. "Sustained Outcomes in a Large Double-Blind, Placebo-Controlled, Randomized Phase 2 Study of Peanut Immunotherapy", *Lancet* 394, 2019, p. 1.437-49.

6. Institute for Clinical and Economic Review (Icer). "Oral Immunotherapy and Viaskin® Peanut for Peanut Allergy: Effectiveness and Value Final Evidence Report", 10 de julho de 2019, p. ES6.

7. Icer. "Oral Immunotherapy and Viaskin® Peanut for Peanut Allergy: Effectiveness and Value Final Evidence Report", 10 de julho de 2019, p. ES6.

8. Icer. "Oral Immunotherapy and Viaskin® Peanut for Peanut Allergy: Effectiveness and Value Final Evidence Report", 10 de julho de 2019, p. ES7.

9. Esse é um dos pontos fortes — e fracos — dos grupos de apoio para condições médicas específicas. Embora a ciência básica seja crítica para o desenvolvimento de tratamentos, os grupos que defendem os interesses dos pacientes geralmente pressionam por pesquisas aplicadas mais direcionadas. Isso pode ser bom, no sentido de agilizar o processo, mas também é ruim, no sentido de tirar o financiamento de nossa compreensão dos mecanismos subjacentes a todas as respostas alérgicas. É difícil equilibrar a necessidade de mais ciência básica e os desejos dos pacientes por mais ciência aplicada — e na forma de novos tratamentos. Grupos de apoio também adotam "pensamento positivo" e, às vezes, pressionam a aprovação de medicamentos que não são tão eficazes quanto gostaríamos. Para um exemplo pertinente, consulte a cobertura do polêmico novo medicamento para Alzheimer: Pam Belluck. "Inside a Campaign to Get Medicare Coverage for a New Alzheimer's Drug", *The New York Times*, 6 de abril de 2022. Disponível em: https://www.nytimes.com/2022/04/06/health/aduhelm-alzheimers-medicare-patients.html.

10. Comunicado à imprensa. "Nestlé to Acquire Aimmune Therapeutics", 31 de agosto de 2020. Disponível em: https://www.nestle.com/media/pressreleases/allpressreleases/nestle-to-acquire-aimmune-therapeutics.

11. A lista de críticas à Nestlé é imensa e abrange desde o uso de trabalho infantil e escravo até poluição. Para um bom resumo, ver https://www.zmescience.com/science/nestle-company-pollution-children/ e https://www.mashed.com/128191/the-shady-side-of-mms/ e https://www.ethicalconsumer.org/company-profile/nestle-sa.

12. De fato, em 2019, a Nestlé investiu em outra empresa, chamada Spoonfu-lONE. Um de seus fundadores, a Dra. Kari Nadeau, é uma das principais alergistas alimentares. A empresa foi fundada inteiramente por mulheres e tem como objetivo prevenir o desenvolvimento de alergias alimentares por meio da introdução precoce de 16 dos principais alérgenos alimentares.

13. K. Papp et al. "Efficacy and Safety of Ruxolitinib Cream for the Treatment of Atopic Dermatitis: Results from 2 Phase 3, Randomized, Double-Blind Studies", *Journal of the American Academy of Dermatology* 85, nº 4, outubro de 2021, p. 863-72.

14. Icer. "JAK Inhibitors and Monoclonal Antibodies for the Treatment of Atopic Dermatitis: Effectiveness and Value Final Evidence Report", 17 de agosto de 2021. Disponível em: https://icer.org/wp-content/uploads/2020/12/Atopic-Dermatitis_Final-Evidence-Report_081721.pdf.

Capítulo 10 – A alergia também é um problema social

1. L. Gibson-Young, M. P. Martinasek, M. Clutter e J. Forrest. "Are Students with Asthma at Increased Risk for Being a Victim of Bullying in School of Cyberspace? Findings from the 2011 Florida Youth Risk Behavior Survey", *Journal of School Health* 87, nº 7, julho de 2014, p. 429-34.

2. Eyal Shemesh et al. "Child and Parental Reports of Bullying in a Consecutive Sample of Children with Food Allergy", *Pediatrics* 131, nº 1, 2013.

3. American College of Allergy, Asthma and Immunology. "Nearly One in Five Parents of Food-Allergic Children Are Bullied", ScienceDaily, 13 de novembro de 2020. Disponível em: www.sciencedaily.com/releases/2020/11/201113075250.htm.

4. A pesquisa foi realizada pelo NORC da Universidade de Chicago (antigo National Opinion Research Center), um centro independente de pesquisa em ciências sociais. O NORC é bem conhecido pela metodologia rigorosa. Como tal, os participantes da pesquisa refletem com precisão a composição demográfica atual da população dos Estados Unidos de acordo com o último censo. Embora os resultados da pesquisa sejam, na melhor das hipóteses, um instantâneo da opinião pública, sinto-me confiante ao argumentar que o NORC me forneceu os melhores dados possíveis sobre as crenças e atitudes dos norte-americanos em relação a alergias.

5. De longe, o maior conjunto de pessoas que responderam "SIM" relatou sofrer de febre do feno — 1 em cada 4 entrevistados disse que tem. Além disso, 39% daqueles que responderam "SIM" foram autodiagnosticados. Nunca consultaram um alergista ou outro profissional de saúde.

362 Theresa MacPhail

6. Aqueles que o fizeram tendem a ter ao menos um diploma de ensino médio.
7. No meio da nossa escala de empatia estão a asma e o diabetes tipo 2 na lista da maioria das pessoas.
8. Elizabeth DiFilippo. "Mother's heartbreaking warning after daughter with peanut allergy dies from eating cookie", *Yahoo! Finance News*, 18 de julho de 2018. Disponível em: https://finance.yahoo.com/news/mothers-heartbreaking-warning-daughter-peanut-allergy-dies-eating-cookie-2-140139277.html.
9. P. Joshi, S. Mofidi e S. H. Sicherer. "Interpretation of Commercial Food Ingredient Labels by Parents of Food-Allergic Children", *Journal of Allergy and Clinical Immunology* 109, nº 6, junho de 2002, p. 1.019-1.021.
10. Sarah Besnoff. "May Contain: Allergen Labeling Regulations", *University of Pennsylvania Law Review* 162, nº 6, maio de 2014, p. 1.465-1.493.
11. M. J. Marchisotto et al. "Food Allergen Labeling and Purchasing Habits in the United States and Canada", *Journal of Allergy and Clinical Immunology: In Practice 5*, nº 2, março a abril de 2017, p. 345-51.

EPÍLOGO – O corpo reagindo até a morte: alergias em tempos da covid-19

1. René Dubos. *Man and His Environment: Biomedical Knowledge and Social Action.* Washington, D.C.: Pan American Health Organization/World Health Organization, 1966, p. 168.
2. Universidade de Exeter. "The 'pathobiome'—a new understanding of disease". ScienceDaily. Disponível em: www.sciencedaily.com/releases/2019/09/190912113238.htm, acessado em 26 de agosto de 2022).

SUGESTÕES DE LEITURAS ADICIONAIS

Braun, Lundy. *Breathing Race into the Machine: The Surprising Career of the Spirometer from Plantation to Genetics*. Minneapolis: University of Minnesota Press, 2014.

Jackson, Mark. *Allergy: The History of a Modern Malady*. Londres: Reaktion Books, 2006.

Mitman, Gregg. *Breathing Space: How Allergies Shape Our Lives and Landscapes*. New Haven, Connecticut: Yale University Press, 2007.

Sicherer, Scott H. *Food Allergies: A Complete Guide for Eating When Your Life Depends on It*. Baltimore: Johns Hopkins University Press, 2013.

Smith, Matthew. *Another Person's Poison: A History of Food Allergy*. Nova York: Columbia University Press, 2015.

Sugestões para mais informações e para participar

Grupo de Stacey Sturner no Facebook
https://www.facebook.com/groups/foodallergytreatmenttalk/

Food Equality Initiative, de Emily Brow
https://foodequalityinitiative.org/

National Eczema Association
https://nationaleczema.org/

Food Allergy Research & Education (Fare)
https://www.foodallergy.org/

Asthma and Allergy Foundation of America
https://www.aafa.org/

Este livro foi composto na tipografia Sabon LT Pro,
em corpo 10,5/15,5, e impresso em
papel off-white no Sistema Cameron da
Divisão Gráfica da Distribuidora Record.